Jan Eik / Klaus Behling

Attentat auf Honecker

und andere Besondere Vorkommnisse

Jan Eik / Klaus Behling

Attentat auf Honecker

und andere Besondere Vorkommnisse

Jaron Verlag

Die Autoren
Jan Eik: J. E.
Klaus Behling: K. B.

Originalausgabe
1. Auflage 2017

www.jaron-verlag.de
Umschlaggestaltung: Bauer+Möhring, Berlin, unter Verwendung eines Fotos von Harald Hauswald
Satz: Prill Partners | producing, Barcelona
Druck und Bindung: CPI books GmbH, Leck

ISBN 978-3-89773-814-0

Inhalt

Ein Wort voraus

Die Geschichte der DDR ist reich an „Besonderen Vorkommnissen". Die Öffentlichkeit wurde über sie eher spärlich informiert, und längst nicht alles stimmte, was man den Untertanen verkündete. So wie angesichts der Mangelwirtschaft die Verteilung von Waren und Dienstleistungen reglementiert war, wurden auch Nachrichten nur sehr dosiert abgegeben. Gerüchte und Wandersagen wurden zu einem Schwarzmarkt der Informationen.

Den hielt eine emsig arbeitende Abteilung im Ministerium für Staatssicherheit (MfS) wachsam im Auge. Ihre Aufgabe war die „Vorkommnisuntersuchung". Sie erfasste jede Abweichung von dem, was den DDR-Medien zu berichten erlaubt war. Die Männer hatten gut zu tun, denn vierzig Jahre lang war die Lage kritisch in dem engen Land. Und es war Eile geboten, denn Gerüchte breiteten sich in der DDR mit einer Geschwindigkeit von etwa vier Stundenkilometern aus, wie streng geheime Erkenntnisse der Stasi ergaben. Die Fama brauchte etwa sieben Tage, um die 678 Kilometer von Sassnitz bis Eisenach zu bewältigen.

Glücklicherweise gelang es trotz Heimlichtuerei nicht, alle Spuren der verschwiegenen Ereignisse zu beseitigen. Nach dem Ende der DDR kam aus den Akten manches Interessante, bisweilen auch wirklich Sensationelles ans Licht. Die Suche nach den wahren Sachverhalten begann oft mit den Erinnerungen von Zeitzeugen oder mit unter der Hand zugänglich gemachten Informationen der damaligen Ermittler. Der Widerspruch ewiger Besserwisser und frustrierter Nostalgiker blieb nicht aus.

Das vorliegende Buch, das keinen wissenschaftlichen Anspruch erhebt, wohl aber den auf eine fundierte Darstellung von Fakten und die gewissenhafte Suche danach, enthält zusammengefasst die Ergebnisse der Recherchen, die teilweise bis in den Spätherbst 1989 zurückreichen – eine Zeit, in der von Datenschutz noch keine Rede war.

Als das aufsehenerregendste Vorkommnis gilt das angebliche Honecker-Attentat von Klosterfelde. Die „Königsebene" der DDR war fehlender Offenheit und Öffentlichkeit wegen jahrzehntelang besonders geheimnis- und gerüchteumwittert. Hat es wirklich Versuche gegeben, einen Repräsentanten der DDR umzubringen?

Und war der große Rundfunkbrand im Februar 1955 tatsächlich Folge einer Sabotagehandlung, wie bis heute in Büchern ehemaliger Stasi-Mitarbeiter behauptet wird? Oder ist er nur ein typisches Beispiel für die in der DDR herrschende Willkür in Strafverfolgung und Justiz?

Über die Karriere und den Freitod des Planungschefs Erich Apel Anfang der 1960er-Jahre war ebenfalls wenig bekannt. Wollte er wirklich einen Hauch von Marktwirtschaft in der DDR einführen? Und wer half ihm dabei, bevor er sein Fähnchen in den neuen politischen Wind schwenkte?

Apropos Suizid: Warum gehörte der Tod von eigener Hand zu den vielen Tabuthemen im Land? Und was geschah nach dem unrühmlichen Ende der DDR? Wohlfeile Behauptungen wie die, dass der Schmerz über den verpfuschten Sozialismus „mehr Tote als an der Mauer" gefordert habe, waren zu hinterfragen.

Doch zurück in die vermeintliche Blütezeit der DDR. 1978 rankten sich um den Hubschrauberabsturz des „Kronprinzen“ Werner Lamberz in der Libyschen Wüste mancherlei Gerüchte. Nach den wahren Hintergründen fragte lange niemand. Es wäre damals wohl auch kaum möglich gewesen, mehr zu erfahren als das, was das „Zentralorgan“ mit dickem schwarzem Trauerrand verkündete. Dafür sorgte zuverlässig die Stasi.

Sie behielt auch die schwarzen Schafe in ihren eigenen Reihen im Auge. Um „das Ansehen des Organs in der Öffentlichkeit nicht zu schädigen“, vertuschten Minister Erich Mielke und seine engsten Vertrauten das größte Wirtschaftsverbrechen der DDR. Es ging um rund dreißig Millionen Mark in Ost- und West-Währung sowie in Gold, die ein einziger Mann mit seiner Helferin beiseitegeschafft hatte.

Rätselhaft erschien der Tod des amerikanischen Paradiesvogels Dean Reed. War der Sozialismus für den „roten Elvis“ von Rauchfangswerder trotz Reisefreiheit und anderer Privilegien so enttäuschend, dass er 1986 keinen anderen Weg als den ins Wasser des Zeuthener Sees sah? Oder steckten geheimnisvolle Bedrohungen hinter dem spektakulären Ableben des Sängers und Schauspielers?

Als nach fast fünfzig Jahren die stets als „Freunde“ titulierten sowjetischen Besatzer ihren Abgang vollzogen, offenbarten sich die dunklen Seiten ihrer Herrschaft. Vom Marmeladen-Klau über Vergewaltigungen bis hin zu grausamen Morden – worüber die Bevölkerung lange nur gemunkelt hatte, ließ sich nun mit Namen, Fakten und Daten belegen. Es waren Ausnahmen, aber sie zeigten, dass die kleine DDR trotz aller Freundschaftsbekundungen bis zum Schluss ein besetztes Land und nicht Herr im eigenen Haus war.

Auch wenn wir viele der alten Geschichten heute mit einem

Lächeln über die damaligen Zeiten quittieren können, waren sie doch Ausdruck des Zeitgeists in der DDR. Der war allzu oft bestimmt durch Angst und Misstrauen. Solche Gefühle im Volk zu ignorieren oder gar zu pflegen bekommt den Herrschenden nie. Deshalb werden sie noch einmal erzählt, diese alten Geschichten.

Wildost in Klosterfelde

Das „Attentat“ auf Erich Honecker

Als „Angriff auf das Leben eines Regenten oder einer sonstigen hervorragenden Persönlichkeit“ definierte vor fast 150 Jahren „Meyers Konversationslexikon“ das Attentat. Es fehlte nicht der Hinweis, dass derlei „Mordthaten zum Zweck der Vernichtung des Vertreters einer großen Idee“ bereits auf eine lange Geschichte zurückblickten.

Die DDR war mit spektakulären Ereignissen nicht gerade gesegnet. Hier dominierte der triste Alltag. Doch manchmal schien sich auch hinter ihm Besonderes zu verbergen. Davon war der junge Dieter Müller überzeugt, als er in der gerade ein paar Jahre zuvor gegründeten Deutschen Demokratischen Republik, die so große Pläne mit dem Sozialismus hatte, „Volkskorrespondent“ wurde. Erste Artikel im FDJ-Blatt „Junge Welt“ machten ihn stolz, der Weg ins „Rote Kloster“, der Sektion Journalistik an der Leipziger Uni, schien geebnet. Doch zwischen Ostsee und Erzgebirge war es schon damals eng. 1956, nach dem Abitur auf dem Hallenser Giebichenstein-Gymnasium „Thomas Müntzer“, ging Dieter Müller in den Westen.

Dass er dort zu Dieter Bub wurde, entdeckte die Stasi erst später. Da arbeitete er bereits als „Stern“-Korrespondent in Ost-Berlin und machte Mielkes Männern in der Normannenstraße so richtig Ärger. Seine Heimatredaktion in Hamburg hatte nämlich eine Riesenstory auf die Titelseite gehoben, die in

Ost-Berlin alle Alarmglocken schrillen ließ. Am 11. Januar 1983 verkündete das Magazin: „Der STERN enthüllt, was die DDR zu vertuschen sucht: DAS ATTENTAT!"

In ein seitenfüllendes Foto Erich Honeckers war das bläuliche Bild eines Mannes mit einem Fernglas um den Hals eingeklinkt. Daneben stand: „Ofensetzer Paul Eßling, der Mann, der Honecker erschießen wollte." Eine Doppelseite zeigte eine wilde Schießerei zwischen zwei Leuten aus abrupt gebremsten Autos als Comic. Dass dort mehr Fahrzeuge zu sehen waren, als an dem Ereignis tatsächlich beteiligt waren, machte die Geschichte noch dramatischer. Überschriften verkündeten: „Anschlagsversuch auf der 109" und „Von der Stasi in die Zange genommen".

Die Meldung selbst war eher dünn: „Ein Ofensetzer aus einem Dorf bei Berlin versuchte Silvester auf den DDR-Staatsratsvorsitzenden zu schießen. Der Attentäter verfehlte sein Ziel. Erich Honecker entkam und überlebte. Dem Schützen blieb nur der Selbstmord. Er schoss sich in den Kopf und starb auf der Stelle. Ein Sicherheitsbeamter wurde mit schweren Verletzungen ins Krankenhaus gebracht."

So war es dem Korrespondenten Dieter Bub in Ost-Berlin zu Ohren gekommen, und zu seiner Chronistenpflicht gehörte es, das an seine Redaktion weiterzugeben. Dass seine Zeitschrift eine so große Geschichte daraus machen würde, hatte er nicht erwartet, erzählte der Journalist später. Aber der „Stern" hatte in jenem Jahr ohnehin kein besonders gutes Händchen für Sensationen: Vier Monate später blamierte sich das Blatt mit den vermeintlichen Tagebüchern Adolf Hitlers, die es zu entdecken geglaubt hatte.

Anders als die falschen Hitler-Tagebücher verbrannte die Story um das Honecker-Attentat nicht knapp zehn Millionen

Mark. Allerdings flog Dieter Bub aus der DDR: Nach vier Jahren erfolgreicher journalistischer Arbeit musste er das Land innerhalb von 48 Stunden verlassen. Im Rückblick endete damit für ihn die „aufregendste Zeit [s]eines Lebens, Abenteuer, Herausforderung – und Albtraum".

Albträume schien das „Besondere Vorkommnis" dem vermeintlichen Opfer Erich Honecker nicht bereitet zu haben – obwohl es am Silvestertag 1982 tatsächlich einen Amoklauf eines in einer tiefen persönlichen Krise steckenden, alkoholisierten Handwerksmeisters gegeben hatte. Trotzdem ließ der höchste Repräsentant des Staates vorsorglich ein Dementi verfassen. Denn auch wenn der „Stern" nicht auf der „Postzeitungsvertriebsliste" der DDR zu finden war – solch eine Meldung lief nur Minuten nach Erscheinen des Blattes über die westlichen Rundfunk- und Fernsehstationen, und die wurden in seinem Reich vom Volk mit höchster Aufmerksamkeit verfolgt.

Und so landete am 11. Januar 1983 um 15.23 Uhr auf den Fernschreibern eine Meldung der Pressestelle des Ministeriums des Innern der DDR.

„Selbstmord nach Fahrerflucht"

Der 11. Januar 1983 war ein Dienstag – jener Tag der Woche, an dem die wöchentliche Sitzung des Politbüros des Zentralkomitees (ZK) der SED stattfand, auf der das Land hinter verschlossenen Türen regiert wurde. Was nach draußen drang, waren meist weniger aufsehenerregende Beschlüsse als ritualisierte Phrasen über die Rolle der Bedeutung und die Bedeutung der Rolle.

So war es auch an diesem Tag. Die Agenda dieser ersten

Sitzung im neuen Jahr umfasste 23 Punkte mit 22 Beschlussvorlagen, die sich etwa mit „Maßnahmen zur Arbeit mit den Thesen des ZK der SED zum Karl-Marx-Jahr“ und „Schlußfolgerungen für die Erhöhung von Ordnung, Disziplin und Sicherheit im Eisenbahnwesen“ befassten. Das angebliche Attentat auf den „Generalsekretär des Zentralkomitees der Sozialistischen Einheitspartei Deutschlands, Vorsitzenden des Staatsrates der Deutschen Demokratischen Republik und Vorsitzenden des Nationalen Verteidigungsrates der DDR“, das der „Stern“ Stunden zuvor vermeldet hatte, wurde nicht einmal erwähnt.

Natürlich wusste Erich Mielke von den Geschehnissen, denn die „Staatssicherheit“ der DDR war schließlich sein Job. Er hatte bereits in den Abendstunden des 31. Dezember 1982 erfahren, dass jenes „Besondere Vorkommnis“ keinen terroristischen Hintergrund befürchten ließ. Selbstverständlich informierte er seinen obersten Dienstherrn und setzte die üblichen Allheilmittel bei allen Abweichungen vom normierten DDR-Alltag ein: Die Zeugen wurden zum Schweigen verpflichtet, alle Informationen über das Ereignis mit der höchsten Geheimhaltungsstufe versehen – kurzum, das Ganze wurde vertuscht. Für den innersten Führungszirkel der SED gab es eine Meldung von dreißig Zeilen. Für einen Tagesordnungspunkt auf der Politbürositzung reichte das nicht.

Doch nun war die Geschichte in der Welt, und der Allgemeine Deutsche Nachrichtendienst (ADN) meldete: „Die Pressestelle des Ministeriums des Innern weist Falschmeldungen westlicher Agenturen und Presseorgane über einen Verkehrszwischenfall am 31. Dezember 1982 in Klosterfelde, Kreis Bernau, zurück. An diesem Tag war es zu einer schweren Verkehrsgefährdung durch den Fahrer eines Pkw vom Typ Lada gekommen. Nach Feststellung der Volkspolizei stand der Fahrer des Pkw unter starkem Alkoholeinfluss. Eine ärztliche Untersuchung ergab eine Blutalkoholkonzentration von 2,5 Promille. Nach schwerer Gefährdung des Straßenverkehrs war der Pkw-Fahrer den Aufforderungen, die Fahrt zu stoppen, nicht gefolgt, sondern beging Fahrerflucht. Als er durch eine Streife der Volkspolizei gestellt wurde, schoß der Volltrunkene aus einer Handfeuerwaffe. Dabei wurde ein Streifenangehöriger der Verkehrspolizei schwer verletzt. Bevor es gelang, den Täter festzunehmen, beging er mit seiner Schußwaffe Selbstmord."

Eine derartige Meldung schien geradezu prädestiniert, im täglichen Nachrichtenstrudel unterzugehen. Davon, dass der „Verkehrszwischenfall" den ersten Mann im Staate betraf, war nichts zu lesen, und gelernte DDR-Bürger stolperten allenfalls darüber, dass einer der ihrigen eine Schußwaffe besessen hatte.

Dass illegaler Waffenbesitz im Lande unnachsichtig verfolgt und rigide bestraft wurde, wusste jeder. Waffen von Jägern und Sportlern unterlagen strengsten Sicherheitsbestimmungen. Die Russen ballerten hin und wieder illegal herum, doch das galt ohnehin als Tabuthema. Allerdings munkelte man über „personengebundene" Pistolen von SED-Funktionären bis hinunter zu den Kreisleitungen. Was steckte also hinter der merkwürdigen Meldung?

Den „Stern" bekamen seinerzeit nur wenige DDR-Bürger zu sehen. Den meisten entgingen also auch die Fotos, die in der Zeitschrift abgedruckt waren: von der Straße der Roten Armee in Klosterfelde (mit eingeklinkter Kartenskizze), von der aus einem noblen Pelzkragen blickenden Freundin Paul Eßlings und von dessen geschiedener Frau mit den beiden Kindern am Wohnzimmertisch.

In den Westmedien verschwand die Geschichte recht schnell wieder. Die Konkurrenzblätter wollten offenbar nicht allzu viel

Reklame für den „Stern“ machen und beschränkten sich auf kleinere Berichte.

Das Formelle regelte Botschafter Wolfgang Meyer vom DDR-Außenministerium. Am 14. Januar 1983 bestellte er den Korrespondenten Dieter Bub ein, um ihn wegen der „von der Springer-Presse zur Hetze gegen die DDR ausgeschlachteten Falschmeldung" zu rügen. Dass die Illustrierte „Stern“ mit Springer nichts zu tun hatte, überstieg offenbar die Vorstellungskraft der DDR-Funktionäre, die nur eine zentral gesteuerte Presse kannten.

Bub gab zu, gegen die Arbeitsordnung für auswärtige Korrespondenten verstoßen und ohne Genehmigung recherchiert zu haben. Das war schließlich sein tägliches Brot. Informationen über das wahre Leben in der DDR aus dem SED-Zentralorgan „Neues Deutschland“ zu gewinnen gelang nicht einmal seinen östlichen Kollegen. Überdies erwähnte er, die Geschichte vom Attentat sei mehreren Medien unmittelbar nach Neujahr gegen Geld angeboten worden.

Auf dem üblichen Dienstweg informierte Botschafter Meyer das „Große Haus“, und Hausherr Erich Honecker entschied kurzerhand, den unangenehm aufgefallenen Journalisten hinauszuwerfen. Zwei Stunden nach der ersten Unterredung teilte Meyer Bub den Entzug seiner Akkreditierung mit. Er habe die DDR „auf Grund grober Verletzungen der gesetzlichen Bestimmungen, wegen wahrheitswidriger und verleumderischer Berichterstattung" zu verlassen. Das war keine sonderlich dramatische Sanktion, denn Bub war bereits der vierte westdeutsche Korrespondent, den ein solches Verdikt traf.

Spurensuche in der märkischen Provinz

Das Holzverarbeitungswerk mit seiner seit Anfang der 1950er-Jahre betriebenen Produktion beliebter Küchenmöbel gibt es schon lange nicht mehr, und auch an die frühere Groß-LPG Pflanzenproduktion mit über 4000 Hektar Land von Schönerlinde bis Zerpenschleuse, Agrochemischem Zentrum und großem Kartoffellagerhaus erinnern sich nur noch die Alten. Klosterfelde ist ein 3000-Seelen-Ort wie hundert andere rund um Berlin. Das alte märkische Angerdorf gehört inzwischen zur Gemeinde Wandlitz.

Aus der dort gelegenen und streng bewachten „Waldsiedlung" rauschten früher die beiden großen Citroën CX Prestige auf der F 109 durch Klosterfelde, wenn Erich Honecker in die Schorfheide zur Jagd fuhr. Der SED-Chef hatte dieses „Spitzenerzeugnis der französischen Industrie" – so der zufriedene Nutzer drei Wochen, nachdem die DDR am 8. Juli 1978 mit Frankreich ihr bis dahin größtes Joint Venture über den Bau eines Pkw-Gelenkwellenwerks in Mosel abgeschlossen hatte – von Citroën-Generaldirektor Raymond Ravenel geschenkt bekommen. Seine Politbüro-Genossen fuhren derweil jene Volvo 264 TE (Top Executive), die die DDR-Staatsführung bei dem Turiner Autohersteller Bertone mit einem um siebzig Zentimeter verlängerten Radstand erworben hatte. Auch das Stasi-Begleitkommando nutzte – wenn auch in kleinerer Ausführung – die kantigen Autos aus Schweden.

Derartige Nobelkarossen sind heute auf der Straße durch Klosterfelde nicht mehr zu bestaunen. Daran, dass auch damals dafür nie viel Zeit blieb, erinnert sich ein ehemaliger Volkspolizist: „Die sind hier immer nur durchgerast. Wir hatten da nichts zu melden." Und auch, dass eines der auf der Ostseite der

Bahnlinie nach Berlin stehenden bungalowartigen Wochenend- und Wohnhäuser mal jenem Mann gehört hatte, der am Silvester 1982 starb, wissen nur noch wenige.

In einem der ältesten und dürftigsten Häuser an der Dorfstraße wohnte die Mutter des angeblichen Attentäters Paul Eßling. Dessen hinterbliebener Sohn Ralf lebte auf dem weitläufigen väterlichen Anwesen. Man unternahm damals keinen Versuch, den anfangs nicht einmal Volljährigen von dort zu vertreiben. Lange noch fuhr er das zur Straftat benutzte Kraftfahrzeug, das man ihm mit zersplitterter Türscheibe und ohne den Schonbezug des Fahrersitzes zurückgegeben hatte.

Die meisten der Zeugen, die die Stasi am Silvesterabend 1982 und in den Tagen danach vernommen hatte, wohnten auch nach dem Ende der DDR noch am Ort. Dasselbe gilt für den Arzt, der den Tod des Ofenbaumeisters Paul Eßling festgestellt hatte. Der Mediziner, der gut über seinen Nachbarn informiert war, wurde in einem „Operativen Vorgang" unter dem Decknamen „Landarzt" überwacht. Informationen über ihn sammelte unter anderem der inoffizielle Mitarbeiter (IM) „Hans Berger", der überdies CDU und Kirche im Ort bespitzelte.

Paul Eßling, ein Vierteljahr vor seinem 43. Geburtstag auf so schreckliche Weise ums Leben gekommen, galt als ehrgeiziger Eigenbrötler. Aufgewachsen war er auf dem großväterlichen Grundstück im Ort. Seinen Vater lernte er erst kennen, als der aus der Kriegsgefangenschaft heimkehrte. Da war Paul schon fast neun Jahre alt. Die Ehe der Eltern wurde geschieden, und der Junge geriet vollständig unter den Einfluss von Vater und Großvater. Beide waren Handwerksmeister alter Schule, hart zu Untergebenen, Frauen und Kindern, dabei arbeitsam und trinkfest. Paul wurde wie sie.

Als Paul Eßlings eigene Ehe im Herbst 1981 geschieden wurde, zog die Frau mit den beiden Töchtern nach Berlin. Der 15-jährige Ralf blieb beim Vater, der zunehmend in eine tiefe Lebenskrise geriet, aus der er keinen Ausweg fand.

Paul Eßlings Urne ruht heute auf dem kleinen Friedhof an der Dorfkirche. Die von der Mutter geforderte Erdbestattung war damals nicht zugelassen worden. „Sie haben mir den Jungen erschossen!" Das blieb ihre feste Überzeugung über all die Jahre, in denen man nur hinter vorgehaltener Hand über den Tod von Paul Eßling sprach. Niemand sagte ihr eindeutig, was wirklich geschehen war.

Zur Urnenbeisetzung Anfang Februar 1983 durfte nicht einmal eine Traueranzeige erscheinen. Keinerlei Aufsehen erregen, lautete Mielkes eindeutiger Befehl. Davon hatte es in den westlichen Medien schon mehr als genug gegeben. So blieben nur die Gerüchte - wie jenes, in der Asche Paul Eßlings läge noch die Kugel, als hätte nicht einmal eine Obduktion stattgefunden.

Dabei waren schon damals, 1983, alle an den Untersuchungen Beteiligten der Ansicht, dass jede Geheimniskrämerei in dieser Sache völlig unnötig, ja schädlich wäre. Schließlich seien alle Ermittlungen unter strenger Beachtung der gesetzlichen Vorschriften durchgeführt worden. Ein Sektionsprotokoll wurde angefertigt, es gab die Vernehmungsprotokolle der Zeugen und die Tatortuntersuchungen. Nur eine Anklage wurde nie erhoben. Denn der Beschuldigte war tot.

Die „Repräsentantenfahrt"

Sieben Jahre später neigte sich die Geschichte der DDR ihrem Ende zu. Statt an die Vergangenheit dachten die Menschen an die Zukunft. Für das Konvolut von vier säuberlich gebundenen Akten im Archiv des noch amtierenden Militäroberstaatsanwalts der DDR, Generalmajor Gierke, interessierte sich niemand, denn was in jenen Monaten an Stasi-Geschichten ans Licht kam, schien viel spannender.

Dabei klang schon der Kurztitel des Aktenpakets so ganz anders, als es die Gerüchte ein paar Jahre zuvor hätten erwarten lassen: „Todesursachenuntersuchung Paul Eßling – Bericht über den Abschluss der Untersuchung zum versuchten Mord an dem Angehörigen des MfS, Oberleutnant L., Rainer, am 31.12.1982 während seines Dienstes zur Absicherung einer Repräsentantenfahrt Ortslage Klosterfelde / Bernau und damit unmittelbar in Zusammenhang stehende Todesermittlungssache Eßling, Paul."

Es ging also um einen „versuchten Mord" an einem Stasi-Mitarbeiter. Und was war eigentlich eine „Repräsentantenfahrt"?

Letzteres lässt sich schnell klären. Die „Gleicheren unter den Gleichen" im Arbeiter- und Bauernstaat wurden im SED-Kaderwelsch nicht Volksvertreter, sondern Repräsentanten genannt. Ließen sie sich irgendwohin bewegen, ganz egal, ob zum Staatsakt oder zum Freizeitvergnügen, war das eine Repräsentantenfahrt. Doch warum und wie sollte bei solch einer Kurzreise jemand ermordet werden, und wer war der darin verwickelte Repräsentant?

Eine Rekonstruktion. Der letzte Tag im Leben des Paul Eßling, ein Freitag, an dem, wenn überhaupt, nur bis mittags gearbeitet wurde, war ein trüber, schneeloser Wintertag. Am Vormittag hatte Paul seine Mutter aus ihrem Häuschen im Dorf abgeholt. Sie bereitete in der Küche des komfortablen Flachbaus am Wald, in dem ihr Sohn wohnte, das Mittagessen vor: Kartoffelsalat, wie der ihn liebte. Paul hatte seine Beziehungen zum Fleischer genutzt und dazu Filet besorgt. Sein 16-jähriger Sohn Ralf war unterdessen mit dem Moped ins Nachbardorf gefahren, um ein Stündchen auf seinem Pferd zu reiten, während der rastlose Meister selbst wie gewohnt in seinem weiträumigen Werkstatt- und Lagergebäude herumwerkelte.

Gegen 11.30 Uhr erschien Paul im Haus, um zu telefonieren. Dann verschwand er, ohne ein Wort zu sagen. Seine Mutter hörte den Wagen davonfahren. Sie wunderte sich nicht darüber, sie kannte ihren Sohn. Als der Enkel vom Reiten heimkehrte, trug sie das Essen auf.

Etwa zur selben Zeit setzten sich in der Liebermannstraße in Berlin-Weißensee zwei kräftige junge Männer um die dreißig in einen Volvo 164 E. Beide trugen die grünen Uniformen und weißen Mützen der Volkspolizei (VP). Vielleicht waren sie ein wenig sauer, ausgerechnet Silvester Dienst schieben zu müssen, aber als Offiziere des Ministeriums für Staatssicherheit (MfS) waren sie militärische Disziplin gewohnt. Auch die Verkleidung war nichts Neues für die beiden. Sie versahen an diesem Tag den „Sicherungsdienst der Verkehrspolizei im Rahmen des Personenschutzes führender Repräsentanten von Partei und Regierung". Ihr Dienstauftrag lautete, die Fahrt des Generalsekretärs der SED, Erich Honecker, von Wandlitz aus in Richtung Schorfheide zu begleiten. Der erste Mann im Staate wollte zum Jahresausklang noch ein bisschen seinem liebsten Hobby frönen, der Jagd.

Unter dem Kommando von Oberst Rudolf Knaut waren in der Abteilung 7 (Nahsicherung) der Hauptabteilung Personenschutz im MfS insgesamt 300 Mann ausschließlich für derartige Schutzaufgaben vorgesehen. Die beiden „Verkehrspolizisten" gehörten zur Unterabteilung 2 (Personensicherung Honecker, Stoph und Sindermann).

Pünktlich um 13.00 Uhr schloss sich der Volvo am Tor der Waldsiedlung als „Nachläufer" den beiden Citroën an, dem

„Hauptwagen“ und dessen Begleitfahrzeug, dem „Kommandowagen“, der auch als Funkzentrale fungierte. In Wandlitz bog die kleine Kolonne auf die F 109 nach Norden ab, durchfuhr mit den üblichen neunzig Stundenkilometern den Ort, in dem laut Straßenverkehrsordnung wie überall in geschlossenen Ortschaften Tempo fünfzig erlaubt war, und näherte sich der nächsten Kreuzung. Von links, aus Richtung Stolzenhagen, kam ein dunkelgrüner Lada heran, hielt am Stoppschild kurz an und bog unmittelbar vor dem Hauptwagen auf die F 109 ein. Die „Sicherungsfahrt“ musste „sehr stark abbremsen“, wie in den Akten vermerkt wurde, dann überholten die beiden Citroën den Lada 1300 ohne Schwierigkeiten, während der Volvo hinter ihm blieb.

Möglicherweise warf der „führende Repräsentant“ in diesem Augenblick einen Blick auf den Fahrer des Autos, der verkrampft hinter seinem Lenkrad saß und vergeblich versuchte, das Tempo mitzuhalten. Für seine Personenschützer war alles in Ordnung, sie hatten die wichtigste Regel befolgt: Der Konvoi musste rollen und durfte sich durch keinen Zwischenfall aufhalten lassen. Trotzdem sollte auf die „Personifizierung und Abstrafung“ des Verkehrsrowdys im Lada nicht verzichtet werden. Seitdem am 14. September 1973 Georg Ewald, Politbüro-Kandidat und Landwirtschaftsminister in Thüringen, bei solch einer Kolonnenfahrt tödlich verunglückt war, herrschten strengste Bestimmungen für derlei Zwischenfälle.

So erhielt der Kommandant des Volvo, Oberleutnant Rainer L., ein ehemaliger Betonbauer, aus dem Kommandowagen per Funk die Anweisung, den Lada zu stoppen. Sein Kraftfahrer, Oberleutnant Horst H., schaltete Blaulicht und Sirene ein und versuchte, den Lada zu überholen. Der drängte nach links. Oberleutnant L. wies aus dem geöffneten Fenster mit dem schwarz-weißen Regulierstab unmissverständlich nach rechts.

Die beiden Citroën waren längst vorbei und weit voraus. Der Lada-Fahrer unternahm einen letzten verzweifelten Versuch, schneller zu sein als die vermeintliche Polizei. Starren Blicks überholte er den Volvo rechts mit ungefähr neunzig Stundenkilometern.

„Der ist doch besoffen!“, sagte L. zu seinem Fahrer. Der setzte erneut zum Überholen an. Ein in Gegenrichtung fahrender Trabant schaffte es gerade noch, auf den unbefestigten Randstreifen auszuweichen.

Das ungleiche Wettrennen endete hinter den ersten Häusern von Klosterfelde. Ein entgegenkommender Lkw, der auf das Sondersignal hin hielt, versperrte die Hälfte der Fahrbahn und nahm dem Lada jede Fluchtmöglichkeit. Der Wagen kam anderthalb Meter hinter dem Volvo zum Stehen, in dem Horst H. mit laufendem Motor und eingelegtem Gang wartete, um einem eventuellen Auffahrunfall zu entgehen.

Rainer L. stieg aus und bedeutete dem Lkw-Fahrer, er könne weiterfahren. Dann ging er auf den Lada zu. „Was soll denn das hier werden?“, rief er. Er war sicher, es mit einem Betrunkenen zu tun zu haben. Immerhin war Silvester.

Der Lada-Fahrer, mittelgroß und mit einer schwarzen Lederjacke bekleidet, war ebenfalls ausgestiegen und stand hinter der Fahrertür seines Wagens.

High Noon auf der Straße der Roten Armee

12.00 Uhr mittags war seit gut einer Stunde vorbei, doch die sprichwörtliche High-Noon-Spannung lag in der Luft, als plötzlich das Unerwartete geschah: Der Mann aus dem Lada griff unter seiner Jacke zur Hüfte, zog eine Pistole und schoss.

L. spürte einen stechenden Schmerz in der linken Brusthälfte und wich unwillkürlich ein paar Schritte zurück. Sein Kollege und Genosse Horst H., ausgebildet für alle Situationen, die beim „Schutz von Repräsentanten" auftreten könnten, hielt im ersten Augenblick nicht für möglich, was sich da wenige Meter von ihm entfernt abspielte. Er zog seine 9-mm-Makarow und lud durch. Noch im Aussteigen begriffen und ohne über das Visier zu zielen, schoss er zweimal am Mittelholm des Volvo vorbei auf den Mann, der gebückt hinter der Lada-Tür stand und mit seiner Pistole hantierte. Die Türscheibe splitterte. Der Mann in der Lederjacke hob wiederum seine Waffe, in Kopfhöhe diesmal, zielte auf die eigene Schläfe und schoss ein zweites Mal. Dann brach er neben dem Hinterrad seines Autos zusammen.

Mit der Waffe in der Hand näherte sich Horst H. vorsichtig dem am Boden Liegenden und stieß dessen Pistole mit dem Fuß zur Seite. Erst als er sicher war, dass der Mann handlungsunfähig war, steckte er seine Makarow ein.

Inzwischen war Oberleutnant L. zum Dienstfahrzeug gewankt. „Das Schwein hat mit Platzmunition geschossen, das drückt!", sagte er gepresst. Der Schmerz über dem Herzen verstärkte sich. Erst als er im Auto saß, entdeckte er das Blut auf seiner Uniform. Er setzte einen Funkspruch an die Zentrale ab und forderte einen Rettungswagen an.

Oberleutnant Horst H. kümmerte sich um den Mann auf der Fahrbahn, brachte ihn in eine stabile Seitenlage, wie er es gelernt hatte, und legte ihm den Sitzbezug aus dem Lada unter den Kopf. Eine Krankenschwester, die angehalten hatte, um zu helfen, machte ihm klar, dass der Mann, dessen Blut in breitem Strom über die Straße rann, tot war.

Auch der Fahrer des Lkw S 4000 und sein Sohn waren hinzugetreten. Angeblich hatten sie bei laufendem Motor die Schüsse nicht gehört, wohl aber beim Blick nach hinten den Lada-Fahrer zusammenbrechen sehen. Anwohner, die sich anfangs weder über das gewohnte Sondersignal noch über das Knallen am Silvestertag gewundert hatten, kamen aus den nahen Häusern. Es war ungefähr 13.10 Uhr. Eine Stunde später wurde Oberleutnant Rainer L. mit einem Lungendurchschuss drei Zentimeter über dem Herzen in die MfS-Klinik Berlin-Buch eingeliefert. Sein linker Lungenflügel war zusammengefallen, aus dem Rippenfellraum mussten 800 Milliliter Blut entfernt werden. Sein Zustand war ernst, besserte sich aber rasch.

Erst gegen 15.30 Uhr traf die Untersuchungskommission der Staatssicherheit am „Ereignisort" ein, an dem nichts verändert worden war. Noch immer lag der Tote unter einer Decke neben seinem Pkw. Über die Identität bestand kein Zweifel. Jeder im Ort kannte den Handwerksmeister Paul Eßling und seinen grünen Lada. Der herbeigerufene Mediziner war Eßlings behandelnder Arzt und Nachbar. Ohne die Leiche unter der Decke vollständig zu untersuchen, diagnostizierte er den Tod durch einen Kopfschuss und stellte den Totenschein aus.

Die Tatortuntersuchung

Alle Ermittlungen und Untersuchungen wurden von Anfang an „zuständigkeitshalber" von den Kriminalisten und Juristen der Spezialkommission der Hauptabteilung Untersuchung des MfS geführt. Intern hieß der Bereich, dem die Aufklärung aller „öffentlichkeitswirksamen" Ereignisse und schweren Straftaten zufielen, Vorkommnisuntersuchung. Er war für die kriminalistischen Untersuchungen etwa bei Flugzeug- und Eisenbahnunglücken, spektakulären Kindesmorden oder Straftaten zuständig, von denen „Repräsentanten" betroffen waren.

In Klosterfelde, wo die vielbefahrene F 109 von der Volkspolizei seit Stunden großräumig abgesperrt war, lautete der Befehl, alle Untersuchungen am Ereignisort in kürzester Frist abzuschließen, um das entstandene Verkehrschaos so rasch wie möglich abzubauen. Inzwischen sprach bereits die ganze Gegend von der Schießerei.

Die Kriminalisten des MfS fanden in unmittelbarer Nähe des Volvo zwei 9-mm-Hülsen aus der Makarow von Horst H. Eine nicht abgeschossene 7,65-mm-Patrone lag drei Meter vom Kopf des Toten entfernt auf der Fahrbahn. Eine leere 7,65-mm-Hülse hatte der Tote in der Jackentasche, eine zweite wurde am nächsten Tag nach aufwendigen Sucharbeiten mit Metalldetektoren am gegenüberliegenden Straßenrand gefunden. Deren Projektil steckte in der Oberbekleidung des verletzten Oberleutnants, wie sich herausstellte.

Man brachte die Leiche Paul Eßlings in den Hof des nächstgelegenen Hauses an der heutigen Berliner Chaussee. Von dort wurde sie am Abend zur gerichtsmedizinischen Untersuchung abtransportiert. Zwei Einsatzfahrzeuge der Feuerwehr standen bereit, um sofort nach dem vorläufigen Abschluss der Untersuchungen – inzwischen war es längst dunkel – die Fahrbahn zu reinigen.

Aus kriminalistischer Sicht war das eine Fehlentscheidung. Wohl deshalb wurden die zweite 7,65-mm-Hülse und das zweite Projektil niemals gefunden. Ungeklärt blieb vorerst auch der Verbleib eines der beiden Makarow-Geschosse. Später gaben die beiden Zeugen im Lkw dazu einen Hinweis: Die Ladeklappe ihres S 4000 wies eine einen halben Zentimeter tiefe Mulde wie von einem Geschoss auf.

Drei Anwohner an der Straße wurden noch am Silvesterabend in Wandlitz vernommen. Zwei hatten gesehen, dass der Lada-Fahrer zuerst auf den Verkehrspolizisten geschossen hatte, bevor er seine Waffe gegen die eigene Schläfe richtete. Die Zeugenaussagen widersprechen sich allerdings, was die Anzahl der Schüsse betraf.

Als ein Berliner Journalist mehr als elf Jahre später die Zeugen, darunter auch die Insassen des Lkw, noch einmal befragte, wollten nicht mehr alle zu ihren damaligen Aussagen stehen. Grund genug für die Staatsanwaltschaft in Neuruppin, erneut Ermittlungen im Fall Paul Eßling aufzunehmen, weil sie nun davon ausging, die Staatssicherheit habe seinerzeit Druck auf die Zeugen ausgeübt.

Das ist insbesondere hinsichtlich der ersten Vernehmungen am Silvesterabend unwahrscheinlich. Die Zeugen schilderten unabhängig voneinander, dass Eßling zuerst geschossen und später die Waffe gegen sich selbst gerichtet habe. Ein Versuch, die Zeugen zu beeinflussen, wäre auch logisch nicht erklärbar. Die Stasi musste ihren noch unter Schock stehenden und bis dahin nicht vernehmungsfähigen Oberleutnant des Personenschutzes nicht vor dem viel später im Raum stehenden Vorwurf bewahren, er hätte „einen Amokschützen und potenziellen Mörder hingerichtet“. Und hätte Horst H. nach einem aufgesetzten Nahschuss – der wurde im Nachhinein für möglich gehalten – unter den Augen der Zeugen seiner Tat die Leiche in die stabile Seitenlage gebracht und ihr den Schonbezug unter den Kopf gelegt? Die Aussagen von H., der erst am 6. Januar 1983 aktenkundig vernommen wurde, und Rainer L., dessen Vernehmung sogar erst am 2. Februar erfolgte, stimmten, abgesehen von geringfügigen Details, überein.

Wie nicht anders zu erwarten, verpflichtete die Staatssicherheit alle Zeugen zu absoluter Verschwiegenheit über den Vorfall. Paul Eßlings Mutter erfuhr erst am Neujahrstag vom Tod ihres Sohns. Am Silvesternachmittag hatte sie der Enkel, der noch keinen Führerschein besaß, auf Schleichwegen zu ihrem nur wenige Hundert Meter vom Ereignisort entfernten Haus direkt an der F 109 gefahren. Abends tauchte zweimal die Volkspolizei jeweils in Begleitung eines Zivilisten bei ihr auf. Beim ersten Besuch erkundigte man sich, ob sie ihren Reisepass bereits verlängert habe – als Rentnerin durfte sie mit diesem Dokument in den Westen fahren – und welche Westkontakte sie besitze. Der zweite Besuch galt ihrem Enkel. Doch der feierte bei Freunden im Nachbarort Silvester. Die Schießerei am Ortseingang von Klosterfelde war auch dort das beherrschende Thema. Erst als er nachts gegen 2.30 Uhr heimkehrte und die Untersuchungskommission im Hause antraf, erfuhr er, dass es sich bei dem Toten um seinen Vater handelte.

Das Sektionsprotokoll

Am Neujahrstag 1983 begann um 10.00 Uhr morgens an der Militärmedizinischen Akademie Bad Saarow unter Aufsicht des Militärstaatsanwalts Oberstleutnant Möller die Sektion der Leiche des Paul Eßling. Oberst Medizinalrat Professor Dr. sc. med. Schmechta, Leiter des Instituts für Gerichtliche Medizin, nahm sie selbst vor.

Der mit einer Fotodokumentation versehene ausführliche Leichenöffnungsbericht klärte die Todesursache eindeutig. Da er in diesem Fall das wichtigste Dokument ist, sei er hier, trotz der schwer verständlichen Mediziner-Sprache, ausführlich zitiert:

Die Leichenöffnung des E. ergab Befunde einer Schußverletzung des Kopfes und einer Schußverletzung des Rumpfes in Höhe des Beckens. Bei der Kopfschußverletzung befindet sich der Einschuß in der rechten Schläfenregion oberhalb des oberen Ohrmuschelrandes und ist der Ausschuß links der Kopfmitte lokalisiert. Das Geschoß hat den Schädel in Querrichtung und unter einem geringgradig ansteigenden Winkel durchsetzt. Die Einschußverletzung wies die Zeichen eines sog. absoluten Nahschusses auf (Waffe der Hautoberfläche aufgesetzt bzw. Schußentfernung bis 0,5 cm). Eine außergewöhnlich starke Beschmauchung war in der Umgebung der Schädeleinschußöffnung und an der harten Hirnhaut darunter ausgeprägt. Bei der zweiten Schußverletzung handelt es sich um einen Durchschuß des Körpers von der rechten Unterbauchregion zur linken Gesäßseite mit einem geringen Winkel nach unten (Schußrichtung gering absteigend gegenüber der Horizontalen). Nahschußzeichen waren mit bloßem Auge nicht nachweisbar. Todesursache des E. ist die Schußverletzung des Kopfes infolge der Hirngewebszerreißungen und der Schädelknochenberstungsbrüche.

Beim Entkleiden des Toten fand sich in seiner Turnhose das 9-mm-Projektil der Makarow. Es handelte sich mit großer Wahrscheinlichkeit um dieselbe Kugel, die vorher die Scheibe des Lada durchschlagen hatte. Weiter verzeichnete die Sektionsdiagnose:

Schußverletzung des Kopfes: Beschriebene Einschußverletzung der rechten Schläfenregion 5,5 cm oberhalb des oberen Ohrmuschelansatzes (166 cm oberhalb der Fußsohle). Feiner sog. Schmutzsaum der Wundränder. Zeichen des absoluten Nahschusses: Ausbildung einer Pulverschmauchhöhle mit verstreuten grauschwärzlichen Pulverschmauchablagerungen unter der Hautoberfläche, unter dem Muskelüberzug des rechten Schläfenmuskels und zwischen den Muskelfasern desselben. Die 1 cm breite grauschwarze

Beschmauchung in der Umgebung der Knocheneinschußlücke. Rötliche Verfärbung der Muskelfasern des rechten Schläfenmuskels um den Schußkanal. Pfennigstückgroße grauschwarze Beschmauchung der harten Hirnhaut unter der Schädeleinschußöffnung. Handtellergroße frische dunkelrote Kopfschwartenblutung der Stirn-/Scheitelregion. Längsovale 1,5 cm mal 0,8 cm große Einschußverletzung des Schädels am vorderen oberen Rand der rechten Schläfenbeinschuppe. Trichterartige Erweiterung nach innen. Fetzige, etwa 3 cm Zerreißung der harten Hirnhaut unter der Einschußöffnung. Von der Schädeleinschußöffnung strahlig ausgehende Schädelbrüche in Richtung des rechten Stirnbeinhöckers, zur Scheitelmitte und zum rechten Scheitelbeinhöcker sowie in Kopflängsrichtung zur rechten Hinterhauptseite ... Vereinzelte frische rote Punktblutungen in der Umgebung der Hirnschußverletzung ... Etwa 3 cm mal 3,5 cm große Schädelknochenausschußverletzung an der Stirnbein-Scheitelbeingrenze links der Pfeilnahtkreuzung. Trichterförmige Erweiterung der Knochenlücke nach außen (Durchmesser an der inneren Knochentafel etwa 2 mal 2 cm). Von der Knochenausschußverletzung ausgehende strahlig angeordnete Schädelberstungsbrüche ... Heraussprengung von 2 jeweils etwa 5 mal 5 cm großen Scheitelbeinfragmenten am Hinterrand der Knochenausschußöffnung. Zerreißung der harten Hirnhaut unter der Schädelausschußöffnung. Beschriebene Ausschußverletzung der Kopfschwarte links hinter der Kopfmitte 12 cm oberhalb der linken Augenbraue (169 cm oberhalb der Fußsohle).

Schußverletzung des Rumpfes: ... Einschußverletzung des rechten Unterbauches (94 cm oberhalb der Fußsohle) ... Schußverletzung der rechten äußeren Hüftschlagader von ovalärer Gestalt und etwa 0,6 mal 0,8 cm Durchmesser ... Zerreißung der Hinterwand der Harnblase mit etwa 2 cm mal 3 cm großer Eröffnung der Harnblase. Geronnenes Blut in der Harnblase. Schußkanal durch die linken inneren Hüftmuskeln am Unterrand des linken Darmbeines und durch die linksseitige Gesäßmuskulatur. Ausschußverletzung der Haut der linken Gesäßhälfte 86 cm oberhalb der Fußsohle.

Allgemeines stärkeres Hirnoedem. Deutliche Blutarmut der inneren Organe. Wenig flüssiges Leichenblut. Stärkere netzartige Kohlefarbstoffablagerung unter dem Lungenfell beider Lungen. Verfettung der Leber.

Eine sogenannte Stanzmarke vom Aufsetzen der Waffe in der rechten Schläfenregion fehlte. Auch an der 7,65-mm-Waffe waren keine Hautpartikel oder andere direkte Spuren eines aufgesetzten Nahschusses festzustellen.

Ob auch die Makarow-Pistole auf solche Spuren untersucht wurde, geht aus dem Protokoll nicht hervor. Es fand jedoch eine eingehende Untersuchung der Schussspuren statt, bei der die Schmauchelemente Antimon, Blei und Kupfer unter der Haut des Schläfenlappens und an der (rechten) Schusshand Eßlings nach der atomabsorptionsspektrofotometrischen Methode bestimmt und verglichen wurden. Das Gewichtsverhältnis der Blei- und Kupferspuren an der Einschussstelle stimmte mit denen der Wischspuren von Eßlings rechter Hand überein. Daraus ergab sich laut Gutachten zweifelsfrei der Nachweis eines absoluten Nahschusses, den E. sich selbst beigebracht hatte.

Die „Stern"-Story und ihre Schwächen

In Klosterfelde und Umgebung begannen in den ersten Januartagen 1983 intensive Nachforschungen der Staatssicherheit, insbesondere im weitverzweigten Kunden- und Bekanntenkreis des Handwerksmeisters. Man war bemüht, „Umfeld und Motivation des Attentäters" und die Herkunft der Waffe aufzuklären. Diese Ermittlungen waren nach gut einer Woche in den wesentlichen Punkten abgeschlossen. Dass inzwischen die Gerüchteküche brodelte und die Legende vom Attentat selbst den Berliner Pfarrer Rainer Eppelmann erreicht hatte, wusste die Stasi ebenfalls. Wichtigtuerische Informanten schrieben sich die Finger wund – in den Akten findet sich so manch unterhaltsames Schriftstück.

Überraschenderweise hatte jedoch, unbemerkt vom MfS, zur selben Zeit noch jemand in Klosterfelde, Wandlitz und Stolzenhagen recherchiert. Der Mann aus Berlin war in einem unauffälligen Wagen mit DDR-Kennzeichen aufgetaucht und fündig geworden: „Stern"-Korrespondent Dieter Bub, dem ein Ortsansässiger eine Information über den ungewöhnlichen Zwischenfall zugespielt hatte. Zum Erstaunen der Westmedien und zum grimmigen Ärger der DDR-Oberen konnte Bub mit echten Fotos des vermeintlichen Attentäters, seiner Familie, seines Hauses und seiner Freundin aufwarten. Auch trat er Einzelheiten aus dem Familienleben des unglücklich Geschiedenen breit, die in Klosterfelde die Spatzen von den Dächern pfiffen.

Der Westkorrespondent, der sich ohne Genehmigung des Außenministeriums auf verbotenem Terrain bewegte und sein Risiko kannte, kam an die tatsächlichen Augenzeugen nicht heran. Der „Stern" schmückte deshalb seine fünfseitige Titelstory mit allerlei erfundenen Details aus. „Die anderen Stasi-Männer reißen ihre Kalaschnikows hoch …", heißt es da etwa. Ein Foto des angeblichen Tatorts und die bereits erwähnte fantasievolle Zeichnung, auf der Eßlings Lada von zwei Volvos in die Zange genommen wird, während ein dritter Bewachungswagen und ein Polizeifahrzeug zu Honeckers Citroën aufschließen und weiterrasen, gehören dazu. Selbst die vermeintlichen Wagenspuren der Aktion entdeckte Bub auf dem unbefestigten Randstreifen vor dem Haus Berliner Chaussee 5. Das lag allerdings 200 Meter vom Ereignisort entfernt, die Reifenspuren stammten von den Absperrfahrzeugen.

Das Nachrichtenmagazin „Der Spiegel", wohl nicht ganz ohne Neid auf Bubs waghalsige Recherchen, zweifelte die Darstellung des Kollegen an:

„In diesem Moment [in dem Paul Eßling auf das Ende des Honecker-Konvois stieß, J. E.]", folgert Stern-Bub, „muß den Ofensetzer aus Klosterfelde die kalte Wut gepackt haben." Sein einziger Beleg: Eßling habe nach Aussagen von Bekannten häufig „unbeherrscht auf Honecker und die SED-Regierung geschimpft. Wenn er nur könnte, wollte er es denen schon zeigen" – ein Indiz, an dem gemessen es in der notorisch unzufriedenen DDR-Bevölkerung von potenziellen Attentätern nur so wimmeln müßte. Der Stern weiß noch mehr. Zwar saß Eßling nach Bubs Schilderung allein im Auto, doch der Leser ist Live dabei: „Ohne den Fuß vom Gaspedal zu nehmen, holt er seinen Revolver aus dem Handschuhfach und entsichert ihn." Ob Eßling es Honecker tatsächlich zeigen wollte oder ob der Amok-Fahrer aus privatem Kummer einfach durchdrehte und, als er gestoppt wurde, den ersten besten anschoß, bevor er sich selbst umbrachte, oder ob er in einer Kurzschlußhandlung in jedem Fall Selbstmord begehen wollte – das wußte in Wahrheit Eßling allein. In der SED zirkuliert noch eine andere Version: Danach tötete Eßling möglicherweise nicht sich selbst, sondern wurde von Sicherheitsbeamten erschossen; unsinnig ist in jedem Fall die Stern-Behauptung, der Staatsratsvorsitzende sei „nur knapp einem Attentat entkommen".

Auch Marlies Menge, von 1978 bis 1990 für die Wochenzeitung „Die Zeit" in Ost-Berlin, machte sich so ihre Gedanken. Am 14. Januar 1983 schrieb sie in ihrem Blatt: „Ein Ofensetzer, so hieß es, sei es gewesen. Er habe seine Öfen bei Mitarbeitern von Honecker gesetzt und sich über den üppigen Lebensstil der hohen Genossen geärgert." Zutreffend stellt sie fest: „Zunächst wurde über das Motiv gestaunt: Ein Handwerker, der sich über das Wohlleben anderer aufregt! Egal, ob ein Handwerker einen privaten Betrieb hat, mit staatlicher Beteiligung arbeitet oder in einer staatlichen Produktionsgemeinschaft – jeder in der DDR weiß, daß es Handwerkern nicht schlecht geht." Und dann äußerte die Journalistin einen Gedanken, der eigentlich auf der Hand lag: „Wenn ihn das gute Leben seiner Auftraggeber wirklich so empört hat, warum hat er dann nicht einen Sprengsatz in einem der Öfen montiert, fragte man sich. Das hätte immerhin mehr Aussicht auf Erfolg gehabt als ein Attentat auf offener Straße."

Attentat oder nicht – Mielkes Firma wurde nach der „Stern"-Veröffentlichung erst richtig aktiv in Klosterfelde. Angeblich wurden zeitweilig sogar die Telefonverbindungen nach Berlin unterbrochen, doch dabei konnte es sich auch um eine normale Störung im überalterten Telefonnetz der DDR-Post handeln. Jedenfalls war die Staatssicherheit fieberhaft bemüht, Bubs Informanten ausfindig zu machen. Aber nicht einmal die eigenen IM, die es in der Gegend um Wandlitz noch reichlicher gab als anderswo in der DDR, brachten Klarheit in die Angelegenheit. Man vernahm ein Dutzend Leute, doch keiner wusste etwas. Nur eine Frau wollte einen „West-Wagen" im Ort gesehen haben.

In seiner nächsten Ausgabe vom 18. Januar – Bub war seit Tagen aus der DDR ausgewiesen – schob der „Stern" noch einmal nach, allerdings nur auf Seite 124: Neue Fakten, neue Fotos – diesmal von einem Flensburger Verwandten der Familie Eßling, Immo Sch., beigesteuert. Von seinen Besuchen bei Paul Eßling wusste Sch. zu berichten, der sei ein höchst eigensinniger Mensch und überdies ein Waffennarr gewesen, keinesfalls jedoch ein Alkoholiker. Ein Attentäter mit 2,5 Promille (die wies ein nach dem gaschromatografischen Verfahren gewonnenes Gutachten dem Toten nach) machte offenbar nicht so viel her wie einer, der aus Zorn auf das Regime zur Waffe griff.

Ob ein geübter Schütze auch oder gerade in diesem Zustand sein Ziel zu treffen vermag, steht auf einem anderen Blatt. Paul Eßling war jedenfalls ein ausgezeichneter Schütze. Die zahlreichen Schießscheiben in seinem Haus bewiesen es, und die GST, die vormilitärische „Gesellschaft für Sport und Technik", in Klosterfelde bestätigte es den Ermittlern von der Staatssicherheit.

Paul Eßling – ein Mann mit Problemen

Im Ort wusste jeder, was Immo Sch. und der „Stern" nicht wahrhaben wollten: Paul Eßling hatte getrunken. Und auch die Stasi wusste es. Bereits am 24. Januar 1982 hatte man ihm in Berlin nach einer Verkehrskontrolle die Fahrerlaubnis entzogen. Er hatte mit einem Blutalkoholgehalt von 1,9 Milligramm pro Liter die zulässige Höchstgeschwindigkeit um 19 Stundenkilometer überschritten. Doch der Mann wusste sich zu helfen. Wozu hatte man schließlich gute Bekannte bei einer gewissen Firma? Mit einem Ofensetzer, der noch dazu das nötige Material besorgen konnte, wollte es sich niemand verderben. Ein Kamin für die „Datsche" war der Gipfel kleinbürgerlichen Wohlstands, und Paul Eßling nutzte das.

Deshalb wandte er sich an Hauptmann T. von der MfS-Kreisdienststelle Bernau, der wiederum den Genossen St. von der HA VII/1, verantwortlich für die Offiziershochschule der VP in Biesenthal, so gut kannte, dass er ihn um Unterstützung angehen konnte. Eine Hand wusch nun mal die andere. Der stellvertretende Leiter der Kreisdienststelle bat die H VII/1, das bei der VP-Inspektion Pankow anstehende „Verfahren gegen Eßling, Paul ... einzuziehen und uns zur operativen Nutzung zu übersenden". Einem solchen Wunsch der Stasi konnte sich die Polizei nicht verschließen – was galten da schon Recht und Gesetz? Eine Begründung für den Deal mit eigennützigem Hintergrund lieferte T. ein Jahr später nach: „E. war mir persönlich bekannt, es bestand ein operatives Interesse resultierend aus bedeutsamen Kontakten ... Einfluß auf die Überlegungen ... hatte auch, daß Eßling für viele Genossen des MfS gearbeitet hatte und eine Arbeit für einen Genossen der HA XVIII bei Groß Köris zugesagt, aber noch nicht ausgeführt hatte. Im Frühsommer 82 wurde dem E. die Fahrerlaubnis zurückgegeben."

Trotz der „unbürokratischen" Regelung seines Vergehens war das Jahr 1982 eine besonders kritische Zeit im Leben Paul Eßlings. Inzwischen hatte er den letzten Halt verloren, den ihm die Familie vorher noch geboten hatte, obwohl er Frau und Kinder mit seinem herrischen Verhalten tyrannisierte. Seine Unausgeglichenheit und ständige Unzufriedenheit schlugen sich immer öfter in einer Unbeherrschtheit seinen Kunden und Bekannten gegenüber nieder. Sein Alkoholkonsum stieg. Darunter litten auch seine letzten persönlichen Beziehungen.

Die 38-jährige Geschäftsfrau Sieglinde St. aus Stolzenhagen, um die er hartnäckig geworben hatte, kündigte ihm ein paar Tage vor Weihnachten an, die Beziehung zu ihm endgültig zu lösen. Eßling war verzweifelt und betrank sich sinnlos. Als der Schnaps alle war, griff er nach vergälltem Brennspiritus. Sogar von einem Suizidversuch ist die Rede. Ein guter Bekannter, den er in der Nacht zum 23. Dezember mehrfach anrief, riet ihm dringend, einen Arzt aufzusuchen.

Ob Eßling am Silvestervormittag in seiner Werkstatt getrunken hatte, bevor er erneut bei Frau St. anrief und seinen Besuch ankündigte, ist ungewiss. Frau St. und ihre Mitarbeiter stießen gerade mit einem Glas Sekt auf den Feierabend an, und sie war nicht bereit, mit ihm zu reden. Als Eßling gegen 12.00 Uhr dennoch vor ihrem Haus aufkreuzte, drohte er: „Ich gehe jetzt rein und räume bei dir auf!" Sieglinde St. blieb ruhig und sagte, er solle verschwinden. Zwanzig Minuten später war er wieder da, stieg aber diesmal nicht aus seinem Auto aus.

Elf Jahre später erinnerte sich Frau St.: „Kann sein, dass er etwas getrunken hatte, besoffen war er jedenfalls nicht." Ausführlicher sprechen mochte sie über die alte Geschichte nicht mehr – zu sehr hatten sie damals die zahlreichen Verhöre durch die Stasi belastet. Die hatte sogar unterstellt, Sieglinde St. sei die „Stern"-Informantin gewesen und habe dafür ein Honorar von 30 000 Westmark kassiert. Das wollte jedenfalls der Berliner „Tagesspiegel" nach dem Ende der DDR von ihr erfahren haben.

Doch zurück zu jenem verhängnisvollen Silvestertag. Wahrscheinlich hatte Eßling zu diesem Zeitpunkt nur einen ersten Schluck aus der Flasche Goldbrand genommen, die er in den zwanzig Minuten zwischen seinen beiden Besuchen in Stolzenhagen im Wandlitzer Imbiss „Zum dicken Kurt" gekauft hatte. Sein Frust über das abweisende Verhalten der Frau war möglicherweise der Auslöser für die späteren Ereignisse. Auf dem Beifahrersitz neben ihm lagen das Fernglas, das er immer bei sich hatte, und die Flasche Goldbrand, aus der er ungefähr 0,3 Liter getrunken hatte – also sieben bis acht „Doppelte", was mit dem Blutalkohol-Untersuchungsergebnis übereinstimmt. Ein 23 Zentimeter langes Messer lag griffbereit im Fußraum des Autos. In Eßlings Gürtel steckte die 7,65-mm-Walther-Pistole, mit der er schon öfter Schießübungen veranstaltet hatte.

In seiner Tasche trug Paul Eßling über 1000 Mark bei sich, dazu den Entwurf einer Heiratsannonce für die Zeitung „Wochenpost": „Die 40 sind überschritten, die erste Ehe ist geschieden. Vater mit 16jährigem Sohn, nur 1,70 groß und auch keine Schönheit, kann auch nicht mit Hochschul-Abschluß glänzen und muß kräftig arbeiten, in schöner Gegend bei Berlin, ortsgebunden, überzeugter Nichtraucher, sucht hübsche, lebenserfahrene Frau, die bereit ist, sich anzupassen, so wie er es auch möchte. Fahrerlaubnis erwünscht, obwohl eigene vorhanden. Bitte Bildzuschriften …"

Der erfolgreiche Handwerker träumte offenbar von einem neuen Leben. Doch seine Abhängigkeit vom Alkohol bestimmte seine Gegenwart. Ein Teufelskreis, aus dem er keinen Ausweg fand.

Die Ermittler der Staatssicherheit stießen in Eßlings Haus und seiner Werkstatt überall auf leere Flaschen. Sechs Tage lang durchsuchten sie unter Aufsicht des Militärstaatsanwalts B. das gesamte Anwesen. Sie durchforschten selbst den Karpfenteich mit Detektorsonden. Die Ausbeute: ein rostiger Nagel.

Ein Waffennarr mit Beziehungen

Aussagekräftiger war, was man im Haus und unter dem Dach des großen Nebengebäudes fand. Kein Zweifel, der Mann, dem das alles gehört hatte, musste ein regelrechter Waffennarr gewesen sein! Über dem Kamin hing eine ganze Kollektion von Waffen: ein Florett, ein indischer Dolch, mehrere Waidmesser und eine Armbrust. Darüber hinaus besaß Paul Eßling eine französische Doppelflinte mit Zielfernrohr, Kaliber 16 x 24, dazu 617 Patronen, eine Büchsflinte der Firma C. Franz Keller aus Suhl, Kaliber 11.15/16 x 70, eine 8,8-mm-Scheibenbüchse mit gezogenem Lauf, sämtlich um die siebzig Jahre alt. Außerdem Kleinkaliberwaffen, zwei unbrauchbare Revolver, selbstgebaute Schalldämpfer, zwei Druckluftpistolen, insgesamt 1154 Schuss Munition und 360 leere Patronenhülsen. Das Beschlagnahmeprotokoll umfasste 164 Positionen. 31 Gegenstände wurden später auf Anweisung des Staatsanwalts vernichtet, 77 an die Erben zurückgegeben.

Den Grundstock für diese Waffensammlung hatte schon Eßlings Vater, ehemals Blockleiter der NSDAP, gelegt und über die Wirren der Zeit versteckt gehalten. Aus dessen Besitz stammte auch die schlecht gepflegte „Selbstladepistole Cal. 7.65 Walthers-Patent Modell 4", um 1915 von Carl Walther im thüringischen Zella St. Blasii gefertigt.

Paul Eßling trug diese Pistole am Silvestertag nicht zum ersten Mal bei sich. Er liebte es, bewaffnet umherzufahren. Nach dem Suizid lag die Pistole mit nicht zurückgefahrenem Ladeschlitten als „Spur Nr. 3" auf der Chaussee in Klosterfelde. Hatte Eßling vor dem tödlichen Schuss noch Zeit gefunden, eine Ladehemmung zu beseitigen? Die Patrone sprach dafür. Auch beim Probeschießen im Verlauf der waffentechnischen Untersuchung verklemmten sich immer wieder Patronen im Auswerferfenster der Waffe.

Paul Eßling war nicht nur ein Waffenliebhaber, er wollte seine Waffen auch nutzen. Mit dem „führenden Repräsentanten", in dessen Nähe er an jenem Silvestertag geriet, teilte er eine besondere Leidenschaft: Er war ein passionierter – um nicht zu sagen manischer – Jäger. Doch im Gegensatz zu dem hohen Würdenträger, der sich dafür riesige Waldgebiete reservierte, ließ man den eigenwilligen Handwerksmeister, dessen charakterliche Schwächen und dessen Neigung zum Alkohol bekannt waren, legal nie zum Schuss kommen. Wer in einer der rund 970 Jagdgesellschaften der DDR auf die Pirsch gehen wollte, musste über eine entsprechende „persönliche politische Eignung“ verfügen, denn geschossen wurde „unter der Führung der Sozialistischen Einheitspartei Deutschlands“. Die Jagdgesellschaft erzog „ihre Mitglieder zu aufrechten Kämpfern für den Sozialismus“, in ihren Lehrstunden nahm Staatsbürgerkunde mehr Raum als die Ausbildung an den Waffen ein. Doch Paul Eßling hatte mit seinem Staat nichts am Hut, er wollte nur schießen.

Dass der ihm das edle Waidwerk vorenthielt, traf ihn tief. Nicht einmal die Politprominenz zweiter Garnitur, die zu seinem Kundenkreis zählte, vermochte ihm da zu helfen. In den Befragungsprotokollen der Staatssicherheit tauchten zahlreiche renommierte Namen auf. Über einen prominenten Autor ist nachzulesen, er habe Eßling zu Hause besucht und sei von dessen Bekannten K. nach Hause gefahren worden. Betroffen bestätigte der Schriftstellerkollege den Vorgang. Bis zu unserem Gespräch darüber hatte er nicht geahnt, dass ihn die flächendeckende Überwachung der Stasi mit dem „Honecker-Attentäter“ in Verbindung gebracht hatte.

Paul Eßling baute seine Kamine auch in Häusern und „Datschen“ der Stasi-Oberen, unter anderem bei Markus Wolf, in mehreren Armee-Objekten und in den „Jagdhütten“ des Sportvereins Dynamo bei Groß-Schönebeck. Er war stolz auf seine Arbeit, die jeder schätzte. Ins Jagdkollektiv wurde er dennoch nicht aufgenommen. „Unsere Jagdgesellschaft ist durch Abtrennung eines Jagdgebiets an eine andere Jagdgesellschaft mit Jägern weit überfordert“, hieß es in einem von mehreren Ablehnungsschreiben auf seine wiederholten Aufnahmegesuche.

Jene „andere Jagdgesellschaft“ hatte in der Schorfheide seit über hundert Jahren ihre eigene Tradition. Diese reichte von

Kaiser Wilhelm über den „Reichsjägermeister“ Hermann Göring bis zu Erich Honecker und Genossen. Selbst als Paul Eßlings Munitionslieferant, der Diplom-Staatswissenschaftler K., der als „Versorger“ für die Waldsiedlung Wandlitz tätig war und ein Jahr nach dem Tod des Ofensetzers auf der F 109 in seiner Jagdhütte selbst Suizid beging, sich im angeblichen Auftrag von „General Wolf“ für den Möchtegern-Jäger einsetzte, half das nicht. General Günter Wolf, Chef der Hauptabteilung Personenschutz im MfS, zeichnete für den Butler-Service in der Waldsiedlung Wandlitz verantwortlich. Er hatte seinen Untergebenen nicht nur schriftlich befohlen, ihre Arbeitsaufgaben „zur optimalen und niveauvollen Betreuung und Versorgung der führenden Repräsentanten, ihrer Familienangehörigen und Gäste … jederzeit vorbildlich, mit hoher Einsatzbereitschaft, revolutionärer Wachsamkeit und tschekistischer Meisterschaft zu realisieren“, sondern sie auch allen Ernstes angewiesen, den hohen Herren Genossen jeden Wunsch von den Augen abzulesen, bevor er überhaupt ausgesprochen wurde.

Dass sich ein Stasi-General für Paul Eßling eingesetzt haben soll, bleibt merkwürdig, denn der war bekanntermaßen aufmüpfig. Doch letztlich wog wohl das gängige DDR-Motto „Privat geht vor Katastrophe“ schwerer als das Gemoser des Mannes, den alle brauchten. Als die Stasi nach den „staatsfeindlichen Äußerungen“ Eßlings in Klosterfelde fragte, wollte sie dort niemand bestätigen. Vielmehr wurde der abgängige Mitbürger als ein in „politischer Hinsicht zurückhaltender Mensch charakterisiert“, obwohl es viele besser wussten. Selbst die zahlreichen „ehrenamtlichen Informanten“ der Firma gaben sich unwissend und behaupteten, dass Eßlings Jagdleidenschaft bekannt gewesen sei, nichts jedoch über die Waffen in seinem Besitz gewusst zu haben.

Auch das war ausgesprochen unglaubwürdig. Paul Eßling war häufig im Wald herumgestreift und -geritten und hatte etliche Jäger verärgert. Es war nicht unbemerkt geblieben, dass er gewildert und Rehe und Wildschweine geschossen hatte. Mindestens ein solcher Vorfall war aktenkundig, wie die Stasi herausfand. Außerdem stammte die Munition für Eßlings Jagdwaffen – anders als die von der Deutschen Waffen- und Munitions-AG Berlin Borsigwalde produzierten Vorkriegspatronen für seine Walther-Pistole – aus den 1970er-Jahren. Die konnte in der DDR nur ein ausgewählter Personenkreis besorgt haben.

Das MfS protokollierte all das säuberlich und unternahm weitere umfangreiche Nachforschungen. Aber so recht schien niemand daran interessiert gewesen zu sein, ausgerechnet in der Nähe von Wandlitz in einem schier bodenlosen Sumpf herumzustochern. Vier magere Seiten füllt beispielsweise die bemerkenswerte Tatsache, dass ein Offizier der eigenen Firma, Oberstleutnant Al. von den rückwärtigen Diensten der Hauptverwaltung Aufklärung (HVA), Eßling für Westgeld dessen beide Luftdruckpistolen besorgt hatte.

Ausführlicher dargestellt wurden die charakterlichen Schwächen Paul Eßlings, man ließ zu diesem Zweck sogar ein nachträgliches medizinisches Gutachten anfertigen. In ihm wurde Eßlings wenig geselliges, leicht reizbares und rechthaberisches Wesen hervorgehoben. Besonders nach dem Verlust der Familie habe sich der zu Alkoholmissbrauch neigende ziel- und willenlose Mann – schon Vater und Großvater seien „Potatoren" gewesen, Quartalstrinker – hilflos und unsicher gefühlt. Aus diesem Persönlichkeitsbild wurde geschlussfolgert, man habe es mit dem „Bilanzselbstmord" einer „anankastischen [zwanghaften] Persönlichkeit" zu tun.

Für die Staatssicherheit war das eine annehmbare Lösung

des Falls Paul Eßling. Der zwölfseitige, vom Abteilungsleiter Oberstleutnant Lehmann unterzeichnete Abschlussbericht der Hauptabteilung Untersuchung bescheinigte Eßling außerdem, er habe sich in einem „schuldhaft herbeigeführten, die Zurechnungsfähigkeit vermindernden Rauschzustand (Psychose)" befunden, und kam zu dem Ergebnis, es könne ausgeschlossen werden, dass E. aus einer „feindlichen negativen Haltung heraus gezielt einen Angriff auf eine Repräsentantenfahrt geführt oder geplant hatte".

In Klosterfelde kehrte allmählich wieder Ruhe ein. Angesichts der umfangreichen Stasi-Aktivitäten im Ort war das auch allen recht, denn darüber sprechen durften sie ohnehin nicht. Die Sicherheitsbestimmungen für „Repräsentantenfahrten" wurden verschärft. Und dem besonders mit der Sicherung der Protokollstrecke beauftragten IM „Hans Berger", der nicht ahnte, dass man vorsichtshalber auch sein Telefon abhörte, und der in Eßling seinen besten Goldbrand-Kunden verloren hatte, wurde in Anerkennung besonderer Leistungen bei der Aufklärung des „Vorkommnisses" eine Spieluhr im Wert von 350 Mark überreicht.

Der Streit der Leibwächter

Als das Ende der DDR eingeläutet war, ließ die Geschichte um Paul Eßling dann doch noch einmal den Blätterwald rauschen. Nachdem „Das Magazin" 1990 in seiner April-Ausgabe einen „Report" zu dem Fall gebracht hatte, meldeten sich nach und nach auch Honeckers ehemalige Leibwächter zu Wort.

„Bild" widmete Ende März 1990 dem angeblichen Augenzeugen Bernd Brückner eine Serie, obwohl der den Vorfall selbst gar nicht miterlebt hatte. Silvester 1983 war einer seiner raren freien Tage gewesen. In Brückners Mär machte sich der „stockbetrunkene Ofensetzer" in einem Trabant, den zwei Männer des Begleitkommandos beiseitegeschoben hatten, an die Verfolgung der Kolonne. „Und da passierte es: Der Ofensetzer sprang, wie von Sinnen – und das war er ja auch –, aus seinem Trabi und zog eine Pistole, zielte und schoß ..." Brückner betonte, dass man nur auf Angriffe von vorne vorbereitet gewesen sei: „Für solche Fälle war vorgesehen – und tausendmal geübt worden – dass der Citroën mit der Nummer 1 seine Fahrt stark abbremst, ohne anzuhalten, der Kommandowagen an ihm vorbeizieht und vor dem Hindernis stoppt ... Die Kollegen reißen als Deckung alle vier Türen auf, gehen dahinter mit der Waffe in Stellung und einer läuft zum Hindernis, um die Lage zu klären."

Als ihn das MDR-Fernsehen noch einmal im Juni 2003 als Sachverständigen für das Honecker-Attentat präsentierte, korrigierte Brückner sich: „Das Fahrzeug mit dem Tatverdächtigen hielt an, und ein Mitarbeiter der Verkehrspolizei stieg aus, um den Fahrer zu kontrollieren. Dieser schoss ohne Vorwarnung auf den Mitarbeiter der Verkehrspolizei und verletzte diesen schwer. Der Kollege, der zweite Kollege, schoss zurück. In diesem Augenblick hatte sich aber der Tatverdächtige bzw. der Täter schon selbst erschossen."

Aus dem „Attentat bei Klosterfelde" wollten schon in den Monaten der DDR-Agonie auch Brückners Kollegen ein bisschen Kapital schlagen. Adelhard Winkler, bis dahin 36 Jahre im Dienst als Fahrer und selbst unter seinen Genossen als „einer der schlimmsten Hofhunde EHs" verschrien, war der Nächste, der seine schmal gewordenen Einkünfte zwischen den Busenwundern einer Illustrierten aufzubessern gedachte. Neben etlichen besonderen Unappetitlichkeiten aus dem Leben des Generalsekretärs wusste Winkler der Leserschar auch etwas über den schießwütigen Ofensetzer mitzuteilen: „Wir waren uns sicher: Der Mann wollte Honecker töten!" Eilig meldete die „Berliner Zeitung" daraufhin am 5. September 1990: „Leibwächter bestätigt das Attentat auf Honecker."

Diese durch nichts zu beweisende Behauptung ließ wiederum Ralf Ehresmann nicht ruhen, der ebenfalls zehn Jahre lang den Schatten des Übervaters bewacht hatte. In der Redaktion der „Berliner Zeitung" gab er zu Protokoll, Winkler habe an jenem Silvestertag dienstfrei gehabt. Und überhaupt wisse er es besser: Es war kein Attentat. „Kugeln von Klosterfelde galten nicht Honecker", hieß es am 7. September prompt auf Seite eins. Ehresmann hatte anscheinend wirklich neben Funker und Fahrer im zweiten Citroën gesessen und zumindest den ersten Teil des „Besonderen Vorkommnisses" als Augenzeuge erlebt: „Am nördlichen Ausgang von Wandlitz kam links aus Richtung Stolzenhagen ein grüner Lada 1300 auf die Fernverkehrsstraße zu. Er stoppte an der Kreuzung, fuhr wieder an, stoppte nochmals, stieß anschließend wenige Meter zurück ... Als wir ziemlich nahe dran waren – etwa hundert Meter von der Kreuzung entfernt –, bog der Lada in scharfem Tempo links ein, zog gleich auf den rechten Sommerstreifen und schlingerte anschließend ein wenig auf die Straße. Im gleichen Augenblick waren wir jedoch schon an ihm vorbei." Die „Nummer eins" hatte offenbar von alldem nicht viel mitbekommen: „E. H.s Hand jedenfalls zitterte auch an diesem Nachmittag nicht. Neun kapitale Hirsche sollten das Jahr 1983 nicht mehr erleben. Ehresmann will es genau wissen; er musste das Wild ja aufbrechen."

Dem damaligen innenpolitischen Ressortchef der „Berliner Zeitung" erschienen die Auskünfte seines Informanten allzu dürftig. Deshalb reicherte er sie mit einer detaillierten Schilderung des weiteren Verlaufs in Klosterfelde sowie mit Erkenntnissen aus dem „Bericht der Untersuchungsbehörden" und den „von namhaften Medizinern erstellten Obduktionsergebnissen" an, die er offenbar der Einfachheit halber ohne Quellenangabe aus dem „Magazin" abschrieb. Immerhin wollte er selbst herausgefunden haben: „Das Attentat auf den ‚führenden Repräsentanten des deutschen Arbeiter- und Bauernstaates' hat also überhaupt nie stattgefunden."

Ein letztes Rauschen im Blätterwald

Das alles ließ den „Stern" nicht ruhen. Kurioserweise kam die Zeitschrift drei Jahre später, im Dezember 1993, noch einmal auf die eigene, elf Jahre alte Story zurück und beharrte darauf, alles sei so gewesen wie damals beschrieben: „Das Attentat fand statt. Hartnäckig dementierte die DDR-Führung vor zehn Jahren den Stern-Bericht über einen Anschlag auf Erich Honecker. Jetzt aufgefundene Dokumente geben dem Stern recht", hieß es vielversprechend. „Das zwanzigseitige Stasi-Dossier über den Vorfall – so geheim, daß es nur drei Exemplare gab – wurde jetzt in der Gauck-Behörde aufgefunden. Durch neue Recherchen des Stern alarmiert, hat die Staatsanwaltschaft beim Berliner Kammergericht nun sogar die zuständigen Kollegen in Frankfurt/Oder gebeten, den angeblichen Selbstmord des Attentäters Paul Eßling zu überprüfen. Denn es wird nicht mehr ausgeschlossen, daß der schon angeschossene Handwerker von einem Stasi-Offizier mit einem gezielten Nahschuß in den Kopf regelrecht ‚hingerichtet' worden ist."

Der Rest des fünfspaltigen „Stern"-Artikels enthielt Bekanntes aus den Akten des Militäroberstaatsanwalts. Wenn es denn ein „neuer Beweis dafür war, daß der Klosterfelder Handwerker es wirklich auf Honecker abgesehen hatte", weil die Fahrzeugkolonne des Staatschefs nicht aus einem halben Dutzend Wagen – wie vom „Stern" 1983 vermutet –, sondern „bloß aus drei" bestanden hatte, so war dieser „Beweis" seit April 1990 im „Magazin" und seit demselben Jahr im Kriminalmagazin „Underground" nachzulesen.

Die Staatsanwaltschaft Frankfurt/Oder indes ermittelte tatsächlich. Das war ihre Pflicht, denn wäre es ein Mord gewesen, hätte den Täter keine Verjährung vor Strafe geschützt.

Die Untersuchungen ergaben aber offenbar nicht viel, und elf Monate gingen ins Land, bis die „Berliner Zeitung" erneut fragte: „Erschoß die Stasi den Honecker-Attentäter?" Und die „Süddeutsche Zeitung" titelte: „Mutmaßlicher Attentäter angeblich auf der Stelle von Stasi-Offizieren hingerichtet."

Den Vogel – in dem Fall eine kapitale Ente – schossen in trauter Eintracht „Bild" und Sat 1 ab. Die nämlich fabulierten am 27. Oktober 1994 von angeblichen Stasi-Dokumenten, die den damals Berlin regierenden Bürgermeister Eberhard Diepgen (CDU) als Waffenlieferanten für Paul Eßling entlarvten. Das habe ein ungenannter Stasi-Informant einem namenlosen Berliner Polizeibeamten mitgeteilt. Doch den „Zeugen" vom Hören-Hörensagen nahm niemand ernst. Während Diepgen – mit seinem damaligen Polizeipräsidenten Hagen Saberschinsky gerade auf einer Moskau-Reise in Sachen Sicherheit unterwegs – locker äußerte, bei den Waffen, die er bisher beschafft hätte, habe es sich ausschließlich um Wasserpistolen für seine Kinder gehandelt, war Sat 1 auf Anfrage nicht einmal mehr bereit, den Wortlaut der damals ausgestrahlten Meldung mitzuteilen.

Die Staatsanwaltschaft Neuruppin, die den Fall Eßling inzwischen übernommen hatte, schaute sich hingegen tatsächlich noch einmal die Ergebnisse des Obduktionsberichts und die Zeugenaussagen an.

Nachdem das Gutachten eines Bonner Rechtsmediziners – das sich vermutlich auf im „Underground“ zitierte Formulierungen aus dem Bad Saarower Leichenöffnungsbericht vom 3. Januar 1983 stützte – zu dem Schluss gekommen war, Eßling sei mit einer Waffe größeren Kalibers als 7,65 Millimeter erschossen worden, erhärtete sich der Anfangsverdacht gegen Horst H. Der Neuruppiner Oberstaatsanwalt Gerd Schnittcher erklärte gegenüber der „Berliner Zeitung“: „Wir haben den Verdacht, daß der Mann durch einen aufgesetzten Kopfschuß getötet wurde, ohne daß sich seine Verfolger zu diesem Zeitpunkt noch in einer Notwehrlage befanden.“

Der Rechtsmediziner Professor Dr. Maxeiner von der Freien Universität Berlin kam nach eingehendem Studium der Unterlagen aus Bad Saarow zu einem anderen Schluss: Die auf den Obduktionsfotos deutlich sichtbare Ausfaserung der Ausschusswunde sei typisch für das Kaliber 7.65. „Es sei zweifelsfrei erwiesen, daß Eßlings Kopfwunde aus einer 765er [sic!] Walther stammte.“ So zitierte am 30. Dezember 1994 „Der Tagesspiegel“ den Leitenden Neuruppiner Staatsanwalt Dr. Erardo Rautenberg. Nach dessen Ansicht stand „mit ziemlicher Sicherheit fest, daß sich Eßling an jenem 31. Dezember 1982 mit seiner eigenen Waffe erschossen habe“.

Die Augenzeugen – diesmal nicht von Journalisten, sondern von der Staatsanwaltschaft befragt – hatten ihre Aussagen vom Silvesterabend 1982 bestätigt. Die Obduzenten in Bad Saarow dokumentierten den Bauchdurchschuss, den der Oberleutnant H. Paul Eßling beigebracht hatte, ebenso gewissenhaft wie die tödliche Kopfverletzung.

Dennoch blieb, wie immer in solchen Fällen, ein unwägbarer

Rest. Dass Kugeln nicht auffindbar waren, Papillarabdrücke auf Eßlings Waffe fehlten und sich die Aussagen der Zeugen über Details ihrer Beobachtungen und über die Anzahl der Schüsse widersprachen, deutet eher auf eine unbeeinflusste Untersuchung und Befragung hin.

Bei aller Irrationalität, wie sie vielen Aktionen der DDR-Staatssicherheit eigen war: Weshalb hätte die „Firma" einen akribisch geführten Aktenvorgang von 743 Seiten und Tausenden weiteren mit Protokollen und Gutachten anlegen und fälschen sollen, wenn für sie doch feststand, dass die Unterlagen nie ein Unbefugter zu Gesicht bekommen würde? Es hätte mehr Zeugen für die Fälschung als für den tatsächlichen Tathergang gegeben.

Für die schon im Januar 1983 im „Spiegel" geäußerte Vermutung, dass sich Eßling möglicherwiese nicht selbst getötet habe, sondern von einem Sicherheitsbeamten erschossen wurde, fanden jedenfalls auch die Neuruppiner Staatsanwälte keinen Beweis. Selbst Dr. Rautenberg hegte am Ende der Untersuchungen starke Zweifel, „ob Eßling überhaupt einen Anschlag auf Honecker geplant hatte ..."

Nachtrag: Ein konstruiertes Verbrechen

Dass nicht auf Honecker, sondern auf seinen Vorgänger Walter Ulbricht ein Anschlag geplant gewesen sein soll, den doch tatsächlich die Stasi erfunden hat und der für ein paar Menschen bitterste Konsequenzen hatte, fand nach dem Ende der DDR weit weniger Beachtung als die Story um Paul Eßling.

Diese Geschichte begann am 26. Oktober 1968 in der Kneipe des thüringischen Ortes Steinbach. Man feierte Kirmes, und die Sterncombo aus Trusetal machte Musik. Es ging hoch her.

Am Stammtisch sitzen die Einheimischen und schimpfen auf die Regierung. Von „Kommunistenschweinen" ist die Rede und auch davon, dass man diese Leute am besten erschießen sollte. Fremde am Nachbartisch hören das mit Missfallen. Sie tragen das SED-Parteiabzeichen am Revers und kommen aus dem benachbarten Bad Liebenstein. Dort sind sie Kurgäste – so wie lange zuvor auch mal Walter Ulbricht und Frau Lotte.

Die Steinbacher Gerald Rilk und Werner Iffert legen sich mit den SED-Genossen an. Es wird gepöbelt, immer wieder ist vom Erschießen der Kommunisten die Rede. Viel Bier hat die Zungen gelockert. Die Kurgäste verdrücken sich und erstatten Anzeige. Rilk und Iffert werden noch in der Kneipe verhaftet.

Die Kripo hat die Thüringer schon lange im Auge, denn in Steinbach wird gewildert. Und wer wildert, muss auch Waffen haben. Deshalb sammelt sie seit einiger Zeit alle Informationen in der Akte „Steinbock".

Nach einem Dreivierteljahr übernimmt die Stasi-Kreisdienststelle Bad Salzungen die Sache. Am 16. Juni rücken ihre Leute in Steinbach ein, verhören die Anwohner und durchsuchen die Häuser.

An mehreren Orten werden illegale Waffen gefunden, auch Handgranaten sind dabei. Gerald Rilk besitzt sogar ein Fallschirmspringer-Sturmgewehr. „Das habe ich gefunden", gibt er an, doch niemand glaubt ihm. Die Wehrmacht der Nationalsozialisten hatte bei Kriegsende das Zeug einfach im Wald liegen gelassen, an dem sich einige Steinbacher bedient hatten.

Mehr als zwanzig von ihnen sitzen jetzt wegen illegalen Waffenbesitzes in Untersuchungshaft. Anfang 1970 werden die meisten in Bad Salzungen verurteilt. Gerald Rilk und Werner Iffert sind nicht dabei. Auch nicht die später verhafteten Brüder Kurt und Herbert Malsch sowie Herbert Fischer.

Die Stasi vermutet, diese Männer könnten mehr auf dem Kerbholz haben. Sie haben in der Kneipe auf Ulbricht geschimpft und den Prager Frühling begrüßt – daraus konstruieren die Vernehmer nun einen Umsturzplan, eingeleitet mit einem Attentat auf Walter Ulbricht.

Die Steinbacher begreifen zunächst gar nicht, worum es eigentlich geht. Doch dafür, dass sie das endlich verstehen, wird in den immer wieder stattfindenden Verhören gesorgt. Gerald Rilk: „Die Stasi hat uns auf eine Linie geführt." Nun ist plötzlich nur noch vom angeblich geplanten „Mordanschlag auf den Staatsratsvorsitzenden" die Rede.

Dass Walter Ulbricht das benachbarte Bad Liebenstein seit 1964 gar nicht mehr besucht hat, ficht die Stasi nicht an. Sie bastelt ihren Mordplan – nur fehlen nach anderthalb Jahren immer noch die Geständnisse. Doch schließlich machen die Verhöre die stets erneut Beschuldigten mürbe, und sie unterschreiben.

Immer noch traut sich die Stasi mit ihrer erfundenen und erpressten Geschichte vom Attentat auf Walter Ulbricht nicht vor Gericht. Es fehlt ein angeblicher Anführer der „Bande".

Den glaubt man in NVA-Hauptmann Rainer Grauel zu finden, einem MiG-21-Piloten aus Steinbach, der in Trollenhagen bei Neubrandenburg dient. Er erhält Flugverbot, wird von 42 IMs bespitzelt, in Arrest gesteckt, zum Soldaten degradiert und schließlich für ein Jahr eingesperrt, weil er alles nicht begreift und einfach nur nach Hause möchte. Worum es damals, Anfang der 1970er-Jahre überhaupt ging, erfährt Rainer Grauel erst nach dem Ende der DDR aus seinen Stasi-Akten. Als „Rädelsführer" des angeblichen Ulbricht-Attentates taugt er damals jedenfalls nicht. Da scheint Georg Wölkner geeigneter.

Der Förster arbeitet im Sperrgebiet, kennt die Steinbacher

und hat sogar schon illegal mit ihnen gejagt. Am 2. Oktober 1970 wird er verhaftet.

Wieder vergehen zwei Jahre. Walter Ulbrichts Stern ist gesunken, und die angeblichen Attentäter sitzen derweil fast fünf Jahre in U-Haft. So wird ein Geheimprozess vor dem Obersten Gericht der DDR geplant. Die Angeklagten lernen ihre Rollen auswendig. Immerhin steht die Drohung der Todesstrafe im Raum. Die Stasi-Leute machen den Männern unverhohlen klar, dass die ganze Geschichte nur dann glimpflich ablaufen könne, wenn sie wie erwartet vor Gericht funktionieren.

Im Prozess gibt es weder Beweismittel noch Zeugen. Nur Urteile. Am 11. April 1972 werden sie verkündet: Gerald Rilk lebenslänglich, Werner Iffert und Herbert Fischer 15 Jahre, Herbert Malsch 12 Jahre und Kurt Malsch 10 Jahre.

Georg Wölkner wird in einem eigenem Prozess in Erfurt wegen Spionage zu lebenslänglicher Haft verurteilt. Nach acht Jahren erkrankt er lebensgefährlich, wird entlassen und verstirbt.

Die fünf Männer aus Steinbach sitzen zwischen fünf und sieben Jahren ab, bevor sie begnadigt werden. Nach dem Ende der DDR folgen Rehabilitierung und Haftentschädigung.

Mit einer allerletzten Attentatsgeschichte überraschte „Der Tagesspiegel" einige Jahre später, 2009, seine Leser. Sie spielt Ende der 1950er-Jahre. Auch der derweil in Ehren ergraute verhinderte Mordbube, der Schauspieler und Komiker Dieter Hallervorden, erinnerte sich daran – nicht ohne Grund: „Ulbricht war die Marionette Moskaus – der bestgehasste Möchtegern-Politiker – da konnte man als junger Mann mit großer Sehnsucht nach deutscher Wiedervereinigung schon mal mit dem Gedanken spielen, den diktatorischen Block durch ein Attentat auf den Spitzbart Ulbricht aufzubrechen."

Im „Tagesspiegel" vom 30. Januar 2009 liest sich die Geschichte so: „Es war das Jahr 1958, Dieter Hallervorden, Student der Romanistik, war aus Ost-Berlin in den Westen geflüchtet. Er trat einer Burschenschaft bei … Etliche der Mitglieder waren wie Hallervorden aus der DDR geflüchtet, so auch Kurt Eberhard. Mit dem freundete sich Hallervorden an, und die beiden überlegten, wie man helfen könnte, das SED-Regime im Osten zu beseitigen … Walter Ulbricht … sollte erschossen werden. Die Pläne waren recht präzise: Von der S-Bahn aus wollten sie schießen, in Prenzlauer Berg zwischen den Bahnhöfen Greifswalder Straße und Zentralviehhof. Neben der Werner-Seelenbinder-Halle spielte Walter Ulbricht öfter Tennis. Hallervorden sollte die Waffe besorgen. Eine Freundin von Kurt Eberhard brachte die beiden schließlich von dem riskanten Plan ab. Hallervorden sagt heute: ‚Das war ein Dumme-Jungs-Plan, mehr eigentlich nicht …'"

J. E.

Das Funkhaus brennt

Die Geschichte einer erfundenen Sabotage

Die Geschichte des Rundfunks der DDR begann in der West-Berliner Masurenallee. Am Morgen des 2. Mai 1945 besetzte eine sowjetische Einheit die Rundfunkzentrale des untergegangenen Großdeutschen Reiches. Das Gebäude, 1929–31 von Hans Poelzig erbaut, war bei den zahllosen Luftangriffen verschont geblieben und diente fortan als Funkhaus für Berlin und die sowjetische Besatzungszone (SBZ). 1951 bestätigte das Moabiter Schwurgericht in West-Berlin, dass „der Gebäudekomplex des Berliner Rundfunks ... nach den Abmachungen der vier Besatzungsmächte von 1945 eine unter sowjetischer Besatzungshoheit stehende Enklave innerhalb des britischen Sektors von Berlin darstellt und insoweit nicht zu den Westsektoren zu rechnen ist".

Das war für alle Beteiligten eine brisante Situation. Die SED-Führung ahnte, dass die Lage ihres Funkhauses in West-Berlin dauerhaft keinen ungestörten Betrieb zulassen würde, das in einem früheren Bootshaus eingerichtete Funkhaus Grünau bot keine Alternative.

Am frühen Morgen des 3. Juni 1952 kam es zum Eklat. Britische Militär- und West-Berliner Polizei sperrten den Gebäudekomplex mit Stacheldraht und doppelter Postenkette ab. Dem vorausgegangen war Ende Mai 1952 die Einführung eines von Moskau befohlenen strengeren Grenzregimes zwischen dem DDR-Umland und West-Berlin. Nur die Passage zwischen den Sektoren der unter der Kontrolle der vier alliierten Siegermächte stehenden Stadt blieb ungehindert möglich.

Im Funkhaus in der Masurenallee fuhr in jener Nacht die übliche technische und redaktionelle Besatzung die Programme des Berliner Rundfunks und des Deutschlandsenders. Chef vom Dienst war der vom Kölner NWDR zugewanderte Kommentator Karl-Eduard von Schnitzler. Zwischen 1949 und 1951 hatte die Kaderabteilung des Zentralkomitees (ZK) der SED in Ost-Berlin rund 1100 West-Berliner Rundfunkmitarbeiter entlassen und junge Ost-Berliner eingestellt, von denen die wenigsten SED-Mitglieder waren.

Überraschend war der Zwischenfall nicht. Seit April 1951 arbeitete deshalb eine Gruppe von Architekten und Ingenieuren unter strengster Geheimhaltung am Bau eines eigenen Funkhauses im Osten. Dazu hatte man eine demontierte Furnierfabrik in Oberschöneweide auserkoren. Auf die vier Geschosse des vorhandenen Backsteinbaus (Block A) wurde ein fünftes gesetzt und der Baukörper um einen achtstöckigen Turm ergänzt. Außerdem war auf dem weitläufigen Gelände an der Spree ein moderner Produktionskomplex für Musik- und Hörspielaufnahmen vorgesehen (Block B).

Nun ging es erst einmal darum, die von einer sowjetischen Wachmannschaft unterstützte „Front" in West-Berlin zu halten. Alle Leitungsverbindungen zu den DDR-Sendern blieben intakt. Acht Tage arbeitete die eingeschlossene Besatzung weiter. Dann wurde sie durch eine zweite Gruppe ersetzt. Erst am 22. August verließen die letzten Techniker das derweil weitgehend demontierte Haus, in dem nun nur die sowjetische Wachmannschaft zurückblieb.

Gut eine Woche zuvor, am 14. August 1952, war laut Beschluss des Ministerrats der DDR das zentrale Staatliche Rundfunkkomitee (StRuKo) mit drei Berliner Programmen gebildet worden. Deutschlandsender und Mitteldeutscher Rundfunk stellten ihre Sendungen ein.

Das neue Funkhaus Nalepastraße ging am 14. September 1952 in Betrieb. Gleichzeitig begannen die Bauarbeiten für die Musik- und Hörspielstudios. Solch ein Großprojekt war ein immenses Problem für die schwache DDR-Wirtschaft. Es wurde jedoch mit einem erstaunlichen Ergebnis bewältigt: In dem Neubau, der sich mit seinen sandsteingefassten Klinkerfronten architektonisch dem Gesamtkomplex anpasste, entstanden in acht im Fundament voneinander getrennten Häusern zwei große und zwei kleinere Musiksäle mit Regie- und Abhörräumen, dazu zwei Hörspielkomplexe mit optisch und akustisch aufwendig ausgestatteten Studios. Die Kosten blieben im Rahmen der geplanten 34 Millionen Mark. Als Fertigstellungstermin für die Säle I und II war der 1. Juli 1955 vorgesehen, die endgültige Übergabe aller technischen Einrichtungen sollte zum 31. März 1956 erfolgen.

Architekt Franz Ehrlich (1907–1984) hatte sich mit der damals von der SED verpönten Bauhaus-Tradition durchgesetzt. Der von den Nationalsozialisten im Konzentrationslager Buchenwald eingekerkerte und später ins „Strafbataillon 999" gesteckte Kommunist schuf ein Ensemble, das in seiner äußeren wie in seiner inneren Form „funktionelle Zweckmäßigkeit mit einer soliden Qualität der Gestaltung" verband, wie es in einer Laudatio zu seinem 75. Geburtstag hieß. Dass der Bau einmal fast den Flammen zum Opfer gefallen wäre, war inzwischen längst vergessen.

Feueralarm

Am Donnerstag, dem 17. Februar 1955, meldete die Deutsche Presse-Agentur: „Ein Großbrand, der am Mittwochabend im Block B des ‚Staatlichen Rundfunkkomitees' in Berlin-Oberschöneweide entstanden war, konnte durch sieben Löschzüge der Ostberliner Feuerwehr erst in den Morgenstunden des Donnerstag eingedämmt werden ... Die Rundfunksendungen seien nicht gestört worden. Der betroffene Block B des Komplexes ‚Staatliches Rundfunkkomitee' ist ein modern eingerichtetes Gebäude mit zwei Sendesälen und Räumen für den technischen Hörspielstab. Der Bau sollte in den nächsten Tagen in Dienst gestellt werden. Wie ein Augenzeuge dem Untersuchungsausschuß freiheitlicher Juristen mitteilte, ist Totalschaden wahrscheinlich. Volkspolizisten hätten den ganzen Bereich des Staatlichen Rundfunkkomitees abgesperrt."

Die Ost-Berliner, soweit sie vom Großeinsatz der Feuerwehr nichts bemerkt hatten, erfuhren erst zwei Tage später durch eine Lokalnotiz in der Tagespresse, dass es beim Rundfunk gebrannt hatte. In einer nachfolgenden Meldung des Allgemeinen Deutschen Nachrichtendienstes (ADN) hieß es: „Der durch das Feuer entstandene Sachschaden beträgt ca. 2 Millionen DM. Die bisherigen Ermittlungen ergaben, daß es sich bei der Brandursache mit großer Wahrscheinlichkeit um eine Brandlegung handelt, die den kurz vor seiner Inbetriebnahme stehenden Neubau mit seinen wertvollen Einrichtungen zerstören sollte."

Das klang erst einmal nach der damals üblichen Agentenhysterie. Es war die Zeit des Kalten Kriegs, und im geteilten Berlin waren Menschenraub von West nach Ost ebenso wie Flucht von Ost nach West, Sabotage, Schmuggel und dunkle

Geschäfte aller Art keine Seltenheit. Und prompt veröffentlichte der Ministerrat der DDR zwei Monate nach dem Brand im Funkhaus eine Erklärung, in der die Verhaftung von „521 Agenten amerikanischer und englischer Geheimdienststellen, der Spionageorganisation Gehlen und verschiedener Westberliner Hilfsorgane – wie der Kampfgruppe gegen Unmenschlichkeit (KgU), des sogenannten ‚Untersuchungsausschusses Freiheitlicher Juristen', des RIAS, der Ostbüros Westberliner Parteien und anderer" gemeldet wurde. Zum Feuer in der Nalepastraße hieß es: „Die Organe der Staatssicherheit haben den amerikanischen Agenten Bade, Arno verhaftet. Der Bauingenieur Bade, Arno, der nach Beendigung seines Studiums an der Westberliner Technischen Hochschule vom amerikanischen Geheimdienst in die Bauindustrie der DDR geschickt worden war, verübte am 16. Februar d. J. eine Brandstiftung in einem neuen Gebäude des Staatlichen Rundfunkkomitees. Mit Hilfe von Brandsätzen des amerikanischen Geheimdienstes, die er in das Kanalsystem der Klimaanlage einbaute, steckte er die neuerbauten Sendesäle in Brand. Bei Löscharbeiten erlitten vierzehn Personen schwere Verletzungen."

Diese Erklärung des Ministerrats blieb vierzig Jahre lang die einzige offizielle Quelle über das Ereignis. Der angekündigte Schauprozess gegen den angeblich überführten und geständigen Agenten fand niemals statt. Hin und wieder war in den DDR-Medien auch später noch von der Brandstiftung „durch den Agenten des amerikanischen Geheimdienstes B." die Rede. Beweise wurden aber niemals vorgelegt. Obwohl das Landgericht Berlin den Richterspruch gegen Arno Bade bereits 1991 kassierte, behauptete Erich Mielkes Stellvertreter Gerhard Neiber noch 2002 in dem zweibändigen Rechtfertigungsversuch „Die Sicherheit": „Der Bauingenieur Arno Bade steckte am 16. Februar 1955 die neuen Sendesäle des DDR-Rundfunks in Berlin-Oberschöneweide in Brand."

Doch was geschah wirklich an jenem Tag?

Die Brandnacht

Am 16. Februar 1955, einem Mittwoch, herrscht im Funkhaus nach 18.00 Uhr normaler abendlicher Betrieb. Im ersten Stock laufen die Bänder für das Erste und Zweite Berliner Programm und den wiedererweckten Deutschlandsender, im fünften Stock zieht sich eine Versammlung hin, in der Kantine sitzen Journalisten beim Bier und warten darauf, zur Sporthalle in der Stalinallee zu fahren. Die öffentliche Veranstaltung „Da lacht der Bär" ist die populärste Rundfunksendung in der DDR.

Was sich dann ereignet, ist später den Berichten von Zeitzeugen und der Dokumentation „Großbrand Staatliches Rundfunkkomitee Berlin – Oberschöneweide 16.2.55" zu entnehmen, die seit der deutschen Einheit zum Archiv der Polizeihistorischen Sammlung Berlin gehört. In einem Zimmer am Übergang zur Baustelle Block B erlischt plötzlich das Licht. Aus der Flügeltür am Ende des Ganges quillt eine Qualmwolke. „Feuer!", schreit jemand.

Die erste Meldung über das Ereignis stammt vom Heizungskontrolleur Franz Tilkowski. Der hat bei seinem Rundgang vor den Klimaanlagen den Geruch brennenden Holzes wahrgenommen und durch die offene Eisentür zur Druckkammer der Klimaanlage II einen Feuerschein bemerkt. Er rennt durch die nahe Bautür zum Block A, um die Betriebsfeuerwehr zu alarmieren. Deren Schichtführer weiß, dass seine drei Männer – der Älteste ist 71 Jahre alt – einem größeren Brand hilflos gegenüberstehen würden. Außerdem kennt niemand den Grundriss des verwinkelten Neubaus. Um überhaupt etwas zu tun, schickt er seine Leute mit Handfeuerlöschern zum Brandort. Ihnen quellen Rauchschwaden entgegen. Aus der Tür der Klimakammer schlagen helle Flammen. Jeder Angriff mit den Handfeuerlöschern ist nutzlos. Um 19.01 Uhr meldet der Schichtführer dem Kommando Feuerwehr Köpenick telefonisch das Feuer.

Auch die Redakteure der Nachrichtenabteilung haben derweil den Brand im Block B bemerkt. Sie öffnen mit Gewalt die verschlossenen Flügeltüren zum Übergang. Dicker Qualm nimmt ihnen den Atem.

Inzwischen haben sich die Journalisten aus der Kantine und die Versammlungsteilnehmer in den Hof gerettet. Es ist kalt, minus vier Grad, ein böiger Wind weht Eisnadeln über das verschneite Gelände. Hinter den Glasscheiben des Neubaus lodert Feuer. „Werft die Fenster ein, damit der Qualm abzieht!", ruft jemand. Die Aufforderung begünstigt später die Legende, der Brandstifter hätte sich mitten unter den Angestellten befunden. Als das Glas splittert, facht die einströmende Luft den Brand an.

Gegen 19.15 Uhr trifft der erste Löschzug der Feuerwehr ein. In den nächsten Stunden kommen sechs weitere Züge aus ganz Ost-Berlin hinzu. Ein mühsamer Kampf beginnt: Die Hydranten sind vereist, überall liegt Baumaterial unter dem Schnee, und niemand weiß, wie man überhaupt in das Gebäude gelangen kann. Trotzdem erreichen einige Feuerwehrmänner den Gang vor der Klimakammer. Es gelingt, die Zwischendecke aus verputztem Schilf neben der Druckkammer, in der die Schallschutzverkleidung in hellen Flammen steht, zu durchstoßen. Darüber brennen Kanthölzer lichterloh. Die Feuerwehrleute, die in dem unbeleuchteten Bau auf eine vage Grundrissskizze angewiesen sind, wissen nicht, wie weit sich das Kanalsystem der Klimaanlagen durch das Gebäude zieht und wie weit das Feuer bereits vorgedrungen ist. Erst gegen 22.00 Uhr werden die Bauzeichnungen gesichert.

Um 19.30 Uhr trifft der Kriminal-Dauerdienst der Volkspolizei-Inspektion (VPI) Köpenick ein, die Brandkommission im Polizeipräsidium wird verständigt, hochrangige VP-Offiziere rücken an. Das Feuer hat inzwischen auf den Saal II übergegriffen. Die rund 4000 Kubikmeter umbauter Raum sind fast vollständig mit Holz ausgekleidet, das nicht feuerhemmend imprägniert ist.

Die Feuerwehrleute versuchen die Flammen einzudämmen, scheitern jedoch an der Rauchentwicklung und der gewaltigen Hitze. Glut und hölzerne Deckenteile fallen herab. Gegen 21.00 Uhr stellt man die Brandbekämpfung im Saal ein und konzentriert sich auf das Feuer in den Zwischendecken und im Kanalsystem der Klimaanlage. Längst ist der Block B großräumig abgeriegelt. Niemand außer den Sicherheitskräften und der Feuerwehr darf das Gelände betreten oder verlassen.

VP-Oberkommissar W. schreibt eine Strafanzeige und eröffnet das Ermittlungsverfahren gegen Unbekannt gemäß Paragraf 306 und 308 StGB (Schwere Brandstiftung und Brandstiftung).

Gegen 20.45 Uhr werden die ersten Zeugen vernommen. Zunächst führt die Brandkommission der Kripo die Untersuchungen, die Staatssicherheit ist jedoch von Anfang an einbezogen.

Die Rundfunkmitarbeiter dürfen nach eingehenden Leibesvisitationen nach Mitternacht das Gelände verlassen. Der Brand wütet weiter. Gegen 1.30 Uhr wird festgestellt, dass die Zwischendecke mit dem Hauptlüftungskanal unter dem Großen Saal brennt. Der Saal I, mit 23 mal 40 Metern Grundfläche und einer Höhe von 14 Metern, ist mit einem Rüsterholzpaneel und

Schallschluckflächen unter Holzgittern ausgekleidet. Flammen züngeln an der mit 200 Kubikmetern Holz eingerüsteten Orgelwand. Das Feuer hat sich durch die zersprungenen Regiefenster vom Saal II einen Weg gesucht. Ungehindert frisst es sich an den Wänden entlang.

Auf dem Dach öffnen die Löschmannschaften unter erheblichen Schwierigkeiten die Rauchklappen über den Sälen. Später gelingt es, die Hängedecke des Großen Saals zu kühlen und Holzteile abzulöschen. Insgesamt werden vier B-Rohre und zwölf C-Rohre eingesetzt. Von den 217 Feuerwehrleuten erleiden 9 leichte und 2 schwere Rauchvergiftungen.

Gegen 6.30 Uhr erkämpfen die Löschtrupps die Zugänge zu den beiden Sälen. Bald flackern nur noch einzelne Brandnester, und das volle Ausmaß der Schäden wird sichtbar.

Ein vager Verdacht

Am Donnerstagmorgen liegt das verschneite Spreeufer friedlich in der Morgendämmerung. In der Nacht ist das Sturmtief Zoe mit Windstärke acht über die Stadt gefegt. Am Steg in Baumschulenweg tuckert die Motorfähre im Leerlauf. Fröstelnd drängen die Fahrgäste ins Innere. Jemand erzählt einen Witz, den Heinz Quermann gestern Abend im „lachenden Bär“ zum Besten gegeben hat.

„Guck mal da!“, sagt plötzlich einer. „Der Qualm über dem Funkhaus.“

„Das brennt schon seit gestern Abend“, meint der Fährmann. „Muss'n mächtiges Feuer sein.“

Der schlanke junge Mann mit Aktentasche, der als einer der Letzten an Bord gekommen ist, schaut nach links, wo über den roten Klinkerbauten eine Rauchwolke wabert. Das ist nicht der gewohnte Ruß aus dem nahen Kraftwerk Klingenberg. Die Leute um ihn herum geraten in Aufregung. Dass es dort brennt, ist ihnen nicht gleichgültig. Sie alle arbeiten in dem neuen Funkhaus.

Auch der junge Mann mit der Aktentasche ist betroffen. Für den Konstrukteur Arno Bade ist es der erste große Bau, an dem er mitarbeitet. Sofort denkt er daran, dass nach solch einem Brand die Suche nach Schuldigen beginnen würde. Arno Bade kennt die vielen Fallen in der geteilten Stadt. Am Abend zuvor war er mit seiner Freundin in Neukölln im Kino. In West-Berlin also. Er fingert die Kinokarten aus seiner Tasche und wirft sie ins Wasser. Als die Fähre anlegt, hastet er mit den anderen in Richtung Funkhaus. Vielleicht kann er ja irgendwo behilflich sein.

Obwohl noch jung, hat Arno Bade schon einiges erlebt. Als 16-Jähriger musste er als Flakhelfer dienen, dann folgten die amerikanische Gefangenschaft und die bitteren Nachkriegsjahre. Dennoch machte er seinen Weg, hatte an der Gauß-Schule studiert und im Konstruktionsbüro von Franz Ehrlich Arbeit gefunden, kaum eine Viertelstunde entfernt von Mutters Wohnung in Baumschulenweg, wo er noch immer lebt. Im August würde er 27 Jahre alt. Alles lief gut.

Vor dem Pförtnerhäuschen hat sich eine Schlange gebildet. Das Kommando führt ein Mann in der blauen Uniform der Betriebskampfgruppe mit roter Armbinde – ein „bewährter Kader“: Ernst Buschmann (1914–1996), Kommunist, „Commandante Ernesto“ des Etkar-André-Bataillons in Spanien, Oberstleutnant im französischen Maquis und von den Amerikanern als Fallschirmagent ausgebildet. Inzwischen ist er Chefredakteur beim Deutschlandsender. Später wird Buschmann eine führende Rolle in der westdeutschen Friedensbewegung einnehmen und die Jahre in der DDR nicht mehr erwähnen. Jetzt jedoch hat er das Gefühl, den Klassenfeind persönlich entlarven zu müssen.

„Alle Bauarbeiter und alle Mitarbeiter des Hauses versammeln sich bitte im Block A zu einer Besprechung“, sagt er, als Bade an der Reihe ist.

Der weist seinen Dienstausweis vor. „Ich bin von der Aufbauleitung“, fügt er erklärend hinzu. Er arbeitet erst seit vierzehn Tagen auf dem Gelände.

Ernst Buschmann stutzt. „Können wir mal in Ihre Tasche schauen?“

„Ja, selbstverständlich.“

Beruhigt denkt Arno Bade an die gerade noch rechtzeitig verschwundenen Kinokarten. Doch der Kontrolleur begnügt sich nicht mit einem flüchtigen Blick. Er durchstöbert die vorderen Fächer seiner Tasche und findet einen Zettel mit einem Gedicht. Das macht ihn misstrauisch. In seiner späteren schriftlichen Meldung bezeichnet Buschmann die Reime als im „nazistisch-amerikanischen Soldatenjargon“ verfasst. Der Klassenkämpfer hat Blut geleckt. Aus dem Dokumentenfach der Tasche zieht er eine zusammengefaltete Zeitung hervor. Bade erschrickt: Der West-Berliner „Telegraf“! Er hatte das im Osten so verhasste Blatt einfach vergessen. „Berija hingerichtet“, steht da balkendick. „Malenkow beseitigte den Rivalen“. Die Zeitung war gut ein Jahr alt.

Buschmann knallt das Blatt auf den Tisch. „Ach, so einer sind Sie!“, sagt er schneidend.

Arno Bade ist nicht auf den Mund gefallen. „Was denken Sie denn von mir! Das ist ein reiner Zufall, dass ich die Zeitung bei mir habe. Sie könnten mir einen großen Gefallen tun, wenn Sie die verschwinden lassen.“

„Das kann ich mir vorstellen!" Der eifrige Kontrolleur steckt Bades Ausweis ein.

Der junge Mann ist blass geworden. „Machen Sie doch wegen der Geschichte nicht so ein Aufsehen", sagt er. „Können Sie die Sache nicht unter den Tisch fallen lassen? Sie machen mir ja alles kaputt. Ich habe hier gerade erst angefangen ..."

Doch Ernst Buschmann spürt Oberwasser. „Ach so! Jetzt wollen Sie mich wohl auch noch bestechen!" Der „alte Kämpfer" fühlt sich in seinem Element.

Das erste Verhör

Zur gleichen Zeit ist Wolfgang Kleinert, stellvertretender Vorsitzender des Staatlichen Rundfunkkomitees und später Intendant des Senders Radio DDR, mit dem Diktat eines streng vertraulichen Berichts an Walter Ulbricht beschäftigt. Kleinert steht unter Druck, schließlich muss er das „Besondere Vorkommnis" erklären. „Meines Erachtens liegt Sabotage vor, da gegen 19.30 Uhr der Chef vom Dienst des Funkhauses einen fingierten Anruf angeblich aus der Sporthalle in der Stalinallee erhielt, mit der Aufforderung, sofort 30–40 Genossen aus dem Funkhaus zur Sporthalle zu senden zur Sicherung einer öffentlichen Veranstaltung, die am 16.2. abends von uns dort durchgeführt wurde. Der Chef vom Dienst, der sofort zur Sporthalle zurückrief ... erfuhr, daß alles normal verlaufe und keine Kräfte zur Sicherung der Veranstaltung nötig seien." Dies war also nichts weiter als eine Vermutung.

Derweil wird Bade in Kleinerts Büro geführt und dort einem Mann übergeben, der sich ihm nicht vorstellt. Stumm durchwühlt er die Aktentasche noch einmal und stößt auf Bades

Notizbuch. Der denkt sofort an die siebenstelligen Telefonnummern in der Kladde, und prompt fragt der schweigsame Mann: „Was ist das für eine Nummer?“

„Von einem Freund ...“, antwortet Bade vage.

„Wo arbeitet der? In West-Berlin?“

„Bei den Amerikanern ...“ Der junge Konstrukteur spürt die Gefahr, aber unwahre Angaben könnten ihn jetzt nur noch mehr in Schwierigkeiten bringen. Er druckst herum.

„Und diese Nummer hier? Was macht der?“

„Er studiert an der Hochschule für Politische Wissenschaften. Mehr weiß ich nicht.“

Sein Gegenüber rafft alle Sachen zusammen und verlässt mit der Tasche den Raum.

Bade wird im Sitzungsraum A 505 festgesetzt. Als Bewachung bleibt ein betagter Betriebsschutzposten zurück. Stunden vergehen. Der junge Mann sitzt wie auf glühenden Kohlen. Außerdem muss er auf die Toilette. Der Posten geht an der Tür auf und ab, die Hand an der Pistolentasche.

Der Arrestant nimmt all seinen Mut zusammen. „Wenn Sie mich nicht zur Toilette lassen, rufe ich Ihren Vorgesetzten an!“

Das Telefon steht auf dem Tisch. Er nimmt den Hörer ab. Der Posten reagiert nicht. Nun wählt Arno Bade die Nummer einer Ost-Berliner Bekannten. „Du, hör mal, Ingrid“, sagt er. „Geh doch mal schnell zu meiner Mutter rüber. Schöne Grüße. Ich werde heute Abend mit Sicherheit nicht nach Hause kommen. Die haben mich hier festgesetzt.“ Er blickt zu dem Mann an der Tür. Der tut, als bemerke er nichts. „Meine Mutter soll doch mal den Schreibtisch durchgucken und ein bisschen sortieren ...“ Siedend heiß ist ihm, als er an die politischen Broschüren und das antikommunistische Satireblatt „Tarantel“ aus West-Berlin denkt. Weshalb hat er das bloß alles aufgehoben? Hoffentlich würde Mutter richtig reagieren!

Gegen Mittag taucht eine Gruppe junger, durchtrainierter Männer auf, die genau so aussehen, wie es ihr Beruf verlangt: zwei im Ledermantel, der eine mit Schlapphut. „Mit wem haben Sie telefoniert?"

„Ich habe meine Mutter angerufen."

„Mensch!", schreit der Chef der Gruppe. „Wie konnten Sie denn so was machen? Sie belasten sich doch nur damit!" Er macht auf dem Absatz kehrt, die Truppe hinter ihm her.

Bade weiß: Jetzt fahren sie nach Baumschulenweg und stellen die Wohnung auf den Kopf.

Ermittlungen der Polizei

Im Block B sind inzwischen die Aufräumungsarbeiten in vollem Gange. Kriminaltechniker sichern Brandschuttproben aus dem restlos ausgebrannten Kleinen Saal und aus der Druckkammer der Klimaanlage II. Ohne Zweifel ist der Brand in dem schmalen, etwa zehn Meter langen Raum entstanden. An der Wand sind in zwei Metern Höhe Spuren der größten Hitze zu erkennen. Hier brannte es am längsten. Die Schallschutzverkleidung ist gänzlich zerstört, das Feuer hat die Oberfläche der Ziegel angegriffen. Die Verkleidung aus mit Nesselstoff abgedeckter Glaswolle und mit perforierter Presspappe benagelten Holzrahmen brannte wie Zunder. Monteure waren unmittelbar vor dem Brand in der Klimaanlage I mit dem Auskleiden der Kanäle mit Blechplatten beschäftigt. In der Anlage II fehlte die Verkleidung noch.

Knapp zwei Meter entfernt von der Eisentür, durch die der Heizungskontrolleur das Feuer als Erster bemerkt hat, findet sich im Brandschutt der Sockel einer Glühlampe in einer Fassung, von der drei Aluminiumadern zu einem Steckerbrett führen. Geschmolzene Glaswollreste beweisen, dass die Hitze hier am größten war. Das Feuer hat sich durch die starke Sogwirkung in den Hauptlüftungskanal zum Kleinen Saal ausgebreitet – am Boden und links von der Tür sind Reste der Verkleidung und der Bodenleisten erhalten. Eine zwei Meter neben dem Brandherd an der Wand lehnende Leiter ist nur an der oberen rechten Seite etwas verbrannt.

Im Funkhaus konzentrieren sich die Vernehmungen der Kripo nun auf die Bauarbeiter, die am 16. Februar in der Druckkammer tätig waren: zwei Betonierer, die Teile des Fußbodens gossen, ein Rohrisolierer, ein Maurer, der Reparaturarbeiten ausführte.

Am besagten Tag kontrollierte der Oberpolier die Arbeiter um 16.25 Uhr und sah Licht in der Druckkammer. Den Raum mit dem frischen Betonfußboden betrat er nicht. Ein Installateur der Firma Sanar Halle, der zwischen 15.30 und 16.15 Uhr zwei Meter entfernt von der halb geöffneten Eisentür zum Druckraum II geschweißt hatte, arbeitete bis gegen 18.00 Uhr – die Monteure hörten seine Hammerschläge. Dann verließ er die Baustelle und fuhr nach Hause.

Diese Schweißarbeiten, vorschriftswidrig ohne Information der Betriebsfeuerwehr und ohne Brandschutzposten ausgeführt, werfen ein bezeichnendes Licht auf die Sicherheitsmängel auf der Baustelle. Die Baubeleuchtung bestand wegen des Mangels an Kupferleitungen nur aus Provisorien. Bereits am 15. Oktober 1953, also anderthalb Jahre zuvor, hatte der Brandschutzverantwortliche besonders gravierende Mängel aufgelistet. Im Verlauf der Untersuchungen stellt sich heraus, dass sich bis zum Herbst 1954 im Block B fünf – stets rechtzeitig bemerkte – Schwelbrände ereigneten. Am 18. November 1954 hatten die verantwortlichen Bauleiter Metz und Kühne sogar ein Schreiben an den volkseigenen Betrieb (VEB) Anlagenbau gerichtet: „Bei einer Baubegehung wurde festgestellt, daß Glühbirnen der Baubeleuchtung unbeaufsichtigt auf Holzteilen liegen. Dadurch besteht die Gefahr eines Brandes. Bis Sonnabend, dem 20.11.1954 sind sämtliche Glühbirnen der Baubeleuchtung, die keinen Schirm haben, zu entfernen oder mit einem Schirm zu versehen."

Trotzdem änderte sich nichts an der Schlamperei. Wenige Tage vor dem Brand beauftragte Kühne deshalb den Elektromonteur der Klimaanlage Otto H., Taubenotto genannt, täglich nach Arbeitsschluss alle Stromverbraucher auf der Baustelle auszuschalten und ihm den Vollzug zu melden. Auch am 16. Februar unterbrach Taubenotto gegen 16.50 Uhr die Stromversorgung in der Klimaanlage, schaltete sie jedoch wieder ein, weil die Termine drückten und die Monteure an diesem Tag noch die Blechverkleidung in der Klimaanlage fertigstellen wollten. Deshalb arbeiteten sie bis 18.05 Uhr, holten sich dann etwas zu essen und entdeckten wenig später das Feuer.

Die Befragungen der Bauarbeiter bringen ans Licht, welche Zustände auf dem Bau herrschten. Am letzten Zahltag, dem 10. Februar, waren sechs Kollegen entlassen worden, die nach reichlichem Alkoholgenuss „Reden gegen unsere Ordnung" geführt hatten. Nachdem die Betroffenen Besserung gelobt hatten, wurden die Kündigungen am 11. Februar zurückgenommen.

Im Funkhaus jagt am 17. Februar 1955 ein Gerücht das nächste. Auf eilends einberufenen Versammlungen hat jeder seine Empörung über den sogenannten Sabotageakt zu äußern. Niemand wagt, diese Vermutung zu bezweifeln.

Bei einer ersten Beratung, an der Architekt Ehrlich und Bauleiter Kühne teilnehmen, werden folgende Schäden errechnet:

10 Prozent vom Rohbau	*300 000 Mark*
Neuausbau Säle, Regien, Nebenräume	*1 350 000 Mark*
Klima-Kanäle	*200 000 Mark*
Klima-Anlage geschätzt	*150 000 Mark*
Technik (restlos vernichtet)	*400 000 Mark*

Die der Versicherung gemeldete Schadenssumme von 2,7 Millionen Mark wurde später bezahlt. Unklar bleibt, was mit den Spendengeldern der Mitarbeiter geschah, die zum Teil bis Dezember 1955 ein Prozent ihres Monatseinkommens „freiwillig" opferten. Künstler verpflichteten sich sogar zur Abgabe von zehn Prozent ihrer Honorare. Im Rundfunkarchiv befindet sich bis heute ein uneingelöster Scheck der Brecht-Witwe Helene Weigel vom 28. März 1955 über 94,60 Mark.

Im U-Boot in Hohenschönhausen

Arno Bade wird am Abend von der Staatssicherheit abtransportiert. Die Hände auf dem Rücken gefesselt, hockt er zwischen zwei Bewachern im Fond eines EMW. Man setzt ihm eine Motorradbrille mit schwarzen Gläsern auf, damit er nicht erkennt, wohin man ihn bringt.

Im berüchtigten „U-Boot", den Keller-Zellen im Stasi-Gefängnis in Hohenschönhausen, muss er sich nackt ausziehen und bekommt eine schäbige Zuchthauskluft. Dann folgt die erste Nachtvernehmung. Uniformierte Offiziere fragen ihn immer wieder nach Familie, Freunden, nach seinem Studium, der Arbeit, den Ereignissen des 16. Februar. Irgendwann zwischen 5.00 und 6.00 Uhr morgens führt man ihn in eine Zelle, die nur durch einen abgedeckten Lichtschacht mit der Außenwelt verbunden ist.

Kaum hat Bade sich auf der Pritsche ausgestreckt, wird er zur nächsten Vernehmung geholt. Nun ziehen drei „Spezialisten" alle Register und belegen ihn mit gemeinsten Beschimpfungen. So geht es in den nächsten Tagen und Nächten weiter, immer wieder drohen sie dem jungen Mann mit der Todesstrafe.

Erschüttert erinnert sich der Delinquent noch vierzig Jahre später an jedes Wort: „Sie werden die Sache schon rekonstruieren. Ich hätte keine andere Chance mehr … Ich wüsste doch als politisch aufgeklärter Mensch, was wir mit unseren Gegnern machen. Die werden zerbrochen! Die werden fertiggemacht!"

Bade weiß damals, dass die Todesstrafe keine leere Drohung ist. Ein Bekannter, der Reichsbahndisponent Ewald Misera, hat sich im November 1954 in einem Schauprozess vor laufenden DEFA-Kameras sichtbar angeschlagen der Spionage für schuldig bekannt und ist zum Tode verurteilt und hingerichtet worden. Bade hat die Wochenschau gesehen. Die Namen des gefürchteten Generalstaatsanwalts Ernst Melsheimer und der berüchtigten Justizministerin Hilde Benjamin und deren drakonische Strafen sind ihm so gut bekannt wie jedem anderem in der DDR. Damals sagt man ihm: „Sie werden Gelegenheit haben, mit Melsheimer zu sprechen! Aber erst, wenn Sie ein umfangreiches Geständnis abgelegt haben."

Obwohl nach den ersten Ermittlungen keinerlei konkrete Anhaltspunkte für eine Brandstiftung sprechen, bleibt Bade in Haft. Im Bericht der Hauptabteilung Kriminalpolizei vom 18. Februar 1955 heißt es:

Folgende Hinweise liegen in vorsätzlicher Richtung vor: 1.) Am 16.2.1955 folgende Anruf an den Chef vom Dienst … 2.) Am 17.2.1955 07.45 Uhr stellte bei der angeordneten Personen- und Taschenkon-

trolle ein Mitglied der Kampfgruppe bei dem Bauleiter Bade – tätig innerhalb des Brandobjektes gewesen – eine Hetzzeitung innerhalb der Aktentasche „Telegraf" vom 24.12.1954 mit den Schlagzeilen „Berija hingerichtet – Malenko beseitigt den Piraten" fest. Die nach der Festnahme durchgeführte Wohnungsdurchsuchung ergab Flugblätter, ein Schlagring und bereits im Ofen verbrannte Hetzblätter. Die Genossen SFS [des Staatssekretariats für Staatssicherheit, J. E.] haben die weiteren Ermittlungen übernommen. Ferner steht einwandfrei fest, daß B. in den Nachmittagsstunden, etwa zwei Stunden vor Feststellung der ersten Flammenbildung sich in unmittelbarer Nähe der Brandentstehungsstelle befand. 3.) In der westberliner Hetzpresse wurde bereits am 17. Febr. 55, also wenige Stunden nach dem Brandausbruch eine Meldung über den Brand im Staatlichen Rundfunkkomitee mit verschiedenen Einzelheiten gebracht, die nur von einer gut eingeweihten Person in dieser kurzen Zeitspanne der Westpresse übermittelt worden sein muß.

Das war nicht mehr als eine Zusammenstellung vager Vermutungen. Offenbar hatten die VP-Offiziere ihre „Informationen" ungeprüft aus Ernst Buschmanns Meldung abgeschrieben. Dass „Der Telegraf" in Bades Tasche über ein Jahr alt war und nun im zitierten Untertitel plötzlich statt „Rivalen" das Wort „Piraten" stand, schien niemandem aufzufallen. Dabei gab es zum Brand inzwischen einige Erkenntnisse der Kriminaltechniker, und auch im Funkhaus war er nicht ohne Folgen geblieben.

Die Spurensuche der Kriminaltechniker

Am Freitag, dem 18. Februar 1955, findet im Staatlichen Rundfunkkomitee eine Kurzversammlung der Abteilungsleiter statt, geleitet von Wolfgang Kleinert. Sein „Zusammenfassender Bericht über den Brand vom 16.2.1955" nennt unter den vermuteten Brandursachen „eine starke Glühlampe, die unmittelbar an die Preßpappe gehängt wurde", zählt aber auch den „starke[n] Eissturm in der Brandnacht (eventl. Funkenflug, Vereisung der Hydranten usw.)" und „die Tatsache, daß am 15.II. von der Leitung wichtige Beschlüsse zur Konterpropaganda gegen die Ratifizierung der Pariser Verträge in Bonn beschlossen worden sind", zu den wichtigen Hinweisen.

Am 25. Februar entscheidet Rundfunk-Generalintendant Kurt Heiß: „Die Bauleitung wird abgelöst. Als neuer Leiter mit allen Vollmachten wird Koll. Ehrlich eingesetzt. Die Koll. Metz, Mundt und Kühne werden nacheinander in der Reihenfolge dieser Aufzählung entlassen." Kühne blieb jedoch zunächst Oberbauleiter. Er ging später wie viele andere der am Bau Beteiligten in den Westen.

Für den Architekten Franz Ehrlich ist die internationale Anerkennung seines Studiobaus offenbar wichtiger als eine Stellungnahme zu Bades Gunsten. Er äußert erste Zweifel an dessen Redlichkeit und weist ansonsten stolz darauf hin, dass in Hamburg der verantwortliche Akustiker vom Begründer der modernen Raum- und Bauakustik, Professor Meyer aus Göttingen, darauf angesprochen worden sei und der (in West-Berlin wohnende) Cheftonmeister des DDR-Rundfunks die Klangdurchsichtigkeit der Säle gelobt habe, weil er sie so noch in keinem Saal Gesamtdeutschlands und anderswo vorgefunden hätte. Ein Urteil, dem sich fünfzig Jahre später Daniel Barenboim bezüglich des Saals I anschließen wird.

Ehrlich meint, dass durch ein gleichmäßiges Abbrennen der Oberfläche die bauliche Substanz im Großen Saal nicht gelitten habe. Um das Licht auf der Baustelle habe er sich nie gekümmert.

Bauleiter Karl Metz hat Arno Bade am Brandabend noch gegen 17.30 Uhr am Schreibtisch gesehen. Er habe in den letzten Tagen Klimakanäle gezeichnet, da die Detailzeichnungen der Firma EKM nicht den Ansprüchen genügten. Und Kühne sei zwischen 15.30 und 16.30 Uhr mit Bade durch den Block gegangen. Dabei hätten sie auch die Klimakammer II passiert, wo Bade angeblich den Stecker der Lampe zog.

Die Suche der Kriminaltechniker nach der Brandursache konzentriert sich auf die Reste der Baulampe. Kurzschlussspuren fehlen, die elektrische Anlage scheidet als Brandursache aus. Bauarbeiter sagen aus, dass die Lampe seit Wochen ohne vorgeschriebenen Schutzschirm benutzt worden sei und seit dem 10. Februar an verschiedenen Stellen im Druckraum gehangen habe. Am Vortag des Brandes hatte ein Betonierer die Lampe mit der starren Kabelschleife an einen bereits vorhandenen Nagel in zwei Metern Höhe an die Wand gehängt.

Der Zwischenbericht der Hauptabteilung K vom 5. März 1955 hält fest:

Dieser Nagel war in eine senkrechte Holzleiste … der Schallschluckverkleidung eingeschlagen, so daß sich zwischen Glühlampe und Holzrahmen nur noch die 4 mm starke Lochpappe befand. Am anderen Ende des Gummikabels befand sich ein Schukostecker, der in einem auf dem Flur liegenden behelfsmäßigen Steckdosenbrett eingesteckt war. Von diesem Brett führte eine mehrere Meter lange Gummikabelleitung zu einer Steckdose, die in der Nähe des Einganges der Klimaanlage an die Wand montiert war. Jeder Arbeiter, der den Mittelgang passierte, mußte über das Gummikabel hinweg steigen. Wurde das Kabel berührt, bzw. mit dem Fuß angestoßen, war es möglich, daß eine Veränderung der in den Druckraum hineinführenden Leitung und der daran hängenden Beleuchtung eintrat. Dies war durch die Starrheit des 3-adrigen Alu-Kabels bedingt … Da die

Monteure des EKM Erfurt die Flammen zuerst im oberen Teil des Raumes feststellten, kann mit Sicherheit angenommen werden, daß die unvorschriftsmäßige Baubeleuchtung brandverursachend war.

Weiter heißt es, dass die Baubeleuchtung am 16. Februar von 7.00 bis 18.05 Uhr in Betrieb gewesen war. Dann wollte ein Monteur die Lampe durch Ausschalten der gesamten Anlage stromlos gemacht haben, doch am Abend des Brandes war der Hauptschalter für die gesamte provisorische Baubeleuchtung eindeutig eingeschaltet.

Möglicherweise war der Schwelbrand also schon kurz vor 18.05 Uhr entstanden – nach einer Brenndauer der Lampe von elf Stunden! Versuche am Kriminaltechnischen Institut (KTI) mit einer 300-Watt-Lampe ergaben unter angenäherten Bedingungen bereits nach 132 Minuten eine Flamme am Holzrahmen. Bei einem weiteren Experiment brannte die Pappe nach 55 Minuten, ohne allerdings das Holz in Brand zu setzen.

In dem Bericht wird aber auch ein erster Ansatz sichtbar, den Verhafteten Bade mit der Brandauslösung in Zusammenhang zu bringen: „Eine vom KTI durchgeführte Rekonstruktion ergab, daß vom Aufhängen der Lampe bis zum Brandausbruch ca. 2 Stunden und 12 Minuten vergingen. Hierzu muß erwähnt werden, daß der festgenommene Bauleiter Arno Bade am 16.2. gegen 16.30 Uhr, also ca. 2.15 Std. vor Brandausbruch, vor dem Druckraum der Klimaanlage erschien und sich an der Baubeleuchtung zu schaffen machte, indem er den Stecker der betreffenden Lampe aus dem Steckbrett zog. Diesen Stecker steckte er sofort wieder ein, da, wie er selbst angibt, jemand durch die Klimaanlage kam. Aufgrund des starren Gummikabels kann zu dieser Zeit vorsätzlich oder fahrlässig eine Veränderung in der Glühlampenaufhängung erfolgt sein, das heißt, die 300 Watt Glühlampe wurde durch die Bewegung des Kabels direkt an die Pappe gebracht, wodurch dann gegen 18.45 Uhr die Flammen wie bereits erwähnt, festgestellt wurden. Da die Lampe ca. 2 mtr. hoch hing, war es den beiden Monteuren von EKM Erfurt gegen 18.05 Uhr nicht möglich, Rauchbildung oder ein Schwelen festzustellen. Diese mögliche Rauchbildung konnte durch die fast an der Decke des Raumes befindlichen Klimakanalöffnungen abziehen."

Das Gutachten des KTI vom 12. März 1955 gelangte zu der eindeutigen „Schlußfolgerung: Das Ergebnis der Untersuchungen läßt den Schluß zu, daß der Brand von einer Glühbirne von mindestens 300 W verursacht wurde, die mit ihrem Glaskolben unmittelbar an der Pappwand gehangen hat". Ausdrücklich wird darauf hingewiesen, dass „bei der Beräumung des Brandschutts außer dem Sockel der Glühbirne keine weiteren Anhaltspunkte gefunden wurden, die auf ein eventuell verwendetes Brandlegungsmittel hinweisen".

Ein Verbrechen wird konstruiert

Die Staatssicherheit ist inzwischen nicht untätig geblieben. Auf der Baustelle arbeiteten am Tag des Brandes 112 Arbeiter aus elf verschiedenen Betrieben der ganzen DDR. Dass viele von ihnen, teilweise für einen längeren Zeitraum, festgenommen wurden, beweist ein Schreiben zur „Zahlung von Löhnen und Gehältern an Werktätige, die ... im Zusammenhang mit der Brandstiftung polizeilichen Verhören unterzogen wurden", das der Justitiar Dr. Friedrich Karl Kaul am 4. November 1955 an den Leiter der Finanzabteilung im Rundfunkkomitee richtete. Er forderte darin die Rückzahlung des Geldes für die Vernehmungszeiten der zeitweilig Inhaftierten an die Aufbauleitung.

Für die Staatssicherheit ist Arno Bade von Anfang an der Hauptverdächtige. Tag und Nacht bearbeiten die Vernehmer den Bauingenieur, der ihren Vorstellungen von einem amerikanischen Agenten hundertprozentig entspricht: kleinbürgerliche Herkunft, Dienst in der faschistischen Wehrmacht, amerikanische Kriegsgefangenschaft, Student der Bauschule in West-Berlin, häufiger Aufenthalt dort und im Amerikahaus, Verbindungen zu amerikanischen Sicherheitskräften und zur West-Berliner Hochschule für Politik.

Dass ein echter Agent kaum so unvorsichtig gewesen wäre, am nächsten Tag mit einer verdächtigen Zeitung in der Tasche am Tatort zu erscheinen, beeinflusst ihr vorgefasstes Urteil nicht.

In immer neuen Nachtverhören wird Bade mürbegemacht. Der Stasi-Vernehmer droht mit körperlichen Misshandlungen und Einweisung in eine Irrenanstalt. Bade hockt auf dem Stuhl, die Hände auf dem Rücken gefesselt. Stundenlang kann er sich nicht bewegen. Nach drei, vier Tagen und Nächten nimmt er nur noch verschwommen wahr, was man eigentlich von ihm will. Er spürt, dass es um Leben und Tod geht. Immer wieder liest man ihm Sätze vor, die er so nie gesagt hat. Vor Übermüdung und Kälte bricht er zusammen. Nach fünf, sechs Tagen und Nächten ohne Schlaf ist Bade bereit, alles zuzugeben, was die Vernehmer hören wollen. Am siebenten Tag widerruft er sein Geständnis. Auf neuen Druck gibt er wieder irgendetwas zu, widerruft erneut. So geht es dreimal, schließlich ist ihm alles egal.

Nun scheint der junge Mann reif, sich öffentlich zu „seiner Tat" zu bekennen. Die Stasi-Offiziere lassen ihn seinen Anzug anziehen und geben ihm Schuhe – seine hat man auf der Suche nach Spionagematerial zerrissen. Dann fährt man ihn zum Brandort. Fotos und die DEFA-Wochenschau „Der Augenzeuge" Nummer 16/1955 zeigen ihn später bei der vorgeblichen Rekonstruktion seiner Tat: über die Aktentasche gebeugt, aus der er angeblich Brandsätze und brennbares Filmmaterial entnimmt, dazu eine mit Benzin gefüllte Flasche, auf die er einen Schnapsgießer aufsetzt.

Dass die gestellten Details weder mit den Zeugenaussagen noch mit den Befunden am Brandort übereinstimmen, ficht die Stasi-Mitarbeiter nicht an. Bis zu diesem Zeitpunkt hat noch jedes DDR-Gericht ihre Tatrekonstruktionen als Beweismittel akzeptiert. Man fragt Bade nicht einmal, wie er sich das Benzin oder das Filmmaterial beschafft hat.

Gezwungenermaßen spielt Bade das absurde Spiel mit. Das drohende Todesurteil vor Augen, hält ihn nur der Gedanke an den Prozess aufrecht. Da wird er vor Publikum erklären, wie ihn die Staatssicherheit und der Staatsanwalt Walter Piehl als Untersuchungsführer erpresst haben und dass alles erlogen ist.

Vorläufig ist es noch weit bis zum Schauprozess, den man bereits voreilig angekündigt hat. Die Staatssicherheit will wenigstens den Anschein vorhandener Beweise gegen den Beschuldigten wahren. Dazu aber sind die vorliegenden Gutachten ungeeignet, die ausdrücklich feststellen, dass im Bauschutt auch „spektralanalytisch keine Spuren anderer Zündquellen" als der Sockel der 300-Watt-Lampe gefunden worden seien.

Getürkte Beweise

Eine neue Gutachterkommission wird eingesetzt, von der neue Ergebnisse erwartet werden. Franz Ehrlich und fünf hochrangige VP-Offiziere erarbeiten bis zum 20. April 1955 ein Gutachten, das dem des KTI vom 12. März eindeutig widerspricht und nun plötzlich zu dem Schluss gelangt, „daß der Brand in der Druckkammer nur mit Hilfe von leicht brennbaren Stoffen wie Benzin, Benzol u. ä. Substanzen entfacht worden ist".

In einem weiteren Schriftsatz, unterzeichnet vom gleichen stellvertretenden Leiter des KTI, der sechs Wochen zuvor die gegenteilige Erklärung abgezeichnet hatte, wird am 22. April 1955 vom Referat II des KTI ein Gutachten zur „Aussage des Bade, Arno, geb. 23.8.1928 in Berlin" abgegeben:

Zur Begutachtung lagen vor: ein Auszug aus der Vernehmung des Bade … Dieser Auszug der Vernehmung beinhaltet die Inbrandsetzung des Blockes B 1 im Staatlichen Rundfunkkomitee … Aus dieser Vernehmung geht hervor, daß Bade mit Hilfe von zwei Brandsätzen, deren Zusammenstellung ihm nicht bekannt ist, den Brand legte. Des weiteren hat ihm eine 0,7 Liter Flasche mit Benzin und eine Filmrolle zur Verfügung gestanden. Diese Brandlegungsmittel bewahrte Bade in seiner Aktentasche auf und betrat damit am 16.2.1955 gegen 17.30 Uhr, die Klimaanlage. In der Druckkammer der Klimaanlage 2 des Blockes B 1 entnahm er die o. a. Gegenstände aus seiner Aktentasche und stellte die beiden Brandsätze auf ein Brett, welches er vorher vor die Klimakanäle auf den betonierten Fußboden legte. Danach kippte er mit Hilfe eines Schnapsgießers das in der Flasche enthaltene Benzin in die Perforierung der Klimakanäle. Anschließend riß er die bezeichneten Stellen der Brandsätze auf und zog an der dadurch sichtbar gewordenen Kordel. Die Kordel sowie die leere Flasche und den Schnapsgießer steckte er wieder in seine Aktentasche und verließ 5–6 Minuten nach dem Betreten die Druckkammer. Nun ging er in den kleinen Saal und warf die Filmrolle in die Austrittsöffnung der Klimaanlage, wobei er jedoch einige Meter Film in der Hand behielt und in den Geflechtmatten im kleinen Saal befestigte, um dem Feuer eine Ausbreitungsmöglichkeit nach diesem zu schaffen. Anschließend verließ er den kleinen Saal und ging in sein Bürozimmer.

Diese Schilderung ignoriert simpelste Tatsachen: Jeder kennt den durchdringenden und hartnäckigen Geruch kleinster Benzinmengen. Bade aber soll unbemerkt einen ganzen Tag lang eine gefüllte Flasche in seiner Aktentasche gehabt und sie samt Gießer spurlos entsorgt haben. Nicht einmal die Aktentasche wurde kriminaltechnisch untersucht. Nach Ausgießen von 0,7 Litern Benzin auf einer durch Glaswolle beträchtlich erweiterten Oberfläche hätte sich durch die offene Tür im Gang ein betäubender Benzingeruch ausbreiten müssen. Die dort arbeitenden Monteure hatten aber keinen Benzindunst bemerkt. Auch Tilkowski, der den Brandgeruch wahrnahm, bevor er den Rauch und die offenen Flammen sah, erklärte in seiner ersten Vernehmung eindeutig: „Abschließend kann ich nur sagen, daß ich festgestellt habe, daß es ein typischer Holzbrand war also nach verbranntem Holz roch."

Bei Rekonstruktionsversuchen des KTI wurde ein Liter Benzin mit einem Brandsatz gezündet. Fotos dokumentieren die „entstehenden gewaltigen schwarzen Rauchschwaden". Aber schwarzen Rauch hatte keiner der Zeugen wahrgenommen. Bade hätte überdies lebensmüde sein müssen, um in der engen Kammer Benzin auszugießen und damit in der Nähe der überhitzten Glühlampe ein hochexplosives Gasgemisch herzustellen.

Diese Brandsätze und das Brett, auf dem sie standen, verbrannten scheinbar ohne Spuren oder Rückstände, obwohl nach der ursprünglichen Meinung der Kriminaltechniker der Brand „in halber Höhe entstanden" war und sich unverbrannte Reste der Fußbodenleisten fanden! Scheinbar ruß- und geruchfrei verbrannte auch das Benzin, bei dem es sich nicht um Fahrzeugbenzin gehandelt haben konnte, denn die Spektralanalyse zeigte keine Bleispuren.

All diese Widersprüche stören die Sachverständigen nicht. Ausführlich schwadronieren sie über selbsttätige Brandlegungsmittel, deren Existenz im ersten Gutachten ausdrücklich ausgeschlossen worden war.

Schon am 12. März hatte das KTI einen Untersuchungsbericht zum Inhalt einer Konservenbüchse abgegeben, die man in Bades Keller gefunden hatte. „Poison wood alc fuel tablet" stand darauf, „Ration Heating Manfc. by Hotel Research Laboratories New York N.Y." – eine Hartspiritusration zur Essenserwärmung, die Bade aus der amerikanischen Gefangenschaft mitgebracht und aufbewahrt hatte. „Kann als Brandlegungsmittel Verwendung finden", meinen die Gutachter nun. Auf welche Weise die um gut eine Stunde verzögerte Zündung des Metaldehyds erfolgt sein soll, bleibt unerwähnt. „Des weiteren wurde durch die Sachverständigen-Kommission eine Inbrandsetzung der Druckkammer durch natürliche und technische Ursachen ausgeschlossen, da die feststehende Zeit von 40 Minuten zwischen Brandausbruch und Brandbemerken nicht ausreicht. Demnach steht fest, daß zu der Inbrandsetzung Hilfsmittel Verwendung finden mußten, durch die in kürzester Zeit ein Brand gelegt werden kann", behauptet die Kommission ohne Beweis.

Auch die fehlenden Fußspuren im frischen Beton der Druckkammer, auf die Bauleiter Kühne in seiner zweiten Vernehmung hingewiesen hat, bleiben nun unerwähnt. Stattdessen finden sich im Spektralgutachten plötzlich schwächste Silberspuren, die als Beweis für die verbrannten Filme herhalten müssen.

Mit diesem Gutachten scheint Bades Schicksal besiegelt. Einer der Unterzeichner, Unter-Kommissar U., der zusammen mit dem damals einzigen Sachverständigen für Branduntersuchung und Havarie-Aufklärung am KTI den Bericht vom 12. März geschrieben hatte, war als 25-jähriger VP-Meister von der Leipziger Feuerwehr zum im Aufbau befindlichen KTI nach Berlin abkommandiert worden. Gerade einige Wochen arbeitete er als Assistent des Brandsachverständigen N., als man ihn am 17. Februar 1955 zum Brandort rief. Was ihn dort erwartete, überstieg seine Kenntnisse und Fähigkeiten. Den Verdächtigen Bade und die angeblichen Brandsätze bekamen weder U. noch N. zu Gesicht. Die im zweiten Gutachten getroffenen Aussagen erschienen Dr. U. auch vierzig Jahre später in ihrem wissenschaftlichen Gehalt höchst bedenklich. Er bildete in den 1980er-Jahren die Sachverständigen des zum Kriminalistischen Institut aufgerückten KTI aus. Eine kategorische Feststellung wie „Die im Obigen angeführten Punkte im Zusammenhang mit der Aussage des Bade betrachtet, zeigen, daß eine Inbrandsetzung der Druckkammer in der von ihm geschilderten Weise stattgefunden haben muß" hätte er mit seinen späteren Kenntnissen nicht unterschrieben.

Agentenjagd und Todesangst

Die Staatssicherheit hat nun alles, was sie braucht, um Bade den Prozess zu machen: sein Geständnis und dessen Bestätigung durch das Gutachten hochrangiger Experten. Dennoch zögern die Herren in der Lichtenberger Normannenstraße. Immer wieder wird Bade vernommen. Sein Alibi für die Zeit des Brandausbruchs ist nicht zu erschüttern. Gründliche Durchsuchungen der Wohnung haben nur magere Ergebnisse erbracht. Am 2. März 1955 liefert das KTI – die Stasi verfügt noch nicht über eine Technische Untersuchungsabteilung – ein Gutachten über verbrannte Papiere aus dem Ofen in Bades Wohnung: eine Illustrierte westlicher Herkunft, eine „Hetzschrift" über die Sowjetunion und Reste einer West-Berliner Studentenzeitung – nichts, womit sich ein Spionage- oder Sabotageauftrag erhärten ließe.

Übrig bleiben Bades Freunde. Einer wird während seiner Urlaubsreise observiert, verhaftet und wegen Wirtschaftsverbrechens zu anderthalb Jahren Gefängnis verurteilt.

Bei Werner M., Sohn eines ehemaligen Polizeioffiziers, muss die Stasi mehr Geduld aufbringen. Er hat nach der Rückkehr aus der Kriegsgefangenschaft im Osten keine Arbeit gefunden und ist in West-Berlin beim Labour Service untergekommen, einer uniformierten Hilfstruppe der Amerikaner. Die Stasi findet heraus, dass Familie M. in Karolinenhof ein Wassergrundstück besitzt, auf dem sich M. entgegen dem Verbot seiner amerikanischen Arbeitgeber gelegentlich aufhält. Dort wird er verhaftet. Bei der Durchsuchung der elterlichen Wohnung findet sich die alte Dienstpistole des Vaters. Werner M. hat dennoch Glück und kommt nach einigen Monaten frei. Seinen Job bei den Amerikanern ist er los.

Weniger glimpflich ergeht es Bades Freund Rolf L., Student an der Hochschule für Politik und aktives SPD-Mitglied. Seine Freundin in Ost-Berlin wird verhaftet und gezwungen, ihn zu einem Treffen zu bestellen, bei dem er festgenommen wird. Wegen „Boykotthetze" wird L. zu fünf Jahren Haft verurteilt, die er in einem Braunkohletagebau verbüßen muss. Außerdem bezichtigt man ihn und Bade gemeinsam begangener Wirtschaftsverbrechen, die dann bei Bades Verurteilung eine entscheidende Rolle spielen. Als Student hatte er in Ost-Berlin vier Addiermaschinen gekauft und nach West-Berlin verschoben.

Inzwischen ist der Verdächtige Bade Generalstaatsanwalt Ernst Melsheimer vorgeführt worden. Eingeschüchtert und den Vernehmer der Stasi im Rücken, erwartet er nichts Gutes von ihm. Melsheimer hat es unter den Nationalsozialisten zum Landgerichtsdirektor und Kammergerichtsrat gebracht. Jetzt befragt er Bade zu Einzelheiten des Geständnisses. Der laviert vorsichtig: „Das ist nun mal so gelaufen, wie die Staatssicherheit mir das erzählt hat ..."

Bade hat dreimal widerrufen, und er wird es ein viertes und fünftes Mal tun. Aber erst im Prozess. Er hofft immer noch, man werde ihn öffentlich anklagen.

Von Ende Mai bis August 1955 sitzt er ohne Vernehmung im U-Boot, allerdings nicht mehr in Einzelhaft. Ausgewählte Zellengenossen versuchen ihn auszuhorchen und reden ihm zu, beim Geständnis zu bleiben. „Du hast gar keine Chance, sonst hauen die dir den Kopf ab."

Dann ist er wieder allein. Seine Zähne schmerzen und lockern sich. Auf seinen Protest hin unterzieht man ihn einer notdürftigen Behandlung. Bade verlangt nach dem Staatsanwalt oder dem Vernehmungsoffizier. Er hat sich nun doch entschlossen, erneut zu widerrufen. Die Bewacher winken ab, wenn er klopft. Mitte August wird er in eine Dunkelzelle im Mitteltrakt verlegt, kaum vier Quadratmeter, Tag und Nacht von einer 15-Watt-Lampe beleuchtet und ohne frische Luft.

Den jungen Mann packt Todesangst. Die wollen ihn reif machen fürs Schafott! Alle drei Minuten schleicht ein Posten auf dem teppichbelegten Gang heran und kontrolliert, ob der Häftling sich nichts angetan hat. Das Essen ist grauenvoll. Kein Besteck. Nur morgens etwas Waschwasser. Jeden Tag bekommt er ein Blatt Toilettenpapier. Qualvoll vergehen Stunden und Tage in der Düsternis. Alle zwei Tage darf er in den ummauerten Käfig im Freien, über dem Posten patrouillieren.

Herbst und Winter vergehen. Der Jahrestag des Brandes

ist vorbei, da führt man ihn endlich einem Oberstaatsanwalt vor. Ein Mann um die fünfzig, das Abzeichen der Verfolgten des nationalsozialistischen Regimes am Revers. „Wie geht es Ihnen, Bade?"

„Mir geht es schlecht. Wenn ich etwas anderes sagen würde, würde ich Sie belügen. Was ich hier erlebt habe, hat meine Meinung über die Staatssicherheit im negativen Sinne bestätigt! Was haben Sie denn eigentlich mit mir vor? Sie können mich doch nicht noch länger da unten sitzen lassen!"

Der Oberstaatsanwalt blättert in den Akten. „Da haben wir hier diese Wirtschaftssachen …" Er redet von den in den Westen verschobenen Rechenmaschinen. Erst dann kommt er auf den Brand zu sprechen.

Bade hat lange auf diesen Augenblick gewartet. Er widerruft in aller Form die Geständnisse bezüglich der Brandstiftung. „Ich bin unschuldig!", sagt er erregt. „Nach dieser Dreckzeit bei Ihnen hier unten fühle ich mich gar nicht mehr als Mensch. Sie können jetzt mit mir machen, was Sie wollen. Sie können mir den Kopf abschlagen oder mich in die Irrenanstalt bringen. Schlimmer kann es ja nicht mehr sein, als sechs Monate in dieser Dunkelzelle! Aber eines kann ich Ihnen sagen: Einen Prozeß, den können Sie nicht mehr mit mir machen. Da werden Sie noch was erleben!"

„Ach, geben Sie nicht so an!", sagt der Oberstaatsanwalt ungerührt. „Wir werden Ihnen das millimetergenau beweisen, wie Sie es gemacht haben."

„Das können Sie gar nicht beweisen!"

„Ach, seien Sie ruhig! Sie sind ein Verbrecher und bleiben ein Verbrecher! Und dann noch die Wirtschaftsverbrechen. Das reicht bei Ihnen! Sie werden eine sehr hohe Strafe kriegen. Wenn Sie Pech haben, sogar die Todesstrafe. Ohne Pardon."

Bade lässt sich nicht länger einschüchtern. „Die Todesstrafe könnte höchstens eine Erlösung für mich sein. Ich fühle mich ja gar nicht mehr als Mensch! Sie haben mir in dieser langen Zeit kein Buch gegeben, keine Zeitung, nichts. Was Sie gemacht haben, grenzt an Verbrechen. Schlimmer waren die Nazis auch nicht, die ihre Opfer gequält haben. Ich habe alle diese Angaben hier bei Ihnen nur nach Weisung gemacht, weil ich Angst hatte, daß sie mir sämtliche Zähne rausschlagen, daß sie mir die Arme oder das Genick brechen. Wenn Sie mich je vor ein Gericht stellen – Ihnen werden Hören und Sehen vergehen, was ich da über dieses System zu sagen habe!"

„Gut, wenn Sie nicht reden wollen, dann sitzen Sie weiter da. Ich werde mal sehen, daß ich Ihnen ein Buch zukommen lassen kann."

„Da unten kann ich sowieso nicht lesen, in dieser Dunkelheit!"

Bade wird wieder in seine Zelle geführt, die an einem der Außengänge neben der Küche liegt. Manchmal hört er die gefangenen Frauen singen. Eine Zelle für Todeskandidaten?

Ein Hoffnungsschimmer

Der Oberkalfaktor bringt Arno Bade Bücher sowjetischer Autoren und ein Buch über den Kampf der Internationalen Brigaden in Spanien. Bade ahnt nicht, dass er die Verbesserung seiner Haftbedingungen einem fernen Ereignis verdankt: Im Februar 1956 hat in Moskau der XX. Parteitag der Kommunistischen Partei der Sowjetunion erstmals über Stalins Verbrechen gesprochen! Erst ein Jahr später in Bautzen erfährt er davon.

Im Mai 1956 lädt ihn der Oberstaatsanwalt ein zweites Mal

vor, redet ihm zu, das Geständnis zu bestätigen. „Sie haben sich beschwert, und wir haben Ihnen bessere Möglichkeiten eingeräumt, bessere als jedem anderen …“

Bade wird nicht weich. „Ich bin unschuldig!“, sagt er mit fester Stimme. „So unschuldig wie am ersten Tag, das habe ich Ihnen erklärt. Alles, was Sie hier gemacht haben, das war blanke Erpressung.“

Der Oberstaatsanwalt stellt ein paar Fragen.

Bade ist zu keinem Kompromiss mehr bereit. Aufsässig fragt er ganz direkt: „Wie viel kriege ich denn nun nach Ihrem Dafürhalten?“

Der Oberstaatsanwalt zögert. „Na, wir werden das schon machen … Sie werden staunen.“

„Diese Rundfunkbrandstiftung werden Sie mir nie nachweisen können! Da können Sie sich auf den Kopf stellen. Und ohne die – wie viel wollen Sie mir denn da geben?“

Schließlich ist von fünf bis acht Jahren für die Wirtschaftsverbrechen die Rede. Und: Wenn es wirklich nichts werde mit der Todesstrafe – für die Irreführung der Staatsorgane kämen gewiss noch drei bis fünf Jahre drauf. Also zwölf bis fünfzehn Jahre. Das reiche wahrscheinlich nicht einmal. Das ist als Druckmittel gemeint. Der Oberstaatsanwalt ahnt nicht, wie erleichtert Bade sich fühlt. Die Todesstrafe ist vom Tisch!

Im Juni wird Arno Bade noch einmal vorgeführt. „Ich kann noch nichts Genaues sagen …“, äußert sich der Oberstaatsanwalt. „Ich soll Ihnen jedenfalls Grüße von Ihrer Frau Mutter ausrichten.“

Zum ersten Mal nach fünfzehn Monaten hört Bade von seiner Mutter. „Wie geht es ihr?“

„Soweit ich sehen kann, ausgezeichnet. Ich habe mit ihr gesprochen und soll Sie herzlich grüßen.“

Kein Wort darüber, dass die Mutter neun Monate in Rummelsburg in Haft gewesen ist und ihre berufliche Selbstständigkeit eingebüßt hat. Doch Bade weiß nun: Von der Todesstrafe ist nicht mehr die Rede. Es kann nur besser werden. Er wird in die Untersuchungshaftanstalt der Staatssicherheit in der Lichtenberger Magdalenenstraße verlegt, dem Stasi-Hauptquartier schräg gegenüber. Es ist eine „komfortable" Zelle, verglichen mit Hohenschönhausen. Er hört die Glocken der nahen Glaubenskirche und zählt die Stunden. Arno Bade wartet auf seinen Prozess.

Noch einmal wird er Staatsanwalt Piehl vorgeführt. Der wird der Ankläger sein und droht: „Hören Sie mal, Bade, fahren Sie mir nicht in die Parade! Ich bin der Ankläger. Ich lege das Strafmaß fest. Wenn Sie mir frech werden, müssen Sie mit ein paar Jahren mehr rechnen. Sie sind mir ausgeliefert mit Haut und Haaren!"

Doch Bade lässt sich nicht mehr einschüchtern. Er sagt: „Mir wäre lieber, Sie würden mir endlich einen Rechtsanwalt schicken!"

Zwei Tage vor dem Prozess überreicht man ihm ein dickes Bündel Papier: die Anklageschrift. Er weiß nicht einmal, ob er einen Verteidiger haben wird. Am Montagmorgen – es ist der 6. August 1956, und Bade sitzt seit anderthalb Jahren in Untersuchungshaft – scheint man ihn zu vergessen. Erst als er sich meldet und auf den Prozesstermin hinweist, werden ihm in aller Eile die Haare gestutzt und die Zivilkleider gereicht. Er bekommt sogar eine Schachtel Zigaretten und Streichhölzer. Ein lange entbehrter Genuss. Zu spät merkt er, wie knapp die Luft in der engen „grünen Minna" ist, ihm wird übel. In der Littenstraße taumelt er in den Hof.

Als Arno Bade von zwei Uniformierten in den Gerichtssaal

geführt wird, nähert sich ein Mann im schwarzen Talar. „Guten Tag. Mein Name ist Albrecht. Ich bin Ihr Verteidiger."

Bade ergreift die ausgestreckte Hand.

Der Anwalt nimmt ihn beiseite, die Uniformierten lassen es widerspruchslos zu. „Ich soll Ihnen Grüße von Ihrer Mutter bestellen. Sie hat mich herausgepickt. Ich habe Verbindung zum Untersuchungsausschuss freiheitlicher Juristen ..."

Bade ist alarmiert. Der UfJ! Die Agentenzentrale in West-Berlin. Weshalb erzählt der Mann ihm das? Ist das eine neue Finte der Stasi? Er nimmt alle Kraft zusammen. „Haben Sie überhaupt die Anklageschrift gesehen?"

„Ja, die habe ich vor zehn Minuten bekommen. Mit dem Rundfunkbrand haben Sie ja nichts zu tun, wie ich gesehen habe. Diese Wirtschaftsvergehen – ist das alles?"

„Das ist alles. Und die angebliche Irreführung der Staatssicherheitsorgane. Ich hoffe, Sie können mir in irgendeiner Form helfen. Wenn nicht, dann ..."

„Hören Sie auf", sagt Albrecht. „Mit Gott!"

Jetzt schöpft Arno Bade ein bisschen Mut. Seine Mutter wird schon den Richtigen beauftragt haben. „Mit Gott" hätte einer von der Stasi nicht gesagt. Niemals!

Richter Hans Genrich eröffnet den Prozess vor dem Stadtgericht Groß-Berlin, Strafsenat 1a, zuständig für politische Strafsachen. Er schließt die Öffentlichkeit aus „Gründen der Staatssicherheit" von der Verhandlung aus. Die einzigen Zuhörer, Bades Mutter, seine Tante und eine fremde Frau, müssen den Saal verlassen. Dabei ist an diesem Tag von der Staatssicherheit nur bei der Verlesung der Anklage die Rede, alles dreht sich um die angeblichen Wirtschaftsverbrechen, die minutiös auseinandergenommen werden. Erst am zweiten Verhandlungstag wendet sich das Gericht Bades „falschen Angaben" zum Brand zu.

„Wie sind denn die nun zustande gekommen?", will Genrich wissen.

„Das kann ich Ihnen genau sagen: Alles, was hier gelaufen ist, war Erpressung von Seiten der Staatsmacht. Ich habe von Anfang an meine Unschuld beteuert. Und wenn ich ein Notizbuch hatte, wo Namen drin standen, die mit normalen westlichen Organisationen zu tun haben, dann sind das in meinen Augen noch keine Agenten."

Das ist dem Ankläger, Staatsanwalt Piehl, zu viel. Er brüllt: „Das haben Sie überhaupt nicht zu beurteilen!"

Arno Bade versucht, ruhig zu bleiben. „Sie sehen ja, Herr Richter: Das, was der Staatsanwalt hier macht, das hat er anderthalb Jahre mit mir gemacht, hat mich nie zu Wort kommen lassen."

Walter Piehl schnappt nach Luft. „Bei einem Verbrecher Ihres Kalibers, da muß man ja brüllen!"

Nun platzt auch Arno Bade der Kragen. Endlich will er über das Unrecht reden, das ihm angetan wurde. „Und was war mit der Dunkelzelle? Und mit den Nachtverhören? Ich durfte nicht eine Minute die Augen schließen oder mich erholen!" Er schildert in allen Einzelheiten die Vernehmungen und die qualvollen Haftbedingungen und macht auch aus seiner Abneigung gegen ein System, das so etwas zulässt, keinen Hehl.

Der Richter und die Schöffen, beide tragen das Abzeichen der Opfer des Faschismus, hören mit steinernen Mienen zu. Piehl keift immer wieder dazwischen: „Das gehört hier nicht her!"

Die Stasi hat an diesem Tag ihre Leute „zu Schulungszwecken" als Auditorium eingeladen. Das war offenbar ein Fehler, denn die Genossen erleben keinen demütigen Delinquenten, der sich eifrig selbst beschuldigt. Bade liefert ihnen ein unerwartetes Schauspiel. Und Rechtsanwalt Albrecht nimmt die Verteidigung ernst.

Piehl beantragt für die Wirtschaftsverbrechen drei Jahre und zwei wegen „Vortäuschung einer Straftat" unter Nichtanrechnung von einem Jahr Untersuchungshaft. Bade protestiert: „Ich habe pausenlos versucht, meinen Widerruf zu Protokoll zu geben!"

Der Staatsanwalt insistiert: „Das hätten Sie auch schon eher machen können. Sie hätten eben Papier und Bleistift verlangen müssen."

Doch Arno Bade gibt nicht mehr klein bei. „Ich habe ja nicht mal genug zu essen bekommen, geschweige denn Papier und Bleistift!"

Nach kurzer Beratung verkündet Richter Genrich das Urteil: „Der Angeklagte wird wegen fortgesetzten Beiseiteschaffens von Erzeugnissen entgegen dem ordnungsgemäßen Wirtschaftsablauf und wegen Anstiftung zu diesem Verbrechen sowie wegen Vortäuschung einer Straftat zu einer Gesamtstrafe von fünf Jahren Gefängnis verurteilt. Die notwendigen Auslagen hat der Angeklagte zu tragen. Untersuchungshaft wird ihm einschließlich ab 13. August 55 auf die erkannte Strafe angerechnet." Zu der U-Haft davor heißt es: Sie „hat der Angeklagte selbst verschuldet, und sie konnte daher nicht zur Anwendung gebracht werden".

Die schriftliche Urteilsbegründung spricht Arno Bade alle Schuld an der wackeligen Anklage zu, kann aber auch nicht umhin, dessen Meinung zum Prozess völlig zu verschweigen:

Der Angeklagte hat dann vor den Ermittlungsorganen eine derartig umfassende und in alle Einzelheiten gehende Schilderung der Brandstiftung im StRuKo gegeben, und er hat immer wieder erklärt, daß er diesen Brand auf Anweisung westlicher Agentenzentralen angelegt hat, daß gar kein Zweifel bestehen konnte, daß es sich hier um einen gewissenlosen Feind unserer Gesellschaftsordnung handelt. Der Angeklagte hat darüber hinaus Personen mit Namen und Adressen benannt, mit denen er in Westberlin in Verbindung stand, die den Ermittlungsorganen bekannt waren und bei denen feststand, daß sie im Dienste der CIC standen ... Der Angeklagte ist auch dann bei der Schilderung seines Verbrechens geblieben, als er zu verschiedenen Malen dem StA [Staatsanwalt, J. E.] vorgeführt wurde, der die Untersuchungen leitete, und er hat seine Selbstbezichtigungen selbst dann aufrecht erhalten, als er im Juni 55 dem GStA [Generalstaatsanwalt, J. E.] der DDR vorgeführt wurde. Dem Angeklagten war bekannt, daß infolge seiner Angaben die Ermittlungen nicht in der erforderlichen Richtung geführt werden konnten, da immer wieder davon ausgegangen wurde, daß er der Brandstifter war. Der Angeklagte ist sowohl von dem GStA der DDR wie auch vom StA, der die Untersuchungen leitete, und von dem letzteren zu verschiedenen Malen befragt worden, ob er Beschwerden hinsichtlich seiner Unterbringung in der U-Haftanstalt oder seiner Behandlung von seiten der Angehörigen der Ermittlungsorgane vorzubringen habe. Auf alle diese Fragen habe der Angeklagte geantwortet, daß er keine Beschwerden hatte und menschlich behandelt werde. Laut Protokoll vom 15. Februar 1956, Blatt 269 d. A. [der Anklage, J. E.] hat der Angeklagte an diesem Tag seine bisherigen Aussagen widerrufen. Der Angeklagte erklärte, daß dieser Widerruf bereits im August 1955 erfolgt sei, gleichzeitig mit der Bitte, ihn einem Vertreter des Generalstaatsanwalts ... vorzuführen. Auf diese Bitten sei aber nichts erfolgt. Der Angeklagte hat dann seine Bemühungen aufgegeben, da er der Ansicht war, daß er bei unseren staatlichen Organen doch kein Recht erhalte, zumal er in jedem Mitarbeiter des Ministeriums für Staatssicherheit einen Kopfjäger gesehen habe, und er sei der Ansicht gewesen, daß auch die Mitarbeiter des Ge-

neralstaatsanwalts nicht besser seien. Der Angeklagte ist ferner der Ansicht gewesen, daß es im demokratischen Sektor nur bestechliche Gerichte gibt, die alle Anordnungen der Ermittlungsorgane, die seiner Ansicht nach gesetzwidrig waren, ohne Bedenken ausführen ... Durch seine eingehende Schilderung der Brandstiftung war der Erfolg jedenfalls der, daß die Ermittlungsorgane ihre Tätigkeit nicht in die erforderliche Richtung lenkten und es dem eventuellen Verbrecher gelungen ist, sich der gerechten Bestrafung zu entziehen. Die Handlung, die vom Angeklagten in voller Erkenntnis ihrer Folgen begangen wurde, birgt eine derartige Gesellschaftsgefährlichkeit in sich, daß die von dem Vertreter des Generalstaatsanwalts beantragte und in diesem Gesetz vorgesehene Höchststrafe von zwei Jahren Gefängnis auch nach Ansicht des Senats durchaus angebracht ist.

Es war ein erbärmliches Dokument von staatlich sanktioniertem Unrecht. Dennoch bildet es für Arno Bade endlich den Endpunkt von Todesangst und Ungewissheit.

Haft und Flucht in die Freiheit

An Bades ehemaligem Arbeitsplatz und beim Rundfunk erfährt niemand etwas über den Prozess und dessen Ausgang. Nach der Inbetriebnahme der neuen Studios am 10. Februar 1956 haben sich die Wogen geglättet.

Vor Arno Bade liegen vier lange Jahre, die er trotz guter Führung bis zur letzten Stunde absitzen muss. Die Justiz und die hinter ihr stehende Partei sind nicht daran interessiert, ihn auch nur einen Tag früher in Freiheit zu sehen. Die Perfidie erreicht ihren Höhepunkt, als dem Häftling ein „Zahlungsbefehl des Staatlichen Rundfunkkomitees vom 23. Januar 1957, vertreten durch den Prozessbevollmächtigten F. K. Kaul“, für

268,50 D-Mark überzahltes Gehalt plus Kosten des Verfahrens, 20,15 D-Mark, zugestellt wird. Bades Mutter einigt sich mit Kauls Büro auf eine monatliche Ratenzahlung.

Bade wird in das „Objekt II" nach Bautzen verlegt. Im ehemaligen Amtsgerichtsgefängnis hält die Staatssicherheit seit August 1956 ihre langjährig Verurteilten gefangen.

Zwei Jahre sitzt Arno Bade in einer Einzelzelle. Mit der Zeit erfährt er den Namen des einen oder anderen Mithäftlings. Georg Dertinger, der erste Außenminister der DDR, verbüßt seine Strafe nur zwei Zellen entfernt von ihm.

Ab September 1958 ist Bade mit drei anderen Häftlingen in einer Gemeinschaftszelle untergebracht. Er bekommt ein Zeichenbrett in die Zelle und arbeitet an der Innenausstattung eines Salonwagens für den chinesischen KP-Führer Mao Zedong mit. Später vertraut man ihm sogar Konstruktionsunterlagen des Panzers T 52 an. Für Schulungszwecke müssen Umarbeitungen in den Dokumentationen vorgenommen werden.

Der Häftling darf das SED-Zentralorgan „Neues Deutschland" lesen und entdeckt darin im August 1958 seinen Namen in einem Text, der nahezu gleichlautend schon am 13. April 1955 an gleicher Stelle gestanden hatte. „Die Staatssicherheitsorgane der DDR verhafteten 1955 den amerikanischen Agenten Arno Bade. Bade ... verübte am 16. Februar 1955 eine Brandstiftung in einem neuen Gebäude des Staatlichen Rundfunkkomitees. Er baute Brandsätze des amerikanischen Geheimdienstes in das Kanalsystem der Klimaanlage ein und steckte so die neuerbauten Sendesäle in Brand."

Bades Mutter wendet sich ob dieser Verleumdung an einen Rechtsanwalt, der von der Redaktion des Zentralorgans „Neues Deutschland" Aufklärung fordert. Die Antwort ist aufschlussreich: „Es handelt sich keineswegs um eine Behauptung von uns, daß Arno Bade im Zusammenhang mit einer Brandstiftung im Staatl. Rundfunkkomitee genannt wurde. Vielmehr haben wir den Abschnitt ‚Geheimdienste gehen über Leichen' Dokumenten und Erklärungen entnommen, die von der Regierung der Deutschen Dem. Republik der Öffentlichkeit übergeben worden waren ... Wir nehmen Ihre Einrede gegen das von uns veröffentlichte Material, den Fall Bade betreffend, zur Kenntnis und bedauern das Mißverständnis. Da es sich indessen in diesem Fall um einen Vorgang handelt, der einem regierungsamtlichen Material entnommen ist, möchten wir eine Berichtigung nicht in Betracht ziehen."

Auf dieses Propaganda-Machwerk des Kalten Kriegs beziehen sich auch heute noch – mehr als sechzig Jahre später – jene, für die die ehemalige DDR den Traum einer besseren Welt von Gerechtigkeit und Fortschritt darstellte. Für Arno Bade war es nie etwas anderes als eine tödliche Bedrohung, die ihn Jahre seines Lebens kostete.

Am 19. August 1960 wird Arno Bade entlassen. 130 Mark erhält er für drei Jahre Arbeit in Bautzen. Die Abteilung Inneres beim Rat des Stadtbezirks Berlin-Treptow bietet ihm eine Arbeitsstelle beim Hafenbau in Rostock an. Bade redet sich damit heraus, dass er erst einmal drei Wochen Urlaub brauche. Verlässt er das Haus in Baumschulenweg, fällt ihm der grüne Opel der auf ihn angesetzten Stasi-Beobachter auf. Die offene Grenze ist kaum einen Kilometer entfernt. Schon die nächste S-Bahn-Station liegt im Westen, wenn er den richtigen Zug nimmt. Doch darauf warten die wahrscheinlich nur, und er will nicht wegen „versuchter Republikflucht" erneut hinter Gitter.

An seinem 32. Geburtstag holt sich Arno Bade auf der VP-Inspektion in Johannisthal seinen Personalausweis ab. Als er zum S-Bahnhof Schöneweide kommt, nutzt er die Gelegenheit. Statt zum S-Bahn-Steig hinaufzugehen, rennt er unter der S-Bahn-Brücke hindurch, überquert das Adlergestell und betritt das Geschäft eines Uhrmachers. Der hält sich eine ganze Weile mit Bades verharzter Armbanduhr auf. Als Bade das Geschäft verlässt und sich in eine Gaststätte setzt, taucht der grüne Opel auf. Bade hat Glück, niemand bemerkt ihn. Arno Bade ist kein Häftling mehr, aber frei ist er auch nicht. Es muss etwas geschehen.

In Schöneweide sucht der junge Mann eine Bekannte seines Vaters auf. Nachmittags verlässt er das Haus und springt im turbulenten Verkehr auf einen anfahrenden Bus. In Späthsfelde, einer Gartensiedlung am Teltowkanal, der die Grenze zu West-Berlin bildet, verschafft ihm eine Freundin seiner Mutter Zugang zum abgesperrten Kanalufer.

Bades Mutter ist in die Pläne ihres Sohnes nicht eingeweiht. Beunruhigt über sein Verschwinden, geht sie am nächsten Tag zur Polizei. „Was haben Sie mit meinem Sohn gemacht? Haben Sie den wieder verhaftet? Kaum ist der draußen, da beobachten Sie ihn, und jetzt haben Sie ihn festgenommen …"

Sie bekommt die übliche arrogante Antwort: „Bei uns wird niemand beobachtet!"

„Ach, und die drei Mann gegenüber im Zigarrenladen?" Auch Frau Bade lässt sich nicht mehr einschüchtern. Neun Monate in Rummelsburg haben ihr jeden Respekt vor der Polizei genommen.

Am nächsten Tag besucht sie ein höher Chargierter. „Frau Bade, Ihr Sohn ist nicht verhaftet worden. Wir können Ihnen sagen, der ist in West-Berlin. Er ist republikflüchtig geworden."

Das weiß inzwischen auch Arno Bades Mutter. Die Nachbarin hat ihr den „Telegraf" vom 24. August 1960 gezeigt. „Auf abenteuerliche Weise flüchtete am Mittwochabend ein 32jähriger

Mann aus dem Sowjetsektor nach Westberlin. Zwischen Baumschulenweg und Britz schwamm er durch den Teltowkanal. Der Flüchtling gab an, fünf Jahre Strafhaft in Bautzen hinter sich zu haben. Er sei von den sowjetzonalen Behörden für einen Brand im Sender Oberschöneweide verantwortlich gemacht worden. Nach seiner Entlassung aus dem Zuchthaus wäre er laufend beschattet worden. Seine Angaben werden geprüft."

Arno Bade wird in West-Berlin als politischer Flüchtling anerkannt und fliegt eine Woche später nach Westdeutschland. In seiner neuen Heimat interessiert sich niemand für seine Geschichte. Nur in der Illustrierten „Revue" erscheint ein Bildbericht über ihn und seine abenteuerliche Flucht.

Heute lebt der 88-Jährige im Rheinland, doch es zieht ihn immer wieder zu Freunden und Bekannten nach Berlin. Das Verbrechen, das er begangen haben soll und das seine 16-bändige Stasi-Akte füllt, hat nie stattgefunden und hätte ihn dennoch beinahe das Leben gekostet. *J. E.*

Letzter Ausweg Makarow

Der Tod Erich Apels am 3. Dezember 1965

+++ Deutschland, 4. Dezember 1965 +++ Ärztliches Bulletin +++ Am 3. Dezember 1965, vormittags 10.00 Uhr, verschied der Stellvertreter des Vorsitzenden des Ministerrates und Vorsitzender der Staatlichen Plankommission, Dr. Erich Apel. Er litt seit längerem an Kreislaufstörungen. In allerletzter Zeit zeigten sich außerdem Zeichen nervlicher Überlastung, die trotz aller ärztlichen Bemühungen zu einem plötzlichen Nervenzusammenbruch führten. In einer dadurch hervorgerufenen Kurzschlußreaktion schied Dr. Apel aus dem Leben. +++ gez. Prof. Dr. Wittbrodt +++ gez. Prof. Dr. Dr. Auerbach +++ gez. OMR Dr. Schulte +++

Eismanns Fall

Marianne Haagen war noch schnell beim Friseur. Sie arbeitete als Vorzimmerdame bei einem der führenden Politiker der DDR. „Stellvertreter des Vorsitzenden des Ministerrates und Vorsitzender der Staatlichen Plankommission", stand auf dem Briefkopf von Erich Apel. Und natürlich sein Doktortitel. Doktor der Ökonomie war der studierte Hydraulikingenieur. Am 30. Juni 1960, mit 41 Jahren, hatte er den akademischen Abschluss noch erlangt. Darauf war Erich Apel stolz. Sein Kalender zeigte den 3. Dezember 1965.

Dass Marianne Haagen nicht am Schreibtisch saß, war Erich Apel noch gar nicht aufgefallen. Seit einer halben Stunde besprach er mit Horst Böttcher, seinem persönlichen Referenten, die Termine des Tages. Das langfristige Handelsabkommen mit der Sowjetunion sollte feierlich unterzeichnet werden. Außerdem lag wieder einmal die Vorbereitung des Volkswirtschaftsplans 1966 an. Auf der nächsten Plenartagung des Zentralkomitees (ZK) der SED musste der Chef der Plankommission darüber referieren.

Kurz nach halb zehn betrat Horst Böttcher das Sekretariat. Kurz zuvor war Marianne Haagen im Büro eingetroffen, gerade wollte sie gemeinsam mit ihrer Kollegin Christine Pittasch in Ruhe einen Tee trinken. Aus demselben Grund hatte sich auch Leutnant Friedrich, Erich Apels persönlicher Beschützer von der Stasi, im Sekretariat eingefunden. Er verfügte über ein eigenes Büro. Pünktlich um 9.45 Uhr brachte Küchenfee Waltraud Taudte den Tee. Finanzminister Siegfried Böhm und Günter Mittag, als Kandidat des Politbüros des ZK der SED wie Erich Apel ebenfalls für die Wirtschaft verantwortlich, riefen kurz an. Ansonsten war es ruhig. Nur irgendjemand knallte eine Tür zu.

Drei Tage später meldete Major Eismann von der Stasi-Hauptabteilung IX/7, der Mordkommission des Ministeriums für Staatssicherheit (MfS), Minister Erich Mielke über dieses Ereignis: „Den Untersuchungen zufolge muß dies der Zeitpunkt der Schußabgabe gewesen sein. Da die Genossen aber gewohnt waren, daß ihr Chef Türen zuschlägt, schenkten sie dieser Wahrnehmung keine besondere Beachtung."

Erich Apel hatte sich an seinem Schreibtisch im Haus der Ministerien in Berlin, Leipziger Straße, mit seiner Dienstpistole, einer Makarow, erschossen. Genau zwei Monate zuvor, am 3. Oktober, hatte er seinen 48. Geburtstag gefeiert.

Die Teerunde im Sekretariat ahnte nichts von dem dramatischen Ereignis, bis kurz vor zehn das Telefon klingelte. Das Lämpchen über dem Schriftzug „Gen. Stoph" leuchtete auf, doch der Chef hob nicht ab. Marianne Haagen öffnete vorsichtig die gepolsterte Doppeltür und verharrte wie vom Donner gerührt. Major Eismann notierte später in den Akten: „Dabei stellte sie fest, daß Gen. APEL reglos hinter seinem Schreibtisch im Sessel saß und sein Kopf hintenübergefallen war."

Um 10.20 Uhr traf Eismann an jenem 3. Dezember mit seinen Mitarbeitern Hauptmann Böhme, Hauptmann Hellmann und Oberfeldwebel Nicolas am „Ereignisort", dem Dienstzimmer des Chefs der Plankommission, ein. Die Männer waren sauer, weil sie den Tatort bereits verändert vorfanden. Ihr Kollege, Leutnant Friedrich vom Personenschutz, hatte sofort nach den entsetzten Schreien von Marianne Haagen die Ärzte Dr. Schulte und Dr. Bernd von der Poliklinik des Hauses der Ministerien sowie Dr. Gebauer vom Regierungskrankenhaus zu Hilfe gerufen. Auch Horst Böttcher war ins Chefzimmer geeilt. Die drei Mediziner hatten nur noch den Tod Erich Apels feststellen können.

Major Eismann meldete Erich Mielke: „Bei den ersten Rettungsmaßnahmen wurde der Verletzte auf die im Zimmer befindliche Liege gelegt. Die bei ihm in der rechten Hand aufgefundene Pistole wurde dabei von dem Gen. Böttcher, der sie absichtlich vorsichtig anfaßte, im ersten Ablegefach unter dem Konferenztisch abgelegt." Damit waren erste, vielleicht wichtige Spuren verwischt worden. „Die an der Waffe gesicherten daktyloskopischen Spuren haben zu Vergleichszwecken zu wenig individuelle Merkmale." Dass aus der Pistole geschossen wurde, schien hingegen klar. „Die Waffe war entsichert und der Verschluß in hinterer Stellung. Im Magazin befanden sich keine Patronen. Es handelt sich um die Dienstwaffe des Gen. Apel, Modell 1001-0, Kaliber 7,65 mm, Nr. 24907." Das Projektil lag auf dem Fußboden, 38 Zentimeter von der linken Wand des Zimmers entfernt. In 2,04 Metern Höhe war es nach dem Kopfschuss in die Holzverkleidung der rechten Wand eingeschlagen und dort wahrscheinlich abgeprallt. Auch die Glasplatte auf Erich Apels Schreibtisch wies eine 4,5 Zentimeter breite, ganz frische Bruchstelle auf.

Die Untersuchung des Opfers war kriminalpolizeiliche Routine. „Bei der Besichtigung der Leiche durch Mitarbeiter der Hauptabteilung IX/7 konnten am Kopf im Bereich der linken und rechten Schläfe Schußverletzungen (Ein- und Ausschuß) festgestellt werden. Von diesen Verletzungen zogen sich vertrocknete Blutabrinnspuren fast senkrecht zum Unterkiefer. Auf Grund dieser Feststellungen kann gesagt werden, daß es sich um einen Kopfdurchschuß handelt, der durch eine Schußabgabe in aufgerichteter Körperhaltung verursacht wurde. Weitere Verletzungen waren nicht feststellbar."

Damit schien die Rekonstruktion des Geschehens eindeutig. Obwohl weder ein Abschiedsbrief noch andere Hinweise auf Suizidpläne Erich Apels gefunden wurden und auch das von den Zeugen beschriebene Vorfinden der Pistole in der Hand des Toten für einen selbst abgegebenen Schuss untypisch war, hielt Major Eismann fest: „Im Ergebnis der geführten Befragungen und der getroffenen Feststellungen am Tatort ist zu schlußfolgern, daß eine Selbsttötung durch Erschießen vorliegt. Zum Motiv gibt es bisher keine Anhaltspunkte."

Das konnte nur im bisherigen Leben und in der Arbeit des Opfers zu finden sein.

Die Franz-Josef-Strauß-Linde erinnert an die Öffnung der deutsch-deutschen Grenze 1989, das Kirchlein St. Nikolaus an die restlichen rund 650 Jahre Geschichte des 2800-Seelen-Dorfes Judenbach in Thüringen. Der einstige SED-Spitzenfunktionär Erich Apel ist dort längst vergessen. Ja, damals habe die Stasi hier herumgeschnüffelt, erinnert sich ein alter Mann. „Aber hier konnte ja nichts passieren. Wir waren doch ringsum eingemauert."

Am 3. Oktober 1917 wurde Erich Hans Apel in Judenbach geboren. Sein Vater war Schlossermeister, die Mutter Schneiderin. Erich ging auf die Realschule in der nahen Spielzeugstadt Sonneberg und absolvierte 1932 die mittlere Reife. In der Porzellanfabrik Neuhaus lernte er Werkzeugmacher, legte 1935 die Gesellenprüfung ab und arbeitete anschließend in seinem Beruf.

Thüringen, das grüne Herz Deutschlands, war damals braun. Erich Apel musste 1934 beim „Deutschen Jungvolk" antreten. Den 16-Jährigen störte der stumpfsinnige Drill. Wegen „negativer Einstellung zur militärischen Erziehung" flog er neun Monate später wieder raus. Im Deutschen Studentenbund hatte er dagegen keine Probleme. Apel studierte ab 1937 an der Ingenieurschule Ilmenau und bestand 1939 das Examen als Maschinenbauingenieur. Unmittelbar danach musste er als Wehrpflichtiger einrücken.

Von September bis Dezember 1939 robbte der junge Ingenieur als Rekrut im Infanterie-Ersatz-Bataillon 451 in Gotha durch den Dreck. Inzwischen war Krieg. Doch noch wurde gewonnen, und so musste sich Schütze Apel vorerst nicht verheizen lassen. Stattdessen wurde er am 20. Dezember 1939 zur Heeresversuchsstelle nach Peenemünde kommandiert.

Hier bastelte Raketenspezialist Wernher von Braun an den Wunderwaffen des Führers. Erich Apel bezog ein Zimmer in einem Gasthof in Zinnowitz und stürzte sich in die Arbeit. Ein ehemaliger Kollege erinnerte sich: „Er arbeitete wie wir alle von 7.00 Uhr morgens bis 17.30 Uhr an den Prüfständen, aber abends büffelte er dann noch in seinem Zimmer an Verbesserungsvorschlägen." Der junge Mann wollte zeigen, was in ihm steckte.

Die Hydraulik an den Raketentriebwerken war sein Spezialgebiet. Ihn interessierte die Technik, ihn fesselte die Suche nach Lösungen, das Rechnen, Messen und Konstruieren. Offenbar machte der Jungingenieur seine Sache gut, denn im August 1940 entließ ihn die Wehrmacht nach der abgeleisteten Wehrpflicht. Ab November wurde Erich Apel jedoch für die Heeresversuchsanstalt dienstverpflichtet und arbeitete nun als Betriebsingenieur und Assistent des Betriebsdirektors im streng abgeschirmten Sperrgebiet auf der Nordspitze der Insel Usedom.

Die Welt ringsum nahm der junge Mann kaum wahr. Ein Kollege aus jener Zeit beschrieb später: „Er war damals 23, ein Schrank von Kerl und völlig unpolitisch. Apel gehörte keiner NS-Organisation an, nicht einmal der Hitlerjugend." Ein Ingenieur mit Leib und Seele.

Zufällig war es Erich Apels 25. Geburtstag, der 3. Oktober 1942, als in Peenemünde die erste Fernrakete der Welt erfolgreich gestartet wurde. Bei Versuchen im Sommer war die A4 stets kurz nach dem Start explodiert. Diesmal klappte alles. Es war Punkt 16.00 Uhr, als der schlanke Raketenkörper mit der Geschwindigkeit Mach 5,4 fast 90 Kilometer hoch und annähernd 300 Kilometer weit in den Himmel schoss. Hitlers Himmelsstürmer hatten es geschafft, und Erich Apel war dabei. Anfang 1943 avancierte er trotz seines geringen Alters zum Chef eines der zahlreichen Entwicklungsbetriebe der Heeresversuchsanstalt.

In der nationalsozialistischen Propaganda wurde die Rakete schnell zur „Vergeltungswaffe", V2. Der begeisterte Ingenieur aber machte sich so seine Gedanken. „Es ist eine Schweinerei, daß diese Dinger mitten in einer Stadt explodieren sollen", äußerte er im Kollegenkreis. Dort brauchte niemand ein Blatt vor den Mund zu nehmen, und so entgegnete sein Chef, Triebwerksspezialist Dr. Walter Thiel, auch nur gutmütig: „Apel, Sie wären besser Sanitäter geworden, für diese Arbeit hier sind Sie zu weich." Folgen hatte der Disput nicht. Die Herren in Peenemünde verstanden sich als technische Elite. Die braunen Schreihälse sollten für vernünftige Arbeitsbedingungen sorgen, das war alles. Selbstverständlich gehörte auch ein Zwangsarbeitslager dazu, schließlich war Krieg.

Erich Apel machte aus seiner Abneigung gegen die Nationalsozialisten keinen Hehl. Als der Zinnowitzer Pfarrer unvorsichtigerweise in einer Predigt gegen die Machthaber wetterte, sorgte der angesehene Ingenieur Apel dafür, dass die Raketenversuchsanstalt den Mann als Bibliothekar anforderte. Die Nationalsozialisten hätten ihn lieber in ein Strafbataillon gesteckt. Geheim war das Treiben in Peenemünde derweil längst nicht mehr. Immer wieder tauchten Späher der Alliierten am Himmel auf, ein Bombenangriff war zu befürchten. Für die geplante Produktion der „Wunderwaffe" würde das verheerend werden, und so wurde Erich Apel mit einigen Fertigungsspezialisten seines Betriebsteils zu den Linke-Hoffmann-Werken (LHW) nach Breslau abkommandiert. Als dann am 17. August 1943 in der Operation „Hydra" 596 Bomber Peenemünde angriffen, befand er sich in Sicherheit. In Peenemünde starben 733 Menschen, vor allem Zwangsarbeiter, aber auch Walter Thiel und seine Familie waren darunter. Die Anlagen lagen zu zwei Dritteln in Schutt und Asche, rund 3000 Bombenopfer verloren ihr Hab und Gut. Der

US-Parlamentsabgeordnete Duncan Sandys schickte am 21. Juni 1969 ein Telegramm an Wernher von Braun und erinnerte an den verheerenden Angriff: „Beste Glückwünsche für Ihren großartigen Beitrag zu dieser historischen Leistung. Ich bin dankbar, daß Ihre glänzende Karriere nicht bei dem Bombenangriff auf Peenemünde vor 26 Jahren abgekürzt wurde."

In Breslau herrschte hingegen noch Ruhe. Von dort aus sollte Erich Apel die Betriebe, die die Herstellung der in Peenemünde entwickelten V2 übernommen hatten, organisatorisch und fertigungstechnisch betreuen. Auch die LHW selbst waren „kriegswichtig": Sie stellten Raketenteile her. Auf Antrag der Firma wurde Erich Apel am 1. April 1944 vom Heereswaffenamt freigegeben. Er arbeitete nun als Oberingenieur und Assistent des Technischen Direktors der LHW.

Der Krieg war nach Deutschland zurückgekehrt, und die LHW mussten ihre Produktionsstätten auslagern. Dazu wurde unter anderem die Firma Peterbau GmbH in Kleinbodungen bei Nordhausen im Harz gegründet. Im Januar 1945 tauchte Erich Apel dort als ihr Technischer Leiter auf.

Nun schien die Politik den unpolitischen Ingenieur doch noch eingeholt zu haben. Nordhausen, das war das Konzentrationslager Mittelbau-Dora mit seiner unterirdischen V2-Produktion. Diese forderte unter den versklavten Häftlingen letztlich mehr Todesopfer, als beim Beschuss von London durch die Rakete zu beklagen waren. Erich Apel hatte damit zwar nicht direkt zu tun, doch er war V2-Mann, und das auch noch nahe dem Ort, an dem Tausende bei der Herstellung der Waffe ums Leben kamen. Das näher rückende Kriegsende und die bevorstehende Niederlage dürften ihm Angst gemacht haben. Als es so weit war, gelang es ihm, sich ins heimatliche Judenbach durchzuschlagen.

Erich Apel wollte einen Schlussstrich unter die Vergangenheit ziehen. Der kräftige junge Mann fand zunächst Arbeit in der Landwirtschaft und suchte nach einer neuen Perspektive. Am 15. Januar 1946 meldete er sich als Neulehrer, lernte und unterrichtete gleichzeitig bis zum 31. Mai 1946 in der Betriebsberufsschule Steinach.

Dass eine unpolitische Haltung auch ohne eigenes Zutun politisch werden konnte, hatte er inzwischen begriffen. Von nun an wollte er es anders halten. Im Januar 1946 wurde der 28-Jährige Mitglied der SPD. Aber wieder entwickelten sich die Dinge gegen seinen Willen. Ende April 1946 wurde aus SPD und KPD die SED. Das passte dem Mann nicht, der eigentlich von der Politik in Ruhe gelassen werden wollte, aber in der alten deutschen Arbeiterpartei doch eine akzeptable Alternative gesehen hatte. Der „Neulehrer" Apel trat nicht „freiwillig" zur SED über. Auseinandersetzungen standen ins Haus. Doch dazu kam es nicht mehr. Am 1. Juni 1946 holten die Russen Erich Apel ab – aber nicht als Gefangenen. Die Besatzer brauchten ihn als Ingenieur: Erich Apel sollte wieder Raketen bauen. Dieses Mal für die neuen Herren. Apels Bedenken waren mit deren Ankunft nicht verflogen. Aber die Lust an der Technik und seine Liebe zum Ingenieursberuf siegten, und so fand er sich schließlich damit ab. Es gab wohl auch keine Alternative.

Stalins Raketenexperte

Von zottigen Pferdchen gezogene Panjewagen, die von den Amis abgeguckte simple, aber unverwüstliche Thompson-MPi mit ihrem Tellermagazin, technisch anspruchslose „Stalinorgeln", nach US-Lizenzen gebaute Fahrzeuge und flüchtig zusammengeschweißte T-34-Panzer, vor allem aber der unermüdliche Einsatz der Soldaten hatten der Roten Armee den Sieg über Adolf Hitlers Wehrmacht gebracht. Josef Stalins Stabsoffiziere ahnten jedoch, dass das für die sich bereits abzeichnenden Auseinandersetzungen nach dem Krieg nicht mehr ausreichte. Nachdem am 6. und 9. August 1945 die Amerikaner die ersten Atombomben der Welt auf Hiroshima und Nagasaki geworfen hatten, war Politikern, Wissenschaftlern, Rüstungsplanern und Militärs beider Seiten die Bedeutung der militärisch nutzbaren Wissenschaft und Technik längst bewusst.

Wie die anderen Siegermächte versuchten die Sowjets deshalb, deutsche Spezialisten in ihre Dienste zu nehmen. Es war ein Wettlauf gegen die Zeit. Obwohl Stalins „Headhunter" schon lange vor Kriegsende direkt hinter der Front operierten, waren die Amerikaner mit ihrer Operation „Paperclip" schneller. Die erste Garde der Peenemünder Raketenspezialisten um Wernher von Braun wurde von ihnen eingesammelt und unauffällig in die USA gebracht.

Wernher von Braun hatte Erich Apel kurz vor Ende des Kriegs noch einmal in Nordhausen im Harz getroffen und dem fähigen Ingenieur angeboten, ihn nach der absehbaren Niederlage mit nach Amerika zu nehmen. Der Peenemünder Chef wollte seine Truppe möglichst komplett übergeben, doch der Hydrauliker lehnte ab. Freiwillig mochte er nicht weiter für die Rüstung arbeiten. Nun kam die sowjetische Dienstverpflichtung. Für Apel dürfte sie zunächst eine unangenehme Überraschung gewesen sein. Doch Stalins Kopfjäger fädelten ihre Aktion geschickt ein. Sie behandelten die deutschen Experten als Partner. Sie wurden mit „Pajoks", nach Wertschätzung der jeweiligen Person ausgestatteten Lebensmittelpaketen, versorgt, erhielten eine gute Bezahlung und feste Arbeitsverträge. Erich

Apel und seine Kollegen wurden gebraucht. Der verlorene Krieg schien für sie fast vergessen.

Stalins Expertenjäger um Boris Tschertok verfolgten eine Doppelstrategie: Da es ihnen, abgesehen von dem auf Elektrotechnik spezialisierten V2-Spitzenmann Helmut Gröttrup, nicht gelungen war, die erste Garde zu verpflichten, konzentrierten sie sich notgedrungen auf die zweite Reihe. Bereits im Sommer 1945 rekrutierten sie rund 5000 deutsche Spezialisten. Mit der neuen Belegschaft wurde die größte Waffenfabrik der Nationalsozialisten in Bleicherode im Harz, wo die V2 bereits in Serie produziert worden war, wieder in Betrieb genommen. In der Sowjetunion gab es noch keinerlei Voraussetzungen für eine schnelle Umlagerung der Hightechproduktion aus Deutschland. Der Plan sah deshalb den Wissenstransfer als ersten Schritt vor. Erich Apel wurde, wie jedem anderen deutschen Spezialisten auch, ein sowjetischer Partner zugeteilt, mit dem er gemeinsam arbeitete.

Dann begannen in aller Heimlichkeit die Umzugsvorbereitungen. Allein aus den Mittelwerken Nordhausen transportierten die Trophäenkommandos der Roten Armee 717 Waggonladungen mit 5647 Tonnen Maschinen, Ausrüstungen und Raketenbauteilen ab. Bis Anfang 1947 ließ das für Raketentechnik zuständige „Sonderkomitee Nr. 2“ weitere 2270 Güterwagen mit mehr als 14 256 Tonnen Raketenbaugruppen, Halbfertigfabrikaten und Spezialmaschinen aus der sowjetischen Besatzungszone (SBZ) nach Kapustin Jar, dem neuen sowjetischen Raketenversuchsgelände, rollen.

Die strikte Geheimhaltung darüber funktionierte so perfekt, dass die Sowjets noch jahrzehntelang die Legende pflegen konnten, sie hätten lediglich noch unbedeutende Reste der nationalsozialistischen Raketenproduktion erbeutet. Zum

Vergleich: Die Amerikaner hatten aus den Mittelwerken Nordhausen lediglich 400 Tonnen Raketenmaterial abtransportiert.

Am 13. Mai 1946 befahl Stalin, die sensible Raketenproduktion in die Sowjetunion zu verlagern. Dies betraf auch die deutschen Experten. Sie wurden am 22. Oktober 1946 von einer generalstabsmäßig organisierten Aktion überrascht. In den frühen Morgenstunden holten sowjetische Offiziere überall in der SBZ die ahnungslosen deutschen Techniker und Ingenieure aus den Betten. Ein Dolmetscher übersetzte die kurze Ansprache des kommandierenden Offiziers: „Auf Befehl der sowjetischen Militäradministration müssen Sie fünf Jahre in der Sowjetunion arbeiten. Sie können Ihre Frau und Ihre Kinder mitnehmen und so viele Sachen, wie Sie wollen …"

Viel mitzunehmen gab es für Erich Apel nicht. Bisher war er in seinem Leben immer nur der Arbeit nachgezogen, hatte in Gasthöfen, Kasernen und Notunterkünften gehaust. Nur Stunden nach der „Kommandirowka" rollten die Züge mit Erich Apel und den anderen gen Osten. Die Reise dauerte rund 14 Tage, die Stimmung in den rumpelnden Waggons war gedrückt, die Zukunft ungewiss.

Reiseziel war die verzweigte Landschaft des Seligersees, rund 400 Kilometer nordwestlich von Moskau. Apel setzte zunächst in Podlipki (heute Koroljow) in Deutschland abgebaute Maschinen wieder zusammen. Dann folgte er den anderen Raketenspezialisten auf die Insel Gorodomlia.

Wie immer in diesem Metier ging es um streng geheime Projekte. Die Arbeitsbedingungen stimmten, im täglichen Leben gab es alle nur denkbaren Vergünstigungen. Die deutschen Experten kassierten Traumgehälter, doppelt so hoch wie sowjetische Ministerbezüge. Erich Apel wurde Chef eines Versuchsbetriebs. Sein dortiger Kollege Kurt Wohlfahrt, vor dem Einsatz in der Sowjetunion Ingenieur in der Rüstungsschmiede Bleicherode, erinnerte sich fast siebzig Jahre später: „Er war gesellig, aber auch ein bisschen distanziert. Nicht so proletenhaft, immer auch ein bisschen ‚der Chef'."

Doch die Deutschen wurden nicht in die sowjetischen Forschungen integriert. Stalin dachte nicht daran, sie langfristig zu halten. Sie sollten lediglich so lange „gemolken" werden, bis sie ihren sowjetischen Kollegen nichts Neues mehr beibringen konnten. Das war spätestens ab etwa 1948 der Fall. Die deutschen Spezialisten in der Sowjetunion durften danach nur noch theoretisch forschen. Trotzdem fühlte sich Erich Apel wohl. Er hatte in Christa, der Tochter eines deutschen Ingenieurs von den Arado Flugzeugwerken, wieder eine Frau gefunden. Seine erste Ehe blieb stets sein Geheimnis – auch Christa Apel wusste nur, dass sie wahrscheinlich 1942 mit einer Österreicherin geschlossen und 1948 auf deren Betreiben im Westen und in Abwesenheit Apels geschieden wurde. In den Akten fanden sich auch später keine Hinweise darauf. Es wurde hingegen häufig betont, dass Erich Apel in der Sowjetunion Kommunist geworden sei. Was steckt dahinter? Wie konnte ein Mensch in Unfreiheit Anhänger gerade jener Ideologie werden, deren Träger ihn in einen Käfig sperrten – auch wenn dieser aus Gold war?

Als das nationalsozialistische Reich zusammengebrochen war, war Erich Apel knapp 28 Jahre alt gewesen. Zwar liebte er das Regime nicht, dennoch hatte es ihm privilegierte Arbeitsbedingungen ermöglicht. Unter diesem Gesichtspunkt empfand er – wie viele andere um ihn herum – das Kriegsende als Zusammenbruch. Apel suchte einen politischen Halt, einen neuen Glauben. Diesen fand der junge Ingenieur in der Sowjetunion. Der Sozialismus lieferte ihm Antworten auf alle Fragen. Und die „neue Religion“ machte es ihren Anhängern leicht, sie anzunehmen. Statt dröger philosophischer Lektüre reichte vielen die „Geschichte der KPdSU (Bolschewiki) – Kurzer Lehrgang“ als Bibel aus, um die griffige Ideologie für Wissen zu halten. Erich Apel lernte sie als Privilegierter in der Sowjetunion kennen. Das machte es ihm leicht, sich schnell Kommunist zu nennen.

Für das künftige Leben in der inzwischen gegründeten DDR erhielt der Ingenieur während seines Aufenthalts in der Sowjetunion somit nicht nur die nötige berufliche Qualifikation, sondern fand auch den Zugang zur neuen Macht. Einer Karriere in der Heimat stand nichts mehr im Wege.

Ulbrichts Vertrauter

Am 23. Juni 1952 kehrte Erich Apel nach sechs Jahren Aufenthalt in der Sowjetunion in die DDR zurück. Nur vier Monate später wurde der beim großen Bruder bewährte Oberingenieur Abteilungsleiter für Forschung und Technik im Ministerium für Maschinenbau, und schon im April 1953 stieg er zum Technischen Leiter der Hauptverwaltung für Elektro- und Kraftmaschinenbau auf. Ab November 1953 war Apel bereits Stellvertretender Minister für Maschinenbau.

Die steile Karriere verdankte der Mittdreißiger SED-Chef Walter Ulbricht. Der hatte gerade gegen die Bedenken seiner Moskauer Genossen den Aufbau des Sozialismus in der DDR verkündet und den Volksaufstand vom 17. Juni 1953 knapp überlebt. Nun wollte er zeigen, dass er es schaffte, die immer noch unter Besatzungsrecht stehende DDR zu einem richtigen Staat zu machen. Dafür brauchte Ulbricht nicht nur Fachleute, sondern auch Organisationstalente. Erich Apel hatte von beidem etwas. Er stürzte sich mit Feuereifer in die Arbeit und war fest davon überzeugt, dass der eingeschlagene Weg der richtige sei. Noch vertraute er auf die Planwirtschaft. Die schien ja auch einleuchtend. Fritz Selbmann, damals einer der führenden SED-Wirtschaftslenker und politischer Ziehvater Erich Apels, hatte das schon bei der Begründung des ersten Zweijahresplans deutlich gemacht: „Wir werden bis zur letzten Maschine, bis zur letzten Produktionseinheit der volkseigenen Industrie durchplanen, und dann werden wir sehen, wer ist stärker: Die geplante volkseigene Industrie oder die nicht geplante freie Marktwirtschaft." Am Erfolg dieser Methode zweifelte er keine Sekunde: „Natürlich ist die geplante Wirtschaft stärker, natürlich werden die Dinge dort, wo sie der Mensch mit seiner Vernunft anpackt, besser vorwärtskommen."

Genau darum schien es zu gehen: Vernunft gegen Chaos, die Geisteskraft des Menschen gegen die sich immer wieder wandelnden, undurchsichtigen Marktmechanismen. Erich Apel war von Anfang an bereit, sich für die Vernunft zu engagieren. Als Techniker lag ihm das Rationale ohnehin näher als das unkontrollierte Spiel der Kräfte. Dass das alles auch ein riesiger Irrtum sein könnte, kam ihm nicht in den Sinn.

Er hatte seine Erfahrungen als Spezialist in der Sowjetunion gemacht. Dort hatte er erlebt, wie durch Planung nahezu alles möglich werden konnte. Dass dies nur für die kleine Gruppe von Hitlers früheren Himmelsstürmern und deren sowjetischen Kollegen auf der Insel Gorodomlia so gut geklappt hatte, focht ihn nicht an. Als Erich Apel im Juni 1952 in die DDR zurückkehrte, bemerkte er auch dort gewaltige Erfolge. Bereits 1950 waren drei Viertel der Industrieproduktion des Jahres 1936 erreicht worden, am Ende des Zweijahrplans waren stolze 111 Prozent verkündet worden.

Allerdings ging es im Westen noch viel schneller. Schon 1950 hatte die Industrie zehn Prozent mehr als vor dem Krieg produziert. Sollte das Allheilmittel „Plan“ doch nicht so wirksam sein wie erhofft?

Erich Apel wollte das nicht so sehen. Die Wirtschaft musste politisch geführt werden, das hatte er in der Sowjetunion gelernt. Deshalb lag ein politisches Engagement für ihn nahe. Der dunkle Punkt seiner einstmaligen Verweigerung des „freiwilligen Übertritts“ aus der SPD in die SED hemmte es jedoch. Als Apel 1954 den Antrag auf Aufnahme in Ulbrichts Partei stellte, ließen ihn die Genossen drei Jahre als Kandidaten schmoren, erst 1957 bekam er das Mitgliedsbuch. Zu dieser Zeit war Apel schon zwei Jahre lang Minister für Maschinenbau. Nun stand einem weiteren steilen Aufstieg nichts mehr im Wege. Ein Jahr später, 1958, wurde Apel Kandidat und ab Juli 1960 Vollmitglied des ZK der SED. Ab dem 6. Februar 1958 tauschte er seinen Ministersessel gegen den des Leiters der neugebildeten Wirtschaftskommission beim Politbüro des ZK der SED. Bis Juni 1962 war er dort der Chef, dann folgte Günter Mittag nach. Als Mann Ulbrichts sollte Apel aller Welt die Überlegenheit der sozialistischen Planwirtschaft über die westliche Marktwirtschaft beweisen. Die Parole dazu formulierte der SED-Chef 1959 persönlich: „Überholen ohne einzuholen.“

Was so abstrus klingt, hatte einen tieferen Sinn: Der kleinere deutsche Bruder sollte mehr Butter und Fleisch essen können als der große im Westen, irgendwann einmal schnellere Autos fahren und sich in hellen, komfortablen Wohnungen ausbreiten. Und das alles, ohne die „kapitalistische Produktionsweise“ nachahmen zu müssen. Es waren die Träume von der besseren Welt, die die Menschen in jenen Jahren noch bei der Stange hielten. Erich Apel musste dafür sorgen, dass sie wahr wurden. Nicht irgendwann, sondern planmäßig. „So wie wir heute arbeiten, werden wir morgen leben", hieß es. Viele glaubten daran.

Chruschtschows Partner

Um die Wirtschaft zwischen Mangel und Beziehungen am Laufen zu halten, mussten Programme her. Am besten solche, die schnelle Wunder versprachen.

Das „Chemieprogramm" war eines davon. Auf der Zentralen Chemiekonferenz am 3. und 4. November 1958 in den Leuna-Werken „Walter Ulbricht" beschlossen, sollte es bis 1965 für eine Verdopplung der chemischen Produktion sorgen. „Chemie schafft Brot, Wohlstand und Schönheit", begründete das die Partei.

Das klang damals verheißungsvoll. Erich Apel erforschte, wie die Chemie die DDR zu blühenden Landschaften synthetisieren könnte. Für seine Dissertation über das Chemieprogramm bekam er den Doktortitel. Seit Juli 1961 war er bereits Kandidat des Politbüros des ZK der SED und Sekretär des ZK, im Januar 1963 wurde er Vorsitzender der Staatlichen Plankommission und stellvertretender Vorsitzender des Ministerrates der DDR.

Hitlers Himmelsstürmer, Stalins Raketenexperte und Ulbrichts Vertrauter hatte den Gipfel der Macht erklommen. Wollte Apel dort bleiben, musste er die Wirtschaft in der DDR voranbringen. Das war nicht so einfach, denn der kleinere deutsche Teilstaat konnte nur überleben, wenn die Sowjetunion

Rohstoffe lieferte. Die gab es aber nicht gegen Bruderküsse. Und politisch schien alles noch viel komplizierter.

Nach dem Tod Stalins im März 1953 hatte Nikita Chruschtschow nicht nur die inzwischen zur DDR umgebildete Kriegsbeute übernommen, sondern auch den Streit in der sowjetischen Führung darüber, was langfristig einmal aus ihr werden sollte. Moskaus politische Pläne dazu waren noch lange Zeit undurchsichtig und unberechenbar. In der ersten Hälfte der 1950er-Jahre überlegte die Sowjetunion, wie sie aus ihrem Stückchen Deutschland den größten Profit schlagen könne.

Noch als Oberingenieur auf der Insel Gorodomlia erfuhr Erich Apel von Stalins diplomatischen Vorstößen. Mit der Note vom 10. März 1952 erreichten sie ihren Höhepunkt. Der Sowjetführer bot den Westmächten die DDR zum Tausch gegen ein neutrales, entmilitarisiertes Gesamtdeutschland an. Bis September wurde diskutiert, weil der Westen nicht an die Ernsthaftigkeit der Offerte glaubte und Bundeskanzler Konrad Adenauer lieber „das halbe Deutschland ganz, als das ganze Deutschland halb" haben wollte. Dann war die Sache jedenfalls in der Öffentlichkeit erst einmal vom Tisch.

Erich Apel, inzwischen in die DDR zurückgekehrt, musste trotzdem feststellen, dass sich die Sowjets zumindest in der Wirtschaft noch nicht dauerhaft eingerichtet hatten. Reparationszahlungen, Verluste aus Beutezügen nach dem Krieg und Entnahmen aus der laufenden Produktion hemmten die Entwicklung einer eigenständigen DDR-Wirtschaft gewaltig.

Und auch politisch waren noch längst nicht alle Messen gesungen. Nach Stalins Tod rechnete sich dessen Geheimdienstchef Lawrenti Berija Chancen auf den Chefsessel im Kreml aus, gelänge es ihm, die Sowjetunion sicherer zu machen. Deshalb beauftragte er im Mai 1953 Generalleutnant Pawel Sudoplatow, seinen Mann fürs Grobe und ganz Geheime im KGB, die Möglichkeit sondieren zu lassen, doch noch ein vereinigtes, neutrales Deutschland zu erreichen. Ihm schwebte vor, von den Westmächten dafür ungefähr zehn Milliarden Dollar zu kassieren.

All diese Pläne platzten, als es Chruschtschow Ende Juni 1953 gelang, Berija zu entmachten und sich selbst am 13. September zum Ersten Sekretär der KPdSU zu ernennen. Am 23. Dezember 1953 ließ er Stalins Henker Berija wegen Hochverrats erschießen.

Die Folge für die DDR, in deren Regierung Erich Apel derweil als Vizeminister diente: Nikita Chruschtschow entließ sie per Vertrag vom 20. September 1955 aus der direkten Militärverwaltung in die formale Unabhängigkeit. Für die langfristige Existenz des kleineren deutschen Staates hatte er sich jedoch immer noch nicht entschieden.

Wirtschaftlich war weiterhin kein Erfolg zu erkennen, man lebte von der Hand in den Mund. Das spürte Erich Apel, inzwischen Minister für Maschinenbau, bei der täglichen Arbeit. Erst 1957 erklärte sich der große Bruder in Moskau bereit, den Grundrohstoffbedarf der DDR-Industrie zu decken. Die bisherigen Lieferungen erhöhten sich um zwanzig bis dreißig Prozent. Zwölf Jahre nach Kriegsende wurde damit die DDR-Wirtschaft überhaupt erst plan- und berechenbar.

Spätestens 1961 – nach nur vier Jahren Parteizugehörigkeit war er inzwischen Kandidat des Politbüros des ZK der SED – erfuhr Erich Apel, dass die Sowjetunion mit diesen Lieferungen überfordert war. Sowohl die immensen Kriegszerstörungen in ihren eigenen Industriegebieten als auch ihr ineffizientes Gesellschafts- und Wirtschaftssystem setzten enge Grenzen. Erst heute bekannte Geheimdokumente belegen, dass Moskau bereits 1959 nur etwa die Hälfte der von der DDR für die Jahre 1960 bis

1962 gewünschten Lieferungen zusagte. Das war die Ausgangslage für die Verhandlungen mit der Sowjetunion in den folgenden Jahren. Erich Apel musste sie führen und sich dabei immer wieder an der Quadratur des Kreises versuchen.

Stophs Sorgenkind

Willi Stoph, bis Juli 1960 Verteidigungsminister, rückte 1962 zum Ersten Stellvertreter des Vorsitzenden des Ministerrates auf. Nach dem Tod Otto Grotewohls am 21. September 1964 übernahm er den Vorsitz im Ministerrat.

Sein wichtigster Wirtschaftsmann war Erich Apel. Auch wenn kaum jemand etwas davon wusste, Hitlers einstiger Himmelsstürmer und der Regierungschef der DDR hatten in ihrem Lebenslauf Gemeinsamkeiten, die sie von den anderen SED-Spitzenfunktionären unterschieden. Von Willi Stoph, Jahrgang 1914, gab es in der DDR keine offizielle Biografie. Wie Erich Apel gehörte er zu den wenigen späteren SED-Spitzenfunktionären, die die NS-Zeit in Deutschland verbracht und sich nicht „im Widerstand" befunden hatten. Von 1935 bis 1937 und dann wieder ab 1940 hatte er in der Wehrmacht gedient. Vor seiner Verwundung im Jahr 1942 hatte Willi Stoph im „Russlandfeldzug" das Eiserne Kreuz bekommen. Ob er es tatsächlich bis zum Leutnant gebracht hatte – wie der Westen behauptete – oder nur Unteroffizier geblieben war, ist bis heute umstritten. Fest steht jedoch: Er heulte mit den Wölfen, wie in einem begeisterten nationalsozialistischen Artikel zu „Führers Geburtstag" in einer Regimentszeitung nachzulesen war. Erich Honecker hegte gegen ihn deshalb zeitlebens tiefstes Misstrauen.

Willi Stoph und Erich Apel verfügten zudem über einen ähnlichen Erfahrungshorizont, der sich von dem der Moskau- und West-Emigranten unterschied und ihr gegenseitiges Verständnis gefördert haben könnte.

Die komplizierten Verhandlungen über den Handel mit der Sowjetunion machten ihr Verhältnis jedoch wieder schwierig, denn beide Männer waren für die „Versorgung“ der DDR-Bürger verantwortlich. Die konnten zwar seit dem Mauerbau am 13. August 1961 nicht mehr einfach weglaufen, aber aus ökonomischer Sicht hatte die ganze Sache nichts gebracht. Der Zuwachs der Industrieproduktion lag 1962 mit dem von 1961 gleichauf, das Nationaleinkommen wuchs gerade einmal um einen Prozentpunkt. Und die „Freunde“ zeigten sich nicht sehr entgegenkommend. Die Stasi analysierte nach Erich Apels Tod dessen persönliche Notizen zum langfristigen Handelsabkommen mit der Sowjetunion. Die dort zu findenden Einsichten waren verheerend: „In den Verhandlungen konnte jedoch bei wesentlichen Positionen keine Übereinstimmung erzielt werden, so daß die volle Versorgung der Volkswirtschaft der DDR mit Importen auf dem bisherigen Wege aus der Sowjetunion nicht mehr möglich war.“

Das war unter anderem das Ergebnis des Sturzes Nikita Chruschtschows am 14. Oktober 1964 durch Leonid Breschnew. Der warf seinem Vorgänger „Fehler in der Wirtschaftsführung“ vor. Die Schatten der aufziehenden dunklen Wolken reichten bis in Apels Büro in Berlin. Der neue Mann in Moskau, Leonid Breschnew, nun auch wieder KPdSU-Generalsekretär, strebte von Anfang an eine traditionelle imperiale Machtstruktur an, der sich alles unterzuordnen hatte. Und da die wirtschaftlichen Ressourcen im eigenen Lande nicht reichten, wurde zuerst bei der DDR gekürzt.

Das ging sofort an deren Substanz, denn die „Freunde“ wollten besonders die Getreidelieferungen auf 400 000 Tonnen – das war ein Drittel der für 1966 geplanten Menge – beschränken. Die DDR hatte zu jener Zeit gerade die Zwangskollektivierung hinter sich. Die neuen Landwirtschaftlichen Produktionsgenossenschaften (LPG) konnten die Lücke nicht im Entferntesten schließen. Erich Apel notierte: „Eine Senkung der sowjetischen Getreidelieferungen in dieser Größenordnung wirft grundsätzliche Probleme der Entwicklung in der DDR und politische Fragen im Zusammenhang mit der Lage in Deutschland auf."

Er fürchtete eine wachsende Abhängigkeit vom Westen. Da die Zahlungsbilanz des Außenhandels bereits einen Minussaldo von 1,2 Milliarden Valutamark (VM) aufwies, liebäugelte Apel mit einschneidenden und folgenreichen Kürzungen: „Wir beabsichtigen eine Senkung bisher zu Grunde gelegter Importe aus kapitalistischen Ländern in Höhe von 600 Mio VM vorzunehmen, was sowohl Auswirkungen auf die Investitionspolitik als auch auf die Versorgung der Bevölkerung hat. Wir werden mit dem Ziel der Kaufkraftabschöpfung Maßnahmen durchführen müssen, die sich auf das Lebensniveau der Bevölkerung auswirken, so beispielsweise eine Erhöhung der Wohnungsmieten und bestimmte Steuermaßnahmen."

Das richtete sich direkt gegen die heiligen Kühe der SED-Führung. Gerade einmal gut zehn Jahre war es her, dass die Werktätigen gegen mehr Arbeit für weniger Geld auf die Straße gegangen waren. Das wollten Ulbricht und Genossen nicht noch einmal erleben.

Erich Apel schien zu spüren, dass er mit seinen Überlegungen zum Sündenbock werden könnte. Von seinem Chef, Willi Stoph, hörte er statt Rat und Hilfe immer wieder Vorwürfe. Der Planungschef notierte sie im Telegrammstil: „Genosse Stoph:

Staatsplan ist nicht bilanziert, z. B. Zersplitterung der Mittel in der Chemie. Keine Konzentration auf Staatsplan vorhanden. Plan muß vom Leben ausgehen. Nicht Plan vom Plan ausgehen. Schwerer Fehler, den wir schwer bezahlen mußten."

Ein Fehler, für den Erich Apel verantwortlich gemacht werden könnte. Der oberste Planer steckte bei den Verhandlungen mit der Sowjetunion in der Zwickmühle. Bei den Vertragsvorbereitungen wurden seitens der DDR in 48 Positionen gegenüber Moskau Zusagen über die Lieferung von Maschinen gemacht, die in der DDR gar nicht vorhanden oder produzierbar waren. In Erich Apels Unterlagen fand die Stasi dazu einen Brief aus Moskau vom 23. November 1965. Der Planungschef hatte am Rand vermerkt: „Es ist außerordentlich kompliziert, den Freunden jetzt nahe zu bringen, daß diese Maschinenbauerzeugnisse nicht geliefert werden können ..." Dennoch versuchte er es. Historikerin Monika Kaiser äußerte dazu: „Ich denke, dass der harte Verhandlungskurs, den Apel geführt hat, sehr zur Verärgerung der russischen Seite beigetragen hat."

Erst unmittelbar vor seinem Tod erfuhr Erich Apel nebenbei von Günter Mittag, dass er stillschweigend aus den Gesprächsrunden gedrängt wurde. Bei einem geheimen Krisenbesuch Breschnews in jenen Herbsttagen 1965 in der DDR blieb er ausgeschlossen.

Zunächst hatte Apel aber noch versucht, durch die Erhöhung der Exporte in den Westen Geld zu verdienen und die SED-Politik zu beeinflussen. In den Schlussfolgerungen aus dem Verlauf der Verhandlungen mit den Sowjets war erneut von „Maßnahmen zur Begrenzung des Einkommens der Bevölkerung, zur Abschöpfung der Kaufkraft und zur Umverteilung nach sozialen und politischen Gesichtspunkten" die Rede. Auf der Rückseite vermerkte Erich Apel handschriftlich: „Wie kommen wir aus der Lage raus? … Rückzug – wohin führt das? Lage der Arbeiterklasse verbessern."

Die Stasi-Analysten fällten später ein ebenso arrogantes wie dogmatischem Denken verhaftetes Urteil: „Dieser Vermerk läßt die Schlußfolgerung zu, daß bei Dr. Apel auf Grund der entstandenen wirtschaftlichen Situation politische Schwankungen auftraten und er den zu beschreitenden Lösungsweg als politischen Rückzug der DDR wertete."

Akribisch wurde im Nachhinein jeder Federstrich Apels erfasst und „eingeschätzt": „Charakteristisch für alle persönlichen Aufzeichnungen Dr. Apels ist, daß häufig solche Fragen auftauchen wie: ‚Was soll werden?', ‚Wie geht es weiter?', ‚Wer soll diese Aufgabe lösen?'"

Nach rund einem Jahrzehnt in der Wirtschaftsführung der DDR hatte der Techniker, der rationale Denker in Erich Apel den politischen Träumer besiegt. Er muss sich damals sehr einsam gefühlt haben. Weder von der oft beschworenen „kollektiven Führung" noch von Solidarität ist in den Akten um seinen Tod zu lesen. Dabei hätte gerade Erich Apel dringend Hilfe gebraucht, denn er wusste schon längst, dass sich die bisherige Art zu wirtschaften nicht weiterführen ließ. „Es gibt kein Land in der Welt, das 83 Prozent Importe aufwenden muß, damit die Wirtschaft überhaupt läuft", notierte er, und: „Betriebe müssen ihre Mittel erwirtschaften", „Es dürfen keine Investitionen gegeben werden, wenn keine Verbesserung der Betriebsergebnisse erreicht wird."

Ein neues ökonomisches System sollte Abhilfe schaffen. Erich Apel arbeitete daran. Er verlangte: „Gegenseitig ein Mindestmaß an Vertrauen haben. Dazu gehört, differenzierte Kritik üben." Er baute auf fundierte Vorschläge und war sich des

Mitwirkens eines gewichtigen Freundes gewiss. Auch Walter Ulbricht stand der ganzen Sache wohlwollend gegenüber – er hatte seine Gründe dafür.

Mittags Freund

„Spitzbart, Bauch und Brille – das ist nicht des Volkes Wille." Darüber waren sich die Deutschen in Ost und West ein Vierteljahrhundert nach dem Zweiten Weltkrieg einig. Der „Spitzbart" galt in ganz Deutschland als Moskaus höriger Statthalter ohne eigene Ideen. „Bauch", Wilhelm Pieck, und „Brille", Otto Grotewohl, halfen ihm dabei.

Als Walter Ulbricht Anfang der 1960er-Jahre in der DDR Reformen einleitete, wurde das weder zwischen Ostsee und Erzgebirge noch zwischen Sylt und der Zugspitze als Richtungsänderung wahrgenommen. Zu Unrecht, denn plötzlich definierte Walter Ulbricht seinen Sozialismus neu als „eine relativ selbständige sozialökonomische Formation in der historischen Epoche des Übergangs vom Kapitalismus zum Kommunismus im Weltmaßstab". Das war ein Widerspruch zur KPdSU-Doktrin. Denn die bezeichnete den Sozialismus als eine kurze Übergangszeit, nannte Daten, wann der Kommunismus mit all seinen Wohltaten erreicht sein würde, und versprach den Bürgern, das in rund zwanzig Jahren zu erleben. Der SED-Chef sah einen anderen Weg in die lichte Zukunft. In der Wirtschaft sollten nicht mehr nur Parteifunktionäre das Sagen haben und politische Parolen das Handeln bestimmen, Ulbricht wollte den Erkenntnissen von Wissenschaftlern und Praktikern mehr Gewicht einräumen. Erich Apel und dessen Freund Günter Mittag erschienen ihm geeignet, um diese Umgestaltung zu organisieren. Die DDR-Ökonomie würde so zum Vorbild für den ganzen Ostblock, die Sowjetunion inbegriffen, und Ulbricht selbst zum Gottvater der Weltrevolution. Apel und Mittag gingen mit Feuereifer ans Werk.

Walter Ulbrichts Reformideen hatten einen konkreten politischen Hintergrund. Nach dem Bau der Mauer sah er die Chance, endgültig der Herr im eigenen Haus zu werden. Der Stratege hatte den Zeitpunkt gut gewählt. Schon als man nach Stalins Tod in Moskau mit Machtkämpfen beschäftigt war und die Satelliten deshalb nicht ganz so streng im Auge hatte, hatte er die direkt vor Ort tätigen sowjetischen „Berater" unauffällig aus den ZK-Abteilungen hinauskomplimentieren können.

Anfang der 1960er-Jahre schien der Moment gekommen zu sein, eigene Ziele durchzusetzen. Nikita Chruschtschow ließ die Leine etwas lockerer, und Walter Ulbricht wollte das nutzen. Überdies hatte die DDR durch ihre Lage an der Front des Kalten Kriegs, aber auch dank ihres wirtschaftlichen und militärischen Potenzials an Gewicht gewonnen. Der SED-Chef wusste genau, dass er niemals ein gleichberechtigter Partner Moskaus werden konnte. Aber er wusste auch, dass ihn die Kreml-Herren – nach Chruschtschows Sturz und Breschnews Machtübernahme mehr denn je – brauchten.

So wurde Erich Apel in jenen Jahren letztlich zu einem der Männer, die Ulbricht dabei helfen sollten, im Rahmen der gegebenen Spielräume der DDR einen eigenen Weg zu weisen. Die Träume wurden zu der Hoffnung, dass eine neue, „sozialistische deutsche Nation" entstehe. Ulbricht hielt große Stücke auf seinen Planungschef mit der lauten Stimme, wurde aber schlagartig vorsichtiger, als er merkte, wie sich im Politbüro der Wind gegen das bislang favorisierte „Neue Ökonomische System" drehte. Von Erich Apels und Günter Mittags Vorschlägen zur effektiveren Gestaltung der DDR-Wirtschaft blieb er dennoch überzeugt.

Zwar verkündete Ulbricht im Sommer 1953 noch im DDR-Rundfunk: „Wenn ich durch die Straßen gehe, und etwas Neues, Schönes sehe, weis' ich stolz darauf: Das hat mein Freund getan! Mein Freund, der Plan!" Doch wenig später merkte auch er, dass „Freund Plan" nach sowjetischem Vorbild niemals das Zugpferd sein konnte, um die Bundesrepublik zu „überholen". Sein Wirtschaftsberater Wolfgang Berger bestärkte ihn in dieser Auffassung. Der einfache Grund: Die extensiven Wachstumsreserven der DDR waren aufgebraucht.

Nun konnten nur noch Strukturwandel und die Hinwendung zum wissenschaftlich-technischen Fortschritt helfen. Das „Neue Ökonomische System", im Funktionärskauderwelsch kurz NÖS genannt, sollte das gefährlichste von der Planwirtschaft hervorgebrachte Krebsgeschwür bekämpfen, die sogenannte Tonnenideologie. Günter Mittag wusste, was sie in der Praxis bedeutete:

– *allein die Menge zu sehen, ohne die Qualität zu berücksichtigen;*
– *die Kosten der Produktion, das heißt Aufwand und Ergebnis zu vernachlässigen;*
– *Produktion um jeden Preis, ohne nach dem Absatz zu fragen;*
– *sich auf das zu konzentrieren, wo Menge am leichtesten zu erreichen war, also durch schwere, materialintensive Erzeugnisse.*

Als erfolgreich galt, wer viel produzierte. Ob das Ladenhüter oder gefragte Produkte waren, spielte keine Rolle. Die Korrektur dieses Irrwegs durch Einführung marktwirtschaftlicher Elemente war ein politisches Minenfeld, denn sie richtete sich direkt gegen die etablierten Glaubensfragen. Das damit verbundene „Gedankenverbrechen" – erstmals von George Orwell in seinem streng verbotenen Buch „1984" so genannt – hieß in der DDR-Praxis Revisionismus, und schon der Verdacht darauf konnte schnell böse enden. Stalinist Ulbricht musste sich gegen das weise Väterchen wenden, denn auch Stalin meinte, der Wert einer Ware spiele im Sozialismus keine Rolle.

Dennoch wollte der DDR-Lenker eine große Lösung. Er zog nicht nur namhafte Wissenschaftler der SED-Forschungsstätten heran, sondern scheute sich nicht einmal davor, bereits von der Partei als „revisionistisch" verurteilte Experten wie Herbert Wolf in die konzeptionellen Bemühungen einzubeziehen.

Günter Mittag umriss die Reform: „Eine Kernfrage war die Anerkennung dessen, daß auch im Sozialismus Warenproduktion und Wert existieren und daß die davon abgeleiteten Kategorien wie Geld, Preis, Kredit, Zins usw. nicht nur eine formale, sondern eine inhaltliche Bedeutung für das Funktionieren der sozialistischen Wirtschaft besitzen – ja, daß sie ihr Gesicht prägen."

Das sah Erich Apel genauso. Als Walter Ulbricht auf dem VI. Parteitag der SED im Januar 1963 die Neuorientierung der Wirtschaftspolitik nach dem Grundsatz des „höchsten ökonomischen Nutzeffekts" und der „materiellen Interessiertheit" verkündete, meinte er, nun festen politischen Boden unter den Füßen zu haben. Am 24. und 25. Juni 1963 verabschiedete die gemeinsame Wirtschaftskonferenz von ZK und Ministerrat die Richtlinie für das „Neue Ökonomische System der Planung und Leitung der Volkswirtschaft", nun NÖSPL genannt, am 15. Juli wurde sie vom Staatsrat der DDR als verbindlich für die künftige Wirtschaftspolitik beschlossen.

Erich Apel war endgültig davon überzeugt, in Günter Mittag einen mächtigen und aufrichtigen Verbündeten gefunden zu haben. Der Wirtschaftsfunktionär bestärkte ihn darin und beteuerte später: „Erich Apel war ein wirklicher Freund …

Auch persönlich harmonierten wir gut, ohne daß uns Neid und Intrigen im Wege standen, wie es in der Politik leider wohl selten ist." Seine Tochter Doris bestätigte das: „Erich Apel war aus meiner Sicht her ein echter Freund mit meinem Vater, also nicht nur er mit ihm, sondern wir als Familie haben unwahrscheinlich viel gemeinsam gemacht." Sie fuhren zusammen in den Urlaub und zur Jagd. Das „war wirklich dicht, durch dick und dünn", glaubt Doris Mittag bis heute.

Dennoch war das wohl schon damals nichts anderes als eine Lüge. Mittag hatte das laue Lüftchen des Reformwinds in die Nase bekommen und verbündete sich mit dem Pragmatiker Apel, um es für das eigene Fortkommen zu nutzen. Als es sich später in einen kalten Wind verwandelte, zögerte er keine Sekunde, seinem „Freund" in den Rücken zu fallen.

Aber zunächst ging alles gut. Das lag auch an der Sowjetunion. Dort kämpfte der Wirtschaftswissenschaftler Jewsej Liberman um die Anerkennung von Gewinn und Rentabilität als Gradmesser für die Einschätzung der Arbeit der sowjetischen Betriebe. 1956 durfte er dazu einen Artikel im „Kommunist", der Theorie-Zeitschrift des ZK der KPdSU, veröffentlichen. Als er ein paar Jahre später, in der „Prawda" vom 9. September 1962, auch noch über „Plan, Gewinn, Prämie" fabulierte, zeigte das seinen Erfolg. Nikita Chruschtschow hatte Libermans Theorien offenbar abgesegnet. Reformen schienen angesagt und möglich zu sein.

Die Lage änderte sich schlagartig, als Chruschtschow gestürzt wurde. Nun bekamen auch in der SED-Führung jene Oberwasser, die sich schon immer gegen die Reform ausgesprochen hatten. Erich Apels Chef, Willi Stoph, hatte zwar 1962 eine Expertengruppe eingesetzt, die an der „Vervollkommnung des Wirtschaftsmechanismus" der DDR arbeitete, doch das ging längst nicht so weit wie die damaligen Ideen von Erich Apel und Günter Mittag.

Ihr größter Widersacher im Politbüro war Alfred Neumann. Den gelernten Tischler, der zunächst Chef des Volkswirtschaftsrates und nach dessen Auflösung stellvertretender Vorsitzender des Ministerrates und Minister für Materialwirtschaft war, interessierte vor allem das Abhaken der Planzahlen. Die Reformer betrachtete er mit Argwohn: „Ich wußte, daß es Gruppen gibt, daß auch Walter Ulbricht seine Gruppe hatte, auch wen er für Ratschläge heranzog. Dazu gehörten Mittag, Apel, Wolf und Berger. Was die da für Quatsch sich ausgedacht haben, erfuhr ich ziemlich schnell." Im kleinen Kreis beschimpfte „Ali" das Reform-Duo Apel und Mittag als Banditen. Er betrachtete die ganze Sache vor seinem eher bescheidenen intellektuellen Horizont: Von seinen Mitarbeitern ließ er im Sommer 1963 einen Dieselmotor in sämtliche Einzelteile zerlegen. Es waren rund 12 000. Diese Zahl hielt er dann seinen Genossen vor: Wie sollte man jemals solch einen Motor bauen, wenn nicht alle Schräubchen zentral geplant seien!

Nur ein paar Monate später schwankte auch Walter Ulbricht in seinem Reformeifer. Der schlaue Fuchs hatte die Witterung des neuen Leitwolfs in Moskau aufgenommen. Leonid Breschnew wollte keine Experimente in der Wirtschaft. Er wollte mehr Raketen und Panzer, und diesem Wunsch hatte sich die Ökonomie bedingungslos unterzuordnen.

Walter Ulbricht saß in der Zwickmühle: Einerseits brachte das derweil in einem dicken roten Buch auch öffentlich propagierte NÖSPL eine deutliche Verbesserung der wirtschaftlichen Lage – schon 1964 stieg die Arbeitsproduktivität um sieben Prozent –, andererseits wuchs der Anpassungsdruck an die neuen Moskauer Machthaber. Außerdem fürchtete die SED um ihre ideologische Vorherrschaft, wenn die Chefs der volkseigenen Betriebe (VEB) immer mehr zu sagen hätten. Das NÖSPL wurde überall diskutiert. Als der Fernsehjournalist Axel Kaspar 1968 seine Dokumentation „Kann ein VEB Pleite gehen?“ vorstellte, wurde sie vorsichtshalber verboten. Es grummelte in der Partei.

Mit der Verkündung der „zweiten Etappe“ der Reform, die nun allmählich zum „Ökonomischen System des Sozialismus“ überleiten sollte, modifizierte Walter Ulbricht den Reformansatz. Ein Sündenbock musste her, der für die nun plötzlich als „Fehler“ betrachteten Entwicklungen geradestehen sollte.

Dieser Sündenbock war Erich Apel. Seine Verhandlungen über die sowjetischen Rohstofflieferungen für den Fünfjahresplan 1966 bis 1970 liefen schlecht, weil Moskau mauerte. Die Genossen hinderte das nicht, Apel vorzuwerfen, er habe „die Freunde“ beleidigt und deshalb stocke alles. Solcherart Unsinn empörte den Planungschef, dennoch traf er ihn tief. Erich Apel litt unter Depressionen. Trotz seines oft rauen und ungerechten Gebarens war er sensibel und angreifbar.

Sein Weg in die Verzweiflungstat des Freitods scheint am 8. und 9. Juli 1965 auf der für die SED-Spitze reservierten Insel Vilm im Greifswalder Bodden begonnen zu haben. Walter Ulbricht hatte außer Apel noch Erich Honecker, Willi Stoph, Gerhard Grüneberg, Günter Mittag und Gerhard Schürer geladen. Auch Siegfried Böhm, damals Leiter der Abteilung Planung und Finanzen im ZK, später Finanzminister, und Hans Wittik, Stellvertreter des Vorsitzenden des Volkswirtschaftsrates, waren dabei. Die Sitzung verlief dramatisch und laut. Es hagelte von allen Seiten Kritik. Gerhard Schürer erinnerte sich: „Besonders erschüttert war Erich Apel darüber, daß sich auch Günter Mittag eindeutig auf die Seite der Kritiker geschlagen hatte.“ Sein Freund hatte ihn verraten.

Am 13. Juli 1965 wurde die Beratung auf Vilm in der Politbürositzung ausgewertet. Jetzt erklärte Walter Ulbricht plötzlich, der „Hauptfehler" sei, dass die „Staatliche Plankommission die erforderlichen Bilanzierungsmethoden unter den Bedingungen des NÖS nicht" beherrsche und „zu vieles an sich gezogen hat, was sie gar nicht lösen" könne. Hermann Axen, Paul Fröhlich, Kurt Hager, Erich Mückenberger, Horst Sindermann und andere fielen in die Kritik gegen Erich Apel ein.

Nun wusste der Planungschef überhaupt nicht mehr, was er tun sollte, denn Walter Ulbricht hatte erneut eine 180-Grad-Wendung vollzogen. Hatte er ihm auf Vilm noch vorgeworfen, den vom NÖS vorgesehenen marktwirtschaftlichen Elementen zu viel Raum zu geben, behauptete er nun plötzlich das Gegenteil.

Gerhard Schürer meinte später: „Erich Apel konnte es nicht verwinden, daß seine Arbeit offenbar nicht anerkannt wurde." Auch lange nach dem Ende der DDR war er davon überzeugt: „Apel hat sich nicht erschossen, weil er das Abkommen mit der Sowjetunion nicht unterzeichnen wollte, so wie es immer wieder in der Westpresse behauptet wurde. Er hat sich erschossen, als er merkte, daß seine ökonomischen Ideen nicht mehr griffen."

Der einst laute Apel wurde damals immer stiller. Er steigerte sich so in seine Enttäuschung, dass es auch andere merkten. Als ihm die Genossen am 3. Oktober zum Geburtstag gratulierten, verschenkte Erich Apel alle offiziellen Blumensträuße und behielt nur den von den engsten Kollegen. Darauf folgte im Wandlitzer Garten seines Stellvertreters Schürer ein großes Besäufnis, an das sich sein Nachfolger später erinnerte: „Alle meine alkoholischen Vorräte gingen drauf – einschließlich meiner mühsam gesammelten Zierflaschen."

Erich Apel merkte, wie ihm der Wind immer rauer ins Gesicht blies. Ali Neumann brüllte ihn an, drohte wieder und wieder, ihn auf dem bevorstehenden elften Plenum im Dezember 1965 fertigzumachen. „Den Gedanken, vor dem Plenum als Versager dazustehen, verkraftete Apel offensichtlich nicht", sagte Gerhard Schürer dazu im Rückblick.

Erich Apel war kein Mann des Apparates und begriff wohl auch deshalb nicht, dass es längst nicht mehr nur um die effektivere Wirtschaft, sondern um die Macht der SED ging. Als letzten Ausweg sah er offenbar nur noch den Griff zur Pistole. Zynisch spotteten die Genossen später: „Apel hat sich Vormittag (vor Mittag) erschossen!"

Nach Erich Apels Suizid änderte sich die Tagesordnung des elften Plenums. Statt der Wirtschaft stand nun plötzlich die Kulturpolitik auf dem Programm. Die Veranstaltung ging als „Kahlschlagplenum" in die SED-Geschichte ein. Repressionen gegen kritische Künstler und Wissenschaftler verstärkten sich, die Staatssicherheit wurde massiv ausgebaut. Brutal unterstrich die SED ihren Anspruch auf das Machtmonopol. Erich Apel hatte – wahrscheinlich sogar ohne es überhaupt zu wollen – daran gerüttelt.

Die Wirtschaftsreform lief nach seinem Tod offiziell weiter. Günter Mittag war als Sekretär im ZK der SED dafür zuständig. 1966 und 1967 wurden die zentral vorgegebenen Kennziffern erheblich reduziert, acht Industrieministerien entstanden. Dennoch blieben die großen Erfolge aus. Die in drei Stufen bis 1967 durchgeführte Industriepreisreform brachte nicht die geforderten „kostengerechten Preise". Im komplizierten System von Löhnen, Prämien und anderen Vergünstigungen hakte es, weil die von den Werktätigen geforderte Leistung von Faktoren abhängig war, die der Einzelne nicht beeinflussen konnte. Mit fehlendem Material, alten Maschinen und ohne ausreichende Ersatzteile ließ sich die vielgelobte Eigenverantwortung kaum durchsetzen.

Nur Walter Ulbricht glaubte trotzdem daran, alles zum Besten gerichtet zu haben. Auf dem VII. Parteitag im April 1967 ließ er das „Neue Ökonomische System" als Erfolg abrechnen und den Übergang zum „Ökonomischen System des Sozialismus" verkünden. Hochnäsig teilte er den „Freunden" in Moskau drei Jahre später, im August 1970, mit: „Wir sind nicht Belorussland, wir sind kein Sowjetstaat, also echte Kooperation!"

Das kostete ihn schließlich den Job. „Der Alte taugt nichts mehr", polterte Sowjetmarschall Dimitri Ustinov im kleinen Kreis, und Parteichef Leonid Breschnew gab Erich Honecker grünes Licht, Ulbricht am 3. Mai 1971 zu stürzen.

Bereits am 21. Januar 1971 ging ein streng vertraulicher Brief nach Moskau, in dem Erich Honecker meldete: „Nicht nur im Kern, sondern auch in offiziellen Veranstaltungen und Beratungen kam beim Genossen W. Ulbricht eine gewisse Überheblichkeit im Verhältnis zur Sowjetunion ... zum Ausdruck. Die DDR sollte nach dem Willen des Genossen W. Ulbricht das Modell für den Sozialismus sein ..." Honecker empfahl sich, die Aufgabe zu übernehmen – selbstverständlich wieder im Sinne Moskaus.

Entworfen hatte den Brief Erich Apels einstiger Vertrauter und Ulbrichts „Reformer" Günter Mittag.

Mielkes Sicherheitsrisiko

Das SED-Zentralorgan „Neues Deutschland" informierte am 4. Dezember 1965 ausführlich über den Beschluss der eilends eingesetzten Partei- und Regierungskommission zu den Trauerfeierlichkeiten für Erich Apel. Es druckte ein Kondolenzschreiben an Ehefrau Christa und die Tochter ab und publizierte den offiziellen Nachruf vom 3. Dezember: „In tiefer, schmerzlicher Trauer geben das Zentralkomitee der Sozialistischen Einheitspartei Deutschlands, die Volkskammer, der Staatsrat, der Ministerrat der Deutschen Demokratischen Republik und der Nationalrat der Nationalen Front des demokratischen Deutschland bekannt, daß am 3. Dezember 1965 der Kandidat des Politbüros des Zentralkomitees der SED, der Stellvertreter des Vorsitzenden des Ministerrates und Vorsitzende der Staatlichen Plankommission der Deutschen Demokratischen Republik, Genosse Dr. Erich A p e l, im Alter von 48 Jahren plötzlich und unerwartet von uns geschieden ist. Sein tragischer Tod riß ihn mitten aus einer fruchtbringenden und schöpferischen Arbeit."

Für die Stasi war Erich Apel aufgrund dieser „schöpferischen Arbeit" auch noch nach seinem Tod ein Sicherheitsrisiko. Niemand durfte erfahren, was am 3. Dezember 1965 gegen 10.00 Uhr wirklich geschehen war, und vor allem nicht, warum.

Diverse Sofortmaßnahmen wurden eingeleitet, darunter die „Absicherung des Personenkreises, der nach dem Ereignis in unmittelbare Berührung mit den näheren Umständen gekommen" war. Jeder Zeuge wurde einzeln vom MfS zu strengstem Stillschweigen verpflichtet, und Erich Mielke wurde informiert: „Eine entsprechende Kontrolle dieses Personenkreises durch geeignete operative Maßnahmen wurde gesichert." Gleichzeitig sammelten die Stasi-Fahnder jedes von Apel beschriebene Papierstückchen ein. Damit ja nichts schiefging, zogen Posten auf: „Im Vorzimmer wurde durch Mitarbeiter des MfS ein ständiger Dienst eingerichtet mit der Aufgabe, operativ wichtige Erscheinungen zu signalisieren und zu erfassen."

Major Eismann und seine Männer waren sich über den

Tathergang offenbar noch unsicher, obwohl sie bereits einen eindeutigen Suizid gemeldet hatten. Deshalb waren nun besonders die inoffiziellen Mitarbeiter (IM) gefragt: „Schon vor der offiziellen Bekanntgabe des Ereignisses wurde eine Vielzahl zuverlässiger inoffizieller Quellen zur Absicherung und Information eingesetzt. Nach Bekanntgabe des Todes des Genossen Dr. APEL wurde der Kreis der beauftragten inoffiziellen und offiziellen Kräfte verstärkt und auf dieser Grundlage eine ständige Information gewährleistet, um Hinweise über eventuelle Kenntnisse des Gegners und zum Motiv der Handlung des Genossen Dr. APEL zu erarbeiten."

In Erich Mielkes Stasi-Ministerium brach eine Agentenhysterie aus: „Bis zum gegenwärtigen Zeitpunkt wurden von den Organen des MfS in der Staatlichen Plankommission mehrere Agenturen imperialistischer Geheimdienste zerschlagen. Diese konnten auf Grund ihres Überblicks für den Gegner interessantes Material ausliefern. Gleichzeitig sind mehrere Agenten aus anderen staatlichen Dienststellen noch vor Durchführung eines ihnen erteilten Auftrages der Geheimdienste, sich in Funktionen der Staatlichen Plankommission einzuschleichen, festgenommen worden."

Belege dafür lieferte die Stasi nicht. Sie nutzte aber die Situation, um ihre Einflussnahme auf die Personalpolitik der Dienststelle Erich Apels massiv zu festigen: „Die aus den erarbeiteten Erkenntnissen über die Angriffsrichtung des Gegners aufgebaute vorbeugende Arbeit des MfS in Verbindung mit der Parteiorganisation und der Leitung der Staatlichen Plankommission verhinderte durch gründliche Überprüfung einzustellender Personen ein Eindringen von negativ bekannten und ungeeigneten Personen. In diesem Zusammenhang wurden bei strukturellen Veränderungen und in Auswertung operativer Materialien über

200 Personen aus der Staatlichen Plankommission auf Empfehlung des MfS entfernt ..."

Wer solche Säuberungen bislang überstanden hatte, stand nun unter der Kontrolle der Spitzel. „Aus dem entsprechend der politischen und ökonomischen Bedeutung der Staatlichen Plankommission dichten inoffiziellen Netz des MfS gibt es zu verschiedenen Personen Hinweise über unklares politisches Auftreten, Anzeichen von Neugier für Probleme außerhalb des Arbeitsbereiches, Verletzung der VS-[Verschlusssachen, K. B.] Bestimmungen, unmoralisches Verhalten und ähnliches, die intensiv bearbeitet werden." In diesem System kontrollierten sich überdies die Spitzel gegenseitig, ohne voneinander zu wissen.

Der Aufmerksamkeit der Stasi-Kontrolleure war es nicht einmal entgangen, dass auch der Streit um die angestrebte Wirtschaftsreform dem „Gegner" diverse Ansatzpunkte bot: „Die in der Staatlichen Plankommission bestehende Situation und vorhandene Atmosphäre (zum Teil hektischer Arbeitsstil, Verärgerung und Auseinandersetzungen über die nicht völlig abgegrenzte Stellung und Aufgaben der Staatlichen Plankommission, ungesundes Verhältnis zwischen Staatlicher Plankommission und Volkswirtschaftsrat) wirken begünstigend auf Diskussionen, unkontrollierte Gespräche über interne Fragen auch gegenüber Außenstehenden ein, die dem Gegner Möglichkeiten zum Abschöpfen des Wissens von Mitarbeitern und Leitern in der Staatlichen Plankommission bieten."

Angesichts dieser Gefahrenlage konzentrierte sich die Stasi „ganz besonders auf alles, was Aufklärung über das Motiv der Handlung geben könnte", und suchte insbesondere nach einem „eventuell hinterlassenen Abschiedsbrief".

West-Berlins Regierender Bürgermeister Willy Brandt goss

Öl ins Feuer. Eigentlich war man beim „Jahresessen der Berliner Pressekonferenz" am 7. Dezember 1965 schon zum gemütlichen Teil übergegangen, als Willy Brandt gegen 22.30 Uhr einen Zettel aus der Tasche zog und noch einmal das Mikrofon zur Hand nahm: „Und nun noch eine Mitteilung, die Sie sicher alle angesichts des Freitodes von Erich Apel, dem Planungschef der Zone, interessieren wird: Erich Apel hat sich am Freitag in seinem Dienstzimmer erschossen. Vorausgegangen waren harte Auseinandersetzungen mit Walter Ulbricht in Moskau. Apel ist nicht schweigend gestorben. Wir alle werden noch von ihm hören, von dem, was ihn bewegte."

Daraufhin blühten die Spekulationen. Von einem Notizbuch war die Rede, manche meinten gar von einem „Ringbuch" zu wissen, das ein Geheimkurier in den Westen gebracht haben sollte, ein „Apel-Papier" könne bereits der Bundesregierung vorliegen, vielleicht auch ein vom Chefplaner persönlich besprochenes Tonband.

Niemand bestätigte diese Gerüchte. Das Bundespresseamt verwies stattdessen am 10. Dezember 1965 lediglich allgemein auf den „Widerstand Erich Apels gegen die Ausbeutung der Zone" durch die Sowjets. Als Belege führte es die Lieferung von Rohstoffen zu überhöhten Preisen im Vergleich zum Weltmarkt und die Zahlung von zu geringen Preisen für DDR-Produkte an. Ein großes Geheimnis war das jedoch nicht – im Osten kursierten seit Jahren Witze über das „brüderliche Teilen". Weitere Einzelheiten wurden nicht kundgegeben, und obwohl das Erscheinen eines „Apel-Memorandums" mehrfach angekündigt wurde, geschah rein gar nichts.

Dennoch schoss auch Ost-Berlin unmittelbar nach Apels Tod aus allen Propagandarohren. Schon am 8. Dezember ließ „Neues Deutschland" seine „raketus" (so das Pseudonym des Schreibers) steigen und schimpfen: „Verbreitet doch der Westberliner Verwaltungschef persönlich und als erster ein vom Geheimdienst Gehlens fabriziertes Gerücht, er, Brandt, habe ein geheimnisvolles, vom Genossen Apel angeblich hinterlassenes Dokument auf noch geheimnisvollere Weise in die Hand bekommen."

Am 11. Dezember ruderte der SPD-Vorsitzende auf einer Tagung der Spitzengremien seiner Partei zurück. Willy Brandt erklärte nun, er habe weder von einem Brief Apels noch von einem Kurier oder einem Testament gesprochen. Vielmehr habe er lediglich erklärt, dass Apel Differenzen mit der SED-Führung gehabt habe, Suizid begangen habe und nicht schweigend aus dem Leben geschieden sei.

Auch Brandts Vertrauter Egon Bahr erinnerte sich gut vierzig Jahre später nicht mehr an Papiere oder in anderer Form vorliegende Informationen, die einen tieferen Blick hinter die Kulissen in Ost-Berlin erlaubt hätten: „Willi Brandt wußte nichts Konkretes von Apel – und daß die Wirtschaft im Osten holperte, war ja nun wirklich kein Geheimnis."

Dennoch kann es solche Informationen gegeben haben, denn der Seitenhieb von „raketus" auf Gehlens Bundesnachrichtendienst (BND) hatte durchaus einen Hintergrund. Seit 1958 arbeitete Arno Heine als Werkstattleiter für Elektronik und Bürobedarf im ZK der SED. Er war ein Hans Dampf in allen Gassen, führte Filme vor, reparierte auch privat die Radios und Fernsehgeräte der Genossen und sorgte für die Tonbandmit- und -umschnitte von ZK-Sitzungen und internen Arbeitsberatungen. Dabei heimlich angefertigte Kopien gingen an einen westlichen Nachrichtendienst, nach Meinung der Stasi an den BND, weshalb sie Arno Heine im Mai 1970 verhaftete. Am 29. Juni 1973 verurteilte ihn der Militärstrafsenat am Obersten Gericht der DDR zu lebenslänglicher Gefängnisstrafe. Heine starb am 8. Juni 1980 in Bautzen II. Nach der Wiedervereinigung wurde er auf Antrag seiner Witwe rehabilitiert.

Die Stasi-Ermittler hatten nach Heines Verhaftung festgestellt, dass der „BND-Agent“ allein zwischen 1958 und 1970 insgesamt 264 Tonbänder in den Westen geliefert hatte. Arno Heine bestätigte schließlich, nachdem die Stasi Druck auf ihn ausgeübt hatte, in einer am 17. und 18. Dezember 1972 angefertigten Niederschrift den Wunsch seiner Auftraggeber nach Aufklärung des Freitods Erich Apels: „... [Name durch BStU geschwärzt, K. B.] erklärte mir, daß man leider nicht aus recht sicheren Quellen Informationen vorliegen habe, die ein persönliches Zerwürfnis zwischen Apel und Ulbricht zum Ausdruck bringen. Als Grund soll hier eine Weigerung Apels vorliegen, Verträge wirtschaftlicher Natur zwischen der SU und der Zone zu unterzeichnen. Apel soll sich deshalb geweigert haben, seine Unterschrift zu leisten, weil aus diesen Verträgen eine ganz eindeutige Bevorzugung der SU und eine recht umfangreiche Benachteiligung der Zone daraus hervorging.“

Arno Heine war vom Westen beauftragt worden, im ZK die Ohren offenzuhalten und alles, was den Freitod Erich Apels betraf, unverzüglich zu melden. Ob er tatsächlich über die Querelen um das NÖS im ZK der SED berichtete, lässt sich bis heute nicht verifizieren, denn die Akten des BND sind bislang nicht zugänglich.

Die Stasi-Unterlagen belegen jedoch, dass nach Apels Tod kaum Informationen geflossen sein können, denn die MfS-Ermittler hatten dem Einsammeln sämtlicher Hinterlassenschaften des Planungschefs größte Aufmerksamkeit gewidmet. So verzeichnet das Übergabeprotokoll „Handschriftliche Aufzeichnungen, Notizbücher, persönliche Ausarbeitungen und sonstige persönliche Unterlagen“ vom 6. Januar 1966 unter anderem: „18

Notizbücher mit handschriftlichen Aufzeichnungen; 1433 Blatt DIN-A-4 mit handschriftlichen Notizen: 115 Blatt diverse handschriftliche Notizen: 1 Schreibtischkalender mit Notizen …"

Informationen aus diesen Materialien sind im Westen niemals aufgetaucht.

Bartz' Spekulationsobjekt

Dennoch rankten sich um den Freitod Erich Apels ab 1963 Gerüchte, die sich teilweise bis heute halten. Das aufsehenerregendste stammte von Manfred Bartz, Jahrgang 1934.

Bartz gehörte zu den vergessenen Schriftstellern der DDR. Der gelernte Bibliothekar verließ 1960 die SED, überwarf sich mit seinem Vater Erwin, derweil hoher NVA-Offizier, und verzichtete auf dessen Protektion, die sich auf seine antifaschistische und Spanienkämpfer-Vergangenheit gründete. Fortan versuchte er sich als freier Schriftsteller und schrieb Kabaretttexte für die Berliner „Distel" und die Dresdner „Herkuleskeule" sowie satirische Geschichten für den „Eulenspiegel". Dann geriet er nach eigener Aussage in eine Schaffenskrise. Er zog in eine Ost-Berliner Gartenlaube und arbeitete verbissen an Fernsehspielen und Geschichten, die nie veröffentlicht wurden. Mitte der 1990er-Jahre erzählte er auf telefonische Nachfrage von diesen Werken: „Es ging um die Korruption in der SED, die ich als Bonzensohn beobachtete habe, den Missbrauch und die Irrtümer von Marx und Engels und die Ausbeutung der DDR durch die sowjetischen Kolonialisten."

Das erklärte, weshalb kein Werk mehr von ihm in der DDR erschienen war. Seine Manuskripte hatte er in den Westen geschickt, doch auch dort interessierte sich niemand dafür. So blieb wohl die Stasi der einzige Leser. 1979 verhaftete sie Manfred Bartz, und nach 15 Monaten Untersuchungshaft verurteilte ihn das Berliner Stadtgericht wegen „staatsfeindlicher Hetze" zu 6 Jahren Haft.

Nun geriet Manfred Bartz in aller Munde, denn der internationale PEN protestierte, und Amnesty Intentional ernannte ihn im September 1981 zum „Häftling des Monats". Eine Welle von Protestbriefen gelangte in die DDR und bewirkte, dass Bartz ein Jahr später von der Bundesrepublik freigekauft werden konnte. Trotzdem wollte niemand seine Arbeiten veröffentlichen. Der Norddeutsche Rundfunk ließ Manfred Bartz mehrfach abblitzen, „Der Spiegel" antwortete nicht auf seine Manuskriptangebote, und auch das ZDF lehnte ab, seine DDR-Erinnerungen zu verfilmen. 1998 erschien schließlich sein Buch mit dem Titel „Diogenes im Knast. Grüner Utopist unter braunen Mördern im roten Zuchthaus". Resigniert resümierte er zu jener Zeit: „Der Westen hat zwar meinen Körper rausgeholt, aber mein Geist blieb gefangen."

Derweil hatte sich nämlich auch die letzte Chance zerschlagen, durch ein paar Enthüllungen berühmt zu werden. Bereits 1994 war Manfred Bartz bei der Berliner Staatsanwaltschaft mit einem Foto aufgetaucht und hatte zu Protokoll geben, dass der darauf abgebildete Mann der Mörder Erich Apels sei. Das habe ihm sein Vater auf dem Sterbebett anvertraut. Bei einem Empfang wolle der von dem Mord erfahren haben, denn dort habe ein Stasi-Major nach reichlich Alkoholgenuss geprahlt: „Und den Apel, dieses Schwein, das die deutsch-sowjetische Freundschaft untergraben wollte, den haben wir erschossen." Mordgeständnis und Motiv in nur einem Satz.

Weitere Belege für das blutige Komplott konnte Manfred Bartz bis zu seinem Tod am 30. Dezember 2010 allerdings nicht beibringen. Dennoch ermittelte damals die Staatsanwaltschaft, denn Mord ist ein Offizialdelikt.

Auch in den Stasi-Akten finden sich einige Ungereimtheiten. Die Durchschusslöcher in den Schläfen Erich Apels wurden als gleich groß beschrieben, was bei einem Suizid ungewöhnlich ist. Die Untersuchungen der Kripo wurden insgesamt nicht so sorgfältig vorgenommen wie üblich. Durch eine Kammer sei ungehinderter Zutritt zum Tatzimmer möglich gewesen, und einige Zeugen gaben an, kurz vor seinem Tod Kontakt mit Erich Apel gehabt zu haben. In den Ermittlungsakten findet das aber keine Erwähnung.

Neben solchen Fakten kursierten auch Gerüchte, laut denen nicht namentlich genannte Ost-Berliner geheimnisvolle Blinkzeichen gen Westen aus Erich Apels Büro gesehen haben wollen. Zudem hätten abgeschobene SED-Funktionäre von einer unbekannten Putzfrau geraunt, die am Todestag auffällige Männer beobachtet habe und anschließend spurlos verschwunden sei.

Auch davon ist in Akten nichts zu lesen. Vermerkt ist hingegen, dass Erich Apel neben der Tatwaffe nicht nur über die MPi mit der Nr. 8447, sondern auch über drei Karabiner, drei Doppelflinten, eine Bockbüchsflinte und eine Doppelbockflinte verfügte. Wäre da ein Jagdunfall oder ein Missgriff beim Reinigen der zahlreichen Waffen für finstere Mordbuben nicht viel einfacher zu organisieren gewesen, wenn man schon von einem Komplott ausgehen will? Auch der stille Wald in der für die Politbüro-Nimrode reservierten Schorfheide hätte sich eher als Tatort angeboten als das Arbeitszimmer mit Sekretariat und persönlichem Stasi-Leibwächter davor, Besucherverkehr und ständig klingelndes Telefon inklusive.

Die Berliner Staatsanwaltschaft stellte die Ermittlungen nach zwei Jahren ergebnislos ein. Auch erneute Nachforschungen, die die Historikerin Monika Kaiser nach dem Studium der Akten wegen der vielen Ungereimtheiten im Jahr 2000 anstieß, waren vergeblich und wurden 2002 beendet.

Die DDR hatte Erich Apel ein Staatsbegräbnis bereitet, und sein Widersacher Willi Stoph hatte den Angehörigen seine „tief empfundene Anteilnahme an dem großen Verlust" versichert. Am 14. Januar 1966 wurde die Urne in der „Gedenkstätte der Sozialisten" in Berlin-Friedrichsfelde beigesetzt. Im Anschluss daran musste Witwe Christa unverzüglich aus dem Funktionärsgetto Wandlitz ausziehen. Erich Apel selbst wurde schnell zur vergessenen Unperson. In der 17-bändigen Ausgabe von Meyers Lexikon fand sein Name ab 1970 keine Erwähnung mehr.

K. B.

Ein Hubschrauberabsturz in Libyen

Werner Lamberz' Tod in der Wüste

Am Mittwoch, dem 8. März 1978, erschienen das Zentralorgan der SED „Neues Deutschland" und alle anderen Tageszeitungen in der DDR mit einem dicken schwarzen Rand. „In tiefer Trauer um unsere verunglückten Genossen Werner Lamberz, Paul Markowski, Achim Ernst und Hans-Joachim Spremberg", lautete die Schlagzeile, darunter folgten die Bilder der Toten, die Nachrufe für Lamberz und Markowski, ein Beileidstelegramm Honeckers an Oberst Muammar al-Gaddafi und ein Bericht über die Ankunft der sterblichen Überreste der Verunglückten auf dem Flughafen Schönefeld.

Der Informationsgehalt der Meldung des Allgemeinen Deutschen Nachrichtendienstes (ADN) über den Hubschrauberabsturz in der Libyschen Wüste nahm sich hingegen kärglich aus: „Das Zentralkomitee der Sozialistischen Einheitspartei Deutschlands teilt in tiefer Trauer mit, daß Werner Lamberz, Mitglied des Politbüros und Sekretär des Zentralkomitees der SED, Paul Markowski, Mitglied des Zentralkomitees und Leiter der Abteilung Internationale Verbindungen des ZK, Dr. Achim Ernst, Dolmetscher, und Hans-Joachim Spremberg, Fotoreporter des ADN, am 6. März abends bei einem Hubschrauberunglück in der Sozialistischen Libyschen Arabischen Volksjamarhiriya tödlich verunglückt sind. Werner Lamberz weilte als Sonderbotschafter des Generalsekretärs des ZK der SED und

Vorsitzenden des Staatsrates der DDR, Erich Honecker, zu Gesprächen mit führenden Vertretern der Sozialistischen Libyschen Arabischen Volksjamarhiriya in Tripolis. Bei dem tragischen Unglück kamen alle Insassen der Maschine ums Leben, darunter Tahar Sherif Ben Amer, Sekretär für Verbindungen der SLVAJ, und der Protokollchef des libyschen Außenministeriums, Ahmad Abu Shagour."

Mehr war auch in der Folgezeit nicht über das Unglück und seine Hintergründe zu erfahren. Beileidstelegramme aus aller Welt und die Berichterstattung von den Trauerfeierlichkeiten füllten weitere Seiten der Zeitung „Neues Deutschland". Die Urnenbeisetzung war für den nächsten Tag vorgesehen, für den Staatstrauer angeordnet war. Die Trauerrede hielt Kurt Hager – ein Mann, der wesentlich zu Lamberz' Aufstieg in die höchsten Machtstrukturen beigetragen hatte. „Unsere Trauer ist um so tiefer, als Lebenswege so früh und unerwartet ein Ende fanden, an die sich noch viele Hoffnungen und Erwartungen knüpften."

Das war wohl auf den „Hoffnungsträger" Lamberz gemünzt, zu dem er kurz nach seinem Tod noch stärker als zu Lebzeiten idealisiert wurde. „Tod eines Kronprinzen" überschrieb der „Spiegel" den Nachruf.

Honeckers Kronprinz aus Hitlers Ordensburg

Obwohl er der Honecker'schen Politik allenfalls ein paar Nuancen aufgesetzt hatte, merkte man bald, wen man mit dem dynamischen und entscheidungsfähigen Mann verloren hatte. Im Politbüro übernahm Joachim Herrmann Lamberz' Ressort Agitation und Propaganda und brachte es schnell auf jenen Tiefststand, den der allmächtige Generalsekretär sich wünschte. Der Name des Toten wurde nur noch selten genannt. Gerüchten zufolge sei er „zur rechten Zeit verunglückt“. An solchen Munkeleien mangelte es nie in dem kleinen Land mit seiner merkwürdigen Informationspolitik, für die Lamberz bis zu seinem Tod verantwortlich gewesen war.

„Er ist der Prototyp einer neuen Funktionärsgeneration in der DDR, nicht mehr geprägt von alter deutscher KP-Tradition“, hatte der „Spiegel“ 1976 über den „Generalsekretär in Wartestellung“ geurteilt. Dabei war Lamberz' Verbindung zur alten KP-Tradition durchaus eng, wenn auch auf bemerkenswerte Weise gebrochen. Der Vater, Peter Lamberz, Jahrgang 1897 und Maurer von Beruf, war vor 1933 Politischer Leiter der Ortsgruppe Mayen der KPD und Sekretär für den Unterbezirk Mittelrhein. In dem Eifelstädtchen Mayen wurde Werner Lamberz am 14. April 1929 geboren. Seinen Vater erwartete ein Leidensweg durch die Konzentrationslager Sonnenburg, Sachsenhausen, Esterwegen und Buchenwald, bis er 1943 „zur Frontbewährung“ ins „Strafbataillon 999“ geriet. Im Januar 1944 lief er zur Roten Armee über. Bald setzte man ihn als Beauftragten des Nationalkomitees Freies Deutschland im Stab der 51. Armee an der Baltischen Front ein.

Da Peter Lamberz sogar über Radio Moskau gesprochen hatte, war die Familie in der NS-Zeit Repressalien ausgesetzt. Für den Sohn fand sich auf Anraten von Freunden und Verwandten ein Ausweg, der in der DDR bis 1989 geheim gehalten wurde: Werner Lamberz war von 1941 bis Anfang 1945 Adolf-Hitler-Schüler gewesen, zuerst auf der bayerischen NS-Ordensburg Sonthofen, später der AHS Moselland auf der Ordensburg Vogelsang in der Eifel.

Diese sogenannten Adolf-Hitler-Schulen unterstanden direkt der Nationalsozialistischen Deutschen Arbeiterpartei. Aus einer

„Auslese deutscher Jungen“ sollte dort „ein völlig gesunde[r], rassisch einwandfreie[r], charakterlich saubere[r] und geistig überdurchschnittlich begabte[r] Nachwuchs“ herangebildet werden. Das Ziel: durch eine „besonders harte jahrelange Erziehung dem deutschen Volke Männer zur Verfügung zu stellen, die den Anforderungen gewachsen sind, die an eine kommende Führergeneration gestellt werden“.

Der zwölfjährige Werner entsprach offenbar diesen Anforderungen. Wer dafür sorgte, dass man seine kommunistischen Wurzeln großzügig übersah, oder ob man den Jungen auf diese Weise planmäßig dem Elternhaus entfremden wollte, bleibt offen. Rechercheure des „Spiegel“ machten schon 1978 Klassenkameraden von Werner Lamberz ausfindig, darunter Mario Adorf, der seinem Jugendfreund das beste Zeugnis ausstellte: „Einer der geradesten Charaktere, der damals politisch weiter war als wir alle.“ Ein anderer erinnerte sich: „Der machte alles, was wir uns nicht trauten … Der war der geborene Führer, da gab es gar nichts.“

Bei Kriegsende blieb es Werner Lamberz erspart, für „Führer, Volk und Vaterland“ zur Waffe greifen zu müssen. Nach der gescheiterten Ardennen-Offensive der Wehrmacht drängten Briten und Amerikaner rasch ostwärts. Während in der Eifel noch immer V1-Geschosse abgefeuert wurden, bombardierten Engländer und Amerikaner die Städte westlich des Rheins. Das Haus der Familie Lamberz wurde zerstört.

Werner Lamberz setzte alles auf eine Karte und war nach einem Urlaub nicht auf die Ordensburg zurückgekehrt. Der Mutter Therese gelang es, mit ihm und der jüngeren Schwester Liane bei Bauern in der Umgebung unterzukommen und dort das Kriegsende abzuwarten. Im März besetzten die Amerikaner Mayen, im Juni starb Therese Lamberz an Typhus.

Ihr Sohn hatte sich inzwischen vergeblich um eine Freistelle am Gymnasium beworben. Deshalb begann er am 3. Mai 1945 eine Lehre als Heizungsbaumonteur. Ende April war der Vater mit der Roten Armee nach Deutschland gelangt. Die Sowjetische Militäradministration setzte ihn in Luckenwalde ein, sechzig Kilometer südwestlich von Berlin. Aus Mayen bekam er auf eine Anfrage die Nachricht, Frau und Kinder seien wahrscheinlich bei dem großen Bombenangriff umgekommen.

Neubeginn in Luckenwalde

Im September 1945, kurz nach dem Tod seiner Mutter, erfuhr Werner Lamberz von der Anfrage des Vaters. Er beschloss sofort, sich über die grüne Grenze in die Russische Zone durchzuschlagen. Ein Vierteljahr später siedelten die Geschwister nach Luckenwalde um. Im Februar 1946 fand Lamberz eine Lehrstelle in seinem Beruf und schloss die Lehre im September 1947 vorzeitig ab.

Der großgewachsene junge Mann, tatkräftig, redegewandt und reifer, als es seinem Alter entsprach, fiel mit seiner schnellen Auffassungsgabe auf. Am 1. Februar 1947 wurde er Mitglied der FDJ, fünf Monate später der noch nicht einmal ein Jahr alten SED. Das väterliche Vorbild wird dabei ebenso eine Rolle gespielt haben wie der eigene Drang, sich einzumischen und voranzustellen. Rasch erwies sich, „daß er engagiert die Politik der Partei und die Ziele des Jugendverbandes erläutern konnte, daß er Interesse weckte und neue Mitstreiter gewann. Er war energisch, konnte überzeugen und besaß Einfühlungsvermögen." Zudem „packte er mit zu und stellte sich an die Spitze bei Einsätzen in der Landwirtschaft sowie beim Straßen- und Häuserbau" – so eine seiner ersten Beurteilungen.

Die Partei konnte junge Leute wie Lamberz, proletarisch-kommunistischer Herkunft und selbst Arbeiter, gut gebrauchen. Von der nationalsozialistischen Eliteschule war keine Rede mehr. Im März 1948 nahm Werner Lamberz an der Kreisparteischule der SED an einem Qualifizierungslehrgang für Propagandisten teil. Wenig später wählte man ihn zum Vorsitzenden des FDJ-Kreisvorstandes Luckenwalde. Schnell stieg er zum Mitglied der SED-Landesleitung Brandenburg und zum Sekretär für Kultur und Bildung des Landessportausschusses auf. Bereits im Januar 1950 delegierte man ihn zu einem Halbjahreslehrgang an der Landesparteischule. Dort blieb der erfolgreiche Absolvent ein weiteres Jahr als wissenschaftlicher Assistent und Parteisekretär. 1951 zog er als frischernannter Sekretär des Landesverbandes der FDJ in Brandenburg nach Potsdam, wohin ihm seine Frau bald folgte.

Bereits 1947 hatte Werner Lamberz die ein Jahr jüngere Ingrid Pumptow kennengelernt, Tochter pommerscher Flüchtlinge, politisch in gleicher Weise engagiert wie er. Im Dezember 1950 heirateten sie. 1952 wurde Sohn Ulrich geboren, zwei Jahre später Tochter Irina. Dazwischen lag ein Jahr der Trennung: Der hoffnungsvolle Nachwuchskader Lamberz ging zum Studium an die Moskauer Komsomol-Hochschule. Zusammen mit Hans Modrow erlebte er noch Josef Stalins Diktatur und dann die düsteren Trauerfeierlichkeiten für den verstorbenen Generalissimus. Als drei Monate später die Arbeiter in der DDR auf die Straße gingen, erfuhren Lamberz und Modrow nur aus sowjetischen und DDR-Zeitungen in Moskau vom „konterrevolutionären Putsch" am 17. Juni 1953 im Osten Deutschlands.

Drei Jahre später verpasste Lamberz ein anderes gravierendes Ereignis. Nach zwei Berliner Jahren als Sekretär des Zentralrats der FDJ für Agitation und Propaganda unter FDJ-Chef Erich Honecker vertrat er seit 1955 den DDR-Verband im Weltbund der Demokratischen Jugend (WBDJ) in Budapest. Den Hauch einer Tauwetterperiode in der DDR verspürte er deshalb nur aus der Ferne. Ungarn wurde von den Auswirkungen des XX. Parteitags der KPdSU, der erstmals Stalins Verbrechen an die Öffentlichkeit brachte, tief erschüttert. Als im Oktober 1956 in Ungarn ein antisowjetischer Aufstand ausbrach, erfuhr Werner Lamberz davon auf dem Rückflug aus Vietnam. Er durfte nicht zu seiner Familie nach Budapest. Seine Frau Ingrid wurde zusammen mit den Gattinnen anderer WBDJ-Funktionäre auf einem Rotkreuzschiff nach Bratislava evakuiert. Erst nach den Moskauer Weltfestspielen im Sommer 1957 kehrte die Familie noch einmal nach Budapest zurück. 1959 lebte sie dann für einige Monate in Wien, der Stadt der nächsten Weltfestspiele. Die Diäten eines ostdeutschen Jugendfunktionärs waren schmal. Dass Lamberz dennoch mit seiner Frau ins Burgtheater ging, unterschied ihn von anderen.

Aus den Jahren im WBDJ blieben Lamberz enge Kontakte in alle Welt, die ihm später zugutekamen. Auch in der jüngeren Funktionärsgeneration der SED hatte Lamberz Vertraute, die wie er über die FDJ in Partei- und Regierungsfunktionen gerieten. Inzwischen war der Jugendfunktionär dem langjährigen Sekretär des Zentralkomitees (ZK) Albert Norden aufgefallen. Auf dem VI. Parteitag der SED avancierte er 1963 zum Kandidaten des ZK und übernahm die Arbeitsgruppe für Auslandsinformation. Zwei Jahre später, 1965, rückte Werner Lamberz zum Abteilungsleiter für Agitation auf, 1967 wurde er ZK-Mitglied und Sekretär für Agitation und Propaganda. Laut westlichen

Quellen hat Honecker Walter Ulbricht den wendigen jungen Kader empfohlen, weil der ihm bestens geeignet schien, die eigene Hausmacht zu stärken.

Die Ernte der FDJ-Karriere

Werner Lamberz brachte frischen Wind in die Agitationsabteilung. Voller Elan schloss er sich den Plänen seines einstigen FDJ-Chefs an, als der zum Sturz Ulbrichts blies. Im Dezember 1970 wurde er Kandidat des Politbüros, einen Monat später gehörte er zu den Unterzeichnern des von Honecker initiierten Briefs an Leonid Breschnew, der Ulbrichts Ablösung forderte.

Honeckers Gefolgsmann trat reinen Herzens für den Machtwechsel ein, denn er wollte in der DDR endlich wieder etwas bewegen. Der VIII. Parteitag der SED im Juni 1971, der Honeckers Machtübernahme besiegelte, „wählte" ihn zum Politbüromitglied. Lamberz war 17 Jahre jünger als der saarländische Dachdeckergehilfe, dem er nun einen wichtigen Dienst erwies: Er lenkte die „Fehlerdiskussion" über die gefährlichen theoretischen Verirrungen des inzwischen verstorbenen Ulbricht. Das wird dem stets pragmatisch, aber nie schöpferisch denkenden Honecker eine große Hilfe gewesen sein, denn vom Marxismus-Leninismus dürfte Lamberz allemal mehr verstanden haben als sein Chef.

Dass er dem Beinahe-Landsmann – Mayen liegt nur gut hundert Kilometer nördlich von Honeckers Geburtsort Neunkirchen – an Intelligenz, Charisma und Kompetenz haushoch überlegen war, wusste er, und es sprach sich bis zum Fußvolk der Partei herum. Lamberz brillierte mit seiner Beredsamkeit – ein Mann, der angeblich zwölf Sprachen beherrschte, ein Allroundgenie, wie es in den oberen Parteietagen einmalig schien. Zu den Bewunderern gesellten sich die Neider, die jede Äußerung des Aufsteigers beckmesserisch belauerten. Als Lamberz einmal auf einer Agitationskonferenz ein Plädoyer für die freie Rede hielt, fehlte diese Passage in der gedruckten Broschüre.

Die Kaderpolitik der Partei behielt sich Honecker weiterhin persönlich vor. Er holte sich nicht nur weitere Alt-FDJler wie Hermann Axen, Konrad Naumann, seinen Intimus Joachim Herrmann und den Gewerkschaftsvorsitzenden Harry Tisch ins Politbüro, nein, er ließ auch Stasi-Minister Erich Mielke und Verteidigungsminister Heinz Hoffmann in das höchste Gremium aufsteigen - alles mittelmäßige Geister, die das ihre zur Privilegienwirtschaft und zum Verfall des Staatswesens beitrugen, dessen Wirtschaft Honeckers Günstling Mittag derweil unumschränkt beherrschte.

War Werner Lamberz der einäugige König unter den Blinden? Er, dessen höhere Bildung in anderthalb Jahren Partei- und Komsomolschule bestand, galt wohl trotzdem mit einigem Recht als der Intellektuelle unter den Politbürokraten. Was Intelligenz und Habitus anging, überragte der agile Agitationssekretär, der nie Zeit für ein ordentliches Studium fand, sie alle. Das Erlernen von Fremdsprachen war ihm keineswegs leichtgefallen. In Budapest hatte er innerhalb von drei Monaten Französisch gelernt. Frankreich war dann auch das einzige westliche Land nach Österreich, das Lamberz 1972 während einer Urlaubsreise kennenlernte - als Logiergast französischer Genossen in der Provence. Als seine Frau Englisch lernte, reaktivierte er seine Schulkenntnisse. Außerdem sprach er aus seiner Moskauer Zeit ein annehmbares Russisch.

Nachdem Lamberz Mitglied des Politbüros geworden war,

zog die Familie weisungsgemäß vom Strausberger Platz in die Waldsiedlung Wandlitz. Persönliche Kontakte unterhielten die Lamberz' zu keinem ihrer dortigen Nachbarn. Werner Lamberz jagte nicht, besaß kein abgeriegeltes Datschendomizil und flog nur aus dienstlichen Gründen mit Sondermaschinen. Er trieb in seiner kargen Freizeit Sport, brauchte wenig Schlaf, las viel und versuchte, Frau und Kindern ein Gefühl von normalem Familienleben zu vermitteln.

Hätte Lamberz sich den ausufernden Privilegien der DDR-Repräsentanten dauerhaft widersetzt? Wollte er etwas am Wandlitzer Wirtschaftswunder, dem einzigen Ort mit einem funktionierenden Sozialismus, ändern? Dafür gibt es keine Indizien. Die Wirtschaft war ohnehin nicht sein Metier. Von Günter Mittag trennte ihn eine herzliche Intimfeindschaft, seitdem Lamberz es gewagt hatte, sich nach einer matten Kritik der Zeitung „Neues Deutschland" an den Sekretären für Landwirtschaft und Wirtschaft vor die kritischen Journalisten zu stellen. „Dich kriegen wir auch noch klein!", soll man Lamberz damals gedroht haben.

Werner Lamberz war – anders als die meisten Spitzenfunktionäre – ein aufgeschlossener Mann, dem kreatives Denken nicht fremd war. Dabei vergaß er nie die „politisch-ideologische Grundlage" und ging mit den marxistisch-leninistischen Dogmen so um, wie es ihnen gebührte: Was nicht passte, wurde passend gemacht. Dennoch interessierten ihn auch nach seinem politischen Aufstieg die realen Lebensumstände und Arbeitsbedingungen im Land. Er war berühmt für unbequeme Fragen, nachdem er sich einmal im Stahlwerk Hennigsdorf nach der dreckigsten Ecke und dem heißesten Arbeitsplatz erkundigt hatte. Die potemkinschen Dörfer, für die ein Heer subalterner Parteiarbeiter vor jedem Besuch „an der Basis" sorgte, können einem Menschen seiner Intelligenz auf Dauer nicht verborgen geblieben sein.

Seine Referate waren etwas weniger steril und langatmig als gemeinhin üblich, und er blieb manchem als Wortjongleur und Taktiker in Erinnerung, der immerhin nach Stichpunkten frei sprechen konnte. Das galt in der DDR schon als bemerkenswert. Gab Lamberz die ideologische Linie vor, scheute er scharfe Töne nicht. Er verzichtete nicht auf handfeste Didaktik und den drohend erhobenen Zeigefinger. Auch in ihm steckte ein Diktator, allerdings wohl anderen Formats, als es Honecker je war.

Zwischen Phrasen und Träumen

Lamberz, selbst kein Journalist, fühlte sich dieser Berufsgruppe besonders eng verbunden und sah deren Erziehung als Herzensbedürfnis. Seine Vorliebe für überschwängliche Phrasen riss ihn zu befremdlichen Formulierungen hin, die er durchaus ernst meinte: „Die Siege des Sozialismus markieren die Straße der Geschichte in unserem Jahrhundert" oder „Wir schmieden eine neue Gemeinschaft der Völker". Der schwülstige Titel eines Eröffnungsreferats zum FDJ-Studienjahr, „Immer wieder werden die Adler der Revolution heranwachsen", klang nach der Ordensburg seiner Jugend, bezog sich jedoch auf ein Lenin-Zitat über Rosa Luxemburg. So lächerlich so etwas heute klingt, damals gehörte es zu den großen Träumen.

Auch seine persönlichen Mitarbeiter wählte Lamberz unter Journalisten aus. Eberhard Heinrich, bis 1966 stellvertretender Chefredakteur der Tageszeitung „Neues Deutschland", wurde später Vorsitzender des Journalistenverbandes. Aus der Wirtschaftsredaktion von Radio DDR kamen Dr. Otfrid Arnold und Eberhard Fensch, der bis zum Ende der Honecker-DDR für die elektronischen Massenmedien zuständig blieb. Mit allen – so die Erinnerungen an Werner Lamberz – verband ihn ein offenes und freundschaftliches Verhältnis. Er forderte Genauigkeit bei ihren „Zuarbeiten" und verlangte nach Kritik. Fensch wie Arnold berichteten übereinstimmend, sie hätten Spaß an der gemeinsamen Arbeit gehabt – ein Spaß, den die Agitierten wohl seltener empfanden.

Allzu viel Freude ließ der Erste Sekretär Erich Honecker, der sich 1976 zum Generalsekretär und Staatsratsvorsitzenden küren ließ, seit seinem Machtantritt nicht mehr aufkommen. Alles ging in die alte Richtung, und statt 17 Bilder wie einstmals von Ulbricht zierten nun 30 Fotos von Honecker das Zentralorgan nach dem Messerundgang in Leipzig – eine Entwicklung, die Lamberz Schwierigkeiten bereitete. Honecker spürte möglicherweise dessen Skepsis, vermutlich auch die geistige Überlegenheit. Dass er Lamberz jemals als designierten Nachfolger anerkannt oder gar bevorzugt hätte, nahmen nur naive Kaffeesatzleser an. Nicht einmal die Urlaubsvertretung vertraute er ihm an.

Meldungen über den „Kronprinzen L." tauchten in westlichen Medien immer dann auf, wenn die Lage für Lamberz ohnehin kritisch war. Von wem die gezielten Indiskretionen ausgingen, blieb unklar. Wem sie nützten, war hingegen eindeutig: der Anti-Lamberz-Fronde, an deren Spitze Günter Mittag stand.

Einer seiner wenigen Verbündeten, Hans Modrow, bis 1973 unter Lamberz Leiter der Abteilung Agitation, ging auf eigenen Wunsch als Erster Sekretär der SED-Bezirksleitung nach Dresden. Noch zwanzig Jahre später erinnerte er sich: „Ich hatte im Politbüro nur einen Freund – Werner Lamberz."

Wenn es also jemals eine „Lamberz-Fraktion“ im Politbüro gegeben haben sollte, so verstand sie sich gut zu tarnen. Nur im engsten Kreis wusste man, dass Lamberz einige Male so weit war, alles hinzuwerfen. Es fanden sich Genossen, die ihn zum Weitermachen ermunterten – ahnten sie doch, wer nach ihm kommen würde und 1978 auch prompt kam. „Herrmann ist der Federhalter des Generalsekretärs“, urteilte der großmäulige Ost-Berliner SED-Chef Konrad Naumann – ein Lamberz aus der FDJ hinreichend bekannter Funktionär, den er nicht mochte.

Indessen hielten alle Querelen und Intrigen Lamberz nicht von seinem immensen täglichen Arbeitspensum ab. Er erließ Anweisungen für die Presse, steuerte die Arbeit mit ausländischen Korrespondenten, beobachtete die „ideologische Diversion durch die Massenmedien der BRD“ und kümmerte sich um das Verhältnis der SED zu den DDR-Künstlern. Ihm unterstand auch das Institut für Meinungsforschung, das nach seinem Tod aufgelöst und dessen Archiv vernichtet wurde.

Werner Lamberz war bekannter als andere Politbüromitglieder, und viele erwarteten wahre Wunder von ihm. Er ließ sich von kompetenten Fachleuten beraten und drückte sich nicht vor unbequemen Entscheidungen. Obwohl die Kultur eigentlich nicht sein Ressort war, gelang es ihm, dem ZK-Ideologen Kurt Hager Teile von dessen Kompetenz streitig zu machen. Nach den unerwarteten Protesten der „Kulturschaffenden“, die die Ausbürgerung des Sängers Wolf Biermann nicht klaglos hinnahmen, war es Lamberz, der sich für „Brot und Spiele“ zur Ablenkung einsetzte. Udo Jürgens, Adamo, Dalida, Costa Cordalis, Gilbert Bécaud und Harry Belafonte traten in der DDR auf – ganz sicherlich nicht zur Freude der Hardliner, denen schon das Jugendradioprogramm DT 64 ein Dorn im Auge war.

Glaubt man den Gerüchten, galt Lamberz’ Sympathie vorzugsweise den Künstlerinnen. Er war ein gutaussehender Mann in den besten Jahren, und die Anziehungskraft der Macht blieb nicht ohne Wirkung. Neben Konrad Naumann war er der einzige hochrangige SED-Funktionär, dem man Affären mit bekannten Schauspielerinnen und Schlagersternen nachsagte. Andere Politbürokraten begnügten sich damit, in aller Stille ihre Gattin gegen die meist weit jüngere Sekretärin auszutauschen.

Dass Lamberz zu vielen Künstlern ein gutes Verhältnis besaß, belegt die Post zu seinem vierzigsten Geburtstag. Manche, die ihm damals so warmherzig gratulierten, erinnerten sich später nur ungern an die Glückwünsche.

Hoffnungsträger im Zwielicht

Auf Lamberz setzten viele. Stefan Heym, Franz Fühmann, der Schauspieler Eberhard Esche oder der Tierparkdirektor Heinrich Dathe wandten sich mit ihren Problemen an ihn. Mit ihm konnte man reden, und er verstand es zuzuhören. Das erfuhren auch die Künstler, die in der Folge der Biermann-Ausbürgerung die DDR verließen. Denn die meisten von ihnen haben in Lamberz' Büro gesessen, Biermann selbst, mit dem Lamberz redete, „bis es nicht mehr ging“, und später Manfred Krug und Armin Mueller-Stahl. Als sich nach der Ausbürgerung der gesteuerte Volkszorn gegen den Sänger auf den Seiten des Zentralorgans „Neues Deutschland“ entlud, stand allerdings kein anderer als Lamberz hinter der Aktion. Im Politbüro hatte er sich von Anfang an für die von Erich Honecker beschlossene Maßnahme ausgesprochen.

Die durch seinen frühen Tod verklärte Sicht auf den „Kronprinzen“ kann nicht darüber hinwegtäuschen, dass Lamberz stets ein treuer Erfüllungsgehilfe seines Generalsekretärs war. Gehorsam vollzog er jede Wendung in dessen Politik mit und lieferte den Medien die passende propagandistische Argumentation. Bei der zum Dogma erklärten Einheit von Wirtschafts- und Sozialpolitik fiel ihm das leicht. Die überfällige Hinwendung zu den Tagesproblemen der DDR-Bewohner entsprach seinen Vorstellungen vom Sozialismus für alle. Dass sich die Wirtschaftspolitik der DDR auf Dauer nicht bezahlen ließ, muss er gemerkt haben. Im Sommer 1975 erschien im theoretischen Parteiorgan „Einheit" ein Beitrag von Lamberz über die „Ideologische Arbeit für das Feld der Wirtschaft". Darin war so oft von „Intensivierung" die Rede, dass Wirtschaftslenker Günter Mittag – aus heutiger Sicht kaum verständlich – Lamberz wieder einmal bei Honecker anschwärzte. Auch der empfand die von seinen Freund Mittag als „anmaßend" eingeschätzten, durchaus vorsichtig formulierten Hinweise als Angriff auf sein Lieblingskind, die „Einheit von Wirtschafts- und Sozialpolitik". In einer Rede in Schwerin reagierte er heftig in keifendem Tonfall. Eingeweihte wussten, dass Lamberz gemeint war.

Eine weitere gravierende Neuerung in Honeckers Politik war die Doktrin von der Anerkennung durch Abgrenzung. Die Wörter „deutsch" und „Deutschland" passten nicht mehr in den DDR-Sprachgebrauch. Der Text der Nationalhymne mit der Zeile „Deutschland, einig Vaterland" durfte nicht mehr gesungen oder in Liederbüchern gedruckt werden. Aus dem Deutschen Fernsehfunk wurde das „Fernsehen der DDR", der Deutschlandsender mutierte zur „Stimme der DDR".

Dass viele DDR-Repräsentanten im Westen geboren waren – vom Saarländer Erich Honecker über Verteidigungsminister Heinz Hoffmann aus Mannheim, Rundfunkchef Rudi Singer aus Hamburg, MfS-Aufklärungschef Markus Wolf aus dem württembergischen Hechingen und Kurt Hager aus Bietigheim bis zum Rheinländer Werner Lamberz –, hielt sie nicht davon ab, den Makel westlicher Verwandtschaft zum Sicherheitsrisiko zu erklären. Sie alle setzten sich für ein neues Nationalbewusstsein der DDR-Deutschen ein. Auch Lamberz ließ sich nostalgische Gefühle bezüglich seiner Herkunft nicht anmerken. Nur der Tonfall und seine Lebensart verrieten den Rheinländer. Im engsten Familienkreis wusste man, dass ihn alljährlich vor dem Fernseher das Karnevalsfieber überfiel. Hier sprach er auch allen Ernstes, wie so viele DDR-Bewohner, von den Reisen, die er als Rentner unternehmen würde.

Bevor im November 1972 der Grundlagenvertrag zwischen den beiden deutschen Staaten paraphiert wurde, erließ die Partei einen Grundsatzbeschluss über die Aufgaben von Agitation und Propaganda, den Lamberz auf einer Agitationskonferenz erläuterte. „An der ideologischen Front herrscht nicht nur keine Waffenruhe, sondern der Kampf hat sich verschärft", verkündete er und fügte hinzu: „Friedliche Koexistenz ist nicht ideologische Koexistenz." Dennoch bescherte das Jahr 1972 der bis dahin abgeschotteten DDR die ersten Westkorrespondenten. Zunächst ging man recht konziliant mit ihnen um, später verschlechterte sich das Verhältnis. Umso erstaunter registrierte der ARD-Korrespondent Lothar Loewe bei der Eröffnung des Palastes der Republik am 23. April 1976, dass ausgerechnet Lamberz ihm ein Gespräch aufdrängte, zu dem dann auch noch „zufällig" Honecker hinzukam. „Der Spiegel" hatte kurz vorher berichtet, dass Lamberz den deutsch-deutschen Wissenschaftleraustausch verhindern wolle und jede Westinfiltration bekämpfe. Der Eindruck sollte korrigiert werden. Man zitierte Lamberz: „Wir verkaufen die beste Ware: die Wahrheit, und warum haben wir keine Resonanz bei den Massen …"

Glaubte ausgerechnet der Chefagitator der notorisch schönfärbenden und geheimniskrämerischen Politbürokratie an die Wahrheit seiner Propaganda? Immerhin kannte er deren mangelnde Resonanz und wagte es, davon zu sprechen. Kritisch eingestellte Journalisten hielten ihn für einen kalt berechnenden Zyniker. Wer ihn besser kannte, glaubt eher, dass er ehrlichen Herzens das Beste wollte.

Im ZK-Apparat war jede Abteilung einem der neun Sekretäre unterstellt, die streng darüber wachten, dass niemand in ihre Kompetenzen hineinregierte. Lamberz war für Agitation und Propaganda und die Arbeitsgruppe Befreundete Parteien (die in der Nationalen Front vereinten „Blockflöten") zuständig. Trotzdem war von ihm seit Anfang der 1970er-Jahre auch in der Außenpolitik zu hören, dem Ressort, das eigentlich Hermann Axen verwaltete - „ein Hektiker, der überall Unruhe hineintrug", so ein Insider über den dogmatischen ZK-Sekretär.

Außenpolitiker mit Fingerspitzengefühl

Es war zweifellos Werner Lamberz, der von allen DDR-Größen auf internationalem Parkett die beste Figur abgab. Das nutzte Honecker, denn mit seinen guten Verbindungen galt Lamberz als Spezialist für die Dritte Welt und den arabischen Raum. Er fand Zugang zu afrikanischen Politikern und gab nie die Hoffnung auf, Politiker der Dritten Welt zum Sozialismusmodell der DDR zu bekehren.

Kenner der komplizierten Beziehungen der sozialistischen Staaten untereinander führen auch das enge Verhältnis der DDR zu Kuba hauptsächlich auf Lamberz' Freundschaft mit Fidel Castro zurück. Die beiden hatten bei Lamberz' Kuba-Besuch 1971

Gefallen aneinander gefunden, 1972 begleitete er den Kubaner bei dessen Staatsbesuch in der DDR. Wenn es wirklich Lamberz war, der den China zugewandten Fidel auf die Moskauer Linie zurückbrachte, so hatte er die besondere Dankbarkeit der Sowjets verdient.

Zu Moskau unterhielt Lamberz die allerbesten Beziehungen. Die litten ein wenig, als die DDR und die Sowjetunion im Äthiopien-Eritrea-Konflikt unterschiedliche Positionen bezogen. Während die Sowjets auf den sich anfangs nur vage marxistisch gebärdenden Adelsspross Mengistu Haile Mariam und dessen Militärregime setzten, neigte die DDR dazu – wobei Lamberz' Rat eine gewichtige Rolle spielte –, auch die Interessen der „wahrhaft marxistischen Revolutionäre“ in Eritrea und deren Unabhängigkeitskampf zu beachten. Bei einem Geheimtreffen in Moskau gab die sowjetische Führung zu erkennen, dass sie in der Eritrea-Frage keine Initiative ergreifen würde, offiziell jedoch eine Verhandlungslösung befürworte. Lamberz, der im Juni 1977 in Äthiopien gewesen war, fasste diese Haltung als Vollmacht für eigene Aktivitäten auf. Dahinter standen Wirtschaftsinteressen der DDR. Äthiopien produzierte Kaffee, der im Austausch gegen andere Waren zu haben war. Im Sommer 1977 stimmte Willi Stoph der „außerplanmäßigen Auslagerung“ unter anderem von hundert Tonnen Marmelade, 30 000 Zeltbahnen und 10 000 Pionierspaten „aus der Staatsreserve A“ zu. Geprüft wurde sogar der Antrag, äthiopische Truppen für den Einsatz in Eritrea auf DDR-Handelsschiffen zu transportieren.

Obwohl die Sowjets in Äthiopien erfolglos auf die militärische Karte setzten, machte sich Lamberz nach vorsichtiger Sondierung bei Mengistu an den Drahtseilakt, die äthiopischen Militärs und die zerstrittenen eritreischen Befreiungskräfte zu Verhandlungen zu überreden. Die Differenzen zwischen den verfeindeten Kampforganisationen hatten uralte und tiefe Wurzeln: „Eritreische Bewegung eine von kleinbürgerlichem Nationalismus tief beeinflußte Bewegung, deren soz. und fortschrittliche Elemente vom Nationalismus überdeckt werden", notierte sich Lamberz. Dazu kamen starke islamische Einflüsse und die gegen Moskau gerichteten Intrigen der Chinesen.

Im November 1977 gelang es ihm, in Berlin nacheinander mit allen vier miteinander verfeindeten Strömungen der Eritrean Liberation Front (ELF) ins Gespräch zu kommen und sie von der Notwendigkeit zu überzeugen, mit Mengistu zu verhandeln. Er versprach sich von seiner Vermittlerrolle in dem blutigen Konflikt, deren Parteien sich sämtlich auf den Marxismus beriefen, einen Prestigegewinn für die SED und die DDR. Und nicht zuletzt auch für den Politiker Lamberz. „Die SED hat deshalb mit Wissen der äthiopischen Führung und in ständiger Koordinierung mit Sowjetunion u. a. Kräften des Weltsozialismus Kontakte zu Vertretern der eritreischen Bewegungen hergestellt, um sie von der Notwendigkeit politischer Regelung zu überzeugen", hieß es in der Konzeption für Lamberz' Reise im Dezember 1977 zu Mengistu.

Die Sowjetunion hatte derweil für 400 Millionen Rubel Waffen und militärische Ausrüstung an Äthiopien geliefert, die auch gegen die Befreiungskräfte in Eritrea eingesetzt wurden. Das mit dem Land verfeindete Somalia war bereits in den Jahren zuvor mit sowjetischen Waffen und Kampfflugzeugen aufgerüstet worden. 1977/78 erreichte der äthiopisch-somalische Krieg seinen Höhepunkt. Die Sowjets lieferten weiterhin kontinuierlich Waffen nach Äthiopien, wo 17 000 kubanische Soldaten, 1000 sowjetische Militärberater und 400 Geheimdienst- und Sicherheitsberater aus der DDR im Einsatz waren. Im Januar 1977 hatte der äthiopische Militärrat bei Honecker angefragt, ob die DDR bereit wäre, Äthiopien bei der Ausbildung von Kadern der Staatssicherheit, vor allem bei der klassenmäßigen Erziehung zu helfen und Ausbilder zu entsenden. Diese „klassenmäßige Erziehung" funktionierte so gut, dass ein Jahr später in den geheimen Telegrammen der DDR-Diplomaten aus Addis Abeba vom „Roten Terror" die Rede war, eine seit Lenin gebräuchliche Umschreibung für blutige Massaker.

Am 1. Dezember 1977 ließ Mengistu nach Ost-Berlin übermitteln, „ein Waffenstillstand in Eritrea läge gegenwärtig nicht im Interesse Äthiopiens". Sechs Tage später empfing er Lamberz und sprach mit ihm über die Hilfe der SED bei der Bildung einer marxistisch-leninistischen Partei in Äthiopien. Bezüglich Eritreas stimmte er einer „politischen Lösung" zu. Am 6. Januar 1978 schließlich teilte er dem sowjetischen Botschafter mit, dass die Separatisten Verhandlungen mit Äthiopien in Madagaskar anstrebten, „er sich aber voll auf Verhandlungen in der DDR verlasse". In Lamberz' Büro lag ein Entwurf für eine „Deklaration über eine friedliche Lösung des Eritrea-Problems" vor.

Bei den außenpolitischen Aktivitäten der DDR in diesen Jahren ging es um handfeste wirtschaftliche und machtpolitische Interessen, bei deren Durchsetzung die DDR auf die sonst herausgekehrte ideologische Konsequenz verzichtete. DDR-Bürger aßen Apfelsinen aus dem geschmähten Franco-Spanien und wussten, dass zu ihrer Versorgung das Handelsembargo der westlichen Staaten gegen die griechische Militärjunta unterlaufen wurde. Besonders aber buhlte die DDR um die Gunst der reichen Erdölstaaten. Zu Syrien und zum Irak bestanden gute Beziehungen, nun wollte man auch mit dem Iran ins Geschäft kommen. Das Kaiserpaar wurde in die DDR eingeladen, obwohl der Pfauenthron Resa Schah Pahlawis bereits bedenklich wackelte.

Buhlen um Gaddafi

Libyen, seit September 1969 von Oberst Muammar al-Gaddafi beherrscht, hatte die DDR 1974 anerkannt. Werner Lamberz und Paul Markowski reisten im Dezember 1977 als Sonderbotschafter Erich Honeckers von Addis Abeba nach Tripolis und wurden von Gaddafi empfangen. Lamberz fand offensichtlich Zugang zu dem eigenwilligen „Revolutionschef", der acht Jahre zuvor den schwachen König Idris entmachtet hatte und sich als der neue Führer der arabischen Welt gebärdete. Ursprünglich als von Gamal Abdel Nasser inspirierter Prophet der eigenen Sache angetreten, um die arabische Welt von atheistisch-kommunistischen Einflüssen freizuhalten, genoss er die Sympathien der Amerikaner, die ihn als militant-islamisches Gegengewicht zu dem charismatischen Ägypter Nasser aufzubauen gedachten. Die Hoffnung zerschlug sich, nachdem Gaddafi am 11. Juni 1970 Wheelus Air Base bei Tripolis, den größten amerikanischen Luftwaffenstützpunkt außerhalb der USA, übernommen hatte.

Der 11. Juni ist der Nationalfeiertag Libyens. Am 11. Juni 1803 hatten Libyer die amerikanische Fregatte „Philadelphia" im Hafen von Tripolis in Brand gesetzt. Der Erfolg in Wheelus machte Gaddafi mutig. Er vertrieb 70 000 italienische Kolonisten aus Libyen, verstaatlichte Erdölfelder und Banken in ausländischem Besitz, brüskierte die Botschafter der Großmächte und verstand es, durch bizarre Eskapaden allmählich die Welt gegen sich aufzubringen. Dennoch hielten alle still. Niemand wollte auf das hochwertige libysche Öl verzichten.

Gaddafi steckte die Ölmilliarden nicht nur in die eigene Wirtschaft und Aufrüstung, sondern auch in die Machtpolitik. Er ließ sich auf kostspielige Fusionspläne mit Ägypten und anderen arabischen Staaten ein, die am Ende sämtlich scheiterten. Sein politischer und militärischer Einfluss in Schwarzafrika nahm jedoch zu. Überall unterstützte er radikale Befreiungs- und Terrorbewegungen, während er im eigenen Land jede Opposition grausam unterdrückte. Die libyschen Kommunisten vegetierten in den Lagern in der Wüste wie in anderen nordafrikanischen Staaten auch, zu denen die DDR und die Sowjetunion freundschaftliche Beziehungen unterhielten, ohne nach dem Schicksal ihrer Gesinnungsgenossen zu fragen.

Gaddafis Verhältnis zur kommunistischen Welt blieb zwiespältig. Am 11. Juni 1971 erkannte er die Volksrepublik China an, elf Tage später verlieh ihm die Sowjetunion den Lenin-Orden für seine „Bemühungen um den Weltfrieden".

Als der „Revolutionär" am 11. Juni 1973 den amerikanischen Ölkonzern Bunker Hunt verstaatlichte, verkündete er: „Es ist Zeit, daß wir dem gefühllosen Gesicht Amerikas einen kräftigen Nasenstüber versetzen." Und tatsächlich nahmen die Amerikaner den Nasenstüber scheinbar gefühllos hin. Immerhin machte ihr Außenhandelsumsatz mit Libyen Mitte der 1970er-Jahre 40 Milliarden Dollar aus – gegenüber 12 Millionen Valutamark (VM) im Handel mit der DDR, was damals knapp 5 Millionen Dollar entsprach, also mehr als 8000-mal weniger war.

Die Bundesrepublik, deren Außenhandelsbilanz mit dem Wüstenstaat sich zwischen 1975 und 1980 von 4 auf 8 Milliarden Dollar verdoppelte, bezog 15 Prozent ihres Erdöls aus Libyen. Entsprechend hofierte Bonn Gaddafi. Außenminister Hans-Dietrich Genscher flog zweimal nach Libyen, und Innenminister Baum besprach in Tripolis den Einsatz von 3000 bundesdeutschen Beratern und Technikern. Die DDR hatte zur selben Zeit kaum ein Dutzend Leute dort. Die libysche Luftwaffe wurde von Piloten der Bundeswehr ausgebildet, Geheimdienstberater kamen aus Pullach.

Dennoch war auch der kleinere deutsche Staat ein interessanter Partner für Gaddafi. Im Januar 1975 erteilte die DDR Exportgenehmigungen für die Lieferung weitreichender Funkgeräte an Libyen und Syrien. Um Waffen und Militärtechnik ging es dem Wüstenherrscher in allen Verhandlungen mit dem Osten. Im Mai 1975 war bei einem Besuch des sowjetischen Ministerpräsidenten Alexei Kossygin ein Waffenlieferungs- und Flottenstützpunktabkommen mit der Sowjetunion abgeschlossen worden. Beim Gegenbesuch in Moskau sprach Gaddafi 1976 von der „historischen Freundschaft" beider Staaten.

Libyen verfügte 1977 über 150 sowjetische Jagdbomber TU-22, Allwetterjäger MiG-23 und Abfangjäger samt Ausbildern, dazu kamen Panzer T 55, Artillerie, Boden-Boden- und Boden-Luft-Raketen aus sowjetischer Produktion. Beinahe alle Länder der sozialistischen Staatengemeinschaft lieferten Waffen und Militärtechnik nach Libyen und machten damit ihre Geschäfte. Nur die DDR hatte erheblichen Nachholbedarf. In Lamberz' Konzeption für die Reise nach Libyen im Dezember 1977 hieß es: „Entsprechend den Bitten der libyschen Führung auf militärischem Gebiet hat die Partei- und Staatsführung der DDR die Möglichkeiten geprüft und ist bereit, die Zusammenarbeit intensiv zu entwickeln."

In dem dreieinhalbstündigen Gespräch mit Gaddafi, das am 12. Dezember stattfand, bot Lamberz die Lieferung von Marinewaffen an, dazu die Ausbildung von Offizieren und Unteroffizieren, Flugzeug- und Hubschrauberpiloten, Raketenspezialisten und Aufklärern. Im Gegenzug erklärte sich Gaddafi bereit, einen Bargeldkredit für die DDR in Höhe von 100 bis 150 Millionen Dollar wohlwollend ins Auge zu fassen.

Ein weiteres Thema der Unterredung war die Machtpolitik am Horn von Afrika. Lamberz wollte den libyschen Standpunkt zu Eritrea erkunden, und Gaddafi hielt seine Kritik am Ost-Berliner Agieren nicht zurück, wie das Protokoll ausweist. Er warf dem SED-Abgesandten vor, die falschen Leute nach Berlin eingeladen zu haben, die anschließend Ägypten und Saudi-Arabien und damit die USA informiert hätten, und monierte: „Berlin ist kein geeigneter Ort für Verhandlungen."

Lamberz und Gaddafi schieden dennoch als Freunde. Nicht einmal die Tatsache, dass Werner Lamberz die anschließende Nacht mit einer Nierenkolik im Krankenhaus verbringen musste, dämpfte seinen Optimismus bezüglich des Erfolgs der Reise. Mit der internationalen Reputation der DDR ging es aufwärts, und er hatte wesentlichen Anteil daran.

In Berlin fand vom 22. Februar bis zum 1. März 1978 die X. Generalversammlung des Weltbundes der Demokratischen Jugend zur Vorbereitung der XI. Weltfestspiele in Havanna statt. Traditionsgemäß wäre das Lamberz' Ressort gewesen. Der aber musste sich gemäß dem Politbüro-Beschluss 1/78 vom 10. Januar auf den Besuch einer hochrangigen libyschen Delegation vorbereiten. Die SED-Führung hatte beschlossen: „Für die politische Koordinierung gegenüber Äthiopien, Libyen, Südjemen ist Gen. Werner Lamberz für drei Monate verantwortlich."

Lamberz, der sich gewissenhaft auf jeden Gesprächspartner vorbereitete, ließ sich das erste Kapitel von Gaddafis „Grünem Buch" erläutern, in dem der seine „3. Universaltheorie" entwickelte. Bemängelt wurde vom ZK-Beauftragten das „Fehlen der klassenmäßigen Einschätzung" in Gaddafis Theorie. Trotzdem schienen sich Einflussmöglichkeiten zu eröffnen.

Die libysche Delegation mit 35 Staatsfunktionären und Wirtschaftsfachleuten reiste über Moskau nach Berlin an. Am 24. Februar 1978 wurden die im Dezember ausgehandelten Abkommen mit einem Wertumfang von 200 Millionen Dollar unterzeichnet, die sich fast ausschließlich auf zivile Projekte erstreckten: Schiffe, Zementfabriken und Siloanlagen, ein Planetarium und ein Observatorium, allerdings auch eine „Abt. Luftbildvermessung". Das Kreditabkommen über 198 Millionen Schweizer Franken, in vier Jahren von der DDR rückzahlbar, war bereits am 26. Januar in Tripolis unterzeichnet worden.

Werner Lamberz sprach auf der Tagung der Regierungskommissionen Libyens und der DDR vom 20. bis 24. Februar in Berlin auch über Eritrea. Vorher nahm er aufschlussreiche Veränderungen am Entwurf seiner Rede vor: „Die DDR vertritt wie Libyen die Meinung, daß der sicher beste Lösungsweg politische Verhandlungen sind, die zu einer vollen [gestrichen, darüber:] regionalen Autonomie für das Volk Eritreas [eingefügt:] im Rahmen des äthiopischen Staates führen, [ergänzt:] konkrete Formen müssen betroffene Seiten selbst aushandeln."

Eine unerwartete Mission

Ende der 1970er-Jahre nutzte die DDR aktiv ihre so lange vermissten außenpolitischen Spielräume. In den ersten Märztagen flog Volkskammerpräsident Horst Sindermann nach Neu-Delhi, Paul Verner zu Hafez Assad nach Damaskus. Am 4. März 1978 traf der äthiopische Außenminister in Ost-Berlin ein. Werner Lamberz und seine Frau Ingrid wollten am 6. März nach Baku fliegen, um in der Sowjetunion eine gemeinsame Kur anzutreten. Honecker kann ihn nicht vor dem 1. März darüber informiert haben, dass er am 4. März gemeinsam mit Paul Markowski eine Reise nach Äthiopien antreten und in Tripolis Station machen müsse. Der „Stern", der 1991, also mehr als zwanzig Jahre später, über den „Absturz in der Wüste" berichtete, bezog die damalige Lamberz-Reise ausschließlich auf einen „Fünfjahresvertrag über militärische Hilfe für den reichen Wüstenstaat. Gadhafi hatte Devisen in Millionenhöhe für die Ausbildung seiner Soldaten und Offiziere angeboten."

Dieser Vertrag war im Februar in Berlin unterzeichnet worden. Ein entsprechendes Protokoll über die Ausbildung von sechzig bis hundert Marineoffizieren, technischem Personal für die Luftstreitkräfte und die Lieferung von Heeresmaterial wurde im April in Tripolis abgeschlossen. „Die erzielten Preise wurden seitens der DDR als gut eingeschätzt", meldete Stasi-Hauptmann Kammel von der Hauptabteilung XVIII/AG 1, die die „Volkswirtschaft" der DDR überwachte, über das Ergebnis der Reise.

In Wahrheit stellte Tripolis nur die wichtigste Zwischenstation auf Lamberz' Weg nach Äthiopien dar. Den Schlüssel für die eilig anberaumte Reise liefert das Blitztelegramm des Botschafters Seidel aus Tripolis vom 1. März: „auszensekretär treiki bat um schnellste uebermittlung folgender bitte oberst ghadaffis: libyen habe auf bitte praesident somalias, siad barre, und nach konsultation mit mengistu haile miriam den somalischen praesidenten empfangen. ghaddafi sei nach erster begegnung mit barre überzeugt, dasz somalia bereit sei zur friedlichen beilegung konfliktes und zur rueckkehr in das lager der progressiven, antiimperialistischen kraefte in afrika. ghaddafi werde alles dafuer tun. daher bitte er den generalsekretaer des zk der sed, gen. honecker, und gen. lamberz, die guten beziehungen der ddr-fuehrung zur aethiopischen fuehrung zu nutzen, um mengistu zu bitten, so schnell wie moeglich nach tripolis zu kommen. an treffen in tripolis werde auch boumedienne teilnehmen. gleiche bitte sei auch an gen. breshnew uebermittelt worden. ich sagte schnellstmoegliche uebermittlung bitte zu."

Es ging also um eine Atempause für die blutige äthiopische

Revolution, und die DDR hatte die Chance mitzumischen. Kein Wunder also, dass der zum Parlamentär ausersehene Lamberz gezwungen war, seine Kur zu verschieben.

Lamberz und ZK-Abteilungsleiter Paul Markowski waren gerade von einer Reise aus Budapest zurückgekehrt, wo sie Breschnews Cheftheoretiker Michail Suslow, seit Stalins Zeiten Politbüro-Mitglied und als Hardliner bekannt, und Boris Ponomarjow, Sekretär für Internationale Angelegenheiten, trafen. Die beiden Sowjetideologen rieten ihren SED-Genossen angeblich von der geplanten Afrika-Reise ab, meinte man später im Westen zu wissen: „‚Stern'-Recherchen ergaben, daß die beiden vom KGB informiert worden waren. Der war über die Aktivitäten des libyschen und des DDR-Geheimdienstes immer bestens informiert ... Aber Markowski und Lamberz, deren gutes Einvernehmen mit den Russen von Honecker mit wachsendem Argwohn beobachtet wurde, glauben sich in Libyen willkommen und sicher."

Paul Markowski, gleichaltrig mit Lamberz, wie dieser als ein offener und umgänglicher Mensch bekannt und einer von Lamberz' Männern in Axens ZK-Bereich, ahnte offenbar, „daß Honecker ihn aus der Machtzentrale nach Äthiopien als Berater abschieben [wollte]. Der intellektuelle, humanistisch gebildete Marxist war ein Gegner von Wirtschafts-Lenker Günter Mittag und MfS-Chef Erich Mielke", spekulierte später der „Stern". Ein Indiz dafür ist immerhin der Politbüro-Beschluss 1/78: „Genosse H. Axen wird beauftragt, einen Vorschlag zu unterbreiten für einen Genossen, der an der Botschaft der DDR in Äthiopien zur Koordinierung eingesetzt wird." Außerdem soll Markowski angeblich vom DDR-Botschafter in Moskau, gewarnt worden sein: „Paßt bei dieser Reise auf. Überlegt, mit wem ihr sprecht, und achtet darauf, wie der Transport verläuft."

Auch der Geheimdienst KGB kann keinesfalls vor dem 1. März von den geplanten DDR-Aktivitäten erfahren haben. Die sowjetische Warnung, falls sie denn wirklich erfolgte, deutet eher an, dass es um die Probleme zwischen Äthiopien und Somalia ging: „Überlegt, mit wem ihr sprecht." Bezüglich Libyen bestanden keine Widersprüche zwischen der DDR und den Sowjets. Dagegen gab es in der Sowjetunion eine Fraktion, die es ungern sah, dass Lamberz und Markowski in Äthiopien oder vorher in Aden, wo die Repräsentanten der Eritrean Liberation Front präsent waren, mit den „falschen" Leuten sprechen würden.

Oder hatten – falls es bei dem Transporthinweis doch um Libyen ging – die Sowjets Kenntnis von konkreten Attentatsplänen gegen Gaddafi und waren möglicherweise daran beteiligt? Die Beziehungen zwischen Moskau und Tripolis in den folgenden Jahren deuten nicht darauf hin. Ein Mann wie Gaddafi hätte sich kaum mit Militär- und Sicherheitsberatern aus einem Land umgeben, das in einen Attentatsversuch gegen ihn – und deren gab es etliche – verwickelt gewesen wäre.

Ebenso konnte es kaum dem politischen Kalkül der „sowjetischen Freunde" entsprechen, ein Attentat auf DDR-Genossen zu planen, mit denen ein gutes Einvernehmen bestand – und sie vorher auch noch zu warnen. KGB-Chef Jurij Andropow neigte Ende der 1970er-Jahre zu einer realistischen Beurteilung des wirtschaftlich-technischen Kräfteverhältnisses in der Welt und mahnte in internen Studien tiefgreifende Reformen an, die sein Protegé Michail Gorbatschow später in Angriff nahm. Er hatte keinen Grund, Lamberz und Markowski zu beseitigen, die als potenzielle Verbündete zu betrachten waren.

Doch all das sind Spekulationen. Die Fakten: Begleitet von ihrem Personenschutz, dem persönlichen Referenten Eberhard Heinrich, dem Sektorenleiter Internationale Verbindung Rabenhorst, einem Oberst der Staatssicherheit, der für die Zusammenarbeit mit Äthiopien verantwortlich war, einem Arzt, einer Sekretärin, dem ADN-Fotografen Hans-Joachim Spremberg und dem Dolmetscher Dr. Ernst, flogen Werner Lamberz und Paul Markowski am Vormittag des 5. März mit einer Sondermaschine vom Typ TU 134A von Berlin-Schönefeld nach Tripolis.

Die DDR-Delegation wurde im Beach Hotel in Tripolis untergebracht. Noch am Nachmittag fand das erste Gespräch mit dem libyschen Außenminister Dr. Ali Treiki statt. Lamberz' Afrikamission war keineswegs geheim. Am 6. und 7. März meldete „Neues Deutschland" jeweils auf der ersten Seite die „Ankunft des Sonderbotschafters Lamberz in Tripolis" und die „umfassende Unterredung über die Zusammenarbeit mit Libyen".

Im Gespräch mit dem libyschen Außenminister wurde kein Termin für ein Zusammentreffen mit Gaddafi genannt. Erst am Montagmittag erfuhr Lamberz von Gaddafis zweitem Mann, Stabsmajor Abdel Salam Jalloud, dass ihn Gaddafi am Nachmittag außerhalb von Tripolis empfangen werde. Solcherart kurzfristige Festlegungen entsprachen den libyschen Gepflogenheiten. Dabei wurde die Ehre einer Einladung in die Wüste nur ausgewählten Gästen zuteil.

Die Libyer bestanden darauf, außer Markowski und Lamberz nur zwei weitere Begleiter zuzulassen. Da einer davon der Dolmetscher Armin Ernst sein musste, blieb Lamberz die Wahl zwischen seinem Personenschützer Rolf Heidemann, dem persönlichen Referenten Heinrich und dem ADN-Fotografen. Schon einmal hatte Spremberg Fotos von ihm und Gaddafi geschossen. Auf solche Publizität wollte Lamberz auch dieses Mal nicht verzichten. „Tut mir leid, Rolf, du kannst nicht mit … Die Libyer legen Wert darauf, allein für meine Sicherheit zu sorgen." So erinnerte sich Heidemann laut „Stern" an Lamberz' Worte.

Die Gäste durften das Transportmittel wählen. Ob Lamberz in diesem Augenblick an die angebliche sowjetische Warnung „Achtet darauf, wie der Transport verläuft" dachte? Die Libyer boten eine zweieinhalbstündige Wüstenfahrt im Land Rover an oder einen wesentlich kürzeren Hubschrauberflug. Heidemann drängte dazu, den Landweg zu wählen. Auch Markowski erinnerte sich an die internen DDR-Vorschriften, bei Dienstreisen niemals ausländische Hubschrauber zu benutzen. Freimut Seidel, seit 1974 DDR-Botschafter in Libyen, wies diplomatisch darauf hin, welch einmaliges Erlebnis eine Fahrt durch die Wüste sei, um den eigentlich für die SED-Funktionäre kraft Ost-Berliner Grundsatzweisung verbotenen Flug zu umgehen.

Gegen den Ausflug im Land Rover sprach allerdings der knappe Zeitplan. Lamberz und Markowski mussten am nächsten Morgen um 5.00 Uhr mit ihrer Sondermaschine nach Bagdad weiterfliegen, um von dort über Aden am 8. März bis 8.00 Uhr Addis Abeba zu erreichen. Ein Direktflug über die Kriegsgebiete war nicht möglich. In Addis Abeba war ein Essen mit Mengistu vorgesehen, dem letztlich die Reise galt.

Lamberz entschied sich für den Hubschrauberflug. „Er war wohl ein bisschen leichtsinnig, wie wir alle zu dieser Zeit", urteilte Hans Modrow im Nachhinein über den Entschluss seines Freundes.

Tragischer Unfall oder geheimer Anschlag?

Gegen 17.00 Uhr wurden die vier vom Beach Hotel abgeholt. Rolf Heidemann, der seinen Chef wenigstens bis zum Flughafen begleiten wollte, wurde abgewiesen.

Um 17.27 Uhr startete der Helikopter vom Typ Super Frelon

vom Flughafen Tripolis. Keiner der Deutschen kannte das geheime Ziel: Wadi Suf al-Jin, ein Flussbett, etwa 160 Kilometer südlich von Tripolis. Etwa einen Kilometer vom Landeplatz entfernt stand dort Gaddafis Zelt.

Für die Ereignisse ab dem Zeitpunkt des Starts gibt es nur eine offizielle Quelle: den undatierten libyschen Bericht über die „Untersuchungsergebnisse zum Hubschrauberunglück".

1. Der Hubschrauber Supervillon startete um 17.27 Uhr am Abend des 6. März 1978, eine Stunde und 5 Minuten nach dem ursprünglich festgelegten Termin (15.30 Uhr) wegen des verspäteten Eintreffens der deutschen Delegation und ihrer Begleiter auf dem Startplatz auf dem Wege nach Wadi Suf al-Jin in einer Entfernung 45 km südlich von Beni Walid.

Diese Verzögerung war mit Sicherheit nicht auf die deutsche Delegation zurückzuführen, die im Hotel gewartet hatte. Der libysche Bericht nannte den Grund dafür:

2. Um 17.35 Uhr informierte der Flugzeugführer den Kontrollturm auf dem Flughafen Tripolis, daß er gezwungen ist, sieben Meilen südlich des Flughafens Tripolis zu landen. Daraufhin wurde ein anderer Hubschrauber für sie angefordert.

3. Um 17.55 nahm der Flugzeugführer wiederum Kontakt mit dem Kontrollturm am Flughafen Tripolis auf und teilte mit, er habe den Flug fortgesetzt; seine Landung sei erforderlich gewesen, da die Verkleidung des Motors sich geöffnet hatte. Sie sei befestigt worden und beeinträchtige nicht mehr die Fortsetzung des Fluges.

Diese Notlandung wirft ein bezeichnendes Licht auf den Zustand des Hubschraubers und dessen Wartung. Die Super Frelon SA 321 L („Super-Hornisse", im Untersuchungsbericht phonetisch Supervillon genannt) des französischen Herstellers Aérospatiale war mit fast zwanzig Metern Länge der größte und stärkste westeuropäische Hubschrauber. Ausgerüstet mit drei 1200-Kilowatt-Turbinen zum Antrieb des Sechsblatt-Ganzmetallgelenkrotors, konnte er 4000 Kilogramm Ladung aufnehmen. Gaddafi standen mehrere Super Frelon als „Salon"-Maschinen für den persönlichen Gebrauch zur Verfügung, die nur für den Transport einer begrenzten Personenzahl ausgerüstet waren. Laut dem Untersuchungsbericht zählten neben den zwei Piloten der Feldwebel al-Mabruk und der Unteroffizier Hassuna zur Besatzung. Falls diese beiden Männer Sicherheitsfunktionen wahrnahmen, ist zuvor vermutlich der Bundesnachrichtendienst (BND) für ihre Ausbildung verantwortlich gewesen.

Als Pilot fungierte der Hauptmann der Flieger Said Muftah Hilmi, in der Bundesrepublik ausgebildeter Erster Pilot für amerikanische Bell- und französische Alouette-Hubschrauber. Er flog die Super Frelon seit Ende 1972 und hatte 1901 Flugstunden absolviert. Der Kopilot, Oberleutnant Mohammed Abdul Salam Saula, hatte seinen Abschluss für Alouette-Hubschrauber in Frankreich gemacht und den Lehrgang als Kopilot auf der Super Frelon im September 1973 und den als Erster Pilot 1974 abgeschlossen. Der Bericht verzeichnet aber auch seine „Teilnahme an einem Fliegerlehrgang, der zum Zeitpunkt seines Todes noch nicht abgeschlossen war". Zudem wird in Bezug auf Hilmi angemerkt: „Tauglich nur für Sichtflug."

Lamberz' Gespräch mit Gaddafi, über dessen Verlauf und Ausgang keinerlei Informationen vorliegen, dauerte drei Stunden. „Als das Gespräch beendet war, wurden sie gebeten zu bleiben und am nächsten Morgen zu fliegen. Doch die Delegation und die libyschen Begleiter bestanden auf der Übernachtung in Tripolis zur Erholung der Delegation, da es am Ort des Gesprächs keine Übernachtungsmöglichkeit gab. Die Piloten verbürgten sich für den Flug und sagten nachdrücklich, das Flugzeug sei sicher, es sei denn, es ereigne sich etwas von Gottes Hand, d. h. durch die Macht des Schicksals."

Ob der sibyllinische Spruch zur Beruhigung der Passagiere beitrug oder nur dem in arabischen Staaten üblichen Ritual entsprach, sei dahingestellt. Außer der Besatzung und den vier DDR-Gästen waren drei weitere Libyer an Bord: die beiden in der ADN-Meldung genannten Regierungsfunktionäre und ein protokollarischer Mitarbeiter.

Es war inzwischen 21.30 Uhr und stockdunkel. Der Startplatz war frei von Hindernissen, nicht aber von Steinen. Außerdem wirbelten die fast zehn Meter langen Rotorblätter den Sand auf. Unter den verschiedenen Möglichkeiten für die Gründe des Unglücks nennt der Bericht: „Fehlende Sicht wegen der starken Dunkelheit und des beim Start von den Rotorblättern aufgewirbelten Staubes führt oft zum Verlust des Gleichgewichts beim Piloten." Eine Schilderung des Unglücksablaufs fehlt gänzlich. Die war bereits am 29. März 1978 in einer UPI-Meldung aus Bonn über einen für den Folgetag vorbereiteten „Bild"-Artikel auch nach Ost-Berlin gelangt. Der handschriftliche Verteiler der Internen Dienstmeldung lautet:

Gen. Herrmann erweitert auf: Honecker, Stoph, Mielke, P. Verner, Mittag, O. Fischer: Die ‚Bildzeitung' teilte mit, daß ihre Informationen über den Absturz von ‚einem Angehörigen des Kreises um Ghaddafi' stammen, der gesagt hat: ‚Am 6. März konferierte Ghaddafi in einem Zelt in der Wüste mit Honeckers Vertreter. Gegen 20.30 Uhr geleitete er seinen Gast und dessen Begleitung zu einem in der Sowjetunion produzierten 16sitzigen Hubschrauber, um gemeinsam mit ihnen nach Tripolis zurückzufliegen. Doch im letzten Augenblick trat ein Offizier des Sicherheitsdienstes zu Ghaddafi und flüsterte ihm etwas zu', soll der Informant der ‚Bildzeitung' zufolge erklärt haben. Ghaddafi verabschiedete sich schnell von Lam-

berz, indem er sagte: ‚Wir werden uns in Tripolis wieder sehen.‘ Als Ghaddafi und sein engster Berater Jaloud in einem Peugeot 504 abgefahren waren, nahmen der arglose Lamberz und 10 Mitglieder seiner Begleitung ihre Plätze ein. Der Hubschrauber erhob sich etwa 30 Meter. Als er versuchte, zur Seite wegzufliegen, fiel er wie ein Stein zu Boden und explodierte. Alle an Bord befindlichen Personen verbrannten bis zur Unkenntlichkeit. Ghaddafi beobachtete den Vorgang von ferne. Kurz danach ordnete er die Verhaftung eines Ministers und vieler Luftwaffenoffiziere an – zirka 60 Personen. Er hatte Lamberz und 10 weitere Personen geopfert, um seine Gegner mit einem Schlag vernichten zu können.

Auffällig ist hier zumindest die Nennung eines „in der Sowjetunion produzierten Hubschraubers“. Die „New York Times“ meldete am selben Tag: „Oberst Muammar al-Gaddafi, der libysche revolutionäre Führer, war das Ziel eines Mordanschlages, der am 6. März fehlschlug und zum Tod von zwei Führern der ostdeutschen Kommunistischen Partei führte, wie heute von offiziellen amerikanischen Vertretern erklärt wurde. Berichten zufolge, die in Washington eintrafen, habe es eine Explosion in einem Hubschrauber gegeben, in dem sich Oberst Gaddafi anlässlich eines Besuches der Ostdeutschen in einem landwirtschaftlichen Entwicklungsprojekt außerhalb der libyschen Hauptstadt Tripolis hätte befinden sollen.“

Der libysche Untersuchungsbericht

Was sich am Abend des 6. März 1978 in der Libyschen Wüste tatsächlich abgespielt hat, wird man wohl nie genau erfahren. Nach libyschen Angaben wurde die Absturzstelle im Umkreis von zehn Kilometern abgesperrt. DDR-Vertreter waren zur Untersuchung nicht zugelassen. Generalmajor Klaus Henkes, Chef der DDR-Fluggesellschaft Interflug, der gerade in Libyen weilte, bot vergebens seine Hilfe an.

Der libysche Bericht zählt eine Reihe von Feststellungen in Bezug auf die Absturzstelle auf:

8. Alle Trümmer des Flugzeugs wurden vom Feuer erfaßt mit Ausnahme des hinteren Rotors. Sein Unterteil wurde zerbrochen in einer Entfernung von etwa 10 m gefunden. Daraus folgt, daß seine Abtrennung das Ergebnis eines Zusammenstoßes des Hauptrotors mit dem Schwanz des Flugzeugs war. Weiterhin wurde ein Teil des Hauptverbindungsstücks (Dumpers), das über 30 kg wiegt, in einer Entfernung von 20 m nordöstlich gefunden.

9. Es wurden Spuren im Boden gefunden und festgestellt, daß sie vom Aufschlagen des Hauptrotors auf den Boden herrührten. Die Spuren befanden sich an fünf Stellen, die voneinander ein bis zwei Meter entfernt waren …

11. Der rechte Kommutator, der am hinteren Rotor befestigt ist, war völlig nach vorn gedrückt. Daraus folgt, daß der Erste Pilot versucht hat, das Flugzeug während der Linksdrehung wieder zu richten, während die Kommutatoren des Co-Piloten das Gegenteil anzeigten …

15. Die rechte Anzeige des Steuerknüppels stand bei 18. Das deutet darauf hin, daß der Pilot versuchte, das Flugzeug hochzuziehen, dieses jedoch nicht darauf reagierte.

16. Der rechte und linke Drehzahlmesser des Rotors zeigten 180 Umdrehungen / Minute. Das deutet darauf hin, daß Motorkraft abgesunken war.

Die Treibstofftanks waren ausreichend gefüllt, der Höhenmesser stand auf Minimalhöhe von fünfzig Fuß. Neben der fehlenden Sicht führt der Bericht zwei Gründe für das Unglück an, die „der Wahrscheinlichkeit am nächsten“ kommen:

Erste Möglichkeit: Während des Startvorgangs, als das Flugzeug in Erdbodennähe war, kam es zu einer plötzlichen Havarie des Motors, er fing Feuer. Das bezieht sich besonders auf Motor Nr. 1, der das äußere Elektrosystem antreibt. Daraus resultierten der Rückgang der Umdrehungszahl des Hauptrotors und die Drehung des Flugzeugs nach links. Zweite Möglichkeit: Ein Blatt des Hauptrotors löste sich. Das führt gewöhnlich dazu, daß das Flugzeug das Gleichgewicht verliert und nicht mehr mit dem Steuerungsmechanismus beherrscht werden kann. Diese Möglichkeit wird gestützt durch das Verbindungsstück, das weit entfernt von den Trümmern des Flugzeugs gefunden wurde, durch die fünf Löcher im Ergebnis des Aufschlages der Rotorblätter auf die Erde (während die Anzahl der Rotorblätter sechs beträgt), sowie durch das Auffinden eines der Hauptrotorblätter etwa 200 m von den Trümmern entfernt … Der Untersuchungsausschuß neigt zur zweiten Möglichkeit. Andere Möglichkeiten außerhalb der oben erwähnten hält er für völlig unwahrscheinlich.

Der Schaden am Hauptrotorblatt wurde nicht näher erläutert. Eine Bruchstelle? Ein derartiger Fall ist bei dem vom amerikanischen Hersteller Sikorsky entwickelten und gebauten Rotorsystem niemals bekannt geworden. Dessen Überprüfung gehört zu den Standardvorbereitungen vor jedem Flug. Allerdings lässt die Notlandung beim Hinflug an einer vorschriftsmäßigen Wartung des Hubschraubers zweifeln.

Falls es jemandem gelungen war, ein Rotorblatt der Super Frelon zu beschädigen oder zu lockern, bestanden Chancen, dass der Unfall den Revolutionsführer treffen würde. Eine solche Möglichkeit deutete ein angebliches Bekennerschreiben einer oppositionellen libyschen Gruppe nach dem Unglück an. Wie der DDR-Botschafter Freimut Seidel von sowjetischen Kollegen erfuhr, stürzte bald danach eine zweite Super Frelon aus Gaddafis persönlicher Staffel ab.

„Bild" spekulierte schon vier Wochen vor Übergabe des offiziellen Berichts: „Saboteure hatten die Rotorblätter an Ghaddafis Hubschrauber gelöst und Ghaddafi wußte das." Der libysche Untersuchungsausschuss kam zu einem anderen Ergebnis:

Der Untersuchungsausschuß – nachdem er alle Zivilisten und Militärs, die mit Hin- und Rückflug zu tun hatten, befragt hat; – nachdem er selbst die Wartung des Flugzeuges, die technische Überprüfung, die Durchsichtstermine und die Qualifikation der Techniker, die die Wartung beaufsichtigten, untersucht hat, wobei er einen technischen Sonderausschuß zur Prüfung der Flugzeugtrümmer und zum Ablesen der Instrumente hinzugezogen hat;– nachdem er in allen Untersuchungen die Bedingungen zur Kenntnis genommen hat, unter denen das Flugzeug erprobt und die Piloten beauftragt wurden; – nachdem er alle aufgezeichneten Gespräche abgehört hat; – und nachdem er Einsicht in alle für die Luftfahrt geltenden Anordnungen und Instruktionen genommen hat; hat beschlossen:

1. Der Sekretär für Kommunikation und der Stabschef der Luftstreitkräfte tragen keine Verantwortung für das Unglück.

2. Der Erste und der zweite Pilot werden beschuldigt, die geltenden militärischen Instruktionen und Befehle sowie die Regeln und Bedingungen der zivilen und militärischen Luftfahrt verletzt zu haben, da sie nachts geflogen sind, obwohl der Flug auf der Grundlage einer Erlaubnis für Sichtflug am Tage und einer vorbereiteten Sichtflugstrecke durchzuführen war. Nachdem sie verspätet aus Tripolis eingetroffen waren, von wo sie etwa zwei Stunden nach dem ursprünglich festgelegten und genehmigten Zeitpunkt 15.30 Uhr (der tatsächliche Start erfolgte um 17.27 Uhr) gestartet waren und sich dadurch ihr Start von Wadi Suf al-Jin verzögerte, hätten sie nicht nachts abfliegen dürfen, besonders da sie ihre Qualifizierung für den Nachtflug noch nicht abgeschlossen hatten. Zumindest hätten sie um Erlaubnis für den Nachtflug bitten müssen. Alle Gespräche stimmten darin überein, daß ihnen auf keinen Fall die Flugerlaubnis erteilt wurde.

In der DDR konnte niemand diese Angaben über den Absturz überprüfen. Selbst Stasi-Spionagechef Markus Wolf bestätigte, dass auch sein Mann in Tripolis keine zusätzlichen Erkenntnisse übermittelt habe.

Östliches Schweigen, westliche Gerüchte

In Berlin war Erich Mielke der Erste, der von Werner Lamberz' und Paul Markowskis Tod erfuhr. Er informierte Erich Honecker, und der schickte in den frühen Morgenstunden Hermann Axen mit der Hiobsbotschaft zu den beiden Witwen. Um 9.00 Uhr kondolierte Honecker mit dem Politbüro bei Ingrid Lamberz.

Offiziell wurde in der DDR niemals Näheres über das Unglück mitgeteilt. Nicht einmal die Ehefrauen von Lamberz und Markowski erfuhren, dass Botschafter Freimut Seidel am 24. April 1978 in Tripolis zum Abteilungsleiter Europa des Außensekretariats gerufen wurde, der ihm den technischen Bericht der Untersuchungskommission übergab, den Seidel postwendend an Axen schickte. Der Bericht traf am 26. April in Berlin ein und wurde sofort übersetzt. Honecker versah ihn am selben Tag mit eigenhändigen Unterstreichungen und zeichnete ihn auf Seidels Anschreiben mit dem Vermerk „Umlauf PB" ab. Das Originalexemplar blieb bis zum 6. Juni 1978 im Politbüro in Umlauf und gelangte später in die Akten aus dem Büro Lamberz. Der Politbüro-Beschluss 18/78 vom 9. Mai 1978 lautete:

„Die Information der Regierung der Sozialistischen Libyschen Arabischen Volksjamahiriya über die Ursachen des Hubschrauberunglücks am 6. März 1978 wird zur Kenntnis genommen."

Die Genossen verschwiegen Ingrid Lamberz und Liesel Markowski, dass die Leichen ihrer Männer in der Nacht zum 8. März im Institut für Gerichtliche Medizin der Humboldt-Universität von zwei Obduktionsgruppen im Beisein von MfS-Offizieren obduziert worden waren. Prof. Gunther Geserick und seine Kollegen erinnerten sich:

Eine eindeutige Zuordnung von Personennamen zu den untersuchten Leichen ist seinerzeit gegenüber den Gerichtsmedizinern nicht erfolgt. Die Gerichtsmediziner hielten lediglich fest, daß „als Todesursache Verbrennen (bzw. hochgradige Hitzeeinwirkung) in Betracht" kommt ... Für die Aussage zur Todesursache war von Bedeutung, daß sich eingeatmete Rußteilchen in Luftröhre, Luftröhrenästen und Lungenbläschen gefunden hatten, was nur zustande kommt, wenn ein Mensch während eines Brandes atmet, also lebt ... Ein Sturz aus größerer Höhe kam aufgrund des Fehlens eindeutig mechanisch traumatisierter Skelettteile nicht in Betracht ... Politisch besonders wichtig war die Feststellung, daß sich sowohl durch die äußere und innere Besichtigung der Leichen wie auch durch die Röntgenaufnahmen keine metalldichten Fremdkörper nachweisen ließen, wie man sie bei Bombenexplosionen oder Schußeinwirkungen erwarten dürfte. Die Version, daß es sich um ein Attentat gehandelt haben könnte, war damit durch keinerlei medizinische Befunde zu belegen.

Dennoch schließen die Befunde ein Attentat, das den Hubschrauber ohne Explosion zum Absturz brachte, nicht aus.

Zweifelt man die Angaben des libyschen Berichts nicht grundsätzlich an, so sprechen mehrere Faktoren gegen eine Attentatsversion, wenn es denn gegen Werner Lamberz gerichtet gewesen sein sollte: Er selbst bestimmte den Personenkreis seiner Begleiter und entgegen den internen DDR-Vorschriften die Art des Transports per Hubschrauber. Und der SED-Funktionär entschied sich gegen den Rat der Libyer für den nächtlichen Rückflug, obwohl ihm nach der Zwischenlandung beim Hinflug der Zustand des Hubschraubers bekannt war.

Aufgrund dieser unklaren Gemengelage scheute sich wohl auch der „Stern" in seinem Lamberz-Report nach dem Ende der DDR, im Mai 1991, Honecker und Mielke der Anstiftung zu einem Anschlag zu beschuldigen, und überließ dem Boulevardblatt „Berliner Kurier" die Schlagzeile „Ließ Honecker Werner Lamberz ermorden?". In einem angeblichen DPA-Interview mit dem „ehemaligen Chef-Leibwächter Rolf Heidemann" hatte der im Oktober 1990 den Verdacht geäußert, die Stasi habe Lamberz umgebracht, da „der DDR-Personenschutz damals entgegen allen vorhergehenden Anweisungen komplett durch libysche Leibwächter ersetzt worden sei. Die nach dem Unfall sonst üblichen ‚stundenlangen Gespräche, Aussprachen, ja Verhöre im Ministerium für Staatssicherheit blieben aus', sagte Heidemann." Eine schwache Aussage eines vermeintlichen Kronzeugen.

Der „Stern" suchte und fand aber angeblich noch andere Indizien und Zeugen für die Version vom Stasi-Attentat. Ein ungenanntes ZK-Mitglied, viele Jahre zuständig für internationale Beziehungen, erklärte: „Nur Honecker und Mielke können Gaddafi den Auftrag für einen Anschlag gegeben haben. Anderenfalls hätten sie auf einer gründlichen Untersuchung unter Mitwirkung von MfS und eigenen Militär-Experten bestanden und die Ursache des Absturzes nicht geheimgehalten. Soweit kenne ich Honecker und Mielke."

Solcherart „Enthüllungen" sind nirgendwo auf der Welt

Ausweis seriöser journalistischer Arbeit und treiben allenfalls ein wenig die Verkaufszahlen in die Höhe. Da hätte man auch schreiben können, Honecker und Mielke, die bekanntermaßen alles geheim hielten, was ihnen nicht zupassekam, hätten Außerirdische beauftragt, einen unliebsamen Rivalen zu beseitigen.

Der langjährige DDR-Botschafter in Libyen erinnert sich, dass die DDR nach dem Absturz alles tat, um „Beeinträchtigungen der Beziehungen mit Libyen zu vermeiden" – nicht nur, was die DDR anging, sondern in Bezug auf das gesamte sozialistische Lager. Einen außenpolitischen Alleingang hätte Honecker unter Breschnew nie gewagt. Der DDR kam in Libyen eine wichtige Stellvertreterfunktion zu, genossen doch „die Deutschen", die bei Tobruk unter Generalfeldmarschall Erwin Rommel einst gegen die verhassten Engländer gekämpft hatten, in Gaddafis Revolutionsstaat besonderes Ansehen.

Business as usual

Als Gaddafi nur drei Monate nach Lamberz' Tod zum Staatsbesuch in die DDR kam, war von dem Unglück nicht mehr die Rede. Honecker und Gaddafi schlossen einen Zehnjahresvertrag über die wirtschaftliche, technische und militärische Zusammenarbeit ab.

Dass Gaddafi bei dem Besuch von der deutschen Einheit sprach und das Zentralorgan „Neues Deutschland" die Passage in seinem Bericht nicht strich, sei am Rande angemerkt. Denn Gaddafi war zwölf Jahre später einer der ersten, der Helmut Kohl zum Vollzug der Einheit gratulierte. Neben dem BND-Major Hans Dieter Raethjen aus Pullach und seinen 13 Ausbildern, die Gaddafis Personenschutz zwischen 1979 und 1983 drillten, wurde Gaddafis Geleitschutz nunmehr auf der Basis des Zehnjahresvertrags von DDR-Geheimdienstlern geschult.

Gibt es ein deutlicheres Indiz gegen die Annahme, die DDR-Staatssicherheit hätte das Attentat in der Libyschen Wüste inszeniert? Dass der stolze Sohn der Wüste einen „Auftrag" von Honecker und Mielke angenommen und ausgeführt hätte, ist eine abstruse Vorstellung. Weshalb sollte ihn ausgerechnet die schwachbrüstige DDR veranlasst haben, ein gegen seinen eigenen Emissär, denn als der war Lamberz nach Äthiopien unterwegs, gerichtetes Attentat in unmittelbarer Nähe seines Zelt-Hauptquartiers zu dulden und dabei einen seiner wichtigsten Vertrauten sowie einen teuren Helikopter zu verlieren? Der Tod eines hochrangigen ausländischen Diplomaten in Libyen war selbst für ein Regime wie das seine ein unerwünschtes Ereignis.

Und die angeblichen Auftraggeber? Waren sie wirklich die kaltblütigen Schurken, die ein solcher Anschlag voraussetzt? Es fällt nicht schwer, diese Frage in Bezug auf Mielke mit Ja zu beantworten. Doch sieht man von den Stasi-Gewaltakten der frühen Jahre ab, fehlten Aktionen, die einem Politthriller glichen, im Repertoire des ostdeutschen Geheimdienstes. Wem hätte Armeegeneral Mielke mit seinem geistigen Habitus eines Unteroffiziers die Ermordung eines Genossen, der in der internen Parteihierarchie über ihm stand, befehlen sollen?

Und Honecker selbst? Charakterlich war ihm manches zuzutrauen – solange es kein Aufsehen erregte. Er war kein Despot vom Format Stalins, eher ein Leisetreter, bemüht, im Ausland nicht noch unangenehmer aufzufallen, als es die DDR durch die Mauertoten ohnehin tat. Einen Mann beseitigen zu lassen, der in heikler Mission für ihn unterwegs und in dieser

Funktion nahezu unersetzbar war und dessen geplanter Tod Mitwisser im „nichtsozialistischen Wirtschaftsgebiet“ erfordert hätte, ist auch im Nachhinein undenkbar.

Es fehlt jeder Beweis, dass Lamberz ihm die Treue aufkündigen wollte oder nach seinem Zepter gegriffen hat. Dazu hätte er sich zuallererst sowjetischer Zustimmung versichern müssen. Vom vergreisten Breschnew hatte er die kaum erwarten dürfen, schon gar nicht unter Berufung auf einen Reformkurs.

Honecker war ein zutiefst von sich und seiner historischen Mission überzeugter Mann, der zu einsamen Personalentscheidungen neigte. Nach den im Politbüro üblichen Spielregeln wäre es ihm ein Leichtes gewesen, sich jedes Widersachers unter Hinweis auf eine ideologische Abweichung oder - schlimmstes aller Verbrechen! - Fraktionsbildung zu entledigen. Es existierten jedoch keine grundsätzlichen politisch-ideologischen Widersprüche zwischen Lamberz und ihm, auch wenn Axens persönlicher Referent Dr. Manfred Uschner im „Stern“ behauptete: „Für Honecker war er ein gefährlicher Rivale geworden, weil er so ganz anders war. Heute würde man sagen: Er war ein Typ Gorbatschow. Er war offen für neue Gedanken, nur öffentlich mußte er sie zurückhalten.“

Lamberz war ein kluger Mann. Er hätte „neue Gedanken“ zu Lebzeiten Breschnews für sich behalten. Am Vorabend seines Todes jedenfalls äußerte er sich in der DDR-Botschaft in einem Sinne, der seine volle Übereinstimmung mit den „beiden Erichs“ ausdrückte, wie sich Teilnehmer der Veranstaltung erinnern.

Und über „Hintermänner“ wie Axen und Mittag, die keinen Zugriff auf den Geheimdienstapparat besaßen, zu spekulieren ist müßig. Dass der Tod des einzigen potenten Kritikers für den endgültig zur Allmacht aufsteigenden Wirtschaftssekretär wie gerufen kam, steht außer Frage. Ob Mittag wirklich nur ein selbst ernannter Mephisto im Politbüro war oder ob ein größeres Spiel ihn zu seiner abenteuerlichen Wirtschaftspolitik trieb, hat kaum jemand versucht herauszufinden. Der Tod von Werner Lamberz in der Wüste hatte damit nichts zu tun. *J. E.*

Zerstörte Leben

Suizide nach friedlicher Revolution und Wiedervereinigung

Am 11. November 1989 vergiftete sich der Zweite Sekretär der SED-Bezirksleitung Karl-Marx-Stadt, Lothar W. In seinem Abschiedsbrief schrieb er, dass er mit dieser Welt nicht mehr zurechtkomme und seine Konsequenzen ziehe.

Der Vorsitzende der Landwirtschaftlichen Produktionsgenossenschaft (LPG), Helmut D., erschoss sich am 30. Januar 1990 mit seinem Jagdgewehr in Rieder im Nordharz. Der 57-Jährige hinterließ seiner Familie die Nachricht: „Ich habe immer nur gearbeitet für die LPG und die Bauern ... Ich trete unschuldig aus diesem Leben ..."

Die langjährige Sekretärin des Verlags Volk und Wissen, Renate W., warf sich am 8. November desselben Jahres vor eine S-Bahn. Der Verlust von Arbeitsstelle und Arbeitskollektiv war ihr unerträglich erschienen.

Ein Jahr später, Ende November 1991, übergoss sich die Ärztin Dr. Renate P. aus Annaberg-Buchholz am Aussichtspunkt „Morgensonne" auf der B 95 mit Benzin und zündete sich an. Der Versuch, eine eigene Praxis zu eröffnen, und damit verbundene finanzielle Probleme hatten die 51-jährige Frau so stark belastet, dass sie depressiv geworden war und keine Lebensperspektive mehr gesehen hatte.

Am 4. März 1992 nahm sich Dr. Detlef D., Gemeindevertreter für Bündnis 90 in Zepernick bei Bernau und Kreistagsabgeordneter, das Leben. Ein Alteigentümer aus dem Westen hatte Ansprüche auf sein Haus angemeldet und recht bekommen. D. schrieb daraufhin in einem offenen Brief an Bundeskanzler Helmut Kohl: „Ein Vermögensabfluss von Ost nach West größten Ausmaßes wurde von Ihrer Partei, den hinter dieser Partei stehenden Kräften und Ihnen persönlich eingeleitet ... Wir werden gar nicht mehr gefragt. Aus diesem Grunde, Herr Bundeskanzler, opfere ich mein Leben."

Doch das waren längst nicht alle Suizidfälle ehemaliger DDR-Bürger nach der friedlichen Revolution. Es ereigneten sich Dutzend weitere, und immer wieder wurden vermeintliche oder tatsächliche Stasi-Verstrickungen als Motiv genannt. Der Potsdamer Rechtsanwalt Peter-Michael Diestel, 1990 letzter Innenminister der DDR in der Regierung de Maizière (CDU), äußerte sich dazu in der Wochenendausgabe vom 27./28. Mai 2000 der linken Tageszeitung „Neues Deutschland": „Wenn man sieht, wie in diesem Land mit den Stasi-Unterlagen Schindluder getrieben wird, hat man einfach die moralische wie auch die Rechts-Pflicht, dagegen vorzugehen. Das Stasi-Syndrom – das haben meine Recherchen, wie auch die Gleichgesinnter ergeben – forderte inzwischen mehr Todesopfer als die Mauer." „Ein abenteuerlicher Vergleich", kommentierte Journalistin Gabriele Oertel. Ihr Gesprächspartner war anderer Meinung: „Ein vergleichbares Problem. Um kein Missverständnis aufkommen zu lassen: Die knapp 300 Mauertoten sind 300 zu viel. Aber es sind inzwischen weitaus mehr, die durch die Stasi-Hysterie ihr Leben gelassen haben."

Auch der letzte SED-Ministerpräsident Hans Modrow und der damalige Chef des DDR-Arbeitslosenverbandes Klaus Grehn beklagten die angeblich gestiegene Zahl von Freitoden durch den gesellschaftlichen Umbruch nach dem Ende der DDR.

Seither gibt es gern zitierte Kronzeugen für jene, die die Implosion der DDR als zeitweiligen Sieg einer weltweiten konterrevolutionären Verschwörung sehen möchten. Dass Opfer nicht gegeneinander aufrechenbar sind und die Gleichsetzung von an der Grenze getöteten Menschen mit jenen, die aus Verzweiflung freiwillig aus dem Leben schieden, ein zynischer Missgriff ist, wurde ausgeblendet. Ebenso unberücksichtigt blieben die Zahlen: 1989 wurden in der DDR 4294 Suizide erfasst, davon 2875 männliche und 1419 weibliche - weniger als jemals zuvor zwischen Ostsee und Erzgebirge.

Davor hatte die Suizidrate der DDR mit etwa 5000 bis 6000 Fällen pro Jahr zu den höchsten der Welt gezählt. Auf 100 000 Einwohner gerechnet, lag sie mit jährlich rund dreißig Personen um dreißig bis fünfzig Prozent höher als im Westen Deutschlands.

Suizid gehörte in der DDR zu den strengen Tabuthemen. Damit unterschied sich der sozialistische Staat zwar von einigen anderen Gemeinwesen, stellte sich aber nicht völlig ins Abseits. Denn auch in anderen Kulturen gehört der Tod zu den unbegreifbaren Phänomenen.

Ursache des offiziellen Schweigens in der DDR war vor allem eine interne Anordnung des Gesundheitsministeriums von 1978, nach der sämtliche Zahlen über Freitode im eigenen Land unter Verschluss gehalten werden sollten. Diese Regelung wurde unerklärlicherweise selbst dann noch aufrechterhalten, als sich die Anzahl der Suizide in den 1980er-Jahren bei Männern um 13 und bei Frauen sogar um 26 Prozent verringerte. Der Grund für die Geheimhaltung dürfte politisch motiviert gewesen sein, da der Tod durch eigene Hand als „dem Sozialismus wesensfremd“ galt.

Diese Auffassung hatte sich anscheinend zunächst auch bestätigt. Der Leipziger Historiker Udo Grashoff erläuterte die zwischen 1958 und 1962 veröffentlichten Angaben zu Freitoden: „In dieser Zeit war es so, daß die Selbsttötungsrate in der DDR im Vergleich zum Kriegsende etwa um 25 Prozent gesunken war, und man der Meinung war, daß das ein Erfolg des sozialistischen Aufbaus war. Dann gab es aber eine Trendwende, auch parallel zu Zwangskollektivierung 1960 und Mauerbau 1961, und in dieser Phase hat dann das SED-Politbüro beschlossen, die Zahlen geheim zu halten."

Die dafür ausschlaggebenden politischen Gründe beschrieb der Psychologe, Psychotherapeut und Neurologe Dr. Karl Seidel in seiner 1967 verfassten Habilitationsschrift: „Die marxistische Philosophie läßt keinen Raum für ein moralisches Recht zum Suizid, weil ihr das Prinzip der Erhaltung des Lebens und der Höherführung des menschlichen Daseins immanent ist."

Bis heute führt das Suizid-Tabu in der DDR zu kurzschlüssigen Thesen, die „Spiegel"-Autor Matthias Matussek zusammenfasste: „Für ein vulgär-marxistisches Weltbild, in dem das gesellschaftliche Sein das Bewusstsein bestimmt und Glück und Unglück nahezu ausschließlich sozial determiniert sind, bedeutet Selbstmord als individueller Akt der Verzweiflung eine Kritik an den herrschenden Verhältnissen."

Diese Annahme ließe sich mit ein- und denselben Zahlen be- wie widerlegen. An einem massiven Nichtwissen um die Motive der Selbsttötungen ändert sie jedoch nichts. Das dürfte auch auf das unterschiedliche Verständnis von Suizid zurückzuführen sein. Aus medizinischer Sicht wird davon ausgegangen, dass dem Akt der Selbsttötung in der Regel eine krankhafte psychische Persönlichkeitsstörung vorausgeht. Die Öffentlichkeit nimmt Freitode hingegen meist als Entladung einer Ansammlung negativer Lebensereignisse wahr.

Die wissenschaftliche Aufarbeitung der Thematik Suizid steckt bis heute – in Deutschland wie weltweit – noch in den Kinderschuhen. Manche Erklärungsansätze suchen die Gründe für die Taten nach dem Ende der DDR in den seit Langem bestehenden regionalen Unterschieden. So lag die Suizidrate bereits 1868, zu Beginn der statistischen Erfassung, im thüringisch-sächsischen Raum, auf 100 000 Einwohner gerechnet, bei dreißig, im übrigen Deutschland dagegen bei zwanzig Personen. Ein anderer Ansatz untersuchte sämtliche denkbare Selbstzerstörungsmöglichkeiten in Ost- und Westdeutschland und kam zu dem Ergebnis, dass es in der früheren DDR weder weniger noch mehr verzweifelte Menschen gab als in der Bundesrepublik. Das belegen auch ähnliche Zahlen über alkoholbedingte Todesfälle. Praktiker der DDR-Kriminalpolizei verwiesen zudem auf ihre außerordentlich hohe Aufdeckungsrate bei Suiziden und vermuteten eine hohe Dunkelziffer in der früheren Bundesrepublik.

Welcher Theorie man auch immer folgen möchte, es bleibt festzuhalten, dass man nur wenig über die Motive der Freitode weiß.

Die Diskussion um den Tod von eigener Hand entlud sich nach 1990 in moralischen Debatten. Die einen waren überzeugt, der „abnormale Zustand" der Gesellschaft der DDR hätte Menschen zum Freitod getrieben. Andere betrachteten die gesellschaftliche Umwandlung am Ende der DDR und die aktuellen Verhältnisse als Gründe für die Verzweiflungstaten. Beide Sichtweisen instrumentalisierten die Opfer, um gefestigte Vorurteile nicht infrage stellen zu müssen.

Ob nun Tabu oder Schlagzeile, die Erklärung, jemand sei in den Tod „getrieben" worden, bleibt stets wohlfeil. Sie verstellt den Blick auf die menschliche Tragödie, die hinter jedem Freitod steht, der doch immer eine sehr individuelle Tat ist. Niemand weiß, warum einige nach dem Ende der DDR ihrem Leben ein Ende setzten, denn zumeist nahm jeder von ihnen die Motive für seine Tat mit ins Grab. Das zeigt auch ein Blick auf tragische Einzelfälle.

Letzter Aufschrei

Für all jene, die aus irgendwelchen Gründen irgendwann einmal in den fast vierzig Jahren DDR in die Mühlen der Staatssicherheit geraten waren, begann der Weg in das gemeinsame Deutschland mit einem Rechtsbruch. Das „Im Zweifel für den Angeklagten", das Grundlage jedes Rechtsstaates ist, galt für sie nicht mehr, wenn es um die Frage nach einer eventuellen Tätigkeit als inoffizieller Mitarbeiter (IM) beim Ministerium für Staatssicherheit (MfS) ging. Sie hatten nur noch mit einem Ja oder Nein zu antworten. Lebensläufe und konkrete Umstände blieben unberücksichtigt. Dies ließ manch einen tödliche Konsequenzen ziehen.

In der Nacht vom 17. zum 18. Januar 1992 vergiftete sich der Mediziner und Schriftsteller Prof. Dr. Eckhard Ulrich aus Halle. Der Freitod des Aktivisten beim friedlichen Umbruch in der DDR, der nie Mitglied der SED gewesen war, löste heftige Reaktionen aus. In einem Nachruf schrieb der Wittenberger Theologe Friedrich Schorlemmer wütend: „Wo bleibt die Scham all derer, die aufgrund eines Gerüchtes nur, aufgrund von Munkeleien sich zurückgezogen haben, einen Menschen isoliert und mehr einer Akte und geflüsterten Informationen geglaubt, denn einem Menschen vertraut haben. Sie kannten ihn doch!"

Das erwähnte Gerücht war entstanden, als Ende 1991 bekannt wurde, dass Eckhard Ulrich 1973 eine schriftliche Verpflichtungserklärung als IM für die Stasi abgegeben hatte. Ohne jegliche Prüfung hatte ein Mitglied der Personalkommission der Martin-Luther-Universität Halle die von der Stasi-Unterlagenbehörde übermittelte Information an die Öffentlichkeit weitergereicht. In einem Dokument der Ärztekammer hieß es überdies, der Mediziner sei „über viele Jahre zweifelsfrei Mitarbeiter des Staatssicherheitsdienstes" gewesen. Das entsprach jedoch nicht den später bekannt gewordenen Tatsachen. Dennoch führte die voreilige Anschuldigung zu öffentlichen Diffamierungen, die am 11. November 1991 in einer anonymen Denunziation ihren Höhepunkt erreichten: Auf eine Wandtafel in der Universität Halle hatte jemand „Ulrich war der Stasi-Mann" geschrieben. Kongressveranstalter aus Lübeck und München luden den international anerkannten Mediziner daraufhin ohne Angabe von Gründen aus. Der bedrängte und verzweifelte Mann sah keinen anderen Ausweg, als sich das Leben zu nehmen. Erst nach seinem Tod, Ende Januar 1992, erklärte die Personalkommission der Universität Halle die Zusammenhänge, sodass sich ein differenzierteres Bild ergab.

1973 hatte sich Eckhard Ulrich als IM dem MfS verpflichtet. Dem vorausgegangen waren ab 1972 mehrere Fluchten und Fluchtversuche von Ärzten und anderen Mitarbeitern der damaligen II. Medizinischen Universitätsklinik Halle. Im Februar 1973 misslang der Fluchtversuch eines Kollegen Ulrichs über die ČSSR in die Bundesrepublik. Der Mann wurde gemeinsam mit dem Angeschuldigten W. inhaftiert, dessen Familie mit der Familie Ulrich befreundet war. Durch die Aktivitäten der Stasi gegen W.'s Ehefrau erkrankte diese psychisch und physisch und bestand auf Behandlung durch den ihr gut bekannten Prof. Ulrich. Das nutzte die Stasi, um den Arzt unter Druck zu setzen. Sie stellte ihn vor die Alternative, entweder als IM tätig zu werden oder zu akzeptieren, dass Frau W. verhaftet würde. In dieser Zwangslage entschied sich Eckhard Ulrich für das Wohl der Patientin und gab der Erpressung durch die Stasi nach.

In der Folge machte er im April und September 1973 allgemeine Angaben zur Situation in der Klinik, zu Fluchtmotiven von Kollegen und zu Arzneimittelstudien. Konkrete Aufträge zur Bespitzelung von einzelnen Personen erfüllte er nicht, sondern offenbarte sich den Betroffenen. Daraufhin schloss die Stasi die IM-Akte, stellte den Arzt ihrerseits „unter Kontrolle" und sorgte über die Kaderabteilung der Universität für eine „Begrenzung der beruflichen Entwicklung". Diese drückte sich unter anderem im Untersagen von Reisen und der Verzögerung der Berufung zum Professor um elf Jahre aus.

Vor seinem Freitod hatte Prof. Dr. Eckhard Ulrich nach Angaben seines Bruders Uwe mehrfach erfolglos versucht, in einem persönlichen Gespräch mit dem Vorsitzenden der Personalkommission für den Bereich Medizin der Martin-Luther-Universität Halle, Dr. Michael Klapperstock, die Vorwürfe gegen ihn zu klären. Dabei hätte er sich auch auf seine literarischen Arbeiten berufen können. Denn bereits mehr als zwanzig Jahre vor dem Ende der DDR hatte der Arzt seine Stimme öffentlich erhoben. Aufgrund der argwöhnischen Zensur hatte er seine Kritik in Gedichten zum Ausdruck gebracht, die 1968 in dem Sammelband „Saison für Lyrik" der „bb-Reihe" des Aufbau-Verlages erschienen waren. Der Lyriker Helmut Preißler und der von der SED hochgeschätzte Dramatiker Helmut Sakowski griffen Ulrich sowie die anderen Autoren des Bandes auf dem VI. Schriftstellerkongress im Mai 1969 an und bezeichneten sie als „sich genial gebärdende Dichterlinge", die sich einem „pessimistischen, verkrüppelten Menschenbild" und „spätbürgerlicher literarischer Schreibweise" hingeben würden. So etwas war in der DDR keine kollegiale Kritik, sondern eine Existenzbedrohung, denn vorgeworfen wurde Ulrich und seinen Kollegen damit das „Abweichen von der Parteilinie". Nach dem Verriss wurde der Lyrikband eingestampft. Der verantwortliche Lektor verlor seinen Job. In der DDR war damals eben keine „Saison für Lyrik", und Eckhard Ulrich kämpfte wieder still gegen seine Verzweiflung an.

Als sich nach der friedlichen Revolution neue Lebensperspektiven eröffneten, war es zu spät. Ulrichs älterer Bruder Uwe resümierte Ende Januar 1992: „Er hatte einen sehr starken Gerechtigkeitssinn und wohl deshalb zuweilen sehr depressive Phasen zu überstehen. Eine solche hat ihn vor zwei Wochen auch in den Tod getrieben." Eckhard Ulrichs Abschiedsbrief, flüchtig auf ein Blatt Papier notiert, schien das zu bestätigen: „Ich war kein Stasi-Spitzel, aber das Warten auf Richtigkeit und Recht ist jetzt zu viel – zu schwer – zu lange."

Die Magdeburger „Volksstimme" kommentierte: „Er hatte am Ende keine Kraft mehr, den Spießrutenlauf durchzustehen. Er ist nur für sich gestorben, sagt sein Bruder. Dennoch ist sein Freitod auch der verzweifelte letzte Aufschrei eines zerstörten Menschen."

Zerbrochene Träume

Sein berühmtestes Lied „Die Heimat hat sich schön gemacht und Tau blitzt ihr im Haar …" hätte Manfred Streubel am liebsten niemals geschrieben. Mit der Melodie von Gerd Natschinski war es zur unpolitisch scheinenden Hymne der Pioniere in der DDR geworden, das viele der in den 1950er- und 1960er-Jahren noch zwischen Christenlehre und „neuer Zeit“ schwankenden Mädchen und Jungen unter die blauen Wimpel brachte.

Für Manfred Streubel hatte alles mit einer großen Hoffnung begonnen: „Wir brechen in das Dunkel ein, verfolgen Ruf und Spur. Und werden wir erst wissend sein, fügt sich uns die Natur. Die Blume öffnet sich dem Licht, der Zukunft unser Herz. Die Heimat hebt ihr Angesicht und lächelt sonnenwärts.“

Streubels Sonne hieß Brecht. Mit ein paar anderen jungen Künstlern scharrte er sich um den Meister am Berliner Ensemble. Sein Dichterkollege Heinz Kahlau erinnerte sich später: „Es war ein ungeheurer Aufbruch damals. Dadurch, dass der Brecht da war, waren wir der Meinung, der hält die Hand über uns. Und wir waren rotzfrech, wir haben uns überall eingemischt.“

Für den am 5. November 1932 in Leipzig geborenen Lyriker Streubel hatte das Einmischen nach einem Volontariat beim FDJ-Organ „Junge Welt“ und einem Germanistikstudium an der Humboldt-Universität ab 1956 eine feste Anstellung bei der Zeitschrift „Fröhlich sein und singen“ zur Folge. Dadurch verfügte er über ausreichend Freiräume, um Gedichte zu schreiben. Sein erster Band, der noch im selben Jahr erschien, trug sein Anliegen bereits im Titel – „Laut und leise“ wurde begeistert aufgenommen. Der Glaube an die Zukunft blitzte aus den Zeilen, von Resignation war keine Spur: „Tod. Mein großer Widersacher, ich komme dir gründlich zuvor, verwandle in Wirkung meine vergängliche Masse. Vermache mich allem Lebendigem: liebe. Und lasse dir nur die Knochen, du Hund.“

Solche markigen Worte brachten Manfred Streubel scheinbar die Gönnerschaft des Parteidichters Kurt Barthel, genannt KuBa, ein. Der lud Streubel und seine jungen Dichterkollegen Jens Gerlach, Heinz Kahlau und Manfred Bieler ein, auf dem Kongress junger Künstler im Juli 1956 in Karl-Marx-Stadt (heute Chemnitz) zu sprechen. Sie nahmen das Angebot begeistert an – und tappten in eine Falle.

Manfred Streubel kritisierte auf der Veranstaltung die Kulturpolitik der SED. „Die Dichter besingen heute lediglich die Zukunft, ohne sich mit der Gegenwart auseinanderzusetzen. Wir haben gute Begriffe inflationiert: Frieden, Freundschaft, Heimat bedeuten nichts mehr. Wir haben uns heiser geschrien und die Leute taub gemacht für die Wahrheit. Lassen wir endlich das hohle Pathos!", rief er und katapultierte sich damit ins Abseits.

Kurt Barthel eilte ans Rednerpult und schrie mit sich überschlagender Stimme: „Wir machen es mit euch wie Mao Tse-tung: ‚Lasst alle Blumen blühen, bis die Sensen geschliffen sind', ihr verfluchten Hunde."

Nach diesem Ereignis rechnete Streubel tagtäglich mit seiner Verhaftung. Doch es passierte nichts. Dennoch war der Dichter gebrandmarkt, er erinnerte sich einige Jahre später: „Diese Drohung, über uns blutjunge Wahrheitssucher verhängt – ein gestundetes Urteil, wurde niemals zurückgenommen." Seither fühlte sich Manfred Streubel bedroht. Er kündigte 1962 bei „Frösi" und zog nach Dresden. Als freier Schriftsteller schrieb er vor allem für Kinder, doch mit Lyrik war in der DDR nicht viel Geld zu verdienen. Seine Gedichte wurden zwar veröffentlicht, aber er blieb ein Außenseiter im Literaturbetrieb des Landes. Es folgten Krankheiten und zwei Scheidungen. 1983 beschrieb er seine Lage: „Ach, alles ist von Lethargie vergiftet, dem neuen Tag gilt keine Hoffnung mehr."

In Dresden-Loschwitz führte Streubel ein ärmliches Leben am Rande der Gesellschaft. Seit 1956 traute er niemandem mehr. Sein Freund und Kollege Wulf Kirsten bestätigte, dass er überall Verrat witterte: „Es gab keinen, den er nicht verdächtigt hätte, ihm Übles zu wollen." Aus dem Mann, von dem Heinz

Kahlau mit Blick auf den Beginn seiner Karriere einmal gesagt hatte „Streubel war eigentlich ein Hagestolz. Wir nannten ihn den ‚letzten Schiller'", war ein Wrack geworden. Als ihm der Schriftstellerverband in einer großzügigen Geste eine Reise ins winterliche Moskau anbot, musste Streubel ablehnen – er besaß keinen warmen Mantel.

Depressionen holten ihn ein, mit dem Ende der DDR verstärkten sie sich. Die friedliche Revolution führte zur Kündigung seines letzten Verlagsvertrages. Fortan war er auf Sozialhilfe angewiesen. 1990 erschien noch der Lyrikband „Tag- und Nachtgesichter" im Selbstverlag – im Literaturbetrieb des geeinten Deutschlands fand sich kein Platz für ihn.

Nun empfand Streubel selbst sein ärmliches DDR-Leben als rosige Vergangenheit. Von den „Rollkommandos der Brüder und Schwestern. Den falschen. Scheinheiligen. Von den notorischen Inbesitznehmern" wäre ihm sein Leben zerstört und genommen worden, meinte der Dichter 1991.

Eines seiner späten Gedichte hieß „Resignation". „Umkehr: wie falsch wie verlogen. Wir: welche Schmach", leitete er es ein. In einem anderen Werk schrieb Manfred Streubel: „Ich – geh ganz daneben. Will nicht mehr leben. So ohne mich."

Am 10. Juli 1992 nahm sich der Lyriker das Leben. Er erhängte sich auf dem Dachboden seines Hauses. Als sein Leichnam einen Tag später gefunden wurde, entdeckte man auf dem Schreibtisch sein aufgeschlagenes Tagebuch. Der letzte Eintrag lautete: „Dienst für Morgen. Das ist vorbei. Vermutlich gibt es kein Morgen mehr ... Totale Entmoralisierung."

Sein Kollege Wulf Kirsten machte deutlich, dass sich Streubels unbezwingbar scheinender Weltschmerz über einen langen Zeitraum aufgebaut hatte: „Er war einmal als Schriftsteller in dem tiefen Glauben angetreten, eine Botschaft übermitteln zu können. Mitunter sah er sich in der Rolle des Verkünders … Später reduzierte er seine dichterische Aufgabe auf die Errichtung eines utopischen Reiches für Kinder. Aber beide Missionen sah er ab den achtziger Jahren gründlich misslungen." Manfred Streubels Träume waren zerplatzt.

Die „Sächsische Zeitung" schrieb am 16. Juli 1992 unter der Überschrift „Er hatte die Würde, seinen Weg zu gehen" zum Tod des Lyrikers: „Wer ihn näher kannte, weiß, wie sehr er sich an dieser Zeit verletzte, der er gleich vielen anderen voller Hoffnung entgegen gewartet hatte. Einer Zeit, die sich zu einer Zeit wandelte, in der Werbeslogans mehr zählen als Dichterworte."

Manfred Streubel starb nach der DDR, vor allem aber starb er wohl an der DDR.

Todesursache: Verzweiflung

Nein, ein Interview möchte Wolf Kaiser im Herbst 1991 nicht geben.

„Seien Sie nicht böse, mir geht es gesundheitlich nicht so besonders", sagte er.

„Und die ‚Dreigroschenoper'?" Fast 500 Mal hatte er den Mackie Messer gespielt, am Berliner Ensemble und auf vielen anderen Bühnen der Welt.

„Dafür brauchen Sie mich nicht mehr. Sehen Sie aus dem Fenster, da haben Sie die ‚Dreigroschenoper'!"

„Die Haifischzähne im Gesicht, so schlimm?"

„Schlimmer. Überall Gewalt hinter der Fassade des Kapitals, die Kriminalität, die Hurerei …"

„Also hatte Brecht recht?"

„Vor allem hatte er seine Kraft noch, damals in den 30er-Jahren. Da ist dann die ‚Dreigroschenoper' herausgekommen. Heute würde er dieses Unrecht überall nicht mehr aushalten. Und ich auch nicht!"

Ein Jahr später, vier Tage vor seinem 76. Geburtstag, sprang Wolf Kaiser aus dem Fenster im vierten Stock seiner Wohnung in der Berliner Friedrichstraße 128. Er war sofort tot.

Kaiser sei regelmäßig aus dem Haus gegangen, immer mit seiner alten Aktentasche, die noch aus den Jahren der Arbeit am nahe gelegenen Berliner Ensemble stammte. So als hätte sich nichts verändert, erzählten die Nachbarn. Stets hatte er den alten Weg genommen: An der unterirdischen S-Bahn-Station Oranienburger Straße vorbei, dann die paar Hundert Meter zum Theater. Bis zum Mauerfall hatte man dort nur das Rumpeln der unerreichbaren West-Bahnen beim „Transit" durch den Osten gehört.

„Ich habe mal zu Herrn Kaiser gesagt, es ist doch schön, wenn wir jetzt da auch wieder einfach einsteigen können", berichtete ein Mitbewohner. „Er meinte nur: ‚Das ist eine Freiheit, die uns allen teuer zu stehen kommt.' Gut, er durfte ja auch zu DDR-Zeiten reisen … in die Schweiz und sonst wohin. Künstler eben."

Wolf Kaiser war ein Star, der nach dem Ende der DDR schnell in Vergessenheit geriet. Seine Spuren finden sich inzwischen fast nur noch im Archiv der Akademie der Bildenden Künste. Der Wolf-Kaiser-Bestand umfasst dort fünf laufende Meter.

Der Mann mit dem markanten Gesicht und der ausgeprägten Neigung zu jungen Frauen fand erst spät zur Schauspielerei. Am 26. Oktober 1916 in Frankfurt am Main geboren, schlug er sich als Heimkind jahrelang durchs Leben und hielt sich mit Hilfsarbeiten auf Bauernhöfen und mit Kellnern über Wasser. 1939 begann Kaiser sein Schauspielstudium an der privaten, jüdischen Reimannschule in Berlin, die 1943 schließen musste. Ein Sportunfall während des Wehrdienstes in Gießen bewahrte ihn davor, in den Krieg ziehen zu müssen.

Nach Stationen in Frankfurt am Main, München, Leipzig und am Deutschen Theater in Ost-Berlin kam er Anfang der 1950er-Jahre ans Berliner Ensemble. Dort wurde er zu einem der bedeutendsten Brecht-Interpreten. Nach 16 Jahren wechselte der Schauspieler an die Ost-Berliner „Volksbühne". Inzwischen hatte ihn auch die DEFA entdeckt. Auf der großen Leinwand und dem kleinen Bildschirm wurde er 1956 als erster Riese im Märchenfilm „Das tapfere Schneiderlein" bekannt, er spielte im Klassiker „Kabale und Liebe" von 1959 und in der Literaturverfilmung „Kleiner Mann, was nun?", dem wohl wichtigsten Fernsehereignis des Jahres 1973. Seit 1969 war er festes Mitglied des Schauspielerensembles beim DDR-Fernsehen. Der Mann, dem das Leben ins Gesicht geschrieben schien, war auf Bösewichter abonniert: Ob Hochstapler oder Geschäftemacher, eiskalter Offizier oder Don Carlos – Wolf Kaiser brannte sich in die Erinnerung seines Publikums ein. Das akzeptierte ihn aber auch als sozialistische Vorzeigefigur Meister Falk in der Verfilmung von Benito Wogatzkis Romanreihe „Meine Besten Freunde". Diese Rolle brachte dem Star, der danach auch immer wieder auf Bühnen von Schweizer Theatern zu sehen war und für das Schweizer Fernsehen arbeitete, zwei Nationalpreise der DDR ein. Dennoch hielt sich Wolf Kaiser beim Schauspielern stets ein breites Spektrum von Charakteren offen. Politisch wollte er sich nicht zu sehr engagieren – das Notwendige tat er als Präsident des Klubs der Gewerkschaft Kunst „Die Möwe".

Den Zusammenbruch der DDR erlebte er als über Siebzigjähriger mit bereits angeschlagener Gesundheit. In einem Alter, in dem man laut Kaiser noch Früchte ernten, aber keine Samen mehr säen kann. Der Zug in die deutsche Einheit nahm ihn nicht mit – vielleicht wollte er auch nicht einsteigen.

Wolf Kaisers Schauspielkollege Eberhard Esche machte sich darüber an dessen offenem Grab Gedanken: „Findet der Tod eines Schauspielers nicht im Krankenhaus oder an ähnlichen Orten statt, führt sein letzter Gang gewöhnlich durch die Tür seiner Wohnung, er wird durch sie getragen. Der Schritt durch das Fenster ist auch in unserer außergewöhnlichen Zunft außergewöhnlich ... Ich kannte Wolf Kaiser als Trotz-alledem-Menschen, ich kannte ihn als Kämpfer. Solche Menschen können mit ihren Depressionen hart umgehen und sie überwinden. Wolf war ein zorniger Mann. Und sein Zorn richtete sich zeitlebens nach außen ..."

Doch dieses „Außen" hatte sich mit dem Ende der DDR geändert. Und Eberhard Esche schlussfolgerte: „... der Markt braucht absetzbare Ware. Persönlichkeiten sind Marktfeinde. Wolf Kaiser war eine Persönlichkeit ..."

Regisseur Konrad Petzold fasste diese Erkenntnis in einem einzigen Satz zusammen: „Wenn Schauspieler von seiner Qualität keine Angebote bekommen, erkranken sie an Verzweiflung." Seine Kollegin Ingrid Fausak war überzeugt: „Er hat kapituliert vor der Welt, die immer kälter wird."

Eberhard Esche fragte sich und die Trauergäste am Tag der Beerdigung: „War der Sprung durchs Fenster Wolfs letzter Zornausbruch? Das wäre zu einseitig gesehen. Man sagt dem Schauspieler besondere Eitelkeit nach ... Wolfs Eitelkeit war monarchisch. Wie nun wenn er, sich in den letzten Wochen im Spiegel betrachtend, kränker und magerer werden sah: Sein Tod ein Akt der Hilflosigkeit? Kein Arzt darf ihm helfen, ihn zu erlösen – sein Tod ein Schritt in die Unvergesslichkeit. Sollte sein Publikum ihn in Erinnerung behalten, wie er es wollte, dass es ihn zu sehen habe? Ein Monarch befiehlt …"

Ein Mann, einstmals stark und groß wie ein Baum, war verdorrt. Er war nicht an den „Mühen der Ebene" gescheitert, wie Brecht sie beklagte, er hatte sein Leben selbst beendet. Trotzdem schien es, Wolf Kaiser hätte sich gewünscht, die Moral des Bettlerkönigs aus der „Dreigroschenoper" – „Doch die Verhältnisse, sie sind nicht so" – nicht am eigenen Leibe erfahren zu müssen.

„Lesen Sie Brecht, wenn Sie etwas über Mackie Messer wissen wollen, dann sparen Sie sich ein Interview mit mir", hatte er ein Jahr vor seinem Tod am Telefon gesagt.

„Der Räuber Macheath ist vom Schauspieler darzustellen als bürgerliche Erscheinung. Die Vorliebe des Bürgertums für Räuber erklärt sich aus dem Irrtum: ein Räuber sei kein Bürger. Dieser Irrtum hat als Vater einen anderen Irrtum: ein Bürger sei kein Räuber. So ist also kein Unterschied? Doch: ein Räuber ist manchmal kein Feigling …", lautet die Regieanweisung des Meisters für Wolf Kaisers größte Rolle. Der befolgte sie auch im eigenen Leben.

Übermacht Lebensangst

Prof. Bernd Grönwald aus Weimar war ein Mann, der als Architekturtheoretiker überall auf der Welt seinen Weg gemacht hätte. In der DDR funktionierte der berufliche Erfolg am besten im Einklang mit der SED. Grönwald, mit 28 Jahren promoviert und zehn Jahre später bereits Professor, lehrte nicht nur an der Hochschule in Weimar, sondern fungierte seit 1986 auch als Vizepräsident der Ost-Berliner Bauakademie.

Am 28. Januar 1991 erhängte er sich im Keller seines „Haus

am Horn“, das 1923 nach Entwürfen des Malers Georg Muche im Bauhausstil entstanden war. Für Grönwald war es nicht nur eine Wohnung, sondern der Kosmos seiner Arbeit. Er bemühte sich, das Bauhauserbe für die DDR zu erhalten. Wie er das tat, war jedoch unter Fachkollegen umstritten. Ihm wurde vorgeworfen, das in den 1920er-Jahren entstandene Bestreben der Bauhäusler um industrielle Vorfertigung von Bauteilen zu sehr in den Mittelpunkt zu stellen und damit die Plattenbau-Tristesse zu entschuldigen. Grönwald verteidigte sich. „Wenn erst mal jeder in einer anständigen Wohnung lebt, können wir uns auch um mehr Großzügigkeit kümmern“, sei sein Credo gewesen, so berichten frühere Kollegen. Andere sagen, er habe durchaus von großen Wohnungen und menschenfreundlichen Fabriken geträumt, sei aber an der Realität gescheitert. Einig sind sich alle, dass er kein Scharfmacher war und Kritik durchaus zuließ – wenn sie denn mit den Zielen seiner Partei übereinstimmte. Dass er sich Ende der 1980er-Jahre sogar mit dem Bauminister anlegte, um etwas gegen die bauliche Uniformierung des Landes zu tun, belegen nur noch Akten.

Der Arbeitersohn aus Leipzig hatte seine Laufbahn als Architekt der DDR und der SED zu verdanken. Er glaubte an die sozialistischen Ideale. Dass er vor seiner Berufung zum Dekan des Fachbereichs Architektur in Weimar sieben Jahre an der Hochschule als hauptamtlicher SED-Parteisekretär gearbeitet hatte, sah er als Bestandteil seines Berufswegs. Sein Bauhaus-Engagement verschaffte Bernd Grönwald internationale Anerkennung als Fachmann. Das Ende der DDR empfand er als umfassende und persönliche Niederlage. „Tief getroffen hat mich der Niedergang einer großen Idee“, schrieb er in einem Brief, „für die ich mich und viele andere ganz und gar eingesetzt haben“. Der 48-Jährige fand nicht die Kraft für einen Neuanfang. Im Abschiedsbrief an seine Frau stand: „Ich habe bis vor Monaten versucht, mitzuhalten ... aber ich kann nicht mehr. Verzeih."

Ein Berufskollege von Bernd Grönwald - auch aus Weimar, aber politisch anders orientiert - wagte dagegen den Neuanfang und scheiterte. Der Pfarrerssohn aus Mecklenburg hatte sich beizeiten mit der DDR-Obrigkeit angelegt. Er hatte bei Menschenketten auf der Straße gestanden und gegen die Wahlfälschungen im Mai 1989 protestiert. Nach dem Zusammenbruch der DDR wurde er Chef des Denkmalamts in der Stadt Goethes und Schillers. Eigentlich ein idealer Posten für einen Kulturmenschen wie ihn - er spielte Orgel, improvisierte gern am Klavier und malte. Nun war es seine Aufgabe, das Gesicht der Stadt zu bewahren. Und das war allerhöchste Zeit nach vierzig Jahren Verfall in der DDR. Doch der Denkmalschutz hatte derweil gegen die Marktwirtschaft zu kämpfen. Warum sollte ein altes Bürgerhaus erhalten werden, wenn an gleicher Stelle ein neuer Supermarkt entstehen konnte? Warum durfte keine Neonreklame an eine ehrwürdige alte Fassade angebracht werden?

Für manche Investoren war der Mann ein rotes Tuch. Im Rathaus geriet er unter Druck. Oberbürgermeister Büttner, ein aus Bonn zugereister Jurist und Mitglied der CDU, mochte ihn. Aber er wollte etwas in der Stadt bewegen, so schnell es ging und so umfänglich wie möglich. Der sture Mecklenburger schien nicht zu begreifen, wie wichtig Geld dabei war.

Die Einwände des Denkmalschützers wurden immer häufiger verworfen. Er erlebte die Neueröffnung jeder Boutique hinter zerstörten Fachwerkwänden als persönlichen Schmerz. „Es weht so ein Eiswind hier, darauf war ich nicht eingestellt", sagte der empfindsame Mann zu Freunden. Sie erinnern sich an seine tagelangen Depressionen, nachdem wieder einmal irgendwo ein historischer Balkon oder eine Balustrade verschwand.

Bald kündigte Grönwald seinen Posten. Auch das empfand er als persönliches Manko. An Aufträgen mangelte es dem Architekturbüro, in das er sich flüchtete, nicht. Dennoch meinte er: „Ich bin ein Versager." Es folgten wochenlange Behandlungen in verschiedenen Kliniken. Dann ein neuer Auftrag: der Entwurf von Blumenkübeln für die städtischen Parks. Der Architekt kniete sich in die Arbeit, fuhr sogar in die Toskana, um sich inspirieren zu lassen. Zu Hause holten ihn seine Depressionen wieder ein. „Ich kann nicht mehr wollen ...", hinterließ er seinen Freunden als letzte Botschaft.

Der einstmals so tatkräftige Mann erhängte sich am 1. Juli 1993 an einem Baum im Garten seines Hauses.

Politischer Missbrauch

Am 21. Februar 1992 veröffentlichte „Neues Deutschland" eine ungewöhnlich große Traueranzeige der „Partei des Demokratischen Sozialismus" zum Tod von Prof. Dr. Gerhard Riege. Der war einer ihrer Abgeordneten im Deutschen Bundestag gewesen und hatte am 15. Februar Suizid begangen. Sein Schicksal beschrieben die Worte „Er trug an der Last der Vergangenheit. Er zerbrach an der hasserfüllten Gegenwart" hinreichend und zutreffend. Daneben fand sich ein langer Auszug aus dem Abschiedsbrief Gerhard Rieges: „Mir fehlt die Kraft zum Kämpfen und zum Leben. Sie ist mir mit der neuen Freiheit genommen worden. Ich habe Angst vor der Öffentlichkeit, wie sie von Medien geschaffen wird und gegen die ich mich nicht wehren kann. Ich habe Angst vor dem Hass, der mir im Bundestag entgegenschlägt aus Mündern und Augen und Haltung von Leuten, die vielleicht nicht einmal ahnen, wie unmoralisch und erbarmungslos das System ist, dem sie sich verschrieben haben. Sie werden den Sieg über uns voll auskosten. Nur die vollständige Hinrichtung ihres Gegners gestattet es, die Geschichte umzuschreiben und von allen braunen und schwarzen Flecken zu reinigen …"

Diese Instrumentalisierung der letzten Äußerung Gerhard Rieges vor seinem tragischen Tod durch seine Partei war ein schamloses Ausnutzen von individuell erfahrenem Unrecht für politische Zwecke. Es stellte mit Bezug auf ein unangemessenes und fragwürdiges Verhalten einiger Abgeordneter des Bundestages die demokratischen Grundstrukturen in Deutschland insgesamt infrage und knüpfte an die Propaganda der gescheiterten DDR in der Zeit des Kalten Kriegs an. Die PDS versuchte, Gerhard Riege zu einem Märtyrer zu stilisieren – eine in totalitär strukturierten Ideologien nicht unübliche Methode. Einer Aufarbeitung der gegen ihn erhobenen Stasi-Vorwürfe verweigerte sie sich.

Wer war der Mann, den in der Öffentlichkeit und auch im Bundestag nur wenige kannten, und wie erging es ihm?

Gerhard Riege wurde am 23. Mai 1930 geboren. Nach dem Abitur 1949 studierte er Rechtswissenschaft an der Universität Jena und war dort nach dem Staatsexamen 1953 als Assistent tätig. Seine Dissertation von 1957 und die 1964 folgende Habilitation „Die Staatsbürgerschaft der DDR" verhalfen ihm zu einer Professur für Öffentliches Recht. Der Jurist war ab 1946 Mitglied der SED, saß aber als Abgeordneter des Kulturbundes im Bezirkstag Gera. Mit der Auflösung der SED 1989 ging er in die PDS über. Für diese Partei wurde er 1990 Mitglied der ersten und letzten freigewählten Volkskammer der DDR und gelangte mit der Wiedervereinigung über die Landesliste Thüringen in den zwölften Deutschen Bundestag. Doch die politische Karriere überlebte Gerhard Riege nicht.

Als wichtigstes Ereignis im Vorfeld seines Freitods gilt eine Bundestagsdebatte am 13. März 1991. Als PDS-Abgeordneter äußerte er sich dort zu Haushaltsfragen und konstatierte, dass sich Verbitterung in den neuen Bundesländern ausbreite. In diesem Zusammenhang monierte Gerhard Riege, dass „weiterhin beträchtliche Summen in das Bundesamt für Verfassungsschutz" und andere geheimdienstliche Einrichtungen fließen würden. Er sprach von „Konfliktpotential", das sich dadurch im Osten ansammle, und vermutete, dass es „wahrscheinlich einen heißen Herbst geben" werde. Für die folgende Auseinandersetzung verzeichnet das Protokoll der Bundestagssitzung folgenden Wortlaut:

Riege (PDS): „Ich setze den Haushaltsplan Inneres auch in Beziehung zu diesen Tendenzen. Der gesamte Apparat, der geeignet ist, Protestbewegungen zu observieren und niederzuhalten, wird finanziell gut bedacht."

Dr. Blank (CDU/CSU): „Reden Sie von der früheren DDR oder von was? Was man sich hier von so einem Stasi-Heini anhören muss! Unglaublich!"

Weitere lebhafte Zurufe von der CDU/CSU.

Vizepräsident Hans Klein: „Bitte meine Damen und Herren, lassen Sie den Redner ausreden! Ein paar Zwischenrufe sind in Ordnung. Aber Zwischenrufe in einer Häufung, dass er nicht weiterreden kann, sind nicht in Ordnung."

Gerster (Mainz/CDU/CSU): „Das ist ein Stasi-Bruder!"

Dr. Blank (CDU/CSU): „So ein Stasi-Bonze da!"

Dr. Höll (PDS/Linke Liste): „Jetzt bleiben Sie doch einmal sachlich!"

Köppe (Bündnis 90/Grüne) zur CDU/CSU-Fraktion gewandt: „Sie sollten doch ganz ruhig bleiben!"

Riege (PDS): „Ich finde es schon bemerkenswert, mit welcher – wie mir scheint – Unverfrorenheit ..."

Dr. Blank (CDU/CSU): „Sie hier stehen und hier reden!"

Riege (PDS): „... hier Diffamierungen ausgesprochen werden."

Gerster (Mainz/CDU/CSU): „Mit wem identifizieren Sie sich denn? Mit der SED? Ist das richtig? Nachfolger der SED!"

Riege (PDS): „Das ehemalige Ministerium für innerdeutsche Beziehungen lebt in dem vor uns liegenden Haushaltsgesetz fort."

Dr. Hirsch (FDP): „Und was lebt in Ihnen fort?"

In der Berichterstattung über die Bundestagsdebatte wurden vorwiegend die Passagen mit direktem Stasi-Bezug zitiert. Angespielt wurde damit auf Gerhard Rieges inoffizielle Zusammenarbeit mit dem MfS in den Jahren 1954 bis 1960. Nach eigenen Angaben konnte er sich an eine dazu abgegebene Verpflichtungserklärung nicht mehr erinnern.

Gerhard Riege geriet daraufhin in Konflikt mit der PDS. Seine Partei warf ihm intern Unaufrichtigkeit vor, der Landesverband Thüringen distanzierte sich von ihm. Während einer PDS-Diskussion in Erfurt am Vorabend seines Freitods wurden ihm Vorhaltungen gemacht. Man sprach ihm aber dennoch das Vertrauen aus. Zudem war durch den Vorwurf der inoffiziellen Stasi-Mitarbeit Gerhard Rieges Position als Professor in Jena gefährdet.

Nach Rieges Tod veröffentlichte PDS-Chef Gregor Gysi am 19. Februar 1992 in „Neues Deutschland" einen Artikel unter dem Titel „Politik ist hart, oft auch linke Politik". Der enhielt eine zaghafte Selbstkritik, die jedoch von vielen PDS-Mitgliedern als zynisch empfunden wurde.

Aus den überlieferten Stasi-Akten geht hervor, dass Gerhard

Riege bei Forschungsreisen in die Bundesrepublik zweimal Aufträge des MfS erfüllte. Einmal handelte es sich um die Charakterisierung seiner westlichen Gesprächspartner, das zweite Mal um Erkundungen des Wohnumfeldes eines Bundesbürgers, an dem die Stasi Interesse hatte. Die erstattete Gerhard Riege auch die Reisekosten. Beide Aktivitäten blieben relativ unergiebig. Deshalb brach die Staatssicherheit 1961 ihre Zusammenarbeit mit Riege ab. Überdies sind einige Beurteilungen über Kollegen nachweisbar, die der Wissenschaftler im Auftrag der Stasi anfertigte. Dort beschriebene Sachverhalte hatte man jedoch auch auf Parteiversammlungen diskutiert. Für ein Todesurteil – auch wenn Riege dies sich selbst gegenüber aussprach – war das alles sehr wenig.

Nach Aussagen früherer Kollegen litt Gerhard Riege in den letzten Monaten vor seinem Freitod unter dem drohenden Verlust seines Ansehens. Er galt als überzeugter, nahezu besessener Sozialist ohne geringste reformatorische Ansichten, nicht jedoch als Opportunist. Seine kritische Haltung in der DDR hatte 1983 auf Initiative der SED-Bezirksleitung seine Wahl zum Rektor der Universität in Jena verhindert. Das Scheitern des Sozialismus 1989 empfand er als persönliche Niederlage. Er sah nur eine Konsequenz: sich im Garten seines Hauses in Jena zu erhängen.

Rieges Suizid löste eine überparteiliche Betroffenheit aus. Die Hamburger „Zeit" kommentierte: „In einem kleinen Portrait von nur 27 Zeilen ist es dpa gelungen, Gerhard Rieges Leben fair zu schildern: die Karriere in der DDR, seine Zerrissenheit, die Lebenskatastrophe am Ende. In Bonn war er so gut wie unbekannt. Aber einige hat dieser Selbstmord doch aufgeschreckt. Schade, dass darunter bisher nicht ein einziger von den Zwischenrufern und Daueranprangerern in der Mehrheitsfraktion zu finden ist, die seine seltenen Reden genüsslich und aggressiv kommentiert haben. Im Parlament wird Ausgrenzung betrieben und Angst ausgelöst. Das Verhalten ist oft würdelos."

Verlorene Macht

Am 13. November 1989 war folgende, nur wenige Zeilen lange Meldung auf der ersten Seite des „Höchster Kreisblatts" zu lesen: „SED-Funktionäre begehen Selbstmord – Berlin (dpa) – Ein weiterer SED-Funktionär hat sich das Leben genommen. Die SED-Kreisleitung Perleberg (Schwerin) teilte mit, der 1. Sekretär, Gerhard Uhe, sei ‚infolge großen seelischen Drucks durch die gegenwärtigen politischen Ereignisse am 7. November freiwillig aus dem Leben geschieden'. Zuvor hatten die Kreissekretäre von Köthen und Bautzen Selbstmord verübt."

Spurensuche. Die „Chronologie der Wende in Sachsen" verzeichnet für den 28. Oktober 1989: „Es wird das erste Bürgerforum in Bautzen durchgeführt. Die SED-Kreisleitung, der Rat der Stadt und der Rat des Kreises stellen sich in einer Problemdiskussion den Fragen der Bevölkerung. Vor allem der 1. Sekretär der SED-Kreisleitung wird von den Anwesenden besonders scharf kritisiert. Die Veranstaltung soll am nächsten Tag fortgesetzt werden." Und für den folgenden Tag ist festgehalten: „Der 1. Sekretär der SED-Kreisleitung, der besonders heftig kritisiert worden war, begeht am Abend Selbstmord." Andere Quellen geben den 30. Oktober 1989 als Todestag von Helmuth Mieth an.

Aus den Akten der Stasi geht hervor, dass sich die Vertreter von Partei und Staat trotz „vorher abgestimmter Gesprächsführung" in einer für sie bisher nicht gekannten Situation befanden.

In einem Bericht über das Forum heißt es über Helmuth Mieth: „Durch unkonkrete Antworten geriet er in den Mittelpunkt der Kritik, so daß ihm aus der Menge heraus der Vorwurf gemacht wurde, nicht in der Lage zu sein, seiner Funktion zu entsprechen." Die kriminalpolizeilichen Ermittlungsakten bestätigen, dass der SED-Funktionär „in teils beleidigender Form kritisiert" worden ist. Zeitzeugen berichten: „Nicht das letzte Wort zu haben, und mit dem ideologischen Hammer zuschlagen zu können, war besonders Herr Mieth nicht gewöhnt. Irgendwie wollte er die Perestroika-Kurve kriegen und sprach davon, dass die alten Kader den jungen Platz machen müssten."

Von dem Auftreten des Funktionärs erfuhr die SED-Bezirksleitung, damals von Hans Modrow geleitet, über den Meldeweg der Polizei, die es als „Fehlverhalten des 1. Sekretärs" festgehalten hatte. In der Konsequenz wurde die Entsendung eines „Instrukteurs" angekündigt. Das wiederum kam Helmuth Mieth zu Ohren. Bei der internen Auswertung des Bürgerforums am 29. Oktober erschien er betrunken. Seine Einschätzung, dass es sich bei dem erlebten Protest um „Kräfte mit Massenbasis" gehandelt habe, brachte ihm den Vorwurf des „Kapitulantentums" von seinen Genossen ein. Bereits anderthalb Jahre zuvor hatte es ein Disziplinarverfahren gegen den 56-jährigen Kreissekretär wegen Alkoholmissbrauchs gegeben.

Eine Entsolidarisierung innerhalb der SED dürfte auch ein Auslöser des Freitods von Herbert Heber, dem Ersten Sekretär der SED-Kreisleitung Köthen gewesen sein. Sein Freund Manfred G. aus Naumburg erinnert sich: „Herbert war nicht unbeliebt in seinem Kreis. Er galt eigentlich als Mann, mit dem man reden konnte." Nach einer Bürgerversammlung am 2. November 1989 wollte Heber von seiner Funktion zurücktreten. Das verbot ihm der SED-Bezirkschef Achim Böhme. Manfred G.

erklärt: „Da gab es keinerlei Diskussion, nur Beschimpfungen, Drohungen und heftige Vorwürfe. Wahrscheinlich ist Herbert daran zerbrochen."

Der Funktionär erschoss sich am 4. November 1989. Und das SED-Organ des Bezirks Halle, „Freiheit", kommentierte, der Suizid sei „in Folge des großen seelischen Drucks durch die Ereignisse" erfolgt.

Vorkommnisse dieser Art und die damals noch zentral gelenkte Berichterstattung darüber steigerten offenbar die Wut innerhalb der Bevölkerung auf die Parteiführung. Während der Montagsdemonstration am 6. November 1989 in Halle wurde der SED-Bezirkschef Achim Böhme beim Versuch, mit Demonstranten zu sprechen, beschimpft und angespuckt. Einer der Angreifer hielt ihm vor, für den Tod Herbert Hebers persönlich verantwortlich gewesen zu sein.

Von „seelischem Druck" war ebenfalls in den öffentlichen Meldungen über den Suizid von Gerhard Uhe die Rede. Der Erste Sekretär des Kreises Perleberg war am 7. November 1989 aus dem Leben geschieden. Die Akten der zuständigen Stasi-Bezirksverwaltung Schwerin belegen, dass Uhe seinen Freitod als „Opfer für die Sache" betrachtete. Unter dem Eindruck der Großdemonstration auf dem Ost-Berliner Alexanderplatz am 4. November schrieb er in einem Abschiedsbrief an die SED-Bezirksleitung Schwerin: „Die Ereignisse am letzten Sonntag in unserer Hauptstadt haben in mir die Erkenntnis reifen lassen, dass es für den Fortbestand unserer Partei, für die Sicherung einer grundlegenden Wende in unserer Politik, doch notwendig ist, die neue Politik mit neuen Kadern in sicher langem Ringen erfolgreich zu gestalten." Überdies äußerte er persönliche Ängste. Folglich kann auch in diesem Fall davon ausgegangen werden, dass sich politische Schwierigkeiten mit vorausgegangenen Depressionen verbanden und so zu Hebers Entschluss führten, aus dem Leben zu scheiden.

Die generelle Stimmungslage ihrer Funktionäre „an der Basis" konnte der SED-Führung nicht unbekannt gewesen sein. Der Tod der drei Kreissekretäre vor dem Fall der Mauer – also zu einer Zeit, als das Zentralkomitee (ZK) der Partei noch von seiner Führungskompetenz und der Möglichkeit eines Neuanfangs ausging – wurde dennoch angesichts der sich überstürzenden Tagesereignisse nicht diskutiert. Das eigene Überleben war wichtiger.

Am 3. Dezember 1989 forderte Bernhard Quandt deshalb drastische Maßnahmen. Der 86-Jährige, der nach dem Krieg Ministerpräsident in Mecklenburg und danach bis 1974 SED-Chef des Bezirks Schwerin war, weinte und zitterte, als er mit brüchiger Stimme stammelte: „Wir haben im Staatsrat die Todesstrafe aufgehoben, ich bin dafür, dass wir sie wieder einführen und dass wir alle standrechtlich erschießen, die unsere Partei in eine solche Schmach gebracht haben … Wir stehen als Zentralkomitee einer solchen Verbrecherbande als Gefolgschaft hintereinander, das will mir nicht in den Kopf …"

Er hatte, wie viele seiner Genossen, eine ganz andere Vorstellung vom „letzten Gefecht".

Leichtfertiges Urteil

Das Ende des Lebens von Dr. Rudolf Mucke ist schnell erzählt: Am 21. November 1994 wurde der Arbeitsmediziner und Fraktionsvorsitzende der Partei Bündnis 90/Die Grünen in der Bezirksverordnetenversammlung Lichtenberg vor die Ehrenkommission seines Arbeitgebers, der Ost-Berliner Charité, zu einer Anhörung bestellt. Am 6. Januar 1995 erhielt er einen Brief dieser Kommission. Am 15. Januar wurde seine Leiche auf den S-Bahn-Gleisen nahe dem Bahnhof Berlin-Grünau gefunden. Der Tag seines Suizids war vermutlich der 14. Januar, ein Sonntag, an dem er sich noch von einem Bekannten die Haare hatte schneiden lassen. Danach war Rudolf Mucke nicht mehr gesehen worden. Was war geschehen?

Die Ehrenkommission der Charité überprüfte damals die Mitarbeiter des Hauses auf eventuelle frühere Stasi-Tätigkeit. Das Ziel war, belastete Mitarbeiter zu entfernen. Die Kommission nutzte bei ihren Befragungen inzwischen zugängliche Akten der Stasi-Unterlagenbehörde. Ihre Tagungen blieben geheim.

Für Dr. Rudolf Mucke war das die Gelegenheit, noch einmal eine Geschichte aus längst vergangenen Tagen zu erzählen. Freimütig berichtete der selbstbewusste, manchmal sogar etwas laute Mann von seiner persönlichen Episode mit der Stasi. Er hatte sich nichts vorzuwerfen, war nie in der SED, nicht einmal in der FDJ gewesen, hatte 1989 die DDR-Geheimpolizei mit aufgelöst, saß am Runden Tisch und engagierte sich als kommunaler Abgeordneter. Dr. Mucke hatte als Einziger des Bereichs Arbeitsmedizin einen langfristigen Arbeitsvertrag, und im privaten Leben ging es ebenfalls steil bergauf: Ein Haus war gekauft, eine Karibik-Reise gemacht, und ein neues Auto stand vor der Tür.

Was ihn von April bis Juli 1975 beschäftigt hatte, war inzwischen nur noch eine Erinnerung, nicht einmal die an eine Jugendsünde, sondern mehr an einen Streich, den er und ein paar andere der Stasi gespielt hatten.

Damals, Anfang der 1970er-Jahre, baute Rudolf Mucke mit ein paar früheren Kommilitonen der Technischen Hochschule Ilmenau in der Grünberger Straße in Ost-Berlin einen Jugendklub auf. Die jungen Leute renovierten ein leer stehendes

Geschäft, veranstalteten dort Lesungen und Ausstellungen, diskutierten über Gott und die Welt und feierten hin und wieder. Vielleicht weil die Boxhagener Straße nahe lag, nannten sie ihren Klub einfach BOX.

Im März 1975 verirrte sich zufällig Lord Knud, der Discjockey vom RIAS, dorthin. Er suchte im Ostteil der Stadt immer mal wieder nach alternativen Lokalitäten. In einer seiner folgenden Sendungen berichtete er begeistert über die BOX. Wenig später stand die Stasi vor Rudolf Muckes Tür. Der Klub wurde wegen „konterrevolutionärer Umtriebe" geschlossen.

Nun war guter Rat teuer, doch den jungen Leuten, die auf das Beisammensein nicht so einfach verzichten wollten, kam eine Idee: Man musste mit den Wölfen heulen! Eberhard Storch, Chef der BOX, erinnert sich: „Da haben wir dann Rudi beauftragt, der Stasi zu beweisen, dass wir hier keine Konterrevolution machen wollen, sondern Kultur. Wir gaben ihm Programme und Tonbandmitschnitte mit, die er den Stasileuten überreichen sollte. Rudi hat in unserem Auftrag mit denen gesprochen." Daraufhin durfte der Klub wieder öffnen.

Bei der Stasi war man über die vermeintliche Kooperationsbereitschaft Rudolf Muckes hocherfreut. Sofort wurde ein „IM-Vorlauf" angelegt, Mucke sollte inoffizieller Mitarbeiter werden. Doch so weit ging die Freundschaft nun auch wieder nicht: Rudolf Mucke berichtete seinen Freunden von jedem Treffen, sagte den Männern mit den langen Ohren aber deutlich, dass er seine Kumpel nicht verpfeifen würde, und unterschrieb auch nichts. Die Stasi versuchte nun, ihm die Hölle heiß zu machen, aber Rudolf Mucke blieb hart. Nach ein paar Wochen notierten sie in der Akte: „Keine Bereitschaft zur weiteren Zusammenarbeit. Dekonspirierte die Zusammenarbeit mit dem MfS."

All das berichtete Rudolf Mucke im November 1994 nun der Ehrenkommission. Sein Chef, Prof. Klaus Ruppe, wunderte sich noch später darüber: „Ich habe nie verstanden, wie er so naiv in dieses Gespräch gehen konnte. Statt sich taktisch zu verhalten, hat er frank und frei geplaudert, als sitze er in der Kneipe. Er hatte einfach ein völlig reines Gewissen." Auch der Kommissionsvorsitzende Dr. Bert F. zeigte sich ratlos: „Vielleicht hat er die Signale, die von unseren Fragen ausgingen, überhört."

Zu diesen „Signalen" gehörte, dass die Kommission keine harmlose Begegnungsstätte, sondern ein Ort der Selektion war. Zu Rudolf Mucke lag eine Auskunft der Stasi-Unterlagenbehörde vor. Sie vermerkte korrekterweise auch die „Einstellung der Zusammenarbeit" durch die Stasi, aber davor stand eben die „Zusammenarbeit". Und mit der Stasi hatte der Kommissionsvorsitzende Dr. Bert F., selbst Arzt an der Charité, in der DDR seine ganz eigenen Erfahrungen gemacht. Ende der 1970er-Jahre hatte er zufällig eine Wohnung in der Leipziger Straße 46 in einem Haus bekommen, in dem vorwiegend DDR-Funktionäre und Stasi-Mitarbeiter wohnten. Eines Tages hatte einer von ihnen einen Teppich von einem Balkon des Hauses geworfen und F.'s Frau, ebenfalls Ärztin, schwer verletzt. Der Fall war vertuscht und die Familie bis zum Ende der DDR unter Druck gesetzt worden.

In der Ehrenkommission stand somit einem manifesten Stasi-Opfer ein vermeintlicher Stasi-Täter gegenüber – auch wenn das Rudolf Mucke nicht so gesehen haben dürfte, denn er war ja aus seiner Sicht kein Täter. Das bewerteten auch die Abgeordneten seiner Fraktion Bündnis 90/Die Grünen, in der Mucke ehrenamtlich im Stadtbezirksparlament Berlin-Lichtenberg arbeitete, so. In Kenntnis des Bescheids der Stasi-Unterlagenbehörde sprachen sie ihm das Vertrauen aus. Ratsmitglied Werner Carlin (Bündnis 90/Die Grünen) äußerte im Nachhinein dazu: „Ich fand, dass die Fakten eher für Rudolf sprachen als gegen ihn. Immerhin hat er den Anwerbungsversuchen des MfS eindeutig widerstanden."

Doch das sahen die Kollegen aus dem Krankenhaus, die über die Zukunft Rudolf Muckes entschieden, offenbar anders. Sie hielten fest: „Nach Beratung und Abstimmung kommt der Ehrenausschuß mehrheitlich zu der Meinung, daß eine Weiterbeschäftigung von Herrn Mucke für die Humboldt-Universität unzumutbar ist." Das Wort unzumutbar war unterstrichen, und die Universitätspräsidentin war dem Votum vom 6. Januar 1995 bereits gefolgt. Dann verreiste sie. Ein Bittbrief von Dr. Rudolf Mucke, in dem er ein letztes Mal versuchte, die Unhaltbarkeit der Anschuldigung deutlich zu machen, blieb von ihr zunächst ungelesen. Eine Woche später sprang Rudolf Mucke auf die Gleise.

Der Vorsitzende der Ehrenkommission resümierte: „Wir haben ja kein Urteil gefällt, sondern eine Empfehlung gegeben. Die hätte ja nicht befolgt werden müssen." Dem Journalisten Alexander Osang von der „Berliner Zeitung" diktierte Dr. Bert. F. später: „Schreiben Sie: Ich habe mich beschissen gefühlt, als ich von Muckes Tod hörte."

Ost-West-Konkurrenz

Der Wirtschaftswissenschaftler Dr. Hans Schmidt gehörte zu den wenigen seiner Zunft, die kurz und knapp formulierten, worum es ihnen ging. „Grundfragen der Verteilung des Nationaleinkommens im Sozialismus" lautete der Titel seiner Dissertation, die er 1970 an der Hochschule für Ökonomie in

Berlin-Karlshorst ablegte, „Grundzüge der Entwicklung der Preise und des Preisniveaus im Sozialismus“ hieß sechs Jahre später nach einem Zusatzstudium in Leningrad (heute St. Petersburg) seine Habilitationsschrift an der Humboldt-Universität.

Im Anschluss daran arbeitete der 1943 geborene Schmidt als Hochschullehrer. Mit Publikationen und Vorträgen erlangte er Anerkennung über die Grenzen der DDR hinaus, denn sein Fachgebiet betraf schließlich die Vorstellungen darüber, wie der Sozialismus in der Wirtschaft funktionieren sollte. Sein Credo formulierte er bereits im Oktober 1965 in sechs Worten in der Theorie-Zeitschrift des ZK der SED „Neuer Weg“: „Ohne revolutionäre Theorie keine revolutionäre Praxis.“

Als diese Praxis 1989 beendet wurde, versuchte sich Hans Schmidt auf die neuen Bedingungen einzustellen und sich weiterzuqualifizieren. Er besuchte Ringvorlesungen der Deutschen Bank, Lehrgänge des Deutschen Instituts für Wirtschaftsführung Berlin und setzte sich für ein Studium im Rahmen des Erasmus-Programms an der Universität Paris noch einmal auf die Lehrbank.

Dennoch wurde ihm 1991 im Zusammenhang mit der Neustrukturierung der DDR-Hochschulen, wie nahezu allen anderen Wissenschaftlern auch, ordentlich gekündigt – „wegen mangelnden Bedarfs und mangelnder fachlicher Qualifikation“, hieß es in der Standardbegründung. Hans Schmidt setzte sich zur Wehr. Er legte mehrere Gutachten vor, unter anderem von der Wirtschaftsuniversität Wien und dem Wissenschaftszentrum Berlin für Sozialforschung, die seine fachlichen Qualitäten in Forschung und Lehre auf den Gebieten Geldtheorie, Preisentwicklung, Kredite und Wirkung von monetären Faktoren bei Investitionen belegten. Auch die Freie Universität Berlin bestätigte ihm 1992: „Herr Dr. Hans Schmidt, derzeit Dozent für

Volkswirtschaftslehre an der Humboldt-Universität Berlin, gehört zu jener kleinen, beachteten, die wissenschaftliche Diskussion befruchtenden Schar von Ökonomen aus der ehemaligen DDR, die dank ihres außerordentlichen Engagements und ihrer soliden theoretischen Grundkenntnisse schnell den Anschluss an den allgemeinen wissenschaftlichen Standard westlicher Universitäten erreicht haben."

Doch all das zeigte keine Wirkung, die Wiedereinstellung blieb ihm verwehrt. Zu diesem Problem kamen gegen ihn gerichtete Anschuldigungen, Verleumdungen und Demütigungen hinzu. Die Gutachten wurden als „Gefälligkeiten" abgetan. Und Hans Schmidt gewann immer mehr den Eindruck, aufgrund seiner politischen Haltung nicht mehr an der Universität erwünscht zu sein. Am 8. Mai 1996 nahm er sich schließlich durch einen Sprung aus dem 13. Stockwerk seines Wohnhauses das Leben.

Dieser Tat war ein langer Streit mit dem aus dem Westen berufenen Gründungsdekan der Wirtschaftswissenschaftlichen Fakultät der Humboldt-Universität, Prof. Dr. Wilhelm Krelle, vorausgegangen. Schmidts Rechtsanwältin Barbara Wilke teilte der Universitätsleitung diesbezüglich am 26. Januar 1995 mit, dass Prof. Dr. Krelle, der zugleich Vorsitzender der Struktur- und Berufungskommission war, ihr persönlich erklärt habe, er werde Schmidt unter allen Umständen von der Humboldt-Universität entfernen. Weiter hieß es in ihrem Schreiben: „Aufgrund dieser Verleumdungskampagne befindet sich Herr Dr. Schmidt seit vier Jahren in Arbeitsrechtsstreitigkeiten, ist in seiner beruflichen Entwicklung stärker behindert worden als zu DDR-Zeiten, und es ist sicher nach menschlichem Ermessen nachvollziehbar, dass dies nicht ohne gesundheitliche Schäden geblieben ist, zumal er seit langem schwerbehindert ist."

In der nach dem Tod von Hans Schmidt aufflammenden Diskussion über die Differenzen um die Weiterbeschäftigung des Dozenten wurde der Grund für seine Kündigung in der angeblich NS-belasteten Vergangenheit Wilhelm Krelles gesucht. Bezug genommen wurde auf eine Auseinandersetzung, die bereits Ende 1994 aufgeflammt war, als dem damals 79-jährigen „Entwicklungshelfer" aus dem Westen die Ehrendoktorwürde der Humboldt-Universität verliehen worden war.

Krelle-Kritiker wie der Student Christian Müller beriefen sich damals auf eine Liste zur Führungsstellenbesetzung der 17. SS-Panzergrenadierdivision „Götz von Berlichingen", auf der der spätere Professor bereits ab Dezember 1943 als zweiter Kommandierender genannt worden sei. Daraus schlussfolgerte Müller, die Berufungskommission habe nach der Wiedervereinigung unter dem „ehemaligen SS-Mann Krelle" begonnen, „systematisch alle ostdeutschen Hochschullehrer zu entlassen".

Der frühere Studentenvertreter in der Kommission, Jens Barthel, hielt Müller daraufhin die Fehlinterpretation der Abkürzung R.D.A. vor, die im Zusammenhang mit der Jahreszahl 1943 genannt wurde. Diese bezeichne nach Angaben des Bundesarchivs lediglich das „Rangdienstalter", im Fall Krelle also das Datum seiner Beförderung zum Major, dem der SS-Dienstgrad Sturmbannführer entsprach.

Der Betroffene Wilhelm Krelle selbst berief sich in diesem Streit auf seine Wehrmachts-Personalakte und seine Tagebücher. Aus Letzteren ginge hervor, dass er „am 5.1.1945 kurzfristig mit einem mündlichen Befehl gegen seinen Willen, für den ausgefallenen Offizier v. Bothmer zur 17. SS-Panzergrenadierdivision abkommandiert wurde". Die Verweigerung des Befehls, die Krelle laut Tagebucheintrag erwogen habe, hätte nach seiner Meinung zu einem Kriegsgerichtsprozess und einer Hinrichtung geführt.

Zu einem eindeutigen Ergebnis führte dieser Streit nicht, und für Hans Schmidt war das ohnehin nicht mehr von Bedeutung. Alle, die ihn gekannt hatten, mussten erleben, dass in den Ost-West-Auseinandersetzungen der 1990er-Jahre die Tragik des Todes eines hilflosen Menschen offenbar weniger galt als die Polemik um alte Feindschaften. Menschen, die sich für den Freitod entschieden hatten, wurden als Kronzeugen für Ereignisse angeführt, zu denen sie ihre Meinung nicht mehr darlegen konnten.

Schlechtes Gewissen

Wolfgang Junker, ab 1963 Bauminister der DDR, entwickelte sich mit dem Zusammenbruch des Landes, das nicht nur durch die vielen Plattenbausiedlungen, sondern auch durch den Wiederaufbau der Semperoper in Dresden oder den Neubau des Leipziger Gewandhauses seine Handschrift trug, offenbar zu einem ängstlichen Mann.

An einem trüben Novemberabend des Jahres 1989 erschien er im Haus des Staatssekretärs Alexander Schalck-Golodkowski in der Ost-Berliner Manetstraße am Orankesee, um ihn zu überreden, mit ihm gen Osten zu fliehen. Junker sagte aufgeregt: „Alex, es ist alles aus. Krenz hat keine Macht mehr. Die werden uns alle aufhängen!" Der Bauminister fürchtete, für den Bau der Mauer 1961 verantwortlich gemacht zu werden. Außerdem gab es ein paar unklare Zahlungen aus dem von ihm verwalteten Ministerium wie etwa die jährlichen 20 000 Mark an die Ehrenmitglieder der Bauakademie Erich Honecker und Günter Mittag.

Wolfgang Junker hatte sich schon einen Fluchtplan zurechtgelegt. Mit einem unauffälligen Wartburg oder Trabi könnten sie sich zu den Sowjets durchschlagen, von dort ginge es dann per Flugzeug außer Landes. Schalck zögerte noch. „Ich hielt das in diesem Moment für übertrieben, aber etwas von der Angst, die Wolfgang Junker im Nacken saß, übertrug sich auch auf mich."

Wenig später machte Schalck sich dann doch auf den Weg. Allerdings gen Westen. Das überraschte Egon Krenz. „Ich gehe davon aus, daß er sich in Wünsdorf bei der Sowjetarmee befindet. So jedenfalls war es für den Notfall besprochen."

Wolfgang Junker blieb mit seinen wachsenden Sorgen in der DDR zurück. Er glaubte noch an einen „besseren Sozialismus", denn dem hatte der 1929 in Quedlinburg geborene Mann bislang sein ganzes Leben gewidmet.

Nach einer Maurerlehre und dem Fachschulstudium in Osterwieck hatte der Bauingenieur zunächst ehrenamtlich eine Karriere in FDJ und SED begonnen. Ab 1952 arbeitete er als Bauleiter an der Ost-Berliner Stalinallee und errang Ansehen. Danach führte er die Bau-Union Nord in Glowe. Die sollte im Jasmunder Bodden einen großen Hafen anlegen - ein Projekt, an dem schon der Kaiser und die Nationalsozialisten gescheitert waren. Auch für Junker ging es Hals über Kopf zu Ende. Es folgten Direktorenposten beim volkseigenem Betrieb (VEB) Bagger- und Förderarbeiten Berlin und von 1958 bis 1961 beim VEB Industriebau Brandenburg.

Der fähige Organisator geriet ins Blickfeld des Staatslenkers Walter Ulbricht, der ihn zunächst zum stellvertretenden Minister für Industriebau, dann zum Staatssekretär und mit 34 Jahren zum Bauminister ernannte.

Die DDR war zu dieser Zeit noch durch Kriegsverwüstungen geprägt. Und um die künftige Gestaltung der Städte wurde gestritten. Walter Ulbricht wollte neue, sozialistische Zentren, aber es fehlten vor allem Wohnungen.

Als Erich Honecker an die Macht kam, entwickelten der Bauminister und seine Mitarbeiter ein Konzept der Industrialisierung im Wohnungsbau. Ab nun galt: Was gut klappte und vorzeigbar war, schrieb sich die SED auf die Fahnen. Für die vielen Schwierigkeiten wurde Wolfgang Junker zur Verantwortung gezogen. Dennoch hatte er Erfolge, über die die „Frankfurter Allgemeine Zeitung“ am 24. Februar 1989 berichtete: „Seit dem VIII. Parteitag der SED 1971 sind in der DDR unter Bauminister Junker mehr als 3 Millionen Wohnungen, darunter 1,9 Millionen neu gebaute, fertiggestellt worden. Anfang 1971 standen für je eintausend Einwohner 345 Wohnungen zur Verfügung, 1987 waren es 417. Die Wohnfläche pro Person stieg im gleichen Zeitraum von 20,6 auf 26,8 Quadratmeter, und der Anteil der Wohnungen mit Bad oder Dusche und Innentoilette verdoppelte sich.“

Der Preis dafür war ein nicht zu übersehender Verfall der innerstädtischen Altbausubstanz. Wolfgang Junker, der damals noch ein mutiger Mann war, rüttelte an einer heiligen Kuh der SED-Politik und schlug eine differenzierte Steigerung der weit unter den Kosten liegenden Mieten vor. Sein Vorschlag traf auf harsche Ablehnung. Auch seine Idee, die „FDJ-Initiative Berlin“, den Ausbau der „Hauptstadt der DDR“, mit Arbeitskräften aus dem ganzen Land voranzutreiben, wurde zurückgewiesen. Die Lage spitzte sich zu, und der Slogan „Ruinen schaffen ohne Waffen“ kursierte.

Wie wütend die Leute waren, erfuhr Wolfgang Junker vielleicht erst am 6. Januar 1990 auf der ersten Leipziger Volksbaukonferenz. Die zerfallende Innenstadt Leipzigs sollte in letzter

Sekunde gerettet werden. Der jahrelang aufgestaute Zorn der Bürger gegen Partei, Staat und Regierung machte sich Luft. Und Wolfgang Junker, der Technokrat, wurde zur Zielscheibe.

Wenige Tage später kam er in Untersuchungshaft. Der gerade erst von der Volkskammer gebildete Ausschuss „Zur Überprüfung von Amtsmißbrauch“ hatte für die Aufhebung seiner Immunität als Abgeordneter gesorgt. Ein Ermittlungsverfahren gegen ihn wurde eingeleitet. Die schlimmen Befürchtungen des mit der Regierung Willi Stophs am 7. November 1989 zurückgetretenen Bauministers schienen sich zu bewahrheiten. Dass es ausgerechnet seine Genossen waren, die sich nun von ihm distanzierten und ihn an den Pranger stellten, stürzte Wolfgang Junker in eine tiefe Lebenskrise. Gesundheitliche Probleme während der Haft kamen hinzu. Ein ärztlicher Antrag auf Haftverschonung wurde abgelehnt. Die letzte SED-Regierung unter Hans Modrow sah tatenlos zu, sie hatte Junker anscheinend schon abgeschrieben.

Als sich schließlich seine Unschuld erwies und Junker im Februar 1990 das Gefängnis verlassen durfte, war er ein gebrochener Mann. Am 9. April 1990, genau fünf Monate nach dem Fall der Mauer, des hässlichsten Bauwerks der DDR, nahm er sich das Leben.

Vielleicht hatte er zwei Wochen zuvor noch davon gehört, dass am 24. März 1990 ein paar junge Leute in Leipzig das Haus in der Stöckartstraße 9 besetzt hatten, denn nach der Volksbaukonferenz war der sofortige Abrissstopp durchgesetzt worden. Nun gründete sich dort die Connewitzer Alternative e. V., die sich der Rettung des unverwechselbaren historischen Leipziger Stadtviertels verschrieben hatte.

Nicht nur Wolfgang Junker, auch seine über 26 Jahre betriebene Baupolitik im Auftrag der SED war gescheitert.

Tödliche Bilanz

Der Rettungshubschrauber kam zu spät. Kunden eines Imbisses hatten die Polizei alarmiert, als sie am 16. Dezember 2007 um 18.15 Uhr einen alten, verwahrlosten Mann mit einem Revolver in der Hand scheinbar ziellos umherirren sahen. Dann setzte er sich auf eine Parkbank am Arnswalder Platz in Ost-Berlin und erschoss sich, ohne lange zu zögern.

„Die Welt“ titelte einen Tag später: „Grass' Stasi-Spitzel erschießt sich auf Parkbank“. Der Tote hatte den Decknamen „Schäfer“ getragen. Ein Farbfoto zeigte einen Polizisten, der einen zusammengesunken dasitzenden Mann mit einem weißen Laken bedeckte. Es sah aus wie in einem Krimi – und es war ein Krimi.

Immerhin war Günter Grass Nobelpreisträger, und „Schäfer“ hatte nicht immer wie ein Obdachloser ausgesehen. Im Gegenteil. Bis zum Ende der DDR hatte er in der Ost-Berliner Bohème von Prenzlauer Berg als Paradiesvogel und Dandy gegolten. Den Zugang zu dieser Szene hatte er nicht zuletzt seinem Bruder zu verdanken, einem nicht systemkonformen Schriftsteller, dessen Texte deshalb nicht im Osten, aber im Westen gedruckt wurden. Vor diesem Hintergrund hatte der alte Mann sein Ableben wohl sorgfältig geplant, um es öffentlich zu inszenieren. Doch warum tat er das?

Die Spur führt in die Vergangenheit, zur Stasi und deren Verdächtigungen gegen den vermeintlich staatsfeindlichen Bruder. Sie „bearbeitete“ ihn in einer Aktion namens Schädling. Das war wohl eine Eselsbrücke, denn das Opfer hieß ähnlich: Hans Joachim Schädlich. Den förderte Günter Grass, und das sollte Joachims Bruder Karlheinz beobachten, der sich freiwillig und ohne jegliche Vorbehalte dazu angeboten hatte: Dr. phil.

Karlheinz Schädlich alias „Schäfer", Stasi-Registriernummer XV/7470/75.

Eigentlich schien die DDR für einen Mann wie Karlheinz Schädlich wie gemacht zu sein. Karlheinz war 18 Jahre alt, als die DDR gegründet wurde, und der neue Staat bot ihm die Möglichkeit zu studieren. Bereits 1953 wurde er Unterstufenlehrer. Es folgte die Qualifikation zum Fachlehrer für Geschichte, und per Fernstudium erlangte er sein Geschichtsdiplom. Gut zehn Jahre später, 1968, begann Schädlich als Wissenschaftler am Zentralinstitut für Geschichte der Akademie der Wissenschaften zu arbeiten. England hatte es ihm angetan, die Geschichte des Empire und seiner Kolonien war seine Leidenschaft. Englisch hatte er schon im Krieg beim heimlichen BBC-Hören gelernt. Er promovierte und wäre am liebsten selbst gern ein Engländer gewesen. Selbstverständlich rauchte Karlheinz Pfeife, kleidete sich wie ein britischer Landedelmann und hörte Jazz und Blues. Inzwischen fühlte er sich in der DDR nicht mehr wohl.

Sein vier Jahre jüngerer Bruder Hans Joachim hatte das längst gemerkt. Auch ihm hatte der „Arbeiter- und Bauernstaat" zunächst seine offenen Arme entgegengestreckt: Studium der Germanistik und Linguistik, Promotion, dann, ab 1959, ein lukrativer und bequemer Posten als Forscher an der Akademie der Wissenschaften. Doch Ende der 1960er-Jahre fing Hans Joachim Schädlich an zu schreiben – und es waren kritische Geschichten, die er zu Papier brachte. Aufgrund der Zensur wurde kein einziges von ihnen gedruckt. Günter Grass machte Schädlich und seine Texte jedoch im Westen bekannt. Die Öffentlichkeit jenseits der Mauer schützte das DDR-Talent.

Bruder Karlheinz gerierte sich derweil als Salonkommunist. Aber es gab auch ein paar dunkle Flecke in seinem Leben. Da war das Verhältnis mit seiner späteren Frau, das begann, als sie 15 war und er sie unterrichtete, es gab die kleinen, nicht unentdeckt gebliebenen Schmuggeltouren nach Ungarn und Polen und schließlich den Protest, als 1968 russische Panzer nach Prag rollten. Genug, um ins Visier der Stasi zu geraten.

Als Karlheinz am 4. April 1975 von zwei Stasi-Majoren in einem Appartement Unter den Linden zur Mitarbeit aufgefordert wurde, schrieben sie in das Werbeprotokoll ihres neuen IM: „Dr. Sch. zeigte sich sehr besorgt, daß über bestimmte Verbindungen, die er unterhält, bzw. über sein Fehlverhalten seine Arbeitsstelle nichts erfährt." Gemeint war mit dem komplizierten Satz das Gegenteil: Karlheinz Schädlich fürchtete, seine Arbeitsstelle erführe etwas von seinen „Verfehlungen".

„Schäfer" war ein schlechter Spitzel. Er schimpfte bei der Stasi auf die kleinbürgerlichen „DDR-Sozialisten", aber er bemühte sich auch, der Stasi das anzudienen, was sie mehr interessierte als sein Gemoser: Fluchtpläne, Namen, Daten.

Die Stasi-Genossen reagierten nach traditioneller Geheimpolizeilogik: Sie überwachten ihren Spitzel und überlegten, wie sie ihn unter Druck setzen könnten. Sie kannten seinen wunden Punkt, die Angst um den Verlust der privilegierten Arbeitsstelle, und nutzten ihn.

Als Wolf Biermann 1976 aus der DDR ausgewiesen wurde, ging auch Hans Joachim Schädlich in den Westen. Karlheinz verweigerte die geforderte Verurteilung des aufmüpfigen Sängers und flog aus der SED. Seine Stellung durfte er behalten, die Stasi hatte für ihn die Fäden gezogen und erwartete nun Gegenleistungen. „Schäfer" wurde zu Günter Grass in den Westen geschickt, doch seine Spitzeleien blieben unbefriedigend. Dennoch ließ ihn die Stasi nicht ziehen. Erst am 12. Dezember 1989 vermerkte Major Salatzki, dass die „offene und ehrliche Zusammenarbeit wegen Perspektivlosigkeit" abgebrochen werde.

Als die Geschichte 1992 publik wurde, wusste nicht einmal sein Bruder Hans Joachim, wie er damit umgehen sollte. Er schrieb einen knapp zehn Seiten langen Aufsatz, den er lapidar „Die Sache mit B." nannte. „B." konnte für „Bruder", aber auch für „Beobachter" stehen. Nicht einmal für das herzlichere „K." reichte es. Der Schriftsteller blieb kalt und distanziert: „Solange alles klar war, lernte ich von B., daß es Männer aus Schnee gibt, woraus ein Drachen besteht, wie man nicht absäuft und wieso 6 durch 2 geteilt werden kann." Und er zitierte „B.", der ihm nach seiner Enttarnung gesagt hatte: „Ja, es ist wahr. Was soll ich jetzt tun. Du warst nicht der Einzige, über den ich geredet habe. Du warst nicht einmal der Wichtigste." Sein Bruder hatte ihm Schmerzen zugefügt, die auch nach der Auflösung der Stasi weiter anhielten.

„Schäfer", der nun wieder Karlheinz Schädlich hieß, wurde im Sommer 2006 depressiv. Er landete in der Psychiatrie des St. Joseph-Krankenhauses in Berlin-Weißensee und blieb drei Monate dort. In diesen Wochen berichteten die Zeitungen, dass nun auch jener Spitzel enttarnt worden sei, der auf Günter Grass angesetzt war. Karlheinz Schädlich magerte ab, verfiel, wurde krumm und krank.

Die Brüder Schädlich zogen unabhängig voneinander Bilanz. Hans Joachim wählte dafür den Titel „Vorbei". In den drei Erzählungen, die man als irrationale Abwägung der Lebensumstände interpretieren könnte, beschrieb er die Endlichkeit des irdischen Strebens. Für seinen Bruder reduzierte sich die Bilanz dagegen auf eine „Bild"-Schlagzeile vom 18. Dezember 2007: „Günter Grass' Stasi-Spitzel tot". Das war das Ende einer „rationalen

Abwägung der Lebensumstände“ und entsprach der Expertendefinition eines „Bilanzselbstmordes“. Hans Joachim Schädlich hatte seinem Leben in der Öffentlichkeit ein Ende gesetzt, um ein letztes Mal auf sich aufmerksam zu machen. *K. B.*

Genossen im Goldrausch

Ein Stasi-Offizier als Wirtschaftsverbrecher

Erich Mielke war ein herzensguter Mensch. Jedenfalls muss er es wohl gewesen sein, wenn man seiner Frau Gertrud Glauben schenkt. In ihrer Zwei-Zimmer-Plattenbauwohnung in Berlin-Hohenschönhausen klagte die gut achtzig Jahre alte Dame ihrem Besuch ihr Leid, das sich mit dem Ende der DDR einstellte: „Den Erich einzusperren, nee, also wissen Se, nee! Der hat doch immer nur das Beste gewollt. Jeden Tag von früh um sechse bis tief in die Nacht gearbeitet. Alles zum Wohle des Volkes."

Von der einstmals heilen Welt hinter den Mauern von Wandlitz, wo Gertrud Mielke ob ihrer knallbunten Kleidung hinter vorgehaltener Hand von den Butlern des Ministeriums ihres Mannes gern Papagei genannt wurde, ist nur noch ein Schal geblieben. Und die Erinnerung an das scheinbar grenzenlose Verständnis von Erich. „Einmal beim Frühstück – er hat ja immer früh nach dem Schwimmen im Klub gefrühstückt – hat der Koch ein Rührei gemacht statt Ei im Glas. ‚Nee, lass man, mein Junge, dann esse ich eben Rührei', hat Erich gesagt. So war er, so leutselig." Dass es ihm seine Untergebenen manchmal schwer gemacht haben, seine sogar vor der Volkskammer beteuerte Liebe zu allen Menschen in die Praxis umzusetzen, weiß sie nicht. „Erich war ja so verschwiegen."

Aus gutem Grund, denn was der Minister für Staatssicherheit beispielsweise am 12. Februar 1981 im ersten „Bericht über

Ergebnisse der Untersuchung zu festgestellten Manipulationen des Gen. Oberstleutnant Wurm und der Genn. Oberleutnant Schmidt [Name der MfS-Mitarbeiterin geändert, K. B.]" erfuhr, durften nicht einmal seine engsten Genossen wissen. Das geheime Papier berichtete über die Entdeckung eines ungeheuren Vermögens, die am 29. Januar 1981 mit der Durchsuchung der konspirativen Wohnung mit dem Tarnnamen „NB" in der Ost-Berliner Niederbarnimstraße begann und unverzüglich weitere Ermittlungen nach sich zog.

Holprig formulierte Sätze war der Minister gewöhnt, aber was er nun las, verschlug ihm die Sprache. „An Wertgegenständen einschließlich Devisen wurden sichergestellt: 86 kg 534 gr Feingold (davon 1,885 kg Dentalgold) … Bei dem gegenwärtigen internationalen Goldpreis Kg = 34 000 DM stellt dieses Gold einen Wert von 2 852 156,– DM dar. Bei dem gegenwärtigen DDR-Goldaufkaufpreis wird für 1 Gramm Feingold 220,– Mark gezahlt. Danach hat dieses Gold gegenwärtig einen Wert von 19 037 480 Mark."

Doch das war noch längst nicht alles. 1 626 105 Westmark und 2 202 875 DDR-Mark waren gefunden worden und etliche kleine Beträge in verschiedenen Währungen, meist aus dem Westen – 24 187 US-Dollar, 4520 Schweizer Franken und 2161,10 englische Pfund, 4350 belgische Franc, aber auch 3807 Rubel und sogar 81 050 Zloty. Die weitere Auflistung erschien endlos: „Brillanten, Schmuck wie Armbänder, Ketten, Armreife und Ringe zum durch Gutachter geschätzten Industrieabgabepreis von 2 379 430,– Mark und einem Endverbraucherpreis von 4 045 031,– Mark … Gold- und Silbermünzen im durch Gutachter geschätzten Gesamtwert von 646 504,– DM …" Und um den Wert des übrigen Kleinkrams auszurechnen, hatte die Zeit nach der Entdeckung der Sore noch gar nicht gereicht:

„Die in Wohnungen, Garagen und anderen Objekten sichergestellten elektronischen Geräte, Teppiche sowie Spirituosen werden gegenwärtig listenmäßig erfasst und es können dazu noch keine Wertangaben getroffen werden."

Die internen Stasi-Ermittler waren dem größten Wirtschaftsverbrechen der DDR-Geschichte auf die Spur gekommen. Günter Wurm, Oberstleutnant des Ministeriums für Staatssicherheit (MfS), und seine Untergebene und langjährige Geliebte Ursula Schmidt hatten es begangen.

Gelernte Tschekisten

„Ich habe den Beruf eines Tschekisten auf der Linie Abwehr erlernt. Des weiteren bin ich Staatsdiplomwirtschaftler und Finanzökonom", schrieb Günter Wurm in seinen Angaben zum Tathergang. Wichtig war ihm dabei offenbar nur sein „erlernter" Beruf, denn die exakte Bezeichnung seiner „akademischen Ausbildung" schien der „Sonderoffizier" selbst nicht so genau zu kennen. Einen Hochschulabschluss „Staatsdiplomwirtschaft" – gelegentlich nannte sich Wurm auch Staatsdiplomwissenschaftler – gab es in der DDR nicht.

Die Kaderakte des am 12. Juni 1935 geborenen Mannes verzeichnet von 1965 bis 1969 ein Fernstudium an der Akademie für Staats- und Rechtswissenschaft Potsdam-Babelsberg mit dem Abschluss als „Diplom-Staatswissenschaftler" – dem üblichen Titel für DDR-Funktionäre jeglicher Couleur. Das war eine Auszeichnung für seine Verdienste, denn die Hochschulreife hat Günter Wurm nie erworben. Nach der Schule war er zunächst Hilfssachbearbeiter bei der Deutschen Notenbank in Berlin geworden, am 15. August 1955 hatte ihn dann das MfS als operativen Mitarbeiter eingestellt. Stolz vermerkte er in seinem Lebenslauf: „Ich wurde Mitarbeiter des MfS aus Überzeugung für die Sache des Sozialismus, für die DDR und für den Aufbau des Kommunismus im soz. Lager und darüber hinaus. Im Laufe der Jahre meiner Tätigkeit habe ich viele verantwortliche, geheime, vertrauliche Aufgaben und spezielle Aufträge gelöst und mit Erfolg. Ich habe Agenten liquidiert und Feinde enttarnt."

Am Anfang von Wurms Karriere stand die „Qualifizierung". Ab Oktober 1955 schickte ihn die Stasi auf einen zweijährigen Lehrgang an der hauseigenen Juristischen Hochschule in Potsdam-Eiche – Studienerfolg garantiert. Pünktlich zum Tag der Republik 1957 wurde Günter Wurm Unterleutnant, und 1960 bis 1965 folgte ein Fernstudium zum Finanzökonom an der Hochschule für Ökonomie in Berlin-Karlshorst.

Anschließend ging es für ihn steil bergauf. Die Ermittler stellten später fest, dass Günter Wurm von Anfang an viel Geld anvertraut und er nur wenig kontrolliert wurde: „Im Rahmen dieser Tätigkeit wurde ihm, entsprechend den Befehlen und Weisungen im MfS, die Befugnis eingeräumt, im Interesse des sozialistischen Staates, mit erheblichen finanziellen Mitteln zu arbeiten, diese für die Lösung der ihm übertragenen Aufgaben effektiv einzusetzen. Gemäß erteilter Befehle und Weisungen war er darüber hinaus, im Interesse des sozialistischen Staates, mit einer spezifischen Aufgabe zur Abwicklung von Geschäftsbeziehungen mit ausländischen Einrichtungen und Unternehmen beauftragt."

Wurm hatte die dazu nötigen Eigenschaften offenbar mitgebracht. Sein früherer Mitarbeiter, Major Karl S., beschrieb seinen Vorgesetzten am 20. Oktober 1981 in einer Stasi-internen Vernehmung wie folgt: „Charakterlich ist mein ehemaliger Leiter in der Arbeit skrupellos und machtsüchtig gewesen …

Abschließend möchte ich zur Charakteristik des Günter Wurm sagen, daß er Freundschaften zu anderen Personen nur so lange aufrechterhielt, wie diese ihm selbst genutzt haben."

Das war wohl auch im Fall seiner Mitarbeiterin Ursula Schmidt so, die seine Geliebte wurde, obwohl er eine „intakte Familie" hatte.

Die „treu ergebene Genossin" – so ihre sich stets wiederholende Charakterisierung in den Unterlagen des MfS – wurde am 22. März 1942 in Schlesien, nicht weit von Breslau, geboren. Nach dem Krieg gelangte sie mit den Flüchtlingstrecks nach Berlin. Dort besuchte sie die Schule und schloss diese 1958 mit der mittleren Reife ab. Danach fasste sie nirgends richtig Fuß. Ursula Schmidt kam zunächst als Hilfskraft bei der Post unter, wechselte aber bald zur Notenbank und machte 1962 im Abendstudium ihren Abschluss als Bankkauffrau. Anschließend wurde sie Sachbearbeiterin in der Überweisungsabteilung. Da sie zuverlässig und verschwiegen war, wurde ihr 1963 die Leitung der Grenzwechselstelle an der Bornholmer Straße in Berlin übertragen, und die Stasi warb sie an. Ab 1. Januar 1965 diente sie der Hauptabteilung XVIII des Ministeriums als inoffizielle Mitarbeiterin (IM).

Günter Wurm, damals Hauptmann und Referatsleiter, kümmerte sich persönlich um den vielversprechenden Nachwuchskader. Er schickte Ursula Schmidt drei Jahre zum Studium an die Fachschule für Außenhandel „Josef Orlopp" in Berlin. Im Anschluss daran, am 15. Dezember 1969, wurde die junge Frau als „Offizier im besonderen Einsatz" (OibE) im Rang eines Unterleutnants vom MfS eingestellt. Ihr Chef sorgte dafür, dass das Gehalt von der Staatsbank stillschweigend neben dem Stasi-Salär weiterfloss – am Ende hatte sie rund 80 000 Mark Lohn illegal kassiert –, verschaffte ihr Decknamen und Dienstwagen und machte sie zu seiner Komplizin. Ursula Schmidt bekannte in ihrer Vernehmung: „Andererseits war ich auch im gewissen Sinne davon berührt, daß die Wahl gerade auf mich gefallen war. Ich sah für mich kaum eine andere Gelegenheit, wo ich mich beruflich und als Persönlichkeit in diesem Maße beweisen könnte. Diese ganze Sache war schon in meinem Leben recht außerordentlich."

Ursula Schmidt stieg auf. 1972 wurde sie zum Leutnant, 1976 zum Oberleutnant befördert. Dafür war sie dem MfS dankbar. Und das MfS war für sie Günter Wurm – unfehlbar wie Erich Mielke persönlich.

Auch für Wurm schien der nach Aussage der Ehefrau so leutselige Chef etwas Gottgleiches zu sein. Als seine Riesenschieberei bereits entdeckt war, barmte Wurm kleinlaut-kriecherisch in einem holprigen Satzmonster seines handschriftlichen Geständnisses: „Wird vom Gen. Min. entschieden, daß ich ausscheiden muß, was ich bedauern würde, da ich im Prinzip vom 22. Lebensjahr durch seine Schule gegangen bin, er für mich immer mein Vorbild war, ich bemüht war, durch Leistungen ihm aufzufallen, nun bin ich aufgefallen – aber negativ, dann werde ich an anderer Stelle voll meinen Mann stehen und alles tun für die DDR wie bisher (unter Beachtung der geltenden Normen)."

Günter Wurm wusste, wie es im MfS zuging, und konnte durchaus damit rechnen, dass ihm die Genossen das Lippenbekenntnis abkauften. Außerdem hatte er sich abgesichert. Als die Stasi-Fahnder im Januar 1981 die ersten 21,3 Kilogramm Feingold und 160 000 Westmark Bargeld in einer Kassette der konspirativen Wohnung „NB" fanden, war auch ein flüchtig auf einen kartierten Bogen geschriebener Brief dabei. Darin stand: „Diese Kassette gehört dem MfS, auch ihr Inhalt. Es sind Mittel, die dem Feind abgerungen wurden aus den Aktionen ‚Konto'

u. a. kommerziellen Maßnahmen, die ich durchgeführt habe. Ich habe diese Mittel als Reserve betrachtet für besondere Fälle, die eintreten können. Niemand weiß etwas von diesen Mitteln! Ich hoffe, daß niemand auf die Idee kommt, daß ich mir dieses Zeug unter den Nagel reißen wollte. Zu Hause habe ich es aufbewahrt, weil es hier am sichersten ist. Sollte mir irgendetwas passieren, wird meine Frau, die keine Kenntnis hat, Ihnen die Aktentasche mit Inhalt zustellen bzw. von Ihnen holen lassen. Ich hoffe, daß Sie meine Familie nicht vergessen u. ihr materielles Wohl u. die Entwicklung meiner Kinder garantieren, als Äquivalent für meine Arbeit. In diesem Sinne verbleibe ich als Ihr Freund Günter Wurm, 1.1.1968."

Dieser krude Mix aus Bekenner- und Erpresserbrief überzeugte die Ermittler gut 13 Jahre später nicht: „Ob dieser Brief bereits 1968 angefertigt wurde, kann durch die Abteilung 32 nicht mehr festgestellt werden." Aber das Dokument gab einen wichtigen Hinweis darauf, wie einstmals alles begonnen hatte.

Raubzug im Staatsauftrag

Als sich Walter Ulbricht Anfang der 1960er-Jahre vornahm, den Westen zu „überholen ohne einzuholen", fehlten „harte Devisen". Deshalb kam die Stasi auf die Idee, in den 21 360 Bankschließfächern nachzusehen, die seit 1945 nicht mehr geöffnet worden waren. Viele der ehemaligen Besitzer lebten inzwischen im Westen, andere waren von den Nationalsozialisten aus Deutschland vertrieben worden, weil sie Juden waren.

Unter strengster Geheimhaltung wurde die Aktion „Licht" geplant. Im Kern ging es um staatlich organisierten Diebstahl, doch das sollte sogar den Mitarbeitern des MfS verborgen bleiben. In den entsprechenden Befehlen hieß es, dass vor allem Dokumente zur weiteren Entlarvung der NS- und Kriegsverbrecher gesucht und gleichzeitig die Sicherheitsstandards der Banken überprüft würden. Dass dabei „rein zufällig" auch zahlreiche kostbare Depositen als „herrenloses Gut" gefunden wurden, lohnte sich.

Am 11. Juli 1962 berichteten die Schatzsucher dem Minister Erich Mielke: „Durch die Überprüfungsmaßnahmen wurden umfangreiche Mengen nicht erfaßter Wertgegenstände sichergestellt, deren Gesamtwert – nach vorläufigen Schätzungen – auf 4,1 Mio DM beziffert wird. Darunter befinden sich: Gold- und Schmuckwaren sowie Edelsteine mit einem Wertumfang von ca. 1,5 Mio DM, Silberwaren mit einem Wertumfang von ca. 300 TDM, Briefmarken mit einem Wertumfang von ca. 1,1 Mio DM / West, Gold- und Silbermünzen, Medaillen, Ölgemälde, Kupferstiche, Porzellane und Glaswaren, historische Handschriften u. a. m. …"

Vieles davon ließ sich auf dem internationalen Antiquitätenmarkt verscherbeln. Zur Beute gehörten mehr als 250 Gemälde, Kupferstiche und Radierungen unter anderem von Lucas Cranach, Canaletto, Albrecht Dürer und Rembrandt. Zudem gab es eine Menge Schmuckstücke und viele seltene Handschriften und Aufzeichnungen: Ob von Busch, Fontane, Goethe, Hauptmann, Heine, Schiller, Zola, Herder oder Paganini, Reger, Strauss, Schumann und Wagner – all das dürften gut absetzbare Waren gewesen sein, besonders wenn die Sammler nicht allzu pingelig nach der Herkunft der wertvollen Stücke fragten und ein geeigneter Mann die Sache in die Hand nahm.

Der Name dieses Mannes lautete Günter Wurm. Für Wurm war dieses Geschäft der Einstieg in den Umgang mit dem großen Geld, da waren sich auch die Stasi-Ermittler im Februar 1981 sicher: „Die durch die Genossen Wu. und Sch. durchgeführten Manipulationen erstreckten sich über einen längeren Zeitraum. Als Ausgangspunkt muss die Ende 1961/Anfang 1962 durchgeführte Aktion ‚Licht' angesehen werden, die unter der Leitung des Genossen Oberstleutnant Strauch stand und in der auch Gen. Wu. aktiv beteiligt war."

Im ersten Schritt ging es darum, das Diebesgut in Bares zu verwandeln, und im zweiten darum, mit dem Erlös im Westen dringend benötigte Waren für die DDR einzukaufen. Die Ermittler äußerten dazu: „In diesem Zusammenhang entstand die Aktion ‚Konto' ... in der ... Gen. Wu. eine exponierte Rolle einnahm ... Die sichergestellten Werte wurden im Verlauf von 2 bis 3 Jahren im Operationsgebiet verkauft ... In dieser Zeit, etwa 1967, begann Gen. Wu. mit ersten nicht kontrollierten sogenannten Rücklagen, deren Höhe nicht mehr feststellbar ist."

Der Diebstahl bliebt unentdeckt, und Günter Wurm hatte zum ersten Mal in der Praxis erfahren, wie er sich die konspirative Geheimnistuerei zunutze machen konnte. Er entwickelte Eigeninitiative. Ab Mitte der 1960er-Jahre begann die von ihm geleitete Arbeitsgruppe „Konto", im Westen Gold für die Staatsreserve der DDR einzukaufen. Dabei gab es zunächst keinerlei Unregelmäßigkeiten. Auch als der „Sonderoffizier" über seine konspirativen Westkontakte im MfS-Auftrag die erste „Datenverarbeitungstechnik" nebst „peripheren Maschinen und Kopiertechnik" besorgte, lief alles glatt.

Für Wurm eröffneten sich nun neue Chancen. Er kassierte die ersten Provisionen von seinen Westpartnern in Höhe von fünf bis zehn Prozent der Umsätze in bar. Später stellte er auch seinen DDR-Partnern solche Provisionen in Rechnung, sodass die Ermittler 1981 feststellten: „Dadurch hatte Gen. Wu. erhebliche Deviseneinnahmen." Ab wann genau diese geflossen waren, war „aufgrund fehlender Unterlagen nicht mehr zu rekonstruieren".

Mit dem Geld begann Günter Wurm nun massiv, „Rücklagen" zu bilden, die er Reptilienfonds nannte. Angeblich sollten sie eingesetzt werden, wenn mal ein Geschäft platzte oder die Ware fehlerhaft war. Vielleicht glaubte er damals selbst noch an diese Variante, die er später immer wieder zu seiner Verteidigung vorbrachte, doch der Glanz des Geldes hatte ihn längst geblendet. Fast manisch raffte er die braunen Riesen aus dem Westen zusammen und verstaute sie in eine Stahlkassette in seiner Wohnung. Das wachsende Vermögen bereitete ihm schlaflose Nächte. Deshalb tauschte er das Papiergeld irgendwann in wertbeständiges Gold um. Günter Wurm wähnte sich als unentbehrlicher Diener seines Ministers und sah sich im Kreise der Genossen unter den ganz besonders Erfolgreichen. Immerhin lieferte er bis etwa 1970 seine Gewinne aus den Geschäften einmal im Jahr in bar beim Finanzminister ab. Es waren jeweils stets rund 400 000 bis 600 000 DM, anfangs etwas weniger.

Um die guten Geschäfte zu ermöglichen, hatte ihm das Ministerium derweil beste Voraussetzungen geschaffen. Im Ermittlungsbericht heißt es: „Mit Zunahme der Geschäftstätigkeit über die Arbeitsgruppe ‚Konto' machte sich, auch um in den Verträgen als juristischer Vertragspartner auftreten zu können, die Gründung einer Scheinfirma notwendig. Gen. Wu. schuf deshalb etwa 1966 die Scheinfirma ‚Industrievertretung', allerdings ohne sie in das Handelsregister eintragen zu lassen, mit einem Büro in Berlin 102, Rathausstraße 7. Die Gründung dieser Scheinfirma erfolgte im echten operativen Interesse und mit Zustimmung leitender Genossen des MfS."

Mit dem Segen dieser Genossen war Günter Wurm nun Alleinherrscher über eine streng geheime, völlig unkontrollierte Firma, deren Geschäfte wie geschmiert liefen. Dass dazu auch die eine oder andere Besorgung von ein paar Westwaren für ausgesuchte Genossen gehörte, war selbstverständlich. Die Umsätze der „Industrievertretung" explodierten, Geld spielte keine Rolle. Und kein Mensch ahnte, dass das Unternehmen in Wahrheit eine Dependance des MfS war.

Das Eldorado in der Rathausstraße

Was in der DDR eigentlich unmöglich war, erledigten zwei Herren in knitterfreien Präsent-20-Anzügen und eine flotte Mittdreißigerin mit ihrer „Industrievertretung" in der Ost-Berliner Rathausstraße 7 mit verlässlichem Erfolg. Sie importierten Geldtransporter für die Staatsbank der DDR aus dem Westen, der volkseigene Betrieb (VEB) Münze der DDR bekam Kopier- und Rechentechnik, der VEB Deutsche Wertpapierdruckerei in Leipzig Spezialmaschinen.

Wie das alles vor sich ging, wussten nicht einmal die geheimen Chefs der Firma in der Normannenstraße. Das war beabsichtigt, schließlich handelte es sich bei der „Industrievertretung" um ein konspiratives Objekt. Der Leiter hieß „Dr. Peter Berger", manchmal auch „Dr. Fred Burkert" – oder ganz einfach Günter Wurm. Nur er wusste, was in der Rathausstraße 7 geschah, und er sorgte dafür, dass es niemand anderes erfuhr.

Das klappte rund 15 Jahre ohne Probleme. Erst im Februar 1981 stellte die Stasi über die Tätigkeit der geheimnisvollen Firma fest: „Kenntnisse über Einzelheiten, wie Geschäftsverbindungen und abgewickelte kommerzielle Geschäfte, hatten nur Wu., Sch. und IM ‚Felix'. Von diesen wiederum war Wu. in alle Einzelheiten, die Genn. Sch. in die meisten finanziellen und IM ‚Felix' hauptsächlich in die kommerziellen meist ohne Hintergrundinformationen eingeweiht. Als offiziellen Leiter setzte Wu. den IM ‚Felix' ein. Als tatsächlicher ‚Chef' fühlte sich und fungierte Gen. Wu. Er gab die grundsätzlichen Weisungen, die IM ‚Felix' aus vollem Vertrauen zum MfS und zur Person seines Führungsoffiziers bedingungslos und mit hohem Einsatz und Engagement befolgte." Dafür hatte der aus dem Finanzministerium abkommandierte Klaus P. alias „Felix" noch andere Gründe: „Außerdem erhielt ‚Felix' von Gen. Wu. in Form eines Pkw und finanzieller Mittel Zuwendungen, die ihn von Wu. abhängig machten."

Günter Wurm hatte so nach und nach stetig mehr Geld angehäuft, und die Stasi-Ermittler registrierten nüchtern: „In der folgenden Zeit weiteten sich die Geschäfte der Scheinfirma immer mehr aus ... Die aus diesen Geschäften erzielten Gewinne ... führte Wu. nach übereinstimmenden Aussagen zumindest seit 1970 nicht mehr ab. Nachweislich richtete Wu. 1970 auf den Namen ‚Industrievertretung' Mark- und Valutakonten ein, für die er allein, und zwar auf den fingierten Namen Dr. Berger, zeichnungsberechtigt war. Über diese Konten realisierte Wu. die regulären Kostenrechnungen; die erzielten Gewinne hob er in unterschiedlichen Abständen ab und deponierte sie in bar an verschiedenen Orten und Behältnissen in seiner Wohnung, in seinem Panzerschrank in der Dienststelle und im Mehrzweckobjekt ‚Siehdichum'."

Auf diese Weise verschwanden Jahr für Jahr etwa eine halbe Million D-Mark. Die Konspiration, und damit die Stasi selbst, machte es möglich: „Das Grundprinzip der Arbeit des MfS, die Wahrung der Konspiration wurde Deckmantel und Begründung für die Abdeckung der Geschäftsgebaren der Firma ..."

Dem Geschäftsmann Wurm bereitete das Geld irgendwann

Sorgen, bis ihm die Sache mit dem Gold einfiel. Beim Umtausch der „Devisen" half ein West-Berliner Geschäftspartner. Etwa ab 1967 übergab ihm Günter Wurm größere Summen Bargeld, damit er in der Schweiz Goldbarren kaufte. Die heiße Ware wurde im Koffer direkt in die Rathausstraße 7 in Ost-Berlin geliefert. Günter Wurm konnte wieder ruhig schlafen, und die Ermittler konstatierten später erstaunt: „Er gewann Freude daran, über enorme Werte völlig selbständig entscheiden zu können, sich und vielen anderen Wünsche zu erfüllen, die für ihn sonst nicht im Bereich des Möglichen gelegen hätten. Mit der Erweiterung seines Umgangskreises, auch in Bezug auf leitende Funktionäre, erhöhten sich die Wünsche, die an ihn herangetragen wurden und die er aus einem falschen Ehrgeiz heraus und um diese Verbindungen ‚zu pflegen' auch stets bestrebt war zu erfüllen. Gen. Wu. war deshalb bemüht, die ‚Einnahmen' weiter zu erhöhen und neue Quellen zu erschließen."

Das gelang ihm in beeindruckendem Ausmaß. Und wieder half ihm die ebenso allgegenwärtige wie unsichtbare Macht der Stasi. Wer sich mit der Klappkarte am Bändchen ausweisen konnte – falls es überhaupt jemand wagte, nach einem Ausweis zu verlangen –, hatte keine weiteren Fragen zu erwarten. Das wusste Günter Wurm zu nutzen.

Die Macht als Geldquelle

Mitte der 1970er-Jahre hatte die Stasi eine delikate Aufgabe zu erledigen. Überall in der DDR tauchten beschmierte Exemplare des neuen grünen Zwanzigmarkscheins auf. Aus dem ehrwürdigen Goethe-Kopf war durch ein paar Striche eine Hitler-Fratze geworden.

Im Operativvorgang „Note“ wurden die Scheine eingesammelt. Günter Wurm sollte sie vernichten. Stattdessen brachte er sie zur Staatsbank der DDR, Abteilung Emission. Dort legte er genau 581960 Mark auf den Tisch. Dann brauchte er nur noch die Augenbrauen fragend zu heben, und prompt wurden ihm für diesen Betrag druckfrische Scheine ausgehändigt. Wurm war „das Organ“, da schickte es sich für einen einfachen Bankmitarbeiter nicht nachzufragen. Das Tauschgeschäft blieb völlig unbemerkt, und erst viereinhalb Jahre später wurde festgestellt: „... [Name des Bankangestellten geschwärzt, K. B.] handelte dabei gutgläubig und in vollem Vertrauen zum MfS.“

Das Geld landete in Wurms Privatschatulle, in die schon seit längerer Zeit regelmäßige Einnahmen flossen. Ursula Schmidt half, sie unauffällig zu kassieren. Oberstleutnant M. schrieb dazu in seinem Ermittlungsbericht vom 12. Februar 1981: „1971 wandte sich Wu. unter dem Vorwand, aus operativen Gründen eine Sonderwechselstelle errichten zu müssen, an den stellv. Minister für Finanzen, Gen. Sandig, der in vollem Vertrauen zum MfS handelnd, fünf Planstellen für eine solche Einrichtung genehmigte. Er wies den Stellvertreter des Präsidenten der Staatsbank, Bruno Meier, an, die Gehälter für diese Planstellen zur Verfügung zu stellen. Für die von Wu. fingierte Sonderwechselstelle erschlichenen Planstellen empfing die Sch. mittels Dauervollmacht monatlich 2.680,– Mark bei der Staatsbank der DDR. Dadurch wurden von Wu. bis November 1980 etwa 290000,– Mark zusätzlich vereinnahmt.“

Viel wichtiger als Geld waren in der DDR jedoch Beziehungen, besonders dann, wenn es um schwierig zu beschaffende Dinge wie etwa eine Wohnung ging. Auch diesbezüglich wusste Günter Wurm Rat. Er kannte den umtriebigen Oberstleutnant P.

aus der Hauptverwaltung Aufklärung, Sektor Wissenschaft und Technik. Der wiederum hatte einen IM in der Wohnungsverwaltung des Ost-Berliner Magistrats sitzen. So begann etwa Mitte der 1960er-Jahre ein einträgliches Geschäft, das Günter Wurm 1981 selbst beschrieb: „Gen. OSL P. verlangte von mir bzw. gab mir anfangs zu verstehen, daß er seinem Mann ‚etwas' zukommen lassen müßte. Dazu war ich bereit, stutzte zwar etwas, als er von mir pro Wohnung 1000 DM-West verlangte, gab sie ihm aber, ohne weitere Fragen zu stellen, mit dem Hinweis, daß unter keinen Umständen etwas schieflaufen darf. Es traten auch keinerlei Vorkommnisse auf."

Bis 1980 hatte er gegen die Zahlung von insgesamt 45 000 Westmark Bestechungsgeld mindestens 45 Wohnungen erhalten – ganz genau war das im Nachhinein nicht mehr feststellbar. Günter Wurm erwies sich mit diesen Wohnungen nicht nur als Wohltäter gegenüber seinen Genossen, sondern dachte durchaus auch an sich und seine Geliebte. Die Ermittler konstatierten: „Von diesen Wohnungen richtete sich Gen. Wu. 4 illegale konspirative Wohnungen auf modern ein. Diese Wohnungen wurden sowohl ausstattungsmäßig als auch hinsichtlich der laufenden Kosten mit Geldern der ‚Industrievertretung' bezahlt."

Ebenso begehrt und rar wie Wohnungen waren Autos in der DDR. Und selbstverständlich konnte Günter Wurm auch in diesem Punkt Abhilfe schaffen. Einen gebrauchten Fiat 128 bekam er 1979 von seinem West-Berliner Schieberkollegen geschenkt. Über einen IM, den im Hauptgewerbe selbstständigen Kfz-Meister H. mit eigener Werkstatt in Berlin, wurde der Wagen für 12 000 Mark an einen Privatmann weiterverkauft. Weitere Autos besorgte Fachmann H. persönlich im Westen. Günter Wurm beschaffte die Papiere, mit denen er ungehindert reisen und die Fahrzeuge mitbringen konnte. Manche wurden dann als Dienstfahrzeuge registriert und privat gefahren, andere wanderten gleich in Wurms Verfügungsgewalt oder seinen persönlichen Besitz, wie ein 1980 importierter Lada-Niva-Geländewagen, den er als Jagdwagen nutzte.

Der Stasi-Offizier wusste, dass er sich mit solchen Aktionen auf dünnes Eis begab. Deshalb sicherte er sich durch die Vorbereitung einer kleinen Erpressung ab. „Da Gen. Wu. annahm, daß er bei der Benutzung eines solchen allradgetriebenen PKW für die Jagd, persönlichen Angriffen ausgesetzt sein könnte, beauftragte er H., den speziell umgebauten Jagdwagen des Staatssekretärs B. und einen weiteren in Westberlin umgebauten Jagdwagen, der nach Angabe des Gen. Wu. für den Arbeitsbereich Kommerzielle Koordinierung des Ministeriums für Außenhandel bestimmt war, zu fotografieren. Er nahm an, daß bei einer an ihm geübten Kritik ein Hinweis auf diese Bilder genügen würde, um zu beweisen, daß sein PKW bescheiden ausgefallen war."

Dass der gelernte DDR-Bürger den Wert von Beziehungen verinnerlicht hatte, bemerkten später auch die Ermittler. „Eine besondere Genugtuung war ihm, daß er durch sein enges Verhältnis zu H. in die Rolle kam, daß er zum größten Teil bestimmte, wessen PKWs von der Firma H. repariert wurden."

Das „Vitamin B" half überdies in anderen Fällen. Für den Ausbau des Stasi-Objekts „Siehdichum" engagierte Günter Wurm einen Klempner, der neben seinem Lohn ein Auto aus dem Westen erhielt. Selbstverständlich musste der Mann dafür 15 000 DM bezahlen – zu einem Schnäppchenkurs von 1 zu 1,75, denn sonst galt der fünffache Preis noch als Vorteil.

Nicht nur solche Geschäfte, sondern auch die Geldbeschaffung nach echter Ganovenart gehörte für Günter Wurm längst zum Alltagsgeschäft. Er betrog hin und wieder einfach seine Komplizen. Da die aus West-Berlin stammten, verbuchte er seinen Triumph als einen Sieg im „Klassenkampf". Nachdem alles aufgeflogen war, berichtete er stolz: „Bei einigen Geschäften der Industrievertretung, die durch die Fa. Pamir gemacht bzw. abgewickelt wurden, konnte festgestellt werden, daß der Kontrahent die Industrievertretung in bedeutendem Maße übervorteilte. Es wurde dann von mir veranlaßt, daß Goldbestellungen erfolgten. Nach Eintreffen der Goldsendungen wurde von mir untersagt, die Sendungen zu bezahlen. Ich sprach dann persönlich mit dem Partner und erklärte ihm, daß er uns betrogen hatte und wir das übersandte Gold als unsere Provision betrachten. Da der Partner trotz dieser Maßnahmen immer wieder kam, fand ich meine Annahme bestätigt und mußte annehmen, daß er uns trotzdem noch übervorteilt hatte, zumindest gut verdient hatte."

Aber nicht nur der Partner hatte gut verdient – denn die „Provision" war natürlich in Günter Wurms Privatschatulle geflossen. Damit hatten er und seine Komplizin Ursula Schmidt dafür gesorgt, dass sie, falls ihre Manipulationen aufgedeckt würden, noch einen Trumpf im Ärmel hatten.

Bestechung im großen Stil

Als dann tatsächlich alles ans Licht kam, nahm die Stasi das hässliche Wort Korruption nicht in den Mund. Stattdessen hieß es in ihrem Bericht vom 12. Februar 1981 verschämt:

Nicht mehr feststellbare Werte in Form von Devisen und Mark verwandte Wu. dazu, wertvolle Geschenke und finanzielle Zuwendungen an

– *leitende Persönlichkeiten der DDR,*
– *langjährige IM,*
– *Personen aus seinem Umgangskreis, die ihm sympathisch waren, zu machen.*

Günter Wurm und seine Vertraute hatten darüber genauestens Buch geführt.

Im Zusammenhang mit den von Wu. in den letzten Jahren an einen größeren Personenkreis übergebenen Bargeldbeträgen und Sachgeschenken nahmen Wu. und die Sch. in zwei … A6-formatigen Notizheften in der Zeit vom 15.4.1965 bis 24.9.1979 nicht vollständige Eintragungen über ca. 1500 Positionen als interne Nachweisführung vor … In den vorliegenden Notizheften vermerkten sie namentlich ca. 130 Personen, hauptsächlich Mitarbeiter des MfS und des Staatsapparates …

Überrascht konstatierten die Ermittler nach Durchsicht dieser Bücher:

Bei den übergebenen Waren und Gegenständen handelt es sich besonders um
– *Edelmetall, auch als goldene Uhren und Halsketten sowie Münzen,*
– *Kfz- und Jagdausrüstungen,*
– *Heimelektronik wie Tonband-, Fernseh- und Radiogeräte,*
– *Teppiche, Textilien, Bekleidungsgegenstände, Haushaltsgeräte,*
– *hochwertige Nahrungs- und Genußmittel und Kosmetika.*

Außerdem überließen beide dem namentlich verzeichneten Personenkreis ca. 43 000,– Mark, 31 000,– DM, 5000,– Zloty und 100,– Dollar.

So erhielt zum Beispiel ein Staatssekretär unter anderem folgende „Entlohnung“:
– *1 Fernseher Typ Sony,*
– *1 Jagdgewehr Remington 8 x 57 mit 1000 Schuß Munition,*

– *diverse Kleidungsgegenstände [geschwärzt, K. B.] wie Pelze, Halbpelze bis Unterwäsche,*
– *Gartengeräte,*
– *Schmuck,*
– *Übernahme von Baukosten für Bootssteg in Höhe von 3500,- Mark, alles in allem im geschätzten Gesamtwert von 18 000,- bis 20 000,- DM.*

Ein anderer Staatssekretär konnte sich über „6 Standleuchter aus Silber ... Uhren, Manschettenknöpfe aus Gold und Silber ... 2 IBM-Schreibmaschinen" für insgesamt rund 8000 DM freuen. Ein Minister bekam von Günter Wurm eine „Finanzierung von Einrichtungsgegenständen, Couchgarnitur für den Bungalow", zudem wurden ihm „Kosten für Handwerkerarbeiten" in Höhe von „2500,- DM [und] 6000,- Mark" erstattet.

Einer stellvertretenden Ministerin spendierte der Stasi-Oberstleutnant eine von ihm persönlich verliehene Prämie. Bei den Untersuchungen stellte sich heraus: „Beim Bau ihres Bungalows geriet Genn. ... in finanzielle Schwierigkeiten. Als Wu. davon erfuhr, übergab er ihr ein von ihm unterzeichnetes Schreiben, in dem ihre bisherige Zusammenarbeit gewürdigt wurde, mit einer ‚Prämie' in Höhe von 20 000,- Mark."

Die Leiterin einer Arbeitsgruppe desselben Ministeriums und der Verwaltungsleiter eines Bezirksrates waren mit je einer „Prämie" von 10 000 Mark bedacht worden, und auch der Chef eines für Günter Wurm nützlichen Betriebs hatte sich zum 50. Geburtstag über 5000 Mark freuen können. Das wurde selbst nach der Entdeckung der schwarzen Geschäfte vertuscht. Lapidar steht dazu in den Akten: „Gegen die im Zusammenhang mit den Manipulationen genannten Personen ... wurden bisher keinerlei Maßnahmen eingeleitet." Das geschah auch später nicht, und bei den nach der Wiedervereinigung betriebenen Ermittlungen wegen DDR-Regierungskriminalität spielten solche Kleinigkeiten keine Rolle.

Dass Günter Wurm damals mit seinen Bestechungen dem einen oder anderen das Genick hätte brechen können, wenn er es denn gewollt hätte, war ihm bewusst. Deshalb versicherte er nach dem Aufdecken seiner Geschäfte eilfertig, dass dies niemals seine Absicht gewesen sei: „Die in meiner Wohnung vorhandenen Akten über … und meine Kladde habe ich am 1. Januar [1981], als ich in Urlaub ging, mit nach Hause genommen, damit nicht Personen, die gegen diese Genossen einen Groll hegen, in den Besitz derselben kommen."

Seine vermeintliche Loyalität wurde nicht belohnt. Als er 1981 versuchte, seine mühsam geschmierten Kontakte für sich persönlich zu nutzen, wimmelten ihn die früheren Freunde ab.

Bei der Absicherung seiner schwarzen Geschäfte hatte sich Günter Wurm jedoch nicht nur auf das privat geknüpfte Beziehungsnetz verlassen. Er „investierte" überdies kräftig in das MfS-Mehrzweckobjekt „Siehdichum" mit dazugehörigem „Fischerhaus" im Bezirk Frankfurt/Oder. Ein weiblicher Stasi-Leutnant und neun hauptamtliche IM kümmerten sich dort als stets dienstbare Geister um das leibliche Wohl der rund vierzig Feriengäste, die pro Tag zwölf Mark für Verpflegung und acht Mark für die Übernachtung zu entrichten hatten. Für das angenehme Ambiente sorgte Günter Wurm.

Wie viel Geld das alles gekostet hatte, war später nicht mehr zu rekonstruieren. Im Protokoll heißt es: „Da nur noch lückenhafte Unterlagen vorhanden sind, muß auf die Aussagen von Wu. und Sch. zurückgegriffen werden und danach sind aus dem Gewinn der ‚Industrievertretung' mindestens 560.000,- Mark in die Rekonstruktion des Mehrzweckobjektes und weitere

273.000,- Mark in das Fischerhaus geflossen (außer den offiziellen Haushaltsmitteln)."

Doch das war längst noch nicht alles. „Eine nicht mehr feststellbare Summe an finanziellen Mitteln aus der ‚Industrievertretung' wurde auf Veranlassung des Gen. Wu. darüber hinaus zum Ausbau der Mehrzweckobjekte Walkemühle, Kreis Eisenhüttenstadt, und Thurm, Kreis Bergen (Rügen), verwandt."

Günter Wurm fühlte sich in „Siehdichum" als unumschränkter Hausherr. Er bestimmte, wer dort Urlaub machen durfte und mit Alkohol und Zigaretten aus dem Westen verwöhnt wurde. Alles war reichlich vorhanden. Bei der Durchsuchung fanden sich etwa 1100 Schnapsflaschen, von der Stasi „hochwertige Spirituosen" genannt, und rund 1,5 Millionen Glimmstängel, sorgfältig in einer nahen Garage versteckt. Ganz nebenbei hatte Wurm in „Siehdichum" auch noch 4500 Liter Sprit, unverbucht aus MfS-Tankgutscheinen abgezweigt, gebunkert.

Als Liebesnest für die Schäferstündchen mit der Genossin und Kampfgefährtin schien ihm der Ort aber doch nicht sicher genug. Schließlich sollte seine Frau nicht allzu viel davon erfahren, denn „Unmoral" war bei den Stasi-Genossen verpönt. Da er für den gleichen amourösen Zweck eine seiner konspirativen Wohnungen auf der Berliner Fischerinsel bereits einem Staatssekretär nebst Sekretärin zur Verfügung gestellt hatte, musste für ihn selbst und seine Nebenfrau noch ein Häuschen her. Als die Ermittler das Anwesen entdeckten, galt es laut den Papieren bereits als Privateigentum von Ursula Schmidt. Ursprünglich war anderes geplant. „Ein weiteres, zunächst für Ferienzwecke gedachtes Objekt (Finnhütte) wurde durch Wu. und Sch. in Schnarrtanne, Kreis Auerbach/Vogtland, errichtet. Den Grund und Boden pachtete die Sch. auf ihren Namen und mit Mitteln der ‚Industrievertretung' wurde das Objekt gebaut und eingerichtet. Sein Wert wird gegenwärtig auf ca. 100.000,- Mark geschätzt."

Im Schatten des großen Walter Ulbricht ließ es sich auch für manch kleinen IM leben. „Als Verantwortlichen für den Auf- und Ausbau sowie für die weitere Betreuung des Objektes Schnarrtanne setzte Wu. 1979 einen von ihm zuvor aufgeklärten Einwohner von Schnarrtanne ein. Zur Bezahlung dieses Bürgers ließ sich Wu. 1979 vom VEB Münze eine Planstelle mit einer monatlichen Vergütung von 602,- Mark geben. Von diesem jeweils auf das Konto der ‚Industrievertretung' überwiesenen Betrag erhielt der betreffende Bürger monatlich 200,- Mark, während der restliche Betrag auf dem Konto der ‚Industrievertretung' verblieb."

Eine größere Rolle als Geld spielte in der DDR Macht. Deshalb beobachtete Günter Wurm ganz genau, wie ein Kandidat des Politbüros der SED im Rang eines Ministers das „Objekt Chossewitz / Klingenmühle" im Kreis Beeskow ausbauen ließ. Seinen Genossen berichtete er darüber: „Im Laufe der Jahre wurden ... gewaltige Investitionsmaßnahmen durchgeführt, die weit über die ursprünglich geplanten Absichten hinausgingen. Dieser gewaltige Ausbau und der Aufbau von neuen Häusern, Bungalows, elektrischen Anlagen und das Anstauen des Klingesees mit Überläufen sowie der Bau einer neuen Straße mitten durch den Wald führten zu einer Reihe von Diskussionen unter der Bevölkerung in der Umgebung, zu Schwierigkeiten und Komplikationen mit den örtlichen Organen und mit dem Rat des Bezirkes."

Das Geld für die Schwarzbauten war illegal über Konten des Berliner Palasts der Republik verbucht worden. Dennoch beunruhigte das Murren unter der Bevölkerung die Stasi-Genossen, denn es kam auch der Arbeiter- und Bauern-Inspektion (ABI) zu Ohren, die daraufhin unverzüglich eine Kontrolle veranlasste. Nun wurde es brenzlig, doch Günter Wurm wusste Rat: Er beauftragte seinen Untergebenen, Hauptmann Werner L., der an höchster Stelle in der ABI stand und der dafür sorgte, dass die Erkenntnisse der Kontrolleure im Panzerschrank verschwanden. Ein Stasi-Hauptmann hatte also offenbar mehr zu bestimmen als eine staatliche Kontrollinstitution der DDR.

Der umtriebige Stasi-Oberstleutnant hatte so aus dem schier unüberschaubaren Wust von privater Bestechung über den Einsatz „seines" Schwarzgeldes für das Wohl der Genossen bis hin zur Hilfe bei der Regelung delikater Probleme ein stabiles Sicherheitsnetz geknüpft. Er baute darauf, sollte doch einmal etwas über seine dunklen Geschäfte ans Tageslicht kommen. Und zunächst schien seine Rechnung auch aufzugehen, doch die Konkurrenz schlief nicht.

Gefahr im Verzug

Seit 1966 hatten Alexander Schalck-Golodkowski, Staatssekretär im Außenhandelsministerium der DDR sowie geheimer Oberst bei der Staatssicherheit, und seine Abteilung Kommerzielle Koordinierung begonnen, mit einem Gemisch aus legalen Geschäften und dubiosen Deals in den wirtschaftlichen Grauzonen für die DDR „Devisen zu erwirtschaften". Dadurch konnte die Stasi Mitte der 1980er-Jahre auf ihre Scheinfirma „Industrievertretung" verzichten. Sie sollte stillschweigend verschwinden. „Der ihnen [Günter Wurm und Ursula Schmidt, K. B.] erteilte Befehl zur Auflösung der Firma ‚Industrievertretung' und der Abführung der vorhandenen Werte an den Staatshaushalt ergab sich aus der Tatsache, daß inzwischen andere weitreichendere staatliche Möglichkeiten geschaffen wurden, um die von der Firma ‚Industrievertretung' wahrgenommenen Aufgaben zu realisieren."

Noch bevor der entsprechende Befehl von Erich Mielke Anfang August 1980 in der Rathausstraße 7 eintraf, spürten Günter Wurm und Ursula Schmidt, dass sich über ihnen dunkle Wolken zusammenzogen. Trotzdem fuhr „Dr. Peter Berger" erst einmal nach Afrika. Vielleicht stand dieses Mal auch „Dr. Fred Burkert" in seinem roten Diplomatenpass – jedenfalls musste schnell etwas geschehen. Wurms Vertraute Ursula Schmidt gestand der Stasi später: „Bereits im Juni 1980 bemerkte ich, daß Vorgesetzten bekannt geworden sein mußte, daß es in der Tätigkeit meines Vorgesetzten im Zusammenhang mit der ‚Industrievertretung' Unebenheiten gab. Zu diesem Zeitpunkt befand sich Günter Wurm in [geschwärzt, K. B.], so daß ich allein entschied, um mögliche Gefahren von ihm abzuwenden, die Unterlagen der Firma zu vernichten. Zu diesem Zweck wurden die Geschäftsräume kontrolliert und von mir sämtliche Unterlagen zusammengetragen. Ein Teil derselben wurde durch den Reißwolf vernichtet, während ich den Rest in Säcke verpackt nach Siehdichum – einem unserer Ferienobjekte – brachte und dort verbrannte."

Günter Wurm war mit diesen aufopferungsvollen Aktivitäten seiner Geliebten nach seiner Rückkehr durchaus zufrieden. Aber sie reichten ihm nicht, denn mit dem Auflösungsbefehl war auch die Abführung des Vermögens der „Industrievertretung" an den DDR-Staatshaushalt verfügt worden. Doch wie hoch war dieses eigentlich? Die Stasi hatte sich im Netz ihrer eigenen Konspiration verfangen. „Beide Beschuldigte sagten aus, daß dem Charakter der spezifischen Aufgaben entsprechend und des ihnen dabei entgegengebrachten Vertrauens nur sie die bei der Liquidierung dieser Firma vorhandenen Werte kannten."

Mit diesem Herrschaftswissen wechselten Günter Wurm und Ursula Schmidt von der staatlich sanktionierten in die private Kriminalität. „Um den Anschein einer regulären Geschäftsauflösung zu wahren, verfügten sie weisungsgemäß die auch anderen Personen und Institutionen bekannten Konten der Firma bei der Staatsbank der DDR an den Staatshaushalt ab und übergaben dem Ministerium der Finanzen 11 kg Feingold und Münzen."

Danach brachen für die beiden unruhige Zeiten an, denn nun musste ein nahezu unübersehbarer Schatz von unterschlagenem Geld und Wertgegenständen sicher versteckt werden. Aus diesem Grund wurde nicht nur der Kachelofen in der konspirativen Wohnung „NB" gefüllt. „Der Beschuldigte Wurm hatte … in einem Panzerschrank seiner privaten Garage seines Wochenendgrundstückes in Siehdichum mehrere 100.000,- DM Bargeld aufbewahrt. Diesem Betrag fügten beide weitere Bargeldbeträge zu, so daß sie eine Gesamtsumme von 1.017.000,- DM im September/Oktober 1980 dort versteckt hielten." Dann schien der Panzerschrank nicht mehr sicher genug. „Im September/Oktober begab sich Wurm zu dieser Garage und füllte insgesamt 5 Diplomatenkoffer mit Zahlenkombinationsschlössern mit den im genannten Panzerschrank befindlichen Bargeldbeträgen, hauptsächlich Devisen. Diese 5 Koffer versteckte er in der Zwischenwand der Garage … Im gleichen Zeitraum vergrub der Beschuldigte Wurm als Alleintäter 43 kg Gold in Barren in unmittelbarer Nähe seiner Jagdhütte in Wirchensee/Krs. Eisenhüttenstadt." Verpackt waren sie in drei Teekesseln.

Ursula Schmidt hatte zuvor die aus Gold, Schmuck und Geld bestehende Sore in ihrem Dienst-Fiat aus Berlin antransportiert. „Die Masse all dieser Dinge war so groß, daß ich nicht schneller als 80 km/h mit dem Pkw fahren konnte und er bei Unebenheiten in der Fahrbahn durchfederte."

Auch ihr Chef suchte hektisch nach weiteren Verstecken für die Beute. „Der Beschuldigte Wurm schaffte Wertgegenstände in seine Wohnung in Berlin-Friedrichshain, [geschwärzt, K. B.], und lagerte von dort auch drei Koffer mit Zahlungsmitteln sowie Edelsteinen und Schmuck bei [geschwärzt, K. B.] mit dem Hinweis, sie für ihn aufzubewahren, aus." Für den umfänglichen Kleinkram wie „Fernsehgeräte, Stereo-Anlagen, Heizgeräte, Zigaretten, Spirituosen und Kosmetika" – selbstverständlich alles aus dem Westen – wurde eine Garage in der Nähe von Eisenhüttenstadt angemietet.

Dies herauszufinden war gar nicht sonderlich schwer, denn Günter Wurm war, ohne lange zu zögern, geständig. Jegliches Unrechtsbewusstsein war ihm fremd. Der Offizier fühlte sich auch noch, nachdem er ertappt worden war, als „Kämpfer an der unsichtbaren Front", der den „Klassenfeind besiegte", wenn er ihn „materiell schädigen" konnte. Dafür erwartete er von den Genossen Dank und Hochachtung, aber keinesfalls Kritik. Das verstand sogar die Stasi: „Die geführten Untersuchungen erbrachten keine Hinweise, daß Wu. und Sch. aus Feindschaft gegen die DDR handelten ... Auch die Version des möglichen Verrats der DDR wurde ebenfalls gründlich geprüft. Hierfür gab es bei beiden keine Hinweise."

Alarm bei der Stasi

Damit war ein Verdacht ausgeräumt, der noch kurz zuvor den MfS-Offizieren Gert Trebeljahr und Werner Teske Todesurteile eingebracht hatte. Trotzdem drohte nun plötzlich eine neue

Gefahr. Günter Wurm hatte in den Verhören nicht nur eine genaue Beschreibung seiner Schiebereien und der Korruption von „führenden Genossen“ abgegeben, sondern auch zugegeben, über „eine Vielzahl von geheimen Unterlagen sowohl aus dem Bereich der Volkswirtschaft als auch über interne Probleme aus der Regierung und Partei“ zu verfügen. Das war ein Tabubruch, der an Gewicht gewann, als die Namen Erich Honecker und Günter Mittag genannt wurden. Beunruhigt lasen die Ermittler in Günter Wurms handschriftlichem Geständnis:

Darüber hinaus verfügte ich über eine spezielle geheime Ablage mit einer Registratur von A bis Z. In dieser Ablage befanden sich eine Reihe Informationen, Mitteilungen, Berichte offizieller und inoffizieller Quellen über Meinungen von leitenden Funktionären von Partei und Regierung über die von Gen. Ho. und Gen. Mi. betriebene Wirtschaftspolitik. Über Verhaltensweisen der sowjetischen Parteispitze zur Wirtschaftspolitik der DDR, zu Verhaltensweisen zum Auftreten des Gen. Ho. in der internationalen Arena, des weiteren Einschätzungen zum Verhalten mehrerer Persönlichkeiten in der Regierung über Rivalitäten im PB [Politbüro, K. B.], in der Regierung und im Parteiapparat. Meinungen von Ministern zu Festlegungen der Wirtschaftskommission, in der Arbeitsgruppe Zahlungsbilanz und zu speziellen Festlegungen des Gen. Mi. Des weiteren befand sich in dieser Mappe der Briefwechsel zwischen der Regierung der DDR u. der UdSSR (Gen. Kossygin/Stoph) zu volkswirtschaftlichen Problemen, Fakten der DDR, Fragen der RGW-[Rat für gegenseitige Wirtschaftshilfe, K. B.]-Arbeit und der bilateralen Zusammenarbeit mit den entsprechenden Kommentaren von inoffiziellen Quellen, die absolut sachkundig waren.

Informationen über das heimliche Sammeln derart gefährlicher Interna landeten unverzüglich als Chefsache auf Erich Mielkes Schreibtisch. Der erkannte sofort, dass hier eine Zeitbombe tickte, die dringend entschärft werden musste. Als geeigneter Weg schien dem Minister und den wenigen in die Sache Eingeweihten, die Komplizenschaft mit ihrem Genossen im Goldrausch einfach stillschweigend fortzuführen und so die ganze Sache unauffällig zu bereinigen. Im Ermittlungsbericht vom 12. Februar 1981 wurden dazu ganz konkrete Vorschläge gemacht, die die geltenden DDR-Gesetze ignorierten. So hieß es unter anderem:

– *Aus politisch-operativen Gründen und um dem Ansehen des MfS in der Öffentlichkeit keinen Schaden zuzufügen, auf die Einleitung von strafrechtlichen Maßnahmen gegen Wu. und Sch. zu verzichten.*
– *Gegen Wu. und Sch. sollten Disziplinarmaßnahmen im Zusammenhang mit einer unbedingt erforderlichen Umsetzung durchgeführt und über deren weiteren Einsatz, eventuell als OibE, entschieden werden. Dabei wäre zu berücksichtigen, ihn – nach Möglichkeit – weitgehend von seinen Verbindungen und Bekannten aus anderen Bereichen zu isolieren ...*
– *Gegen Wu. und Sch. sowie gegen die anderen beteiligten Personen sind zielgerichtete, differenzierte politisch-operative Kontrollmaßnahmen zu organisieren.*

Auch darüber, wie diese Vorschläge praktisch umgesetzt werden könnten, gab es konkrete Überlegungen. Günter Wurm sollte lediglich degradiert und als Offizier im besonderen Einsatz ins Kombinat für Polstermöbel in Dresden versetzt werden. Weshalb in einem Werk, das Sessel und Sofas produzierte, irgendjemand die „staatliche Sicherheit der DDR“ überwachen sollte, bedurfte offenbar keiner Begründung. Der Delinquent hatte zuvor das gesamte Diebesgut herauszugeben, und auch seine Kontakte zu den führenden SED-Genossen durfte er nicht mehr pflegen.

Niemand sollte etwas von den Verbrechen des Gespanns aus Oberst- und Oberleutnant erfahren, alles sollte geheim gehalten und von ein paar Spitzeln aus den eigenen Reihen „abgesichert" werden. Doch da hatten die Genossen ihre Rechnung ohne Günter Wurm gemacht.

Außer Kontrolle

Am 19. März 1981 traf der ertappte Genosse auf Veranlassung der Stasi-Ermittler in einem „operativen Objekt" mit Ursula Schmidt zusammen. Das Haus war verwanzt, und die Lauscher notierten: „Zunächst tauschten beide Informationen über die erfolgten und verkündeten Sanktionen und Auflagen aus, ohne sie zu kommentieren." Dann wurden sie hellhörig. „Wu. erhob mehrfach die Frage, warum Sch. ihn verraten habe; er habe vieles nur bestätigen brauchen … Wu. fragte vorwurfsvoll, warum sie das Gold in der Wohnung genannt habe; sie beide hätten doch wenigstens davon ‚ein paar Taler' behalten können. Sch. erwiderte erneut, daß sie einen Schlußstrich und damit nichts mehr zu tun haben wolle."

Günter Wurm war da ganz anderer Ansicht, er hielt das alles für nicht so gefährlich. „Wu. meint, die mögliche rechtliche Konsequenz von 10 bis 15 Jahren Freiheitsentzug sei Unsinn." Bei einem weiteren belauschten Gespräch elf Tage später sagte er: „Ich habe das Gefühl, daß sie mich nicht abschreiben, aber erst einmal bin ich aus dem Verkehr."

Zu dieser Zeit war er bereits mit Befehl Nr. 1979/81 vom 28. März 1981 von Erich Mielke zum Major degradiert worden und ab April nach Dresden versetzt.

Die Sorge um Geld und Gold zeigte ihre Auswirkungen,

und eine stationäre Untersuchung im nicht-öffentlichen Stasi-Krankenhaus Berlin-Buch stand an. Am 30. März besuchte ihn dort seine Frau. Nach fünfzig Minuten kam die Geliebte hinzu. Wahrscheinlich kannten sich die Damen bereits. Selbstverständlich wurde auch dieses Gespräch abgehört. Aufmerksam protokollierten die Mithörer: „Einleitend sei bemerkt, daß Wu. – und das brachte er gegenüber seinen Gesprächspartnern auch offen zum Ausdruck – davon ausging, daß das Gespräch abgehört wird."

Der Gedemütigte nutzte die Gelegenheit zu devoten Äußerungen zum Mitschreiben für die Genossen. „Er erklärte nochmals (offensichtlich an uns gerichtet) ‚die Untersuchung war korrekt' ... Er habe zum MfS aufgrund der langen Dienstjahre eine innere Bindung, er würde nicht zu denen gehören, die nur wegen des höheren Gehalts beim MfS arbeiten."

Anschließend hatte er anscheinend noch einiges mit den beiden Frauen zu diskutieren, denn enttäuscht konstatierten die Lauscher: „Zum Schluß wird so leise gesprochen, daß der Inhalt der Gespräche nicht mehr feststellbar ist."

So blieb der Stasi nur die folgende Schlussfolgerung:

Von den Auflagen traf Wu. offensichtlich am meisten

- *seine Degradierung zum Major*
- *daß er die Verbindungen zu leitenden Mitarbeitern abbrechen muß (ohne Verbindungen ‚ist man in der DDR so gut wie tot')*
- *Entzug der Jagderlaubnis.*

Die Genossen hofften, ihr schwarzes Schaf sei endlich einsichtig geworden. Doch sie täuschten sich gewaltig. Bei den Verhören von Ursula Schmidt im September 1981 erfuhren sie, dass Günter Wurm nicht im Traum daran gedacht hatte, das gesamte Diebesgut zurückzugeben. Die Komplizin erzählte diensteifrig über eine im März 1981 stattgefundene Autofahrt:

„Unterwegs zog Günter WURM einen verschmutzten 1-kg-Goldbarren aus der Hosentasche und zeigte ihn seiner Frau und mir. Es kam aber zu keinem Wortwechsel darüber, weil ich den beiden durch Gesten zu verstehen gab, daß unsere Gespräche im Pkw eventuell abgehört werden könnten."

Günter Wurm hatte die Goldbarren – DDR-Wert immerhin 220000 Mark – in Wierchensee im Beisein der Stasi wieder ausgraben müssen, dabei aber einen unbemerkt beiseitegeschafft. Ursula Schmidt sagte dazu: „Wir befanden uns nun wiederum in einer echten Zwickmühle und waren uns darüber im klaren, daß Günter WURM inhaftiert werden könnte, wenn dieser Sachverhalt dem MfS bekannt würde. Andererseits befürchteten wir die gleichen Konsequenzen, wenn Günter WURM das Gold freiwillig übergeben wird. Darüber war jedoch mit ihm überhaupt nicht zu reden, er brauste auf, betonte, daß er dieses Gold ‚unter Einsatz seines Lebens' an sich genommen hätte und daß er es aufheben würde, wenn es mal gebraucht wird."

Auf seine Komplizin war der Genosse nun richtig sauer. Das bestätigte sie später für das Protokoll: „Er machte mir außerdem Vorwürfe, warum ich über die Sache gequatscht habe, warum ich alle Lagerstollen verraten hätte, wie es uns passieren konnte, daß wir die Kassette in der Niederbarnimstraße vergessen haben, daß ich wenigstens die kleinen ‚gelben Kullerchen aus dem Wäschekorb' hätte behalten können, gemeint waren damit die Goldmünzen in meiner Wohnung."

Günter Wurm betäubte seinen Frust mit Alkohol. Er zwang seine Geliebte, trotz Kontaktverbot die Beziehungen zu wichtigen Staatsfunktionären noch einmal zu aktivieren. Doch auch von denen kam keinerlei Hilfe. Der degradierte Stasi-Offizier hatte seine Dienste geleistet, jetzt war er nicht mehr wichtig. Gesundheitliche Probleme quälten den Mittvierziger. Er begriff nicht, was um ihn herum geschah, lebte zwischen Weinerlichkeit, Selbstmitleid und Aggressivität.

Am 18. Mai 1981 vertraute sich Günter Wurm dem Kader-Offizier, Oberstleutnant M., an. Der notierte: „Er kommt mit dem Leben in Dresden nicht zurecht. Als Abteilungsleiter im MfS habe er sich ‚wie ein Minister gefühlt, mit 3.200,- M auf die Hand'; aber die finanzielle Lage interessiert ihn nicht, ‚ich kann mich einfach nicht mit Polstermöbeln beschäftigen' … Er habe die Kontrollmaßnahmen gegen ihn erkannt; er habe 12 Leute der HA [Hauptabteilung, K. B.] VIII ‚identifiziert', die ihn beschattet hatten … Er versteht nicht, warum ihn das MfS so behandelt, warum seine Kumpels und Freunde ‚bedroht' werden. Die Behandlung von ‚Felix' sei diskriminierend; ‚wer mir helfen will, wird bedroht' … ‚Das alles kann nicht im Sinne der Auflagen des Genossen Minister sein – man nimmt mir meine Datschen weg, dies und das; zahlt nur zur Hälfte, das ist nicht in Ordnung, und ich habe die Schnauze zu halten, dafür, daß ich 20 Millionen für die Republik gemacht habe.'"

Das Gespräch bestätigte die seit Wochen laufenden Beobachtungen von Wurms Stasi-Genossen. Immer weniger konnte sich der einstige Sonderoffizier beherrschen, immer öfter ging er zu direkten Angriffen über. Die Lauscher notierten sie im Wortlaut: „Kleine [Generalleutnant Alfred Kleine, Leiter der HA XVIII, Volkswirtschaft, K. B.] hat von mir gelebt, aber wo geschossen wurde, hat er sich hinter die Mauer gestellt. Er ist ein übelster Karrierist; er ordnet alles seinem persönlichen Vorteil unter, um seinem persönlichen Image zu dienen … Neiber [Generalleutnant Gerhard Neiber, stellvertretender Minister, K. B.] hat mich reingelegt mit Valuta-Mark, was er jetzt nicht mehr zugibt … soll ich zum Minister laufen und ihm sagen, daß er mich um [geschwärzt, K. B.] VM angepumpt hat?

Ich weiß, daß das nicht ausschließlich operativen Interessen diente ..."

Günter Wurm reagierte wie ein waidwundes Tier, und da die MfS-Oberen der aristokratischen Jagd ebenso zugeneigt waren wie die SED-Führung, ahnten sie nun, dass Gefahr drohte. Langsam machten sie sich nicht mehr nur Sorgen, sondern begriffen auch, dass etwas geschehen musste, um den Querulanten zum Schweigen zu bringen.

Das MfS in der Zwickmühle

Seit Wochen wurde Günter Wurm überwacht, auch in seiner Wohnung. Spielte er bei den offiziellen Gesprächen hin und wieder noch den Einsichtigen, kamen von dort schon ab Mitte März 1981 ganz andere und ziemlich aufmüpfige Töne: „Im Familienkreis bezeichnet [Name eines Familienmitglieds, K. B.] die mit der Untersuchung beauftragten Mitarbeiter des MfS als ‚Vögel', ‚Säcke', ‚Idioten', ‚Knastrologen'. Die Untersuchungshandlungen des MfS bezeichnet er als ‚Mafia'-Methoden."

Das wollten die Genossen nun doch nicht auf sich sitzen lassen. Am 11. April sollten Oberstleutnant V. und Major B. Günter Wurm noch einmal ins Gewissen reden. Um 13.00 Uhr erschienen sie in seiner Wohnung in Berlin-Friedrichshain. Ursula Schmidt war bereits vor Ort. Der Hausherr gab sich „beherrscht, ruhig und freundlich", dennoch waren die beiden Offiziere pikiert: „Gen. Wurm bewegte sich so, als wenn das Gespräch nicht angekündigt worden wäre (Unterhemd, barfüßig)."

Bei einer weiteren Aussprache fünf Wochen später zog der zum Major degradierte einstige Oberstleutnant wieder richtig vom Leder. Die Genossen notierten wörtlich: „Ich nehme jetzt zur Kenntnis, daß das MfS und wir das Handtuch geworfen haben, das ist für mich eine Perspektive. Tausende von Menschen haben von mir gelebt; selbst das Gold, was der Minister im Maul hat, stammt von mir. Ich habe es besorgt."

Solcherart Anwürfe hörten die Chefs gar nicht gern. Langsam wurde ihnen klar, dass Wurm aus dem Verkehr gezogen werden musste. Doch davor hatten sie Angst, denn dadurch könnten eine Menge MfS-interner Angelegenheiten bekannt werden.

Wenn es um das „sozialistische Eigentum" ging, war das Strafgesetzbuch der DDR nicht zimperlich: „(1) Wer Sachen wegnimmt, die sozialistisches Eigentum sind, um sie sich oder anderen rechtswidrig zuzueignen, oder wer solche ihm übergebene oder auf andere Weise in seinen Besitz gelangte Sachen sich oder anderen rechtswidrig zueignet, wird wegen Diebstahls zum Nachteil sozialistischen Eigentums zur Verantwortung gezogen. (2) Der Versuch ist strafbar."

Laut Paragraf 162, Bestrafung von Verbrechen zum Nachteil sozialistischen Eigentums, drohten Günter Wurm für den von ihm begangenen „schweren Fall" bis zu zehn Jahren Freiheitsentzug. Da er mehrere einschlägige Straftaten auf dem Kerbholz hatte, konnte die Haft wegen „der Schwere des gesamten strafbaren Handelns" nach Paragraf 64 (3) StGB sogar bis zum anderthalbfachen des Höchstmaßes, also bis zu 15 Jahre, betragen.

Der Weg ins Gefängnis stand für Günter Wurm und seine Komplizin Ursula Schmidt somit offen. Doch die Genossen zögerten, schließlich hatte das MfS das Verbrechen von riesigem Ausmaß erst ermöglicht. Akribisch wurden deshalb zunächst alle Fakten zusammengetragen, die *gegen* ein Ermittlungsverfahren sprachen. Und das waren eine ganze Menge:

Trotz bestehender mehrerer rechtlicher Abschlußvarianten sind die einzelnen Komplexe so miteinander verflochten, daß einem größeren Personenkreis bekannt würde:

- *die Existenz der Firma INDUSTRIEVERTRETUNG als Scheinfirma des MfS,*
- *daß in dieser Firma ca. 15 Jahre keinerlei Kontrolle stattgefunden hat, was wesentlich begünstigte, daß die Straftaten einen derartigen Umfang annehmen konnten,*
- *daß ca. 20 Millionen Mark über einen längeren Zeitraum aus der Verfügungsgewalt des MfS verschwinden können, ohne daß das auffällt ...*

Das war ein Offenbarungseid der Stasi, wie er peinlicher kaum sein konnte. Dessen schienen sich unausgesprochen auch die Ermittler bewusst zu sein, denn ihnen ging es anscheinend weniger um das verschwundene Geld als um den Ruf ihres Hauses. Auf die letzte Feststellung Bezug nehmend, konstatierten sie deshalb: „Allein dieser Fakt würde bei der Militärstaatsanwaltschaft (sie wäre zuständig) und beim Militärgericht völliges Unverständnis auslösen. Dem MfS nicht gut gesonnenen Zündstoff liefern."

Was immer auch gut oder schlecht „gesonnener Zündstoff" sein mochte, als besondere Gefahr sahen die MfS-Juristen die Einblicke in das interne Intrigenspiel der SED-Elite, die sich dadurch eröffnen würden. Scharfsinnig stellten sie fest: „Zuständig für das Strafverfahren wären Militärstaatsanwalt / Militärgericht. Das bedeutet in der Praxis, daß auch Informationen zur Leitung des Ministeriums für Nationale Verteidigung fließen."

Armeegeneral Heinz Hoffmann würde auf diese Weise Munition gegen Erich Mielke in die Hand bekommen. Das sollte verhindert werden, denn die beiden waren sich ohnehin nicht gut gesonnen. Hellsichtig analysierten die Ermittler mögliche unangenehme Folgen. Bekannt werden konnte, dass

– *für die genaue Schadenshöhe (beiseite geschaffte Gelder) in mehreren Millionen Höhe kein Nachweis vorliegt, weil alle Unterlagen vernichtet werden konnten,*
– *bestehende Möglichkeiten des MfS genutzt werden, um sogar Bankunterlagen zu beschaffen und zu vernichten …*

Das waren Delikte, die auch in der DDR strafbar waren. Überdies drohte „Dekonspiration", denn in einer Gerichtsverhandlung käme sehr wahrscheinlich auch „der Mißbrauch des uneingeschränkten Vertrauens von zahlreichen Funktionären des Staatsapparates (Ministerium der Finanzen, Münze etc.) zum MfS durch mehrere Mitarbeiter des MfS" ans Tageslicht.

Mit den üblichen Methoden ließe sich die ganze Sache kaum kontrollieren. Deshalb wurde befürchtet, dass „außenstehende Personen wie Haftrichter, Staatsanwalt, Verteidiger, Richter einschließlich Schöffen, Protokollantin, evtl. das Rechtsmittelgericht von den Straftaten in einem nur bedingt einzuengenden Umfang Kenntnis" erhielten. Außerdem schlussfolgerte man: „Eine Garantie, daß Wu. nicht zu unangenehmen Komplexen Stellung nimmt, kann niemand geben."

Dem abtrünnigen Genossen war inzwischen alles zuzutrauen, und das konnte schnell gefährlich werden. „Unabhängig vom Ermittlungsverfahren kann Wu. von seinem Recht Gebrauch machen, sich an leitende Funktionäre (Generalstaatsanwalt bis hin zum Generalsekretär) schriftlich zu wenden, z. B. in Form einer Eingabe." Die Vorstellung, Erich Honecker könnte vom Sumpf der schwarzen Geschäfte im MfS erfahren, schien besonders bedrohlich.

Ein Genosse wird fallen gelassen

Noch immer wollte man im MfS die ganze Sache am liebsten unter den Tisch kehren. Aber Günter Wurm blieb „uneinsichtig“ und verlor zusehends seine Fassung. Nach dem bereits erwähnten Vieraugengespräch am 18. Mai 1981 im Stasi-Dienstzimmer des Hauses der Ministerien in der Leipziger Straße notierte der Abgesandte der Abteilung Disziplinar aus der Hauptabteilung Kader und Schulung, Oberstleutnant M., empört: „Sein primitiver Personenhaß konzentriert sich auf den Unterzeichner.“ Es folgte die weit schwerwiegendere Aussage: „Insgesamt ist einzuschätzen, daß der Inhalt dieses Gespräches erneut bestätigt, daß der Genosse Major Wurm mit fortschreitender Zeit immer weniger sich mit seinen begangenen Handlungen identifiziert und damit auch jegliches Schuldbekenntnis vermissen läßt.“

Dennoch blieben Bedenken, den Mann einfach vor Gericht zu stellen. Bei offiziellen Verfahren könnte sich Günter Wurm wehren. Darüber mussten die Generäle, die es gewohnt waren, ohne jegliche Beachtung von Recht und Gesetz zu entscheiden, eigens unterrichtet werden: „Im Ermittlungsverfahren ist Wu. nicht rechtlos.“ Die Ermittler befürchteten:

Zumindest wird er

- *von seinem Recht der Verteidigung Gebrauch machen und das dann aus einer offenen Kontrastellung zum MfS,*
- *ihn entlastende Umstände vortragen, die untersucht werden müssen, Ursachen, Aufklärung begünstigender Umstände als Gesetzesauftrag an die Untersuchungen etc.,*
- *von seinem Recht, Beweisanträge zu stellen, Gebrauch machen. Jeder Antrag kann uns erneut in eine Zwickmühle führen und andere Genossen in unangenehme Situationen bringen.*

Sie warnten: „Die Entscheidung zum Ermittlungsverfahren beinhaltet auch, daß dann keine Randtatbestände, sondern die wesentlichen Delikte eine Rolle spielen müssen (alles andere würde für Wu. eine Bestätigung sein, daß wir uns vor schärferen Maßnahmen scheuen). Die Strafe müßte auch in etwa der bei diesem Fall angedrohten (also 8 bis 10 Jahre) betragen. In dieser Entscheidung liegt dann die kaum abzuwendende Konfrontationsstellung."

Im Klartext bedeutete das: Günter Wurm könnte sich an der Stasi rächen, wenn diese beabsichtigte, ihn als Straftäter darzustellen, noch dazu vor einem Gericht außerhalb des „Organs". „Durch solche Strafmaßnahmen kann sich Wu., der heute noch zwar einen miesen Charakter hat, aber kein Feind ist, zum Feind entwickeln; und mit ihm Familienangehörige. Die Probleme können so größer statt kleiner werden."

Auch wenn seine Taten mit Freiheitsstrafe geahndet würden, ließe sich dieses Problem nicht ausräumen. „Im Strafvollzug kann er keinesfalls so isoliert werden, daß er nicht mit anderen Personen einschließlich Mitgefangenen zusammenkommt." Daraus erwüchse eine neue Gefahr. Seit Jahren lief der lukrative Freikauf von Häftlingen durch die Bundesrepublik. Und im Gefängnis wurde viel erzählt. Jemandem wie Wurm war durchaus zuzutrauen, dass er sich mit seinen Taten brüsten würde. Immerhin ging es um ein Millionenverbrechen, eine absolute Seltenheit in der DDR. Und dass der Delinquent darauf auch noch besonders stolz war, hatte er bereits hinreichend betont. Nicht auszudenken, wenn ein Mithäftling irgendwann einmal davon im Westen erzählen würde!

Darüber hinaus drohte weiteres Ungemach. Das MfS hatte seinem einstigen „Sonderoffizier" die kriminelle Karriere erst ermöglicht und ihm jahrelang den Rücken freigehalten.

Wendete es sich nun von ihm ab, könnte der arme Mann das womöglich missverstehen und führende Genossen belästigen. „Bei näherer Betrachtung kann durch ein mögliches Ermittlungsverfahren gegen Wu., was ihm gegenüber eine Demonstration der Staatsmacht darstellen würde, durch die seine miesen Charakterzüge mit Brachialgewalt korrigiert werden sollen, unter Umständen eine Schockreaktion auslösen, die bei ihm oder seinen Angehörigen zu unüberlegten Handlungen führen können und die unter Umständen auch darin bestehen können, daß sie ständig ihre Verbindungen anlaufen, um diese in ihrem Sinne zu aktivieren."

Die Stasi wollte die „führenden Genossen" nicht nur vor „unangenehmen Situationen" bewahren, sondern ihnen auch ersparen, dass ihnen ihr einstiger Freund lästig würde. Günter Wurm sollte den Mund halten, mehr wollte eigentlich niemand. Doch der wollte einfach nicht kooperieren. Immer starrköpfiger wurde der von Geld und Gold geblendete Genosse.

Ein geheimer Prozess

Im kleinen Kreis der Eingeweihten in der Normannenstraße wuchs derweil der Frust. „Immer unverschämter werden seine Drohungen, Verleumdungen und Verdrehungen gegen leitende Mitarbeiter des MfS, wobei er weder den Minister noch seine Stellvertreter dabei ausläßt."

Das ging nun wirklich zu weit. An Günter Wurms Ausschluss aus dem MfS und einem Prozess gegen ihn führte nun kein Weg mehr vorbei. Zwangsläufig musste auch Ursula Schmidt mit auf die Anklagebank, obwohl sie längst abgeschworen und sich demütig wieder der Stasi angedient hatte.

Nun richteten sich alle Bemühungen auf die Schadensbegrenzung bei der für Ende 1981 geplanten Hauptverhandlung. Dazu boten sich die vom MfS seit Jahrzehnten praktizierten Methoden beim Eingriff in die DDR-Justiz an. „Mit der Verhandlung vor dem Obersten Gericht wird der Schwere der Verbrechen entsprochen, die erforderliche Konspiration durch die einzusetzenden Richter und der Wegfall von Rechtsmitteln gewährleistet." Die Stasi bestimmte nicht nur die Richter – was der DDR-Verfassung eklatant widersprach –, sondern sorgte auch dafür, dass es keine weitere Instanz gab. Zudem legte sie das Strafmaß fest: „für WURM: 15 Jahre Freiheitsentzug, für SCHMIDT: 8 bis 10 Jahre Freiheitsentzug". Das wurde auch mit den beiden Rechtsanwälten, also den „Verteidigern", so besprochen. Eine Notiz der Stasi belegt: „Bei beiden handelt es sich um zuverlässige und überprüfte Anwälte."

Ursula Schmidt nutzte ihre Chance und zeigte Reue vor Gericht, das unter Ausschluss der Öffentlichkeit verhandelte. Der Prozess verlief exakt nach dem Stasi-Drehbuch, und am 3. Dezember 1981 verkündeten die Militärrichter auftragsgemäß 15 Jahre Haft für Günter Wurm und 8 Jahre für seine Komplizin – selbstverständlich „im Namen des Volkes", das von alledem niemals etwas erfahren sollte.

Dennoch blieb für die Stasi-Genossen ein Wermutstropfen. „Während die SCHMIDT ihre Handlungen bereut und sich in ihrem Verhalten zunehmender von WURM distanziert, verhält sich WURM nach wie vor uneinsichtig und aufgrund der Strafhöhe, die seinen Erwartungen völlig widersprach, deprimiert."

Günter Wurm fühlte sich von den eigenen Genossen schlecht behandelt und verraten. Kriminelle Energie war für ihn Bestandteil seiner Macht. Und die Stasi hatte ihm freie Hand gelassen. Dass sie ihm nun in den Rücken fiel, enttäuschte ihn tief.

Nachspiel

Ende Oktober 1983 erschien im SED-Zentralorgan „Neues Deutschland" eine unscheinbare Todesanzeige: Günter Wurm war „am 10. September 1983 nach schwerer Krankheit im Alter von 48 Jahren" verstorben. Seine Angehörigen beteuerten: „Wir werden sein Andenken und seine Arbeit in Ehren halten." Dabei wollten seine ehemaligen Genossen darüber viel lieber schweigen.

Sie hatten unter Missachtung der ärztlichen Schweigepflicht akribisch seine Krankenakte verfolgt und sich regelmäßig nach seinem Zustand erkundigt. Bereits im September 1982 war Günter Wurm wegen einer ernsthaften Erkrankung ins Haftkrankenhaus umgezogen. Am 2. Dezember 1982 hatten die Chefärzte festgestellt: „Mit einer Gesundung des Strafgefangenen WURM ist kaum zu rechnen."

Sein Tod kam gelegen, denn er hatte bis zum Schluss nicht eingelenkt. Noch gut drei Wochen vor seinem Prozess Anfang Dezember 1981 gab Günter Wurm in seiner „persönlichen Stellungnahme" in einem endlosen Bandwurmsatz an: „Da ich über die vorhandenen finanziellen und materiellen Mittel niemandem rechenschaftspflichtig war, kannte auch niemand die Höhe der vorhandenen Werte. Da ernsthafte Diskrepanzen seit kurzer Zeit zwischen mir und meinem Vorgesetzten bestanden und ich bzw. wir annehmen mußten, daß durch diesen bei Bekanntwerden der vorhandenen Werte im negativen Sinne Gebrauch davon gemacht wird und eine Übergabe an ihn, von ihm gegen mich genutzt wird, um mir Schwierigkeiten in meiner Funktion zu machen sowie um sich gegenüber dem Leiter des Organs zu rehabilitieren für die von anderen Genossen begangenen Verfehlungen, kamen wir zu dem Schluß, die vorhandenen beweglichen Werte für einige Zeit auszulagern und ruhen zu lassen."

Jegliche Schuld wies er damit von sich und sprach sie der Gegenseite zu. Das mochte sich „das Organ" inzwischen nicht mehr bieten lassen. Erwartungsgemäß urteilten die Militärrichter des Obersten Gerichts der DDR über Günter Wurm: „Einst seine Funktion zu einem hohen Nutzen für die Deutsche Demokratische Republik einsetzend, glitt er ab in moralische Verkommenheit und dem Sozialismus entgegengesetztes Besitz- und Machtstreben." Besonders verwerflich sei, dass die Tatschwere seiner gemeinsam mit Ursula Schmidt begangenen Verbrechen unter anderem in ihrer „objektiven Eignung zur Schädigung des Ansehens des Ministeriums für Staatssicherheit" liege.

Im Nachgang des Prozesses wurden möglichst alle kompromittierenden Materialien unter strengsten Verschluss genommen, so zum Beispiel 412 Fotos, „da diese wegen ihrer Aussagefähigkeit eine dauernde erhebliche Gefahr für die Sicherheit" darstellten. Sie zeigten unter anderem die bereits erwähnten Jagdwagen der „führenden Genossen". Deren Luxus zu schützen war demnach eine Frage der Sicherheit des Staates DDR.

Nachdem sich der Fall Günter Wurm durch seinen Tod sozusagen von selbst gelöst hatte, wurde nun überlegt, wie mit seiner Komplizin Ursula Schmidt zu verfahren sei. Obwohl sie bereits am 15. September 1981 unter Aberkennung ihres Dienstgrades aus dem MfS entlassen worden war, kümmerten sich die Genossen um die Strafgefangene. Unter Anrechnung der Untersuchungshaft sollte ihre Strafe nach den geltenden DDR-Gesetzen bis zum 13. September 1989 andauern. Doch bereits nach vier Jahren verbüßter Haft stellte der MfS-Kaderchef, Generalleutnant Günter Möller, mit Bestätigung seines Ministers Erich Mielke fest: „Durch die Abteilung XIV wird eingeschätzt, daß der Zweck der ausgesprochenen Freiheitsstrafe bei der Strafgefangenen Schmidt, Ursula als erreicht betrachtet werden kann."

Am 1. November 1985 fand im Berliner Stasi-Gefängnis unter Regie der Hauptabteilung Kader und Schulung ein Gespräch mit ihr statt. „Der Strafgefangenen Schmidt wurde eröffnet, daß ausgehend von den gesetzlichen Möglichkeiten zur Zeit eine vorzeitige Haftentlassung geprüft wird ... Der Schmidt wurde erklärt, daß sich das MfS nach wie vor für sie verantwortlich fühlt und entsprechend ihrer Qualifikation Arbeitsangebote unterbreiten wird ... Wir erwarten von ihr, daß sie sich künftig gesellschaftsgemäß verhält und das in sie gesetzte Vertrauen rechtfertigt."

Wenig später war Ursula Schmidt frei. Sie wurde als Sachbearbeiterin in der Abteilung Kfz-Wesen eines Kombinates wieder in den DDR-Alltag entlassen. Dort behielt die Stasi sie fest im Auge. „Die Wiedereingliederung und politisch-operative Sicherung erfolgt auf der Grundlage eines vorliegenden Maßnahmeplanes ..."

Das von Günter Wurm und Ursula Schmidt erbeutete Diebesgut war schon im Zuge der Ermittlungen ins MfS gewandert. Zufrieden konnte Erich Mielke am 18. Mai 1981 lesen:

Entsprechend Ihrer Weisung wurden von der HA XVIII Gold, Münzen, Edelsteine, Schmuck und Bargeld übernommen. Die Bewertung der Ware ergibt folgendes Ergebnis: 82,649 kg Gold (im Wert von) 2.946.140,47 DM. Dieses Gold bleibt bei uns im Bestand. Die Münzen haben einen Handelswert von 1.353.000,00 M und wurden in unseren Bestand aufgenommen und registriert ... Die Edelsteine und der Schmuck wurden lt. Protokoll von dem Taxator der VEB Zwickauer Edelschmiede auf 2.379.430,00 M geschätzt. Nach unserer Prüfung muß festgestellt werden, daß die Lupenreinheit bei keiner Position übereinstimmt. Der uns angebotene

Preis entspricht nicht unseren Vorstellungen und deshalb wird vorgeschlagen, diese Ware in die vorhandenen Bestände aufzunehmen und einzeln zu verkaufen. An Bargeld wurden übernommen: DM 1.626.105,00, M 2.202.875,00, US-Dollar 24.189,00. Alle anderen kleinen Positionen wurden konvertiert und in DM dem Konto 528 gutgeschrieben. Die sozialistischen Währungen wurden in unsere Bestände eingeordnet. Gesamtbewertung: DM 4.625.460,17, M 5.935.305,00.

Das größte Wirtschaftsverbrechen der DDR wurde so schließlich zu einem warmen Geldregen aus West- und Ostmark in Millionenhöhe für das MfS. *K. B.*

Am Leben verzweifelt

Dean Reeds geheimnisumwitterter Abschied

Am Ende ritt der Cowboy nicht in die aufgehende Morgensonne, sondern ging ins dunkle Wasser des Zeuthener Sees bei Berlin.

Das Leben und der tragische Tod des Sängers und Schauspielers Dean Reed bieten das Sujet für ein an Liebesromanzen und Massenszenen reiches Leinwandspektakel mit melodramatischem Schlussakkord. Begonnen hat seine vielversprechende Karriere im weltberühmten Hollywood in den USA, geendet hat sie im abgeschiedenen Schmöckwitz in „unserer DDR".

Elf Jahre nach der Wiedervereinigung, 2001, begann Tom Hanks an einem Filmprojekt über den „Roten Elvis" für Steven Spielbergs Dreamworks Studios zu arbeiten. Er reiste nach Deutschland und traf sich sogar mit dem letzten SED-Chef Egon Krenz, doch dann wurde es still um das Projekt. Bei einem späteren Berlin-Besuch im September 2004 äußerte sich Hanks ausweichend zum Stand der Vorarbeiten. „... a movie absolutely nobody wanted to pay to see", sagte er schließlich 2016 im „Hollywood Reporter". Niemand würde wohl noch Geld dafür ausgeben, um sich anzuschauen, wie es „Red Elvis" im Sozialismus ergangen war. Dean Reed scheint heute endgültig im Strudel der Geschichte versunken zu sein.

Neben vergessenen Spielfilmen, in denen er agiert hatte, existieren dennoch etliche Dokumentarfilme, die dem Künstler auf unterschiedliche Weise gerecht werden. Auskunft geben außerdem einige Biografien. Die erste, „Dean Reed erzählt aus seinem Leben", erschien 1980 in der DDR, eine zweite, „Comrade Rockstar", wurde 1991 erstmals in London veröffentlicht und 2006 mit dem Untertitel „The Life and Mystery of Dean Reed" wieder aufgelegt. Sie stammt von der amerikanischen Journalistin Reggie Nadelson, die den „Genossen Rockstar" im April 1986 in der CBS-Fernsehshow „60 minutes" gesehen hatte. „Sechs Wochen später wurde Dean Reed in einem See in Ost-Berlin tot aufgefunden. Hatte ihn die CIA ermordet? Der KGB? Ein eifersüchtiger Ehemann? Niemand wusste es." Auch Frau Nadelson, die in Denver, Hollywood, Hawaii, Berlin, Prag und Moskau recherchierte, fand es nicht heraus.

Weitere Bücher entstanden im Windschatten der durch Tom Hanks ausgelösten Reed-Renaissance. Der Filmpublizist Frank-Burkhard Habel legte 2007 eine reichbebilderte „wahre Geschichte" Reeds vor, über den die Filmkritikerin Margit Voss 1993 geschrieben hatte: „Wie ein Paradiesvogel war er vom Himmel gestoßen. Als Dean Reed 1971 in die DDR kam, verkörperte er das Phänomen eines amerikanischen Traums."

Wer war dieser vom Himmel gestoßene Paradiesvogel, über den die Medien außerhalb des „sozialistischen Lagers" zu seinen Lebzeiten kaum ein Wort verloren, während er östlich und südlich der Elbe die Verehrung seiner überwiegend weiblichen Fangemeinde genoss?

Ein Träumer aus Colorado

Geboren wurde Dean Reed am 22. September 1938 in einem der damals noch ländlichen Vororte von Denver, Colorado. Sein Vater Cyril, Lehrer an der lokalen Highschool, galt als streitsüchtiger und stockkonservativer Mann, der gegen die „Weltverschwörung der Kommunisten im Lande" kämpfte. Er hätte Dean, so wie auch seine beiden anderen Söhne, am liebsten in der Army gesehen. Deshalb schickte er den zehnjährigen Jungen auf die Kadettenschule der Militärakademie. Zum Militärdienst wurde Dean später jedoch nicht eingezogen. Die Mutter sprach von „medical problems" des Heranwachsenden, der unter Magengeschwüren und Schlafstörungen litt. „Sein Leben lang nahm er jeden Abend eine Schlaftablette. Aber nur eine. Er nahm niemals mehr als eine Schlaftablette", versicherte sie nach seinem Tod.

Die gesundheitlichen Probleme beeinträchtigten Deans sportliche Fähigkeiten nicht. Er war ein hervorragender Leichtathlet, Schwimmer und Reiter. Als knapp 18-Jähriger gewann er einen 110-Meilen-Wettlauf gegen ein Maultier und den dafür ausgelobten Preis von 25 Cents. Ein wohl sehr typisch amerikanisches Vergnügen, das den jungen Dean sein Leben lang stolz machte. Auf die 31 Zeilen im „Newsweek"-Magazin unter der Überschrift „Siegreicher Mann" verwies er noch nach 35 Jahren gerne.

Außerdem spielte der athletische junge Mann Gitarre und sang. Als „Denver Kid" war er eine Größe in der lokalen Musikszene. Mit 16 Jahren komponierte er sein erstes Liedchen. „Eigentlich wollte ich damals", erzählte er, „vor allem den Mädchen imponieren." Dabei blieb es ein Leben lang: Dean wollte immer imponieren. Den Mädchen. Seinem Vater. Seiner jeweiligen Ehefrau. Dem großen Publikum. Amerika. Oder auch der sozialistischen Welt. Er war immer der große Junge, dem jedermann, vor allem jede Frau gut gesonnen sein musste.

Nach Abschluss der Highschool studierte er Meteorologie. Die Aussicht, als Wetterkommentator im Fernsehen aufzutreten, befriedigte seinen Ehrgeiz jedoch nicht. Gegen Ende der

Semesterferien 1958 setzte er sich in seinen Chevrolet und fuhr nach Kalifornien, wo er bei der Schallplattenfirma Capitol Probeaufnahmen machte. Um die märchenhafte Geschichte, die an den Aufstieg Elvis Presleys erinnert, ranken sich widersprüchliche Überlieferungen. Fest steht, dass Dean innerhalb einer Woche einen Siebenjahresvertrag erhielt. Capitol, durch Nat King Cole reich geworden, gehörte zu den renommierten Firmen der Branche.

Mit seiner dritten Platte „Summer Romance“ landete Dean ein Jahr später tatsächlich auf den vorderen Plätzen der Hitparaden. Capitol schickte ihn auf die Schauspielschule der Warner Bros., wo Paton Price ihn zusammen mit den Everly Brothers und Jean Seberg das Einmaleins der Schauspielkunst lehrte. Price galt als einer der Besten seines Fachs und weckte wohl auch das politische Interesse Deans. Später nannte Dean ihn „seinen zweiten Vater, seinen besten Freund und sein großes Vorbild“ und sagte auch, warum: „Paton hat mir vieles beigebracht, was zum Handwerk des Auftretens vor der Kamera gehört, ob man als Sänger oder Schauspieler agiert. Aber nicht das war das Wertvollste, was er für meine Entwicklung getan hat. Zuerst und vor allem betrachtete er es als seine Aufgabe, seinen Schülern eine humanistische Auffassung vom Beruf des Schauspielers zu vermitteln. Er, der die Verlogenheit im US-amerikanischen Kunstbetrieb kannte, sagte immer wieder: ‚Wie willst du ein Haus bauen, wenn das Fundament nicht unerschütterlich ist? Wie willst du beim Publikum Gefühle erwecken, die du selbst nicht hast? Wie willst du Wahrheit vermitteln, wenn du selbst nicht an die Wahrheit glaubst und sie vertrittst, wenn du ein Lügner bist?‘ Patons Meinung war unumstößlich. ‚Ein Mensch kann nichts von Wert schaffen, wenn er nicht selbst ein wertvoller Mensch ist.‘“

„Summer Romance“ hielt sich überraschend lange in den Charts. Vor allem in Südamerika galt der Rocksänger mit der hellen Stimme als großer Star. Vielleicht war es gerade deshalb Deans eigener Entschluss, im Februar 1962 einen Pass zu beantragen. Dem Bericht seines Freundes Johnny Rosenburg zufolge, den Dean als Songschreiber entdeckt hatte, verschwand der aufsteigende Star jedoch, weil er sich nicht länger seinem Manager Roy Eberhart unterordnen wollte.

Am 9. März 1962 verließ Dean die Vereinigten Staaten. Er ahnte nicht, dass er sein Heimatland nur wenige Male als Besucher wiedersehen würde. In Santiago de Chile empfing ihn eine begeisterte Menschenmenge. So etwas hatte Dean noch nie erlebt. Auf Schritt und Tritt verfolgten die Fans den „Magnificent Gringo“, alle antiamerikanischen Ressentiments der stolzen Südamerikaner schienen vergessen.

Vom US-Hinterhof ins Sowjetreich

Dean blieb in Lateinamerika. Er bereiste den brasilianischen Urwald und lebte bei einem kleinen Indiostamm. „Der Urwald am Amazonas ist der einzige Ort in Südamerika, wo ich keine Schilder mit der Aufschrift ‚Yankee, go home!‘ gesehen habe“, stellte er fest.

Das klang noch harmlos. Doch bald darauf geriet er in den ersten ernsthaften Konflikt mit seinem Heimatland. In einem offenen Brief an eine chilenische Zeitung hatte er die Lateinamerikaner aufgefordert, bei Präsident John F. Kennedy schriftlich gegen die amerikanischen Kernwaffentests zu protestieren. Und das ausgerechnet, während das internationale Medieninteresse auf die Fußballweltmeisterschaft in Chile gerichtet war.

Deans Platten verkauften sich in Südamerika weitaus besser als in den USA, wo er schnell in Vergessenheit geriet. Seine erste LP nahm er in Chile auf, drei weitere folgten in Argentinien. Dort lebte er in den nächsten Jahren mit der tschechischen Gräfin Nyta Doval, einer attraktiven Sängerin und Kabarettistin. „Er war ein Idealist", wusste sie zu berichten. „Man konnte ihn leicht hereinlegen. Aber er konnte 5000 Arbeitern beibringen, was sie zu wählen hatten."

Dann traf Dean Patricia wieder, eine junge Amerikanerin mit indianischen Vorfahren, die er bereits in Hollywood kennengelernt hatte. Die beiden heirateten 1964 in Mexiko. Im selben Jahr drehte Dean dort seinen ersten Film, zwei weitere folgten in Argentinien, wo er jeden Sonnabend zur besten Sendezeit in einer eigenen Fernsehshow auftrat. Ganz Argentinien kannte den sympathischen amerikanischen Riesen mit der Modefrisur und den strahlend weißen Zähnen. Ein männliches Sexsymbol, bei dessen Anblick die Frauenherzen dahinschmolzen.

Argentinien durchlebte damals gerade eine kurze demokratische Phase vor der nächsten Diktatur. Dean, den die krassen sozialen Widersprüche in der Dritten Welt bewegten, hielt sich nicht zurück in den politischen Diskussionen seines Gastlandes und ließ keinen Zweifel aufkommen, wo er stand. „Ich konnte meine Lieder singen, ich machte Schallplatten, mein Name stand stets auf den Hitlisten, ich spielte in Filmen die männliche Hauptrolle, und ich konnte dennoch sagen, was ich über die politischen und sozialen Probleme dieser Welt dachte. Ich wandte mich gegen das von der Regierung meines Landes forcierte nukleare Wettrüsten, protestierte gegen die Bombardierung Vietnams und verurteilte die Ausbeutung Südamerikas durch die Monopole meines Heimatlandes. Ich bin immer als ein Amerikaner aufgetreten, der sein verfassungsmäßig verbrieftes Recht in Anspruch nimmt, seine Regierung zu kritisieren, wenn sie gegen die Interessen des Volkes verstößt." Dean Reed war ein stolzer Amerikaner, der die Freiheit seines Landes nutzte, um dessen dunkle Seiten anzuprangern.

Durch Freunde in der Gewerkschaftsbewegung lernte er den Schriftsteller Alfredo Varela kennen, den führenden Kopf der argentinischen Friedensbewegung. Dem fiel es nicht schwer, Dean zu überreden, als Mitglied der argentinischen Delegation am Weltfriedenskongress in Helsinki teilzunehmen.

Die Tage in Helsinki im Juni 1965 und die anschließende Reise nach Leningrad veränderten Deans Leben. In Helsinki geriet er in die heftigen Auseinandersetzungen der chinesischen und der sowjetischen Fraktion, und angeblich gelang es ihm, die Situation durch seinen spontanen Auftritt zugunsten der Sowjets zu entschärfen. Nikolai Pastuchow, Generalsekretär des Komsomol, war begeistert von dem Amerikaner in Cowboykluft und lud ihn in die Sowjetunion ein. In Argentinien war man weniger angetan von Reeds russischen Kontakten. Nach dem Militärputsch des General Juan Ongania im Juni 1966 verwies man ihn des Landes.

Es spricht nicht für seinen politischen Instinkt, dass Dean sich zuerst nach Franco-Spanien wandte. Schließlich kam ihm Pastuchows Einladung zu einer ausgedehnten Tournee durch neun sowjetische Großstädte gerade recht. Die Jugend zwischen Minsk und Wladiwostok hungerte wie überall hinter dem Eisernen Vorhang nach westlicher Musik. Inzwischen gab es die Beatles und die Stones, die musikalisch mehr boten als ein folkloristisch angehauchter Schlagerstar der späten Fünfziger, doch an solche „Aufrührer" war in der Sowjetunion vorläufig nicht zu denken.

Deans Erfolg war unvorstellbar. Er wurde das Ersatzidol für alles, wonach die Komsomolzen sich sehnten. Ein echter langhaariger Amerikaner in echt amerikanischer Kleidung, der echte amerikanische Musik machte. Ein Sänger, Schauspieler, Entertainer, ein warmherziger und sympathischer Mensch, ein Star zum Anfassen. Die Mädchen versuchten, ihm die Kleidung vom Leib zu reißen. Die Begeisterung des sowjetischen Millionenpublikums übertraf alles, was Dean bis dahin in Südamerika erlebt hatte. Die Sowjetunion blieb fortan das Land seiner großen Konzerttourneen. Auch später, während seiner Jahre in der DDR, zog es ihn immer wieder in die Weiten des Sowjetlandes, wo die Fans seiner harrten, die Mädchen vor allem. Dean liebte das riesige Land. Ein Fernsehfilm zeigt ihn singend auf einem fahrenden Zug der Transsibirischen Eisenbahn, auf einem Riesentruck, der eine Brücke in der Taiga überquert, und bei Kunststückchen auf einem Motorrad – für Dean agierte nie ein Stuntman. Fünf seiner Langspielplatten wurden in Moskau aufgenommen, musikästhetisch dem Geschmack des Landes entsprechend. Später produzierte er seine Platten in Prag.

Seine weitere Karriere plante er jedoch erst einmal im Westen. Mit seiner Frau Patty ließ er sich in Rom nieder, wo die Studios von Cinecittà gute Arbeitsmöglichkeiten boten. In allerlei B-Movies stand Dean Reed unter anderem neben Anita Ekberg, Nadja Tiller und Ringo Starr vor der Kamera.

Auch unter den harten Bedingungen des italienischen Filmgeschäfts verließ ihn sein soziales Gewissen nicht. Als ihn die technischen Mitarbeiter der Filmcrew wegen ausstehender Löhne um Hilfe baten, hatte Dean eine echte Reed'sche Idee. Er täuschte seine Entführung vor – Freilassung nur gegen Zahlung der Löhne. Sein Plan soll reibungslos funktioniert haben …

Am 2. Mai 1968 wurde Deans Tochter Ramona Chimene Guevara Price Reed geboren. In einem Brief, den der stolze Vater an das Baby schrieb, erklärte er auf seine überschwänglich-pathetische Art, die noch seine letzten Zeilen als unverwechselbar von seiner Hand erkennen ließ, die Bedeutung der Namen. Auch für seine Frau Patty fand Dean hochherzige Worte: „Sie, von der ich gelernt habe, was Liebe ist, was gegenseitige Achtung und Geduld bedeuten. Sie, die verstanden hat, dass ich mit meinem Eintreten für ein besseres Leben der Menschheit auch eine Verpflichtung erfülle ihr gegenüber und Dir, Ramona, die ihr beide Teil dieser Menschheit seid."

Zwei Jahre später wurde die Ehe in Santo Domingo geschieden.

Protest statt Flower-Power

Es waren Jahre, in denen Dean Reed zwischen Südamerika, Italien und der Sowjetunion umherreiste, Jahre, in denen sich seine politischen Aktivitäten verstärkten, während sich die Musik und das Publikum in den USA wandelten. Es gab Flower-Power und Woodstock, und Dean war fern davon, wenngleich er die politischen Intentionen nach Liebe statt Krieg der jungen Amerikaner zu teilen schien.

In Rom nahm er an einer Protestaktion vor der US-Botschaft teil, wurde festgenommen und verlor seine Arbeitserlaubnis. In Chile verhaftete man ihn vor dem US-Konsulat. In Buenos Aires, wohin er 1971 auf Umwegen reiste, verbrachte er drei Wochen in Haft.

Seine Konzertreisen durch die Sowjetunion entschädigten ihn für alles und führten bis in die Mongolei. Er sah mehr von

Breschnews riesigem Reich als andere Ausländer, aber auch nur das, was man ihm zeigen wollte. Oder das, was er sehen wollte? „Er studierte Marxismus-Leninismus", vermutet seine Biografin Reggie Nadelson, und tatsächlich beschäftigte sich Dean mit den theoretischen Grundlagen seiner neuen Weltanschauung und nannte sich bald Marxist. In seinen politischen Statements klingt der Enthusiasmus eines Konvertiten mit. An der Kremlmauer ließ er sich am Grab seines Namensvetters John Reed (1887–1920) fotografieren, des amerikanischen Journalisten, der „Zehn Tage, die die Welt erschütterten" geschrieben hatte, die „erste wahrheitsgetreue und äußerst lebendige Darstellung" der Oktoberrevolution, wie Lenin das Buch nannte. Als der sowjetische Regisseur Sergej Bondartschuk plante, John Reeds Leben zu verfilmen, wollte Dean die Hauptrolle spielen. Bondartschuk aber fuhr nach Kalifornien und bot die Rolle Warren Beatty an. Der drehte 1981 „Reds", seine eigene Version über John Reed, die mit drei Oscars ausgezeichnet wurde.

Im November 1971 kam Dean zum ersten Mal in die DDR. In Chile hatte er den Wahlkampf der Unidad Popular für Salvador Allende vor Ort unterstützt. Am 1. September 1970, eine Woche vor dem Wahlsieg Allendes, hatte er in einer spektakulären Aktion vor dem amerikanischen Konsulat in Santiago symbolisch ein blutbeflecktes Sternenbanner gewaschen und war verhaftet worden. Neun Wochen später war er Ehrengast bei der Amtseinführung des demokratisch gewählten chilenischen Präsidenten. Dean reiste vier Monate lang durch das Land und trat für die Unidad Popular auf. Auf dem Leipziger Dokumentarfilmfestival 1971 stellte er seinen Chile-Film vor.

Es sollte der Einstieg in eine neue Lebensetappe werden.

Der schönste Mann der Welt in der DDR

Auf dem Empfang für die Gäste des Festivals in Leipzig streckte eine blonde junge Frau Dean Reed ihr Sektglas entgegen. „You are the best-looking man in the world", sagte sie in mühsamem Englisch. Die Antwort des schönsten Mannes der Welt musste Victor Grossman – eigentlich Steve Wechsler, ein aus New York stammender Amerikaner, der als junger Soldat 1952 in die DDR geflohen war – dolmetschen. Doch das beeinträchtigte die jäh entflammte Liebe der beiden nicht. Während Dean wieder einmal durch die Sowjetunion tourte, begann Wiebke – so hieß die Blonde –, Englisch zu lernen.

Bald darauf war Dean wieder in der DDR, bei seiner neuen Freundin. Die DEFA hatte ihm die Hauptrolle in der Eichendorff-Verfilmung „Aus dem Leben eines Taugenichts" in der Regie von Celino Bleiweiß angeboten. Dass der 34-jährige Amerikaner in der pseudo-romantischen Filmidylle nicht zu überzeugen vermochte, wunderte später niemanden. Der „Filmspiegel" Nummer 12/73 kommentierte, dass sich der Film zu sehr „auf die Wirkung des (schönen) Bilds, auf die – erwartete – Ausstrahlung eines Dean Reed" verlasse, dabei jedoch auf eine tiefergehende Charakterisierung des Taugenichts verzichte.

Wiebke war schwanger geworden und hatte den gutaussehenden Mann allmählich besser kennengelernt – und das nicht ausschließlich von seiner vorteilhaften Seite. 1972, noch vor Beginn der Dreharbeiten für den „Taugenichts" in Rumänien, hatten sie sich getrennt, sich jedoch bald darauf wieder versöhnt.

Im Sommer 1973 heirateten sie im sächsischen Döbeln, Dean zünftig in adlergeschmücktem Westernhemd. Immerhin ging es in der DDR gerade ein wenig internationaler zu. Es war die Zeit der X. Weltfestspiele in Berlin, zu deren Stars auch zwei amerikanische Friedenskämpfer gehörten: die schwarze Bürgerrechtskämpferin Angela Davis und Dean Reed. Während des Festivals traf Dean für eine Stunde seine inzwischen fünfjährige Tochter Ramona.

Am 21. Juli 1973 stellte Dean den Antrag, sich auf unbestimmte Zeit in der DDR niederzulassen und für das Ministerium für Kultur tätig zu sein. „Die Genehmigung seines Gesuches liegt im staatlichen Interesse", entschied die „Ständige Arbeitsgruppe Ausländerfragen" beim Ministerium des Innern. Gemeinsam konnten die Reeds in die USA fliegen. Dean stellte der Mutter, die inzwischen auf Hawaii lebte, seine neue Frau Wiebke vor. Das Ehepaar besuchte New York und flog nach Kuba, wo Dean hoffte, Fidel Castro zu treffen. Er hatte ein Faible dafür, die revolutionären Führer der Welt kennenzulernen und sich mit ihnen fotografieren zu lassen. Leider war Castro nicht in Havanna. Die Reeds waren dennoch begeistert von Kuba, vor allem von der Musik. Und davon, dass es offenbar nicht den sonst überall in Lateinamerika sichtbaren Kontrast zwischen Arm und Reich gab. Dean wollte in Kuba wie in der DDR nur die Vorteile sehen.

Nach zehn Jahren in der DDR, die er allmählich als seine zweite Heimat empfand, stellte er fest, dass er sehr froh darüber sei, in ein sozialistisches Land gekommen zu sein. „Denn ich war neugierig darauf, wie die Menschen im Sozialismus leben … Ich … war neugierig auf den sozialistischen Alltag. Heute kann ich sagen, dass ich ihn kennen- und lieben gelernt habe, mit all seinen Freuden und all seinen Problemen. Und abgesehen davon, dass mich natürlich manchmal Sehnsucht nach meinem Heimatland, den Vereinigten Staaten, befällt, bin ich froh, dass ich in der sozialistischen DDR ein Zuhause gefunden habe. Noch nie zuvor in meinem Leben habe ich so viele Möglichkeiten gehabt, meine künstlerischen Absichten zu verwirklichen, sei es als Sänger und Schauspieler, als Drehbuchautor und als Filmregisseur. Dafür danke ich dem Volk und der Regierung meines Gastgeberlandes aus ganzem Herzen ..."

Hat Dean Reed den sozialistischen Alltag seiner Mitbürger wirklich in seiner ganzen Schönheit kennen- und lieben gelernt? Als sehr gut bezahlter Filmstar genoss er nicht nur materielle Privilegien, seine Freunde saßen im Apparat der Partei und der Medien. In der Abteilung Agitation des Zentralkomitees (ZK) der SED war Eberhard Fensch für Künstler seines Kalibers zuständig. Mit Fensch, der in Deans Leben bis zum letzten Tag eine wichtige Rolle spielen sollte, verband den Amerikaner bald eine persönliche Freundschaft. Über ihn bestand auch eine direkte Verbindung zu Generalleutnant Paul Kienberg, Chef der Hauptabteilung XX im Ministerium für Staatssicherheit (MfS), zuständig für die Sicherung im Staatsapparat und natürlich in Kunst und Kultur. Kienberg, einer der dienstältesten Hauptabteilungsleiter im MfS, war wiederum ein enger Freund von Egon Krenz, der ebenfalls viel für Reed übrighatte.

Trotz des Misserfolgs als „Taugenichts" bot die DEFA Dean weitere Hauptrollen an. In der Jack-London-Adaption „Kit & Co" spielte er zum ersten Mal mit Renate Blume und Manfred Krug. Die beiden singenden Schauspieler mochten sich auf Anhieb nicht. In „Blutsbrüder" stand Dean neben seinem späteren Rivalen Gojko Mitic vor der Kamera.

1976 wurde seine Tochter Natascha geboren. Zu der Zeit wohnte er mit Wiebke schon in dem Haus auf der Halbinsel Rauchfangswerder, im südlichsten Zipfel der DDR-Hauptstadt am Zeuthener See.

Die Ehe mit Wiebke blieb nicht ohne Probleme. Ging der Macho in Cowboykluft, der ewig die gleichen Lieder sang und sich selbst bewunderte, der an Selbstständigkeit und Kultur gewöhnten Frau allmählich auf die Nerven? „Er sieht aus wie ein dressierter Affe", soll ihr erster Mann über Dean gesagt haben, berichtete Reggie Nadelson.

Deans Freunde hoben seine guten Seiten hervor, seine zuverlässige Freundschaft, seine Aufrichtigkeit und Hilfsbereitschaft. Wiebke schob Deans schwierigen Charakter auf sein Sternbild Jungfrau. Seine Stimmung konnte in Sekunden wechseln. In Wut und Verzweiflung schlug er aus geringfügigem Anlass mit den Fäusten gegen Wände und Möbel. Nur was das Showbusiness anging, war Dean ein gewiefter Profi. Ansonsten aber blieb er ein Durchschnittsamerikaner, geistig anspruchslos wie die Protagonisten des Denver-Clans aus seiner Geburtsstadt. Er mochte kaum Musik außer der eigenen, allenfalls noch den Oktoberklub oder die Puhdys. Er ging nie ins Theater oder in die Oper. Gelegentlich las er Bücher – über Politik. Ihn interessierte nicht einmal Sport. „Sex und Politik. Das war alles, woran er interessiert war", erfuhr Reggie Nadelson von Wiebke.

Die Ehe kriselte, schließlich forderte Dean seine Frau auf, das gemeinsame Eigenheim zu verlassen. Mit der zweijährigen Tochter zog sie in ein komfortables Haus auf der anderen Seite des Zeuthener Sees. Reggie Nadelson fragte sich später, wie die alleinstehende Wiebke zu dem Haus mit dem Swimmingpool gekommen war, und kolportierte dazu eine Stasi-Story, die Deans russischer Dolmetscher Oleg Smirnow angeblich 1978 von Dean persönlich erfahren haben wollte. Zu jener Zeit interessierte sich die Spionageabwehr des MfS für Dean, der aufgrund seiner Pass- und Steuerangelegenheiten über Kontakte zur US-Botschaft verfügte. Es kam zu mehreren Treffen mit Dean, der sich angeblich als aufgeschlossener Informant erwies. Bei der Überprüfung als „Einsatzkader" zu den XI. Weltfestspielen 1978 in Kuba bescheinigte man ihm: „Er vertritt einen klaren politischen Standpunkt, stellt sich auf den Boden unserer Gesellschaftsordnung und setzt sich vor allem für die antiimperialistische Befreiungsbewegung in der Welt ein. Es wurden keine Anzeichen bekannt, daß er sich mit politisch negativen Kräften unter Künstlern in der DDR solidarisiert. R. hat in der DDR eine gesicherte Existenz und ließ bisher nicht erkennen, daß er unseren Staat wieder verlassen will."

Mit Herzblut für Chile und die Palästinensische Befreiungsorganisation

Inzwischen schrieb Dean für das Fernsehen der DDR ein Drehbuch über seinen Freund und Kampfgenossen Victor Jara, mit dem er in Chile gemeinsam aufgetreten war. Augusto Pinochets Schergen hatten Jara bald nach ihrer Machtübernahme umgebracht. Der Szenarist Wolfgang Ebeling überarbeitete Deans Buch „El Cantor" über den populären Sänger der Revolution, der für seine Ideale starb. Hauptdarsteller und Regie: Dean Reed. Er hatte sich die Rolle auf den Leib geschrieben. Für die Kontaktaufnahme mit den Genossen der Abwehr wählte er sogar „Victor" als Decknamen.

„El Cantor" wurde an der bulgarischen Schwarzmeerküste gedreht. Allendes Außenminister Clodomiro Almeyda, die Sängerin Isabel Parra und andere Persönlichkeiten des chilenischen Exils in Europa spielten sich selbst. Doch Dean Reed erlag als Darsteller und Regisseur wieder seinem größten Fehler: dem aufgesetzten Pathos, das er für revolutionäres Feuer hielt.

In der DDR wurde „El Cantor" trotzdem durchweg gelobt, und der Film fand auch im Westen Anerkennung. Er bestätigte Deans Engagement als politischer Künstler. In den folgenden Jahren scheute er kein Risiko und kein finanzielles Opfer, um diese Rolle auf der Leinwand wie im Leben zu verkörpern.

Während der Weltfestspiele 1973 hatte Dean Jassir Arafat kennengelernt. Ende 1977 flog er auf Einladung des Chefs der Palestine Liberation Organization (PLO) in den Libanon. Er sang für die Fedajin und ging mit ihnen in die vordersten Stellungen, bewaffnet mit einer Maschinenpistole und Handgranaten. So nahe war er dem Krieg, den er so leidenschaftlich bekämpfte, nie gewesen. Ihm passierte nichts, er wurde nur fotografiert, bewaffnet und unbewaffnet, singend im Kreise der Palästinenser. Arafat, den er zweimal traf, betrachtete Dean als Freund und Verbündeten. Ein Verbündeter, dessen Möglichkeiten er überschätzte. Er bat Dean, einen Film über den Kampf der Palästinenser zu drehen, und Dean versprach es ihm.

In die DDR zurückgekehrt, schrieb er in kürzester Frist ein Drehbuch mit dem Titel „Tell Zaatar" – der Name eines palästinensischen Flüchtlingslagers. Nach einem Gespräch mit dem Chefideologen Kurt Hager übergab er das Buch dem DEFA-Direktor Hans Dieter Mäde und schickte Arafat eine Kopie. Nach seinen Vorstellungen sollte der Film mit internationaler Besetzung, dem Drehstab und den technischen Mitteln der DEFA noch im Herbst 1978 realisiert werden. Mädes Brief an Kurt Hager vom Juni 1978 nennt die Einwände der DEFA-Verantwortlichen:

1. ist die Geschichte – wie es der Gegenstand nahelegt – im wesentlichen als eine heroische Leidensgeschichte notiert und dies leider mit mancherlei naturalistischen Beifügungen, Blut, Sterben, detailliert vorgeführte medizinische Operationen u. ä.;

2. ist gerade der Prozeß, zu dem Bürger unseres Landes viele Fragen haben: das komplizierte Ringen um Einheit auf prinzipieller

Grundlage, gänzlich ausgespart. Die patriotische Einheit wird „einfach gesetzt";

3. ist es für uns überhaupt schwer einschätzbar, ob die direkte Darstellung des politischen und militärischen Geschehens im Libanon, eine solche Art des unverschlüsselten „Eingreifens" der gegenwärtigen Situation angemessen ist ...

Ich bitte Dich herzlich, das Szenarium lesen zu lassen, weil wir, belehrt durch jüngere Erfahrungen, gerade auf diesem Feld keinen Fehler machen möchten. Ich habe gleichlautend auch Genossen Axen um seinen Rat gebeten.

Hermann Axen, ZK-Sekretär für internationale Beziehungen, sprach sich gegen das Projekt aus. Dem DEFA-Generaldirektor blieb die endgültige Ablehnung und ein Trost überlassen. Er versprach Dean, mit ihm „über andere Projekte ... konstruktiv weiter [zu] beraten".

Dean Reed mag sich von diesem Versprechen etwas erhofft haben. Tatsächlich drehte er erst drei Jahre später wieder einen Film bei der DEFA. Möglicherweise aber verstand er besser als erwartet und zog daraus Konsequenzen – zum ersten und einzigen Mal während der 13 Jahre in der DDR. Er kündigte dem MfS die Freundschaft und führte „im ZK (Büro Honecker) Beschwerde" über die undurchsichtigen Machenschaften des MfS bezüglich der PLO. Verärgert wies Generalmajor Günther Kratsch im November 1978 an, die Zusammenarbeit mit R. abzubrechen.

Als Staatsfeind in den USA

Das Jahr 1978 war trotz der Trennung von Wiebke und des Ärgers über das gescheiterte Filmprojekt kein verlorenes Jahr. Dean Reed reiste wieder einmal nach Moskau und nahm als

Ehrengast am Komsomolkongress teil. Im Sommer war er unter den handverlesenen Mitgliedern der DDR-Delegation bei den Weltfestspielen in Havanna. Auf dem Kuba-Flug gab es die von der Stasi gefürchteten Zwischenlandungen in Shannon oder Gander, wo öfter DDR-Bürger die Flucht ergriffen.

Von Dean war derlei nicht zu befürchten, er besaß seinen amerikanischen Pass und zahlte Steuern an den Internal Revenue Service in den USA. In Havanna trat er als unerschrockener Kämpfer für die Gerechtigkeit auf. Die PLO-Delegation verteilte eine Platte mit zwei seiner Lieder. Dean wurde wieder einmal so gefeiert, wie er es liebte.

Im Herbst verwirklichte er einen lange gehegten Plan und reiste in die USA, den Film „El Cantor" im Gepäck. Insgeheim glaubte er noch immer, dort wieder ein großer Star werden zu können. Er besuchte Paton Price und flog zu seinem Vater. Der hatte für die künstlerische Ader seines Sohns von jeher wenig Verständnis, Deans politische Haltung aber ging ihm gänzlich gegen den Strich. Immerhin gingen die beiden gemeinsam angeln.

Dean war nach Amerika gekommen, um an der Universität von Minneapolis seinen Film vorzustellen. Es war ein heißer Herbst im sonst so friedlichen Minnesota. Die Farmer und die erstmalig mit ihnen solidarisierten Indianer protestierten gegen den Landraub durch den Energieriesen North West Coal Company. In einer kleinen Ortschaft westlich von Minneapolis war für den 29. Oktober eine Protestkundgebung angekündigt. Deans Freunde forderten ihn auf, dort zu singen. Er präsentierte sein reichhaltiges Repertoire an Liedern der Bürgerbewegung, und die Kundgebungsteilnehmer sangen begeistert mit. Die Polizei schritt erst ein, als die friedliche Demonstration sich auflöste. Dean wurde zusammen mit 19 anderen Demonstranten verhaftet. Pressefotografen waren zur Stelle, als man ihn zum County-Gefängnis transportierte.

Der Sänger verspürte wenig Lust, lange auf einen Prozess zu warten, besaß aber kein Geld für die Kaution. Gemeinsam mit neun Inhaftierten trat er in den Hungerstreik. Elf Tage später begann der Prozess vor dem Kreisgericht. Die Anklage lautete auf widerrechtliches Betreten von Land, ein vergleichsweise harmloses Vergehen, das keine hohe Strafe erwarten ließ.

Täglich traf eine Flut von Protestschreiben und Telegrammen aus der DDR ein. Krenz' Zentralrat der FDJ versicherte Dean im kämpferischen Propagandaton, der an das Pathos der 1950er-Jahre erinnerte, der Solidarität: „Die Jugend unseres sozialistischen Vaterlandes, Deiner Wahlheimat, bewundert und achtet Deine leidenschaftliche Parteinahme für die Rechte der Arbeiter, Farmer, der vom Kapital unterdrückten und ausgebeuteten Menschen sowie Deinen Protest gegen die vom USA-Imperialismus verübten Verbrechen ..."

„Neues Deutschland" veröffentlichte auf der ersten Seite das Telegramm, in dem Dean „das Volk der DDR und Erich Honecker" grüßte.

Im 6000-Seelen-Nest Buffalo war man beeindruckt von dem Medienecho, das der Prozess dank Dean Reeds internationaler Reputation hervorrief. Joan Baez und Pete Seeger protestierten in Telegrammen an Präsident Jimmy Carter gegen Reeds Inhaftierung. Aus Moskau sandten Dmitri Schostakowitsch und drei sowjetische Komponisten Protestschreiben. Im Gerichtssaal hielt Dean Reed eine flammende Verteidigungsrede. Am 13. November 1978 verkündete der Vorsitzende der Jury deren einstimmigen Beschluss: nicht schuldig.

Als ein aus den Klauen des imperialistischen Klassenfeindes befreiter Held kehrte Dean Reed in die sozialistische Wahlheimat zurück. In der DDR setzte gerade eine neue Eiszeit ein. Klaus Poches Film „Geschlossene Gesellschaft" war im November 1978 unter das Verdikt der Partei gefallen. Mit Angriffen auf Stefan Heym und die Unterzeichner eines Briefs an Erich Honecker wurde die vorletzte Runde im vergeblichen Kampf der Partei gegen die nach Wolf Biermanns Ausbürgerung zunehmend aufmüpfigen Künstler und Schriftsteller eingeläutet. Der sich revolutionär gebärdende Cowboy hatte mit alledem nichts zu tun.

Beim Jugendfestival der FDJ zu Pfingsten 1979 war Dean der Star. „Wir sehen den Sieg begreifbar", sang er vor Tausenden auf dem Bebelplatz, „wir sehen den Sieg schon hier. Hier geht es um den Menschen und der sind wir."

Seine neue große Liebe war die Schauspielerin Renate Blume, in erster Ehe mit dem Regisseur Frank Beyer verheiratet und dann mit Gojko Mitic liiert. Renate Blume war eine prominente Künstlerin, die bereits als Schauspielschülerin in dem DEFA-Film „Der geteilte Himmel" die Hauptrolle gespielt hatte. Ruhm und Ehre hatte sie durch die Darstellung der Jenny Marx in einem Fernsehmehrteiler über das Leben des jungen Karl Marx errungen.

Sie zog mit ihrem Sohn Alexander, genannt Sascha, in Deans Haus am Schmöckwitzer Damm. Am 22. September 1981, Deans 43. Geburtstag, heirateten sie und feierten mit Freunden auf einem Ausflugsdampfer der Berliner Weißen Flotte. Dean adoptierte Sascha, eigene Kinder konnte er nicht mehr zeugen, wie Reggie Nadelson mitzuteilen weiß. Nach Nataschas Geburt hatte er sich einer Operation unterzogen.

Der Sommer 1981 brachte noch einmal einen Erfolg. Die Filmklamotte „Sing, Cowboy, sing" war der Hit der Sommerfilmtage und wurde zum populärsten Film des Jahres gekürt. Wieder einmal hatte Dean das Drehbuch geschrieben und Regie geführt. „Mildwest in Babelsberg" nannte die „Wochenpost" das in Rumänien gedrehte Lustspiel, das den Kritikern missfiel. Das Publikum in der DDR jedoch, bezüglich heiterer Filme nicht verwöhnt, strömte in die Kinos.

Ansonsten war Dean wie immer viel unterwegs. Nachdem er 1981 ein zweites Mal bei der PLO im Libanon gewesen war, flog er im August 1983 von Moskau nach Südamerika. In seiner Begleitung befand sich der Dokumentarfilmregisseur Will Roberts, der Material für einen abendfüllenden Film über den Künstler sammelte und dafür eine Hypothek auf sein Haus aufgenommen hatte.

In Chile zeigten sich nach zehn Jahren Risse in Pinochets Militärherrschaft. Reed hielt es für seine Pflicht, die Freunde und Genossen in dieser heißen Phase ihres Kampfes zu unterstützen. Vier Tage nach dem 11. August, dem Nationalen Protesttag, der in Santiago 27 Todesopfer gefordert hatte, landeten er und Roberts auf dem Flugplatz der chilenischen Hauptstadt.

Feige war Dean nie. Obwohl als Tourist in das Land eingereist, trat er vier Tage später auf einer Kundgebung der Bergarbeiter auf und sang das verbotene Lied der Unidad Popular: „Venceremos!" – „Wir werden siegen!" Er schmetterte es auch am nächsten Tag, der Verhaftung immer gewärtig, vor den Studenten der Universität Santiago und berichtete im Nachhinein darüber: „Ich wollte unbedingt bis Sonntag, das war der 21. August, durchhalten; denn für diesen Tag hatte mich Santiagos Erzbischof Enrique Silva, ein entschiedener Gegner Pinochets, eingeladen, in einer großen Kirche in Santiago zu singen. Das aber war dem Diktator offenbar zu viel. Am Freitag umstellten etwa 60 Polizisten das Haus, in dem ich mich aufhielt, und nahmen mich fest. Ich sollte dann ein Revers unterschreiben, demzufolge ich das Land für immer zu verlassen hätte. Doch die zwei Worte ‚für immer' paßten mir nicht, und da ich wußte, daß man mich ohnehin abschieben würde, unterschrieb ich nicht." Auf Umwegen brachte man Dean zur startbereiten Maschine am Flughafen.

Ein Dreivierteljahr später, im April 1984, flog Dean nach Nicaragua, wo sich die sandinistische FSLN im Kampf gegen die Contras befand, und agierte auch dort an vorderster Front. Er traf mit Daniel Ortega zusammen, der bald darauf zum Präsidenten gewählt wurde, und mit dem späteren Kulturminister Ernesto Cardenal. In der Hauptstadt Managua sang er vor der US-Botschaft ein an Ronald Reagan adressiertes Nicaragua-Lied: „Sie haben eine Armee, die Unschuldige umbringt, die Menschen in Ketten schlägt. Sie haben Augen, aber sie können die Wirklichkeit nicht sehen. Wenn sie einen Nicaraguaner töten lassen, werden vier neue seinen Platz einnehmen, wenn sie vier töten lassen, werden hundert mehr für den Sieg kämpfen."

Zu Hause in Berlin ging derweil das Leben mit den schönen Seiten des Sozialismus weiter. Dean hatte sich ein Motorrad zugelegt und jagte in Zeuthen damit über die Motocross-Strecke. Im Sommer erholte er sich in seinem Ferienhaus auf der Insel Hiddensee. In das Haus in Rauchfangswerder kamen Besucher aus aller Welt. Ramona verbrachte hier ihre Ferien, und Deans Mutter besuchte die Familie. 1975 hatte sie als Delegierte am Internationalen Frauenkongress in Ost-Berlin teilgenommen.

Phil Everly, Deans alter Kumpel aus Hollywood, verbrachte zwei Wochen mit ihm. Don und Phil hatten mit Hits wie „Wake Up Little Susie" und „Bye Bye Love" in den späten Fünfzigern zu den Stars der amerikanischen und europäischen Hitparaden gehört. Dean präsentierte die Songs mit Phil Everly bei einem Konzert in Karl-Marx-Stadt (heute wieder Chemnitz). Phil war beeindruckt von Deans Popularität. In den USA, so glaubte er, wäre sein Freund längst Millionär gewesen.

Ein Mann aber, den Dean gerne in seinem Haus gesehen hätte, kam nicht nach Berlin: sein Vater. Fragen nach Dean beantwortete der zahnlose Alte mit sarkastischem Spott. Es hatte Jahre gedauert, bis er begriffen hatte, dass Dean in Ostdeutschland lebte. Bei einem Unfall mit einer Erntemaschine hatte er ein Bein verloren. 1984 beging er Suizid, und Dean erzählte, sein Vater habe sich umgebracht, weil er sich keine medizinische Betreuung leisten könne, und er würde es Amerika nie verzeihen, seinen Vater im Stich gelassen zu haben.

Deans Stern verblasst

Der Tod des Vaters war nicht der einzige Schlag, der den alternden Star traf. Er wollte nicht wahrhaben, dass er nicht mehr die Gesundheit eines 25-Jährigen besaß, dass die Wirbelsäule ihm zunehmend Probleme bereitete, sein Haar ergraute, seine Stimme nachließ und er zum Lesen eine Brille brauchte. Noch weniger wollte er wahrhaben, dass sein Stern im Sinken begriffen war. Mit den großen Fernsehshows der Anfangsjahre war es vorbei, bei Konzerten blieben die Besucher aus. Die DEFA tat sich schwer mit neuen Projekten, die Verkaufsziffern seiner Schallplatten waren tief in den Keller gefallen. Selbst in der Sowjetunion hatte der Name Dean Reed seinen magischen Klang verloren. Jemand, der mit dem Politdinosaurier und erklärten Rock-Feind Breschnew posiert hatte und Komsomol-Lieder sang, konnte nur ein Verräter am Rock'n'Roll sein. Aus dem gefeierten „Molodez" war ein „Yesterday Man" geworden.

Auch seine Bedeutung in der Kulturszene der DDR hatte Reed all die Jahre wohl überschätzt. Abgesehen von seinem schwärmerischen weiblichen Anhang und den Kulturfunktionären, die propagandistische Wirkung stets höher bewerteten als künstlerische Potenz, hatte ihn das kritische DDR-Publikum nie sonderlich ernst genommen. Ein Amerikaner, der freiwillig in der DDR lebte – das erhöhte in den Augen vieler Leute weder das Renommee des Amerikaners noch das der DDR. Seine Filme waren schlichtes Mittelmaß, sentimentale Lieder und pathetische Friedenschoräle zur Gitarre zu singen galt als hoffnungslos veraltet. Nicht einmal zum Festival des Politischen Liedes lud die FDJ ihn ein, nachdem er sich bei einem Auftritt mit dem beargwöhnten Kinderlied „Sind so kleine Hände" von Bettina Wegner unbeliebt gemacht hatte.

Zu den künstlerischen Problemen kamen Schwierigkeiten in der neuen Ehe. Dean beklagte sich über Renates Eifersucht. Für sie hingegen war es schwer, sich mit seinen Allüren abzufinden.

Dean glaubte, dass ihn nur ein neuer Filmerfolg retten könne. Sein letztes Filmprojekt, das ihn bis zum Schluss beschäftigte, sollte die Geschichte der Unterdrückung der Indianer am Wounded Knee, einem Bach im südwestlichen Süddakota, erzählen. Dort waren am 29. Dezember 1890 über 220 Sioux in einem Massaker ermordet worden. Am 27. Februar 1973 versammelten sich Mitglieder des American Indian Movement (AIM) an der wichtigsten Gedenkstätte der nordamerikanischen Indianer und erklärten sich zur Unabhängigen Oglala Sioux Nation. Richard Nixons Bundestruppen belagerten das Protestcamp. Die Konfrontation, die zwei Indianer das Leben kostete, endete am 8. Mai 1973 mit der Entwaffnung und Evakuierung der Sioux.

Dean glaubte, endlich sein großes Thema gefunden zu haben, und kniete sich in die Arbeit wie nie zuvor. Für sich hatte er die Rolle eines Fotografen erdacht, für Renate Blume die seiner geschiedenen Frau, einer Reporterin, die in der Schlusssequenz den Tod findet. Natürlich wollte er selbst die Regie übernehmen. Bei der DEFA trug der Film schließlich den Titel „Bloody Heart". Das war ein heißes Thema für die sozialistische Kulturbürokratie. Es dauerte, bis Dean und Produzent Gerrit List endlich das Drehbuch abgenommen wurde, alle Produktions- und Koproduktionsverträge mit der Sowjetunion unter Dach und Fach, die Schauplätze und Schauspieler ausgewählt und alle materiellen und finanziellen Bedingungen gesichert waren. Die Felsen der Krim sollten die Landschaft von South Dakota abgeben, usbekische und koreanische „Indianer" wurden angeheuert, das beste sowjetische Filmstudio im lettischen Riga als Koproduzent gewonnen.

In die Vorbereitungen für den Film fiel Deans lange geplante Reise zum Denver Film Festival im Herbst 1985. Will Roberts „American Rebel" war endlich fertig und sollte dort vorgeführt werden. Dean nahm sich diesmal mehr Zeit für seine Amerikareise und war nicht mehr ganz so versessen darauf, durch spektakuläre politische Aktionen auf sich aufmerksam zu machen. Schon seit längerer Zeit hatte er Verbindung zu seinem Freund Johnny Rosenburg, der ihn 1984 in einer kurzen Fernsehsequenz wiedergesehen hatte. Johnny schrieb ein Lied für den alten Kumpel Deano: „Nobody Knows Me Back In My Hometown". Dean war begeistert und voller neuer Hoffnung.

Am 16. Oktober 1985 kam Dean in Denver an. Vorausgegangen waren zu Hause in Rauchfangswerder lange Diskussionen mit Renate, die fürchtete, Dean werde nicht zurückkommen. Dean hinterließ ihr ein Unterpfand seiner Treue: Er kaufte auf dem Friedhof nahe ihrem Haus eine Grabstätte und ließ einen Stein mit der Inschrift „Ehepaar Reed" aufstellen. „Unter diesem Stein werden wir gemeinsam begraben werden", versprach er.

Vertraue keinem Cowboy …

„… der sein Pferd nicht belügen kann", sagen die Amerikaner, und der Mann, den „Nobody Knows … Back In [His] Hometown", musste schon auf der Gangway aus dem Flugzeug das erste Mal mit seiner Enttäuschung kämpfen. Zur Begrüßung in Denver erwarteten ihn nur Johnny Rosenburg und seine Frau. Dean hatte eine Reiterparade und einen Empfang durch den Bürgermeister erwartet.

Den nächsten Schlag erlebte Dean noch am selben Abend als Gast von Peter Boyles' Radioshow. Boyles, fünf Jahre jünger als Dean, war ein Reagan-Anhänger, der Dean sofort hart anging. Sein Gast blieb anfangs gelassen. „Ich bin ein guter Amerikaner, Peter. Ich kann ein Schwert 360 Grad um meinen Kopf herum schwingen, ohne einen Faden zu zerschneiden. Ich bin keine Marionette." Doch Boyles fuhr fort, Dean als Verräter und Kommunisten zu beschimpfen. Das hatte sich der heimgekehrte Sohn der Stadt anders vorgestellt. Er geriet allmählich in Rage. „Ich nehme Ihnen das übel, Peter. Dean Reed ist nicht das, was Sie sagen. Dean Reed glaubt an die Gleichheit für alle Menschen. Sie klingen wie ein Faschist …" Das Ende vom Lied: Boyles warf ihn hinaus. Pfeifend verließ Dean die Hotelhalle, aus der die Sendung ausgestrahlt wurde.

Auch „American Rebel" hatte an diesem Abend Premiere im Tivoli Center von Denver. Nach dem Desaster der Boyles-Sendung war die Polizei dort mit einem größeren Aufgebot präsent, doch es passierte nichts. Befremdet beguckten die biederen Bürger Deans weltweites Erfolgsprogramm, das Will Roberts getreulich aufgezeichnet hatte. Dean im Gedränge der Fans auf dem Roten Platz, Dean bei den Bergarbeitern in Chile, Dean „Ghost Riders in the Sky" singend bei Arafat. Die Fedajin schlagen dazu mit ihren Waffen den Takt. Nicht einmal, dass Dean sich getraut hatte, vor Arafat „My Yiddische Momma" zu singen, kam besonders gut an.

Bevor Dean das Kino betreten hatte, hatte ihn eine dunkelhaarige junge Frau angesprochen und sich als seine Jugendfreundin Dixie zu erkennen gegeben. Dean erinnerte sich nicht an das jüngere Mädchen. Dennoch lud er sie in sein Hotelzimmer ein. Nach der frustrierenden Rückkehr in „Gottes eigenes Land" konnte er wohl nicht allein sein.

Ein paar Tage verbrachte Dean im Haus seines Freundes und Songwriters Johnny Rosenburg. Am letzten Abend gab er in dessen Keller ein Konzert für seine Freunde, darunter Dixie Lloyd Schnebly, die in erstaunlich kurzer Zeit Deans Vertrauen gewonnen hatte. Ihr erzählte er angeblich unter Tränen, dass er darüber nachdenke, nach Denver heimzukehren. Als er nach Los Angeles abflog, blieb Dixie mit dem Auftrag zurück, sich um Requisiten für „Wounded Knee" zu kümmern.

In L. A. traf Dean seine fast erwachsene Tochter Ramona. Außerdem hoffte er, an alte Verbindungen anknüpfen zu können, erreichte jedoch nur Anrufbeantworter – ein Phänomen, das er aus der DDR nicht kannte. Die Everly Brothers drehten in Australien ein Video, Jane Fonda war ebenfalls abwesend.

Von Los Angeles aus flog Dean zu seinen Freunden nach Minnesota, um ihnen „American Rebel" vorzuführen. In Minneapolis traf er sich noch einmal mit Dixie, die endgültig zu seiner amerikanischen Managerin avancierte.

Zurück in Berlin, stürzte sich Dean auf die Überarbeitung des Drehbuchs. Die Amerikareise hatte ihn verändert. Er führte stundenlange Telefongespräche mit Dixie, gelegentlich auch mit Johnny. Nach seinem Tod betrug die letzte Telefonrechnung 2800 Mark. Dabei behauptete Dixie, er hätte sie häufig von einer Telefonzelle direkt hinter dem Checkpoint Charlie angerufen. Fürchtete er abgehört zu werden – was für die Stasi auch bei Gesprächen aus West-Berlin keine Schwierigkeit darstellte –, oder wollte er Renate keine Angriffsfläche bieten? Sie war ohnehin beunruhigt von Dixies Briefflut und deren Telefonattacken.

Dass Dixie die Gespräche heimlich aufzeichnete, ahnte niemand. Ob sie das für private Zwecke tat – „weil ich Deans Stimme liebe" –, sei dahingestellt. Reggie Nadelson fiel auf, dass Dixie über mancherlei gute Verbindungen verfügte und den internen Funkcode des FBI lesen konnte.

Dixie gründete einen Dean-Reed-Fanklub und ernannte Renate zum Ehrenmitglied. Sie trieb Requisiten für „Wounded Knee" auf und schickte sie an die DEFA. Dean war begeistert von ihrer Aktivität und schrieb ihr lange Briefe. Dixie und Dean hatten sich offenbar eine Menge mitzuteilen in jenem Winter 1985/86. Dean diskutierte die Möglichkeiten, in die USA zurückzukehren und mit einer neuen Platte zu starten, die wie der Film „American Rebel" heißen sollte.

Inzwischen war sein Ruhm immerhin bis zu den Produzenten der größten US-Fernsehshow gedrungen, den „60 minutes" der CBS. Bill McClure, der Londoner CBS-Produzent, plante einen Beitrag über amerikanische Dissidenten, in dem Victor Grossman, Cartoonist Oliver Harrington und Dean zu Wort kommen sollten. Der Moderator der Show, Mike Wallace, berüchtigt für seine gnadenlosen Kreuzverhöre, kam nach Berlin und traf sich mit Dean. Der fühlte sich gut vorbereitet, denn er hatte mit seinem Russisch-Dolmetscher Oleg Smirnow das Wallace-Interview geübt. Warnungen seines Freundes Johnny – „Der Kerl reißt dich in Stücke!" – schlug er in den Wind.

Zunächst schien auch alles gut zu laufen. Im Gegensatz zu McClure, der Dean verachtete und ihn das auch spüren ließ, schien Wallace Dean zu mögen. Beide fanden einen Draht zueinander. Der US-Reporter zeigte sich von Renate beeindruckt, und auch Dean gefiel ihm. Er durchschaute dessen naive Phrasen, hielt den amerikanischen DDR-Cowboy jedoch für aufrichtig. Es fiel ihm nicht schwer, ihn zu dem Interview zu überreden. Zwanzig Minuten in Amerikas populärster Talkshow – eine bessere Rückfahrkarte in die Staaten konnte sich Dean nicht wünschen.

Wallace zeigte Deans Konzerterfolge, seine Popularität, die Familie, das Leben in Rauchfangswerder. Dann folgten messerscharfe politische Fragen. Der Journalist hielt Dean die Ausreisewilligen in der DDR vor, Dean schwieg verlegen. Auf die Feststellung, die DDR verkaufe ihre politischen Gefangenen wie Vieh gegen harte Währung – Wallace nannte eine viel niedrigere als die tatsächliche Summe –, druckste Dean herum und erklärte, dass er davon nichts wisse. Sie sprachen über Deans Karriere als „Johnny Cash des Kommunismus". Aber Dean gab auch zu, dass er Amerika sehr vermisse, jedoch in Ostdeutschland bleiben wolle, weil er Renate liebe. Das sei das Hauptmotiv in seinem Leben: Liebe. Dann sang er „My Yiddishe Momma" für Wallace, und der war zu Tränen gerührt.

Der Beitrag, im Februar 1986 aufgezeichnet, sollte erst im Herbst ausgestrahlt werden. Dean hatte noch unglaublich viel zu tun für seinen Film. Hinzu kamen die aufwendige Korrespondenz und die Telefongespräche mit Dixie, die seine Frau mehr und mehr nervten. Sie war eifersüchtig und weinte. Dixie schrieb ihr, wie gut sie es in Amerika haben würde. Renate antwortete ihr mit einem langen Brief voller Sorgen: „Mein Mann hat eine schöne, intelligente und reiche Dame kennengelernt – Dich ... Seit er zurück ist, denkt er nur über Dich nach, nicht über uns. Er ist so aggressiv und ungerecht gegen mein Heimatland, das ihm jede Chance für seine berufliche Entwicklung gegeben hat ..."

Am Sonntag, dem 20. April 1986, strahlte die CBS USA-weit den geschickt geschnittenen Beitrag „The Defector" aus, mild übersetzt „Der Abtrünnige" oder aber auch „Der Überläufer". 16 Millionen Amerikaner sahen die Show. Deans Freunde waren entsetzt. Der „Rote Sinatra" stritt ab, dass Ostdeutschland eine sowjetische Kolonie sei, und trat in einen Fettnapf nach dem anderen. „Sie setzen Ronald Reagan mit Josef Stalin gleich?", fragte der Reporter. „Ich setze die Möglichkeiten Ronald Reagans mit Stalin gleich", antwortete Dean. Unterschiedliche Weltbilder prallten aufeinander, es konnte nicht gut gehen.

Als Dean in Moskau von der Sendung und ihrer verheerenden Wirkung erfuhr, überfiel ihn Verzweiflung. Er kommentierte sie nur mit einem einzigen Wort: „Kaputt". Erst Wochen später sah er die Aufzeichnung. Die CBS schickte ihm die Briefe, die bestätigten, was seine Freunde in den ersten Minuten der Sendung erkannt hatten: Deans amerikanischer Traum war geplatzt. „Wenn das kein Verräter ist, ist er ein Narr!", war eine der harmloseren Beschimpfungen, das übergreifende Fazit aller Briefeschreiber lautete: „Wir brauchen ihn hier nicht. Reed ist gegenwärtig auf der richtigen Seite der Mauer und sollte für immer dort gelassen werden ... Er ist ein mittelmäßiges Talent ... Ein geistiger Terrorist." Ein verheerendes Echo auf ein paar Minuten TV-Show.

Erik Durschmied, Berichterstatter für CBS-News in Paris und gemeinsam mit seiner Frau, die Dean schon länger kannte, öfter Gast bei der Familie Reed, versuchte später zu retten – wenn überhaupt noch etwas zu retten war: Hatte nicht ausgerechnet die amerikanische Botschaft 1983 Deans unauffällige Abschiebung aus Chile durchgesetzt? Hätte sie das für einen Kommunisten getan? So offerierte er Reggie Nadelson seine Version über Dean und die „60 minutes". Doch diesem Szenario folgte nicht einmal die mitunter recht naive Biografin.

Dunkle Wolken, bedrohliche Zeichen

Deans Selbstwertgefühl hatte jedenfalls einen weiteren empfindlichen Knacks erlitten. Dixie behauptete, er hätte am Telefon Furcht geäußert. Vor der Stasi? Weshalb hätte die ihm etwas antun sollen? Hatte er doch gerade über das größte Fernsehnetz der USA ein Bekenntnis zur DDR und zur Mauer abgelegt. Dixies Unglaubwürdigkeit erhöhte sich durch die Behauptung, Dean hätte vorgehabt, „in den Westen zu fliehen". Er besaß einen gültigen amerikanischen Pass und rief sie aus einer West-Berliner Telefonzelle an. Von „Flucht" konnte da wohl keine Rede sein.

Aufgeben wollte Dean seinen amerikanischen Traum dennoch nicht. Er schrieb einen betont optimistischen Brief an Johnny. Für den war eine Welt zusammengebrochen. Er antwortete mit einem letzten, bitteren Song für seinen Freund Dean, den er endgültig verloren hatte. Die Kassette kam erst nach Deans Tod in Rauchfangswerder an.

Ende Mai fuhr Dean an einem warmen Tag zu Wiebke nach Zeuthen. Sie war beschäftigt und hatte wenig Zeit, mit ihm zu reden. Er kündigte an, Natascha öfter sehen zu wollen, bevor er in die USA gehen würde, gegenüber Dixie hatte er Oktober

1987 als Termin genannt. Hatte er also doch Heimweh und Rückkehrpläne?

Ein paar Tage später erlitt er einen leichten Herzanfall. Renate wollte einen Arzt verständigen, Dean lehnte ab. Der Drehbeginn am 24. Juni war nahe, er konnte sich jetzt keine Krankheit leisten. Am nächsten Tag waren die Beschwerden verschwunden, die gespannte Stimmung blieb.

Nach einem banalen Streit schloss sich Dean wütend in seinem Arbeitszimmer ein. Dann öffnete er die Tür und bot seiner Frau ein makabres Schauspiel: Mit einer Machete bearbeitete er seinen linken Unterarm. „Mein Vater war mutig genug, sich selbst umzubringen, aber ich kann es nicht", sagte er, während das Blut hinablief.

Gerichtsmediziner bezeichnen solche für potenzielle Suizidgefährdete typischen Verletzungen als „Canutosche Probierschnitte" und sehen sie als deutliche Warnzeichen. Bei Dean Reed waren es „am linken Unterarm bis zum Handgelenk beugeseitig ca. 50 feine, querverlaufende, parallele, 3 bis 4 cm lange, oberflächliche, glattrandige Hautdurchtrennungen, deren unterste bis in die Lederhaut reicht[e] und blutverkrustet [war], die übrigen [lagen] in der Oberhaut".

Es war der 8. Juni 1986, der Tag der letzten Volkskammerwahl unter Erich Honecker. Eberhard Fensch, Deans Freund und Gönner im ZK, war an diesem Tag in Babelsberg. Dort erreichte ihn der Anruf aus dem Büro seines Chefs Joachim Herrmann: Dean Reed habe einen Suizidversuch unternommen. Fensch fuhr sofort nach Rauchfangswerder und hatte dort ein mehrere Stunden dauerndes Gespräch mit Dean. Der sprach über alle seine Ängste, Sorgen, Schwierigkeiten – auch über seine Eheprobleme mit Renate. Am Schluss jedoch versprach er Fensch in die Hand, ein solcher Vorfall werde sich nicht wiederholen.

Wenige Tage später kam es nach dem Abendessen zu einer weiteren Auseinandersetzung zwischen den Eheleuten. Dean hatte bereits seine allabendliche Radedorm-Tablette eingenommen und telefonierte mit dem Produzenten Gerrit List in Babelsberg. Der teilte ihm mit, dass am 10. Juni in Moskau die endgültigen Verträge für „Bloody Heart" unterzeichnet worden waren. Und Dean kündigte an, er werde sofort zu ihm kommen. Kurz nach 22.00 Uhr setzte er sich in seinen Lada und fuhr los.

Am nächsten Morgen, Freitag, dem 13. Juni 1986, erfuhr Renate vom DEFA-Studio Babelsberg, dass ihr Mann nicht bei Gerrit List angekommen war. List hatte nichts Ungewöhnliches dabei gefunden, dass Dean, der zu spontanen Entschlüssen neigte, seinen Plan anscheinend aufgegeben hatte. Renate rief besorgt im „Großen Haus", dem ZK der SED am Werderschen Markt, an. Eberhard Fensch, eingedenk der Ereignisse zuvor, setzte Himmel und Hölle in Bewegung, um Dean zu finden. Doch weder die PLO-Vertretung in der DDR noch die SED-Kreisleitung Stralsund, die Dean im Wochenendhaus auf Hiddensee suchte, konnten hilfreiche Hinweise geben. Gegen Mittag entschloss sich Fensch, seinen Vorgesetzten Herrmann zu informieren, bevor der zur täglichen Beratung mit Honecker ging. Binnen einer Stunde erfuhren der Generalsekretär und wenig später Generalleutnant Paul Kienberg im MfS, dass Dean Reed verschwunden war.

Kienberg veranlasste den Einsatz der Untersuchungsspezialisten aus der Abteilung IX/7. Inzwischen bearbeitete auch die Volkspolizei (VP) den Vermisstenfall und leitete die verdeckte Fahndung nach Deans Auto ein. Gerrit List kümmerte sich um Renate, die mehr und mehr in Panik geriet. Er telefonierte mit allen Leuten, die ihm in den Sinn kamen. Doch niemand wusste etwas.

Am Sonnabendvormittag meldeten die Rettungsschwimmer vom Zeltplatz Zeuthener See, nur einen Kilometer von Deans Haus entfernt, dass seit Freitag früh ein Lada 1500 im Dickicht hinter ihrem Turm stehe. Die Polizei fand schnell heraus, wem das Auto gehörte: Dean Reed. Die diensthabende Gruppe der Kriminalpolizei übernahm die Spurensicherung. Kurz darauf war auch der Leiter des Dezernats II, Leben und Gesundheit, des Berliner Polizeipräsidiums am Auffindungsort. Von der Staatssicherheit rückte der stellvertretende Abteilungsleiter IX/7, Oberstleutnant H., mit zwei Untersuchern und einem Techniker an.

Die Kripo hatte ihre Untersuchungen abgeschlossen. Der Kofferraum des Wagens stand offen, das Abschleppseil lag am Boden. Alles war säuberlich auf Kleinbildfilm dokumentiert. Oberstleutnant H. ließ seinen Untersuchungsführer eine zusätzliche Dokumentation im Format sechs mal sechs und in Farbe anfertigen. Im Vergleich zur Kripo verfügte das MfS über die besseren technischen Mittel dazu.

Staatsgeheimnis Abschiedsbrief, diskrete Ermittlungen

Erst bei der erneuten Durchsuchung des Fahrzeugs bemerkte der Untersuchungsführer des MfS eine Rolle auf der Ablage über dem Lenkrad: das auf schlechtem Papier hektografierte Drehbuch von „Bloody Heart“. 15 Seiten des Manuskripts waren auf der Rückseite handschriftlich nummeriert und mit jeweils 12 bis 15 Zeilen beschrieben. Es war die Schrift Dean Reeds, gehetzt in Deutsch aufs Papier geworfen, aber auch mit Einsprengseln in seiner Mutter- und den anderen Sprachen, die er überall auf der

Welt immer wieder für sich genutzt hatte: „ZK. Mein Freund und Gen. Eberhard Fensch - Es tut mir Leid mein Freund. Du warst ein Vorbild für mich - wie so viele ehrliche Socialisten von Chile bis Lebanon. Mein Tot hat nichts mit politik zu tun - Lass unsere feinde - die Faschisten und Reactionere es nichts so ausnutzen ..." Es handelte sich um den Abschiedsbrief eines verzweifelten Mannes, der seiner Frau vorwarf, ihn mit ihrer Eifersucht zu terrorisieren und seine Arbeit zu behindern:

Ich liebe Renate ... aber ich kann kein Weg finden aus von meine Problem. Ich muß ein schweres wichtiges Film drehen in eine Woche - Mit Renate kann nicht gut gehen wenn sie mich ständig anschreit ... Der einsege Art Defa zu retten mit den S.U. ist wenn ich Tod bin - Ich hätte viel liebe auch in Libanon oder Chile gestorben - im Kampf gegen unserer Feinde. Die Verbrecher die meine Freund überall gefoltert und umgebracht haben ... Meine Grueße an Achim [Joachim Herrmann, J. E] und Dank für alles - Sei nicht bose - Es gibt keine anderen weg ... - Bleib mal ehrlich und aufgeschloßen wie du bist. Bleib mal mutig auch gegen unsere eigenen wiedersprueke zu kämpfen. Es tut mir so leid daß ich nicht mit mein Freund Victor gefallen bin. Aber jeder hat sein eigenes Schicksall ... Es wird die einige Lösung für Defa - wenn ich sterbe - weil ich kann nicht daß Gelt von das Volk nehmen für ein Film, die moglickte weise nie zu ende kommt weil jeden Tag meine Frau wird mich weiter foltern und quälen - Und es gibt nicht genug Zeit eine anderen Schauspielerin zu finden ... Eberhard - Du warst immer ein Treuer Freund - Haß mich bitte nicht. Ich war am ende Gestern - Und alles wäre besser geworden wenn Renate hätte schon Heute nicht angefangen mich als feigling zu nennen ... Meine Gruße auch an Erich - Ich bin nicht mit alles einverstanden, aber Socialismus ist noch nicht erwacksen. Es ist die einzigen Losung für die haupt Problemen für die menscheit der Welt Ich liebe Dich und viele andere - In Chile, Argentina, Uruguay,

Palestina, S.U., CSSR und der D.D.R. die meine zweite Heimat war für eine kurze Zeit.

Lass alle vorschritlecke Menschen die Hände von ein andern nehmen und zusammen ihr wirt ein besseres, gerechtiges und Freundliches Welt schaffen – Lebt wohl – Meine Liebe bitte an meine Mutti die ich so liebe und war so ein vorbild für mich. An Ramona meine Tochter, an Natascha meine Tochter und Sascha mein Sohn – Ich umarme Dich.

Dean Reed 12/6/86

In Sofortberichten informierten die Kriminalisten ihren jeweiligen Dienstherrn. Das MfS übernahm es, zwei Kopien des Briefs als Anlage zu den Berichten an die Minister zu fertigen. Den Adressaten, Eberhard Fensch, erreichte der Abschiedsbrief nicht. Er bekam erst sehr viel später eine ungenaue Maschinenabschrift. Das Original verblieb in einem verschlossenen Umschlag als Anhang zur Akte im Polizeipräsidium und schließlich im Ministerium des Innern. Mit der Einheit 1990 gelangte die Unterlage ins Gemeinsame Landeskriminalamt Berlin.

Damals las Erich Honecker unmittelbar nach Erich Mielke und Innenminister Friedrich Dickel Deans Abschiedszeilen, aus denen die Suizidabsicht eindeutig hervorging. Dennoch entschied der Generalsekretär, ohne zu zögern: Es war ein Unfall! Ein weltbekannter amerikanischer Friedenskämpfer brachte sich nicht ausgerechnet in der DDR aus Verzweiflung um. Eilig wurde die Vorbereitung einer Zeitungsnotiz angewiesen: „Tod Dean Reeds nach tragischem Unfall." Später verbreitete sich das Gerücht, Dean Reed wäre bei gefährlichen Dreharbeiten verunglückt. Der Brief, von dessen Existenz nicht einmal Renate Blume etwas erfahren durfte, wurde als Staatsgeheimnis behandelt. Angeblich, so nehmen Reeds spätere Biografen an, sei das alles nur geschehen, um Renate Blume zu schonen …

Zu diesem Zeitpunkt war die Leiche Reeds noch nicht gefunden. Seit Sonnabendmittag lief rings um den Zeuthener See eine Suchaktion, Fährtenhunde verfolgten vergeblich Spuren. Bereitschaftspolizei durchkämmte das Waldgebiet auf dem Schmöckwitzer Werder. Bei strahlendem Sommerwetter suchte die Wasserschutzpolizei, verstärkt durch Angehörige des MfS, alle Buchten und Ufersäume ab, schreckte im Schilf jedoch nur Liebespaare und Angler auf.

Erst am Dienstag, dem 17. Juni 1986, entdeckte ein Polizist morgens gegen 8.20 Uhr in der Nähe des Autofundorts eine im Wasser treibende Leiche. Die Wasserschutzpolizei zog den Körper mittels einer Bootsleine zum Ufer und legte ihn auf einer gelben Plastikplane ab. Diesmal war die Staatssicherheit zuerst am Fundort. Kein Zweifel, der Mann mit dem langen Haar, bekleidet mit Jeans, lammfellgefütterter Jeansjacke und halbhohen grauen Sportschuhen, war der Gesuchte.

Wieder wurde eine umfangreiche Fotodokumentation angefertigt. Aus der Bootsleine der Wasserschutzpolizei, die auf den Fotos deutlich erkennbar war, machten Journalisten später einen „Strick um den Hals".

Die Obduktion der Leiche fand noch am selben Tag im Institut für Gerichtliche Medizin der Humboldt-Universität zu Berlin durch den Direktor Prof. Dr. sc. med. Otto Prokop und seinen Stellvertreter Prof. Dr. sc. med. Georg Radam in Anwesenheit eines weiteren Mediziners und einer Staatsanwältin statt. Die Staatssicherheit sah keine Veranlassung, eigens einen Vertreter zu entsenden, denn Radam, der 1990 durch Gift ums Leben kam, war ohnehin ihr Mann. Außerdem war man an einer eindeutigen Bestimmung der Todesursache interessiert, und dafür gab es keine kompetentere Kapazität als den weltweit geachteten Otto Prokop.

Zur Todesursache hieß es im Sektionsprotokoll:

Soweit bei fortgeschrittenen postmortalen Veränderungen feststellbar, am ehesten Ertrinken unter toxischer medikamentöser Beeinflussung … Hinweise auf einen Todeseintritt durch Ertrinken: Stark überblähte, relativ trockene Lungen mit deutlichem Elastizitätsverlust des Gewebes, nach Art des „Emphysema aquosum". Keine PALTAUF'schen Flecke unter dem Lungenfell … Zeichen des plötzlichen Todes: Viel faules, vollständig flüssiges Leichenblut, deutliche akute Blutfülle der inneren Organe … Die Obduktion ergab keine Hinweise auf pathologisch-anatomische Veränderungen, die in der Lage wären, einen Todeseintritt auf natürliche Art zu erklären. Es fanden sich keine Anhaltspunkte für eine Gewalteinwirkung von fremder Hand. Hingegen fanden sich an typischer Stelle sog. CANUTOsche „Probierschnitte", wie sie im Rahmen von Selbsttötungen sehr oft zu sehen sind. Sie waren sehr oberflächlich. Der Leichnam wies Zeichen längeren Aufenthaltes im Wasser auf, so daß davon auszugehen ist, daß der Verstorbene bald nach dem Vermißtwerden in das Wasser gelangt sein dürfte.

Einer der Biografen folgerte daraus: „Der Gerichtsmediziner hatte festgestellt, daß Dean Reed am 12. Juni zwischen 22.00 Uhr und Mitternacht ertrunken war." Eine Feststellung, die kein Gerichtsmediziner unterschreiben würde. Im Protokoll heißt es weiter:

Auch unter Berücksichtigung der starken postmortalen Veränderungen dürfte der Tod des Betroffenen am ehesten durch Ertrinken eingetreten sein. Mitursächlich hierfür könnte die nachgewiesene Medikamenteneinnahme des Betroffenen gewesen sein. Die in Organen und Körperflüssigkeiten des Verstorbenen gefundenen Wirkstoffmengen des Psychopharmakons Nitrazepam (= Radedorm R) liegen – bei aller Vorsicht in der Beurteilung bei fortge-

schrittener Fäulnis – deutlich im toxischen Bereich. Nach Einnahme solcher Dosen dürften in der Regel stark sedative (dämpfende) bis hypnotische Wirkungen auftreten, die ein Ertrinken fördern und beschleunigen können.

Die erhöhte Dosis Radedorm erklärt, weshalb der überdurchschnittlich gute Schwimmer ertrinken konnte: Er wollte es. Schon einmal, als ihn die Nachricht vom Tod Paton Price' erreichte, hatte Dean seine Frau durch die Einnahme einer Überdosis Radedorm geschockt.

Radedorm-Tabletten – fünf Milligramm Nitrazepam für zwei Mark – führte das Arzneimittelverzeichnis der DDR als rezeptpflichtiges Sedativum, Hypnotikum und Antiepileptikum zur Anwendung bei BNS- und myoklonisch-astatischen Anfällen auf, speziellen Formen der Epilepsie also.

Epilepsie ist eine Krankheit mit sehr differenziertem Erscheinungsbild. Etwa fünf Prozent aller Menschen erleiden in ihrem Leben einen epileptischen Anfall. Die meisten Patienten können heute durch eine Langzeittherapie mit antikonvulsiven Medikamenten anfallfsrei gehalten werden.

Nahm Dean Reed deshalb jeden Abend eine „Schlaftablette", wie schon seine Mutter bestätigte? Kaum einer von seinen engen Freunden und niemand in der Familie hat je davon gesprochen: Dean Reed litt seit seiner Jugend an dieser Krankheit.

Lügen, Gerüchte und üble Nachrede

Am 18. Juni 1986 erschien in den Zeitungen der DDR die Meldung des Allgemeinen Deutschen Nachrichtendienstes (ADN) über den tragischen Unfalltod Dean Reeds, die eine Flut von Gerüchten auslöste. Wie immer im Land der SED-Einheitspresse wusste nur die Fama ganz genau, was angeblich wirklich passiert war.

Unglücklicherweise hatte Dean für Sonnabend, den 14. Juni, ein Interview mit dem englischen Journalisten Russell Miller von der „Sunday Times" vereinbart. Als der am Freitag anrief, antworteten Renate und Gerrit List mit verdächtigen Ausreden, die leicht mit der noch unklaren Situation zu erklären waren.

Am Dienstag war es Gewissheit geworden: Dean war tot. „Opfer eines Unfalls", wie die Polizei offiziell mitteilte. Oder war es in Wahrheit die Staatssicherheit? Die führte die Verhandlungen mit der Familie: mit Patty, mit der Tochter Ramona und mit der Mutter, die aus Hawaii anreiste. Dixie kam nicht. Wohl aber Will Roberts. Er und Ramona bezweifelten die Unfallversion, aber die Männer, die sich als Offiziere der Kriminalpolizei vorgestellt hatten, beharrten darauf. Deans Freunde in aller Welt waren schockiert von der Todesnachricht.

Die Trauerfeier, die zu einem letzten spektakulären Ereignis um den toten Schauspieler und Sänger wurde, fand am Dienstag, dem 24. Juni 1986, im Krematorium Baumschulenweg statt – dem Tag des geplanten Drehbeginns für „Bloody Heart". Die Trauerrede hielt der stellvertretende Kulturminister Horst Pehnert. Natürlich fehlte die Staatssicherheit nicht in der mit pinkfarbenen Nelken geschmückten Feierhalle. Will Roberts stand auf und erklärte, Deans Asche solle in den Meeren jener Länder verstreut werden, die Dean geliebt hatte. Alle sollten sich erheben und noch einmal für Dean applaudieren, der den Beifall so sehr geliebt hatte. Und wirklich klatschten sie ein letztes Mal für Dean, dessen Stimme aus dem Lautsprecher drang.

Am Morgen ihrer Abreise saßen Deans erste Frau Patricia und seine Mutter im Palasthotel noch einmal den höflichen Herren von der „Kriminalpolizei" gegenüber. Die hatten vorsichtshalber im ZK der Partei nachgefragt, ob man den Frauen nicht doch Näheres mitteilen dürfe. Die Antwort fiel eindeutig aus: Es bleibt bei der Unfallversion. Die Wahrheit hätte vielleicht den Glanz des Staatsratsvorsitzenden getrübt, der sich kurz zuvor ein letztes Mal in seinem hohen Amt hatte bestätigen lassen und unterwegs zum Staatsbesuch in Schweden war.

Aus der Sicht des MfS-Untersuchungsführers gab es hingegen keine Gründe, den Selbstmord Reeds zu verschweigen und die Abschiedsgrüße zurückzuhalten. Die Echtheit des Briefs war inzwischen erwiesen. Der langjährige Sachverständige für Handschriftenuntersuchung im VP-Präsidium, Hauptmann der Kriminalpolizei Arno R., Gutachter in zahlreichen Strafverfahren, kam nach Auswertung der Zeilen auf der Drehbuchrückseite, einer weiteren Schriftprobe und Reeds Kalender von 1985 zu dem Ergebnis: „Die umstrittenen Schreibleistungen (Blatt 1–15) sind zügig geschrieben worden, enthalten keine Fälschungsmerkmale und stammen von ein und derselben Person. Die bei der Untersuchung der umstrittenen Schreibleistungen herausgearbeiteten Schriftmerkmale, die in ihrer Gesamtheit einen Merkmalskomplex darstellen, der zur Identifizierung eines Schreibers ausreicht, konnten in den Schriftproben im hohen Maße konstant wiedergefunden werden. Aus diesen Untersuchungsbefunden ergibt sich nachstehende Schlußfolgerung: Die umstrittenen Schreibleistungen (Blatt 1–15) stammen von Dean R e e d, geb. am 22.09.1938."

Trotz dieser eindeutigen Faktenlage geistert bis heute die Theorie von der Fälschung des Briefs herum. Weshalb aber hätte die Stasi ihn fälschen, anschließend geheim halten und in den Akten (und nicht einmal in den eigenen!) vergraben sollen? Wozu überhaupt ein Abschiedsbrief, der noch dazu der offiziellen Unfallversion widersprach? Eberhard Fensch, ebenso wie andere Freunde Dean Reeds, hielten ihn für ein in Inhalt, Ausdruck und Schrift überzeugendes letztes Zeugnis des toten Sängers.

Die Filmverträge für „Bloody Heart“ wurden sang- und klanglos annulliert. In Moskau war man froh darüber. Der Super-GAU von Tschernobyl, das nur 800 Kilometer von der Krim entfernt ist, lag gerade acht Wochen zurück.

Dean Reed geriet schnell in Vergessenheit. Eine Weile nahmen die Spekulationen über seinen Tod zu, in den letzten Jahren der DDR fragte jedoch kaum jemand mehr nach seinen Platten und Filmen. Dann war das kleine Land, in dem der amerikanische Sänger seine großen Träume gesponnen hatte, Geschichte.

Mitte 1990 stieß ein West-Berliner Fernsehteam auf der Suche nach journalistisch ergiebigen Opfern der Staatssicherheit im zeitweiligen Gemeinsamen Landeskriminalamt in Berlin-Hohenschönhausen auf den Fall Dean Reed. Die dünne Akte aus dem Safe des langjährigen Chefs der DDR-Kriminalpolizei, Generalleutnant Helmut Nedwig, bot wenig Sensationelles: den originalen Abschiedsbrief Reeds mit dem Schriftgutachten, den Auffindungsbericht der Leiche samt Fotodokumentation und den Obduktionsbericht. Bald kursierten nun in Journalistenkreisen Kopien der Akte und sorgten sporadisch für ein Rauschen im bunt gewordenen Blätterwald. DDR-Innenminister Peter-Michael Diestel informierte die Öffentlichkeit darüber, dass Dean Reed nicht „einem tragischen Unfall zum Opfer fiel, sondern auf Grund persönlicher Motive Selbstmord“ begangen habe, während einzelne Blätter immer neue Sensationen zu vermelden wussten: „Wie es hieß, trug er [Reed, J. E.] einen Strick um den Hals, als man ihn hinter dem Steuer seines Autos vom Grund des Sees holte … Andererseits: Wie kann sich ein Selbstmörder noch mit dem Strick um den Hals ins Auto setzen und in den See fahren?" Zumal es im selben Text hieß, „daß Reeds am Ufer gefundenes Auto Blechschäden aufwies".

Von dieser Qualität waren die Recherchen über Reeds Tod, der nun Anlass zu den erschröcklichsten Spekulationen bot. Im April 1991 meldete der „Berliner Kurier": „Auch der beliebte Showstar Dean Reed ist möglicherweise von der Stasi umgebracht worden. Er war 1986 auf mysteriöse Weise in einem See in Rauchfangswerder bei Berlin ertrunken. Reed hatte sich vorher mit Mielke angelegt, wollte in die USA zurückkehren. Das MfS befürchtete, daß er dort über die wahren Verhältnisse in der DDR berichten könnte."

Ein Mordmotiv, das wohl nicht einmal dem dümmsten Leser einleuchten dürfte: Wenn ausgerechnet ein US-Bürger mit gültigem Pass wegen seiner Berichte über das „wahre Leben" in der DDR des Jahres 1986 sein Leben verwirkt hätte, wäre ein Massenmord an Hunderttausenden von Augenzeugen aus Ost und West wohl noch „wahrscheinlicher" gewesen!

Ein paarmal noch kochten die Medien den Fall Reed auf. Neue Fakten kamen nicht ans Licht. Dem Urteil der Gerichtsmediziner Gunther Geserick, Klaus Vendura und Ingo Wirth in ihrem Buch „Zeitzeuge Tod" ist bis heute nichts hinzuzufügen: „Was bleibt, ist der völlig unspektakuläre, tragische Tod eines Verzweifelten, dem seine außergewöhnliche Biographie in einer besonderen politischen Zeit zu erneutem gnadenlosen und unverdienten Medieninteresse verhalf." *J. E.*

Geheimnisse der „Freunde“

Die verborgenen Seiten der sowjetischen Besatzer

Bevor sich die vielbeschworene „Freundschaft“ mit „den Russen“ entwickelte, regierte nach dem Krieg zunächst eine diffuse Angst vor „dem Iwan“. Diese war angesichts der deutschen Verbrechen, die in der Sowjetunion begangen worden waren, nicht unbegründet. Und erste Erfahrungen mit den Besatzern ließen sie wachsen. Das Verschweigen dieses Teils der Geschichte wurde zum Beweis der Loyalität des Einzelnen gegenüber der neuen Macht. Wer ihn nicht liefern wollte oder konnte, musste in der Frühzeit der DDR mit drakonischen Strafen wegen „antisowjetischer Hetze“ rechnen. Später reichte das kollektiv zelebrierte Vergessen.

Das rächte sich mit dem Ende der DDR. Nun vermischten sich plötzlich Gerüchte mit tatsächlichen Ereignissen. Erst jetzt ließen sich Spuren finden, an deren Entdeckung in über vierzig Jahren DDR nicht zu denken war.

Hitlers Ende auf der Schweinebrücke

Dass sich die Überreste von Adolf Hitler und seiner Kurzzeitgattin Eva Braun 25 Jahre nach dem Krieg noch in der DDR befanden, gehörte zu den größten Geheimnissen des sowjetischen Geheimdienstes KGB.

Gefunden worden waren die Leichen von einem der zahlreichen Suchtrupps der Roten Armee am 4. Mai 1945 in der zerstörten Reichskanzlei. Das war mit einiger Verwirrung einhergegangen, denn zunächst war ein falscher Leichnam, der Hitler ähnlich sah, als „Führer“ identifiziert worden. Eine gestopfte Socke ließ aber vermuten, dass es sich hier nicht um den Gesuchten handeln konnte. Oberstleutnant Iwan Klimenko ließ daraufhin einen anderen zuvor ausgegrabenen, aber wieder zugeschütteten Kadaver in einem Bombenkrater ein zweites Mal bergen, weil ihm SS-Mann Harri Mengershausen von Hitlers Leibstandarte den Fundort als Verbrennungsort von Hitlers Leiche genannt hatte. In seinem Protokoll hielt er fest: „Wir, Unterzeichnete, Oberstleutnant Klimenko, Soldat Oleinik, Tschurakow ... besichtigten unter Teilnahme des zur Identifizierung herangezogenen Harri Mengershausen die Bestattungsstelle der Leichen des Reichskanzlers Adolf Hitler und seiner Frau ... Die Besichtigung der von dem zur Identifizierung hinzugezogenen Mengershausen angegebenen Stellen erwies die Richtigkeit seiner Aussagen ... Diese Aussagen sind um so glaubwürdiger, als wir aus dem von ihm genannten Trichter am 4. Mai 1945 die Leichen eines Mannes und einer Frau sowie die Kadaver zweier vergifteter Hunde zutage förderten. Letztere wurden von anderen Personen als Eigentum Hitlers und seiner Frau Eva Braun, der ehemaligen Privatsekretärin Hitlers, identifiziert.“

Die sterblichen Überreste des Ehepaars Hitler brachte die sowjetische Spionageabwehr Smersch ins Feldlazarett 496 in Berlin-Buch. Dort wurden sie am letzten Tag des Kriegs obduziert. Hitlers Kiefer ging als Asservat nach Moskau, die Reste vergrub man in der Nähe des Krankenhauses.

Nun folgte eine der letzten großen Desinformationskampagnen des Zweiten Weltkriegs. Sowjetführer Josef Wissarionowitsch Stalin erklärte im Juli 1945 auf der Konferenz der Alliierten in Potsdam dem amerikanischen Präsidentenberater Harry Hopkins wider besseres Wissen, er sei davon überzeugt, Hitler lebe noch. Der Grund dafür war wohl Stalins Ärger, seinen größten Widersacher nicht lebend erwischt zu haben. In den nächsten Jahrzehnten blühten deshalb die Gerüchte. Es machten abenteuerliche Fluchtgeschichten „des Führers" die Runde – von einem „letzte[n] Flugzeug aus Berlin" über das Abtauchen mit einem U-Boot durch den Atlantik bis hin zum technisch völlig unmöglichen „Abflug mit einer V2-Rakete". Und manch einer meinte sogar, Hitlers genauen Aufenthaltsort zu kennen. So fand sich zum Beispiel in einem 203 Seiten umfassenden Konvolut von FBI-Akten – 2014 mit zahlreichen Schwärzungen freigegeben – ein Brief vom November 1945, in dem es hieß: „Hitler ist in Argentinien. Er lebt in einer großen unterirdischen Anlage unter einer Hazienda, 675 Meilen westlich von Florianopolis, 410 Meilen nordwestlich von Buenos Aires."

In Wahrheit hatten die Smersch-Truppen ihre Beute auf ihrem Weg durch die Besatzungszone mitgenommen. Nach der Exhumierung in Berlin-Buch wurden die Munitionskisten mit den Überresten Hitlers, Eva Brauns und der Familie Goebbels zunächst in Finow vergraben, dann am Ortsrand von Rathenow, danach in einem Wald bei Stendal und schließlich im Dezember 1945 in Magdeburg. Im Januar 1946 wurden sie noch einmal ausgegraben und untersucht, bevor sie auf ein Militärgelände in Magdeburg-Sudenburg wanderten. Bei allen bis dahin erfolgten Begutachtungen der Leichenreste war der Eifer der Experten jedoch begrenzt geblieben, denn Stalin wollte keinen Beweis, dass sich Hitler „ehrenhaft" erschossen hatte. Er zog es vor, wenn es hieß, Hitler habe sich „feige" vergiftet. Deshalb schien es besser, alle Überbleibsel der Leiche unter einer Asphaltschicht verschwinden zu lassen.

Doch Anfang 1970 wurde die Magdeburger Garnison von den Sowjets geräumt. Daher schrieb der damalige KGB-Chef Juri Wladimirowitsch Andropow am 13. März 1970 an Leonid Breschnew: „Vor dem Hintergrund möglicher Bau- und anderer Erdarbeiten auf diesem Territorium, die zur Entdeckung der Gräber führen könnten, hielte ich es für zweckmäßig, die Überreste zu beschlagnahmen und sie auf dem Weg der Verbrennung zu vernichten."

Das erledigten fünf Geheimdienstoffiziere unter dem Tarnnamen Mythos. Sie gruben am 5. April 1970 die vier Munitionskisten aus und vermerkten in ihrem Fundbericht: „Schädel, Gebein, Rippen, Wirbel usw. in Kisten, diese zu Mulm verfault. Leichen waren mit Erde vermischt, der Zerstörungsgrad ist groß." Diese Reste verbrannten sie auf dem Gelände der zehnten sowjetischen Panzerdivision in Schönebeck. Anschließend fuhren drei Soldaten rund zwanzig Kilometer bis nach Biederitz. Von einer kleinen Brücke über der Ehle, einem Nebenfluss der Elbe, warfen sie die Asche ins Wasser. Das Bauwerk trägt im Volksmund den Namen Schweinebrücke.

Das Schweigen der „Abgeholten"

Viele Mädchen und Jungen der in der DDR geborenen Nachkriegsgenerationen machten eine merkwürdige Erfahrung: War vom Schicksal irgendeines Mitbürgers, eines Bekannten oder eines Familienmitglieds die Rede, hieß es oft in verschwörerischem Flüsterton: „Den haben damals die Russen abgeholt." Einige blieben verschwunden, andere tauchten wieder auf, Fragen dazu wurden nicht beantwortet. Und über alles, was dahintersteckte oder damit zusammenhing, wurde bis zum Ende der DDR eisern geschwiegen.

Kaum jemand wusste bis 1989, dass das Schicksal der „Abgeholten“ auf einer Vereinbarung der Alliierten beruhte. Amerikaner, Engländer und Sowjets hatten bereits vor Kriegsende festgelegt, als gefährlich eingestufte Personen nach dem Krieg einem „automatic arrest“ zu unterwerfen. Die sowjetische Besatzungsmacht richtete für diesen Zweck sogenannte Spezlagerja in ihrer Zone ein. Dazu reaktivierte sie die Konzentrationslager Buchenwald und Sachsenhausen und schuf in Mühlberg, Berlin-Hohenschönhausen, Bautzen, Ketschendorf, Jamlitz (zuvor Frankfurt / Oder), Werneuchen, Torgau und Fünfeichen bei Neubrandenburg weitere Lager. Diese „Speziallager“ unterstanden dem Volkskommissariat für innere Angelegenheiten (NKWD, ab 1946 MWD) der Sowjetunion. Zusätzlich gab es mehrere Gefängnisse. Alle Internierungsstätten waren im rechtlichen Sinne keine Kriegsgefangenenlager.

Im Gegensatz zur westlichen Internierungspraxis nutzten die Sowjets die Spezlagerja auch, um politische Gegner, zum Beispiel aus der SPD, zu unterdrücken und eigene Staatsbürger wie nach Deutschland verschleppte „Fremdarbeiter“ oder auffällig gewordene Soldaten der Roten Armee einzusperren. Zur Einweisung genügten oft Denunziationen, bei Verhören durch die NKWD-Dienststellen war Folter an der Tagesordnung. Bei vielen Beschuldigten reichten die Ermittlungsergebnisse dennoch nicht für ein Gerichtsverfahren vor einem sowjetischen Militärtribunal (SMT). Sie wurden ohne Urteil gefangen gehalten.

Kam es zu Verurteilungen – oft in Ferngerichtsverfahren, aus Moskau verkündet –, erfolgten diese nicht nach individueller Schuldlage, sondern vor dem Hintergrund der Machtsicherung.

Als gesetzliche Grundlage diente der zur Tatzeit in Deutschland nicht geltende Paragraf 58 des sowjetischen Strafgesetzbuches vom November 1926, der pauschal „konterrevolutionäre Verbrechen" unter Strafe stellte.

Bisherigen wissenschaftlichen Forschungen zufolge verurteilten die sowjetischen Militärgerichte von 1945 bis 1947 insgesamt 1786 deutsche Zivilisten zum Tod durch Erschießen, davon 922 wegen „konterrevolutionärer Verbrechen" und 529 wegen „Kriegs- und Gewaltverbrechen". 1232 dieser Urteile wurden vollstreckt.

Neueste Forschungen beginnen mit ihren Untersuchungen über die Verhängung und Vollstreckung von Todesurteilen bereits im Jahr 1944 mit dem Überschreiten der deutschen Grenze in Ostpreußen durch die Rote Armee. Sie berücksichtigen deutsche Staatsbürger, Zivilisten und ehemalige Wehrmachtsangehörige. Unter diesen Prämissen stellten Wissenschaftler in der Zeitspanne von 1944 bis 1953 insgesamt 3301 Todesurteile fest, von denen 2542 vollstreckt wurden. Über zwei Drittel der Urteile, die in der unmittelbaren Nachkriegszeit verhängt wurden, betrafen Taten, die in Zusammenhang mit der NS-Herrschaft und dem Krieg standen, insbesondere mit der Beteiligung an Kriegsverbrechen. Hinzu kamen Fälle von Widerstand am Kriegsende und in den ersten Besatzungsmonaten. Daneben wurden Zehntausende langjährige Haftstrafen ausgesprochen, deren „Regelmaß" 25 Jahre Arbeitslager in der Sowjetunion betrug.

Zu welchem Zeitpunkt man auch immer mit den Untersuchungen ansetzt, es bleibt ein außerordentlich rigides Strafregime zu konstatieren. Das legitime Anliegen, NS-Aktivisten zu sanktionieren, geriet zu einer umfänglichen Unrechtspraxis, die neben notwendigen und berechtigten Verurteilungen viele unschuldige Opfer forderte. Bereits 1946 bemerkten die Sowjets selbst, dass etwa nur die Hälfte der damals über 80000 Internierten früher Nationalsozialisten in unteren und mittleren Funktionen waren. Marschall Sokolowski und Generaloberst Serow meldeten am 4. Dezember 1946 an Stalin, dass bei 35000 der übrigen 40000 Insassen wegen festgestellter „Minderbelastung" keine Strafverfahren möglich seien. Trotzdem blieben die meisten in Haft.

Bis heute gibt es keine Zahlen, die Aufschluss über das Verhältnis von schuldig und unschuldig inhaftierten Personen geben. Die Gesamtzahl der Haftierten ist ebenfalls umstritten. Nach russischen Angaben zählte man 122671 deutsche. Westliche Historiker gehen von bis zu 180000 deutschen und weit mehr als 34000 sowjetischen Gefangenen in der sowjetischen Besatzungszone (SBZ) aus. Mindestens ein Drittel der Insassen überlebte die Lager aufgrund von Hunger und Krankheiten nicht.

Das Vorgehen der Sowjets rief bereits vor Gründung der beiden deutschen Staaten internationale Kritik hervor. Moskau reagierte darauf mit der am 27. Februar 1948 verkündeten formellen Beendigung der Entnazifizierung. Das Politbüro der KPdSU ordnete am 30. Juni 1948 die Freilassung von 27749 Häftlingen ohne Urteil aus den Speziallagern an. Mit Befehl 00559 vom 9. August 1948 schafften die Sowjets den Begriff Spezlagerja ab und lösten sieben von ihnen auf. Nur Bautzen, Sachsenhausen und Buchenwald blieben in Betrieb. Nach sowjetischen Angaben lebten dort weiterhin 13539 „internierte" Lagerinsassen und 16093 von sowjetischen Militärtribunalen Verurteilte. Im März 1950 wurden auch diese Lager geschlossen.

Der zuständige sowjetische Marschall Wassili Iwanowitsch Tschuikow verfügte, dass rund 15000 Personen entlassen und etwa 10 500 bereits Verurteilte an DDR-Gefängnisse übergeben werden sollten. Einige Hundert schwer belastete Kriegsverbrecher blieben in sowjetischer Hand. Weitere 3432 Gefangene wurden der DDR-Justiz zur Aburteilung überstellt.

Gegen diese Angeschuldigten fanden vom 21. April bis zum 29. Juni in Waldheim Gerichtsverhandlungen statt. Zehn davon waren vorher geprobte Schauprozesse, ansonsten blieb die Öffentlichkeit ausgeschlossen. Nach Abschluss dieser Prozesse und 1317 Revisionsverfahren im Juli 1950 waren 33 Todesurteile gefällt, von denen 24 ausgeführt wurden. Sieben zum Tode Verurteilte wurden begnadigt, zwei starben vor der Vollstreckung. Weiterhin wurden 146 lebenslängliche Strafen und 2745 Strafen von mehr als 10 Jahren verhängt.

Unabhängig von dieser Sanktionierungspraxis kam rund eine halbe Million Menschen nach der Kriegsgefangenschaft in sowjetische Arbeitslager. Etwa ein Drittel verstarb dort, die Letzten kehrten Mitte der 1950er-Jahre zurück.

Arbeitssklaven für Sibirien

Bis zum Ende der DDR blieb unbekannt, dass dieses Verfahren auf einem Beschluss der Alliierten beruhte. Die hatten auf ihrer Konferenz von Jalta vom 4. bis zum 11. Februar 1945 drei Formen von Reparationsleistungen für die Zeit nach dem Sieg vereinbart: Demontage und Beschlagnahme von Auslandsguthaben, Lieferungen aus der laufenden Produktion und Verwendung deutscher Arbeitskräfte. Die Höhe der einzelnen Reparationsleistungen war offengeblieben. Im Protokoll vom 11. Februar 1945 war in Bezug auf die Arbeitsleistungen nur von „Reparations in kind" die Rede. Dennoch bestand damit eine übereinstimmende Rechtsgrundlage der Alliierten für den Einsatz deutscher Arbeitskräfte in der Sowjetunion.

Auch auf der Potsdamer Konferenz im Juli / August 1945 erzielten die Siegermächte keine Einigung über die Reparationssumme. Die Sowjetunion bezifferte ihre Kriegsschäden auf 130 bis 150 Milliarden US-Dollar. Doch weder die genaue Höhe der Reparationen noch ein gemeinsames Verfahren zur konkreten Abwicklung der von Deutschland zu erbringenden Leistungen wurde festgelegt. Stattdessen erfolgte ein Kompromiss, der eine Teilung des „Reparationsgebietes“ vorsah. Die Sowjetunion sollte ihre Ansprüche durch Entnahmen aus der sowjetisch besetzten Zone befriedigen. Zusätzlich sollte sie einen Teil der industriellen Anlagen in den westlichen Besatzungszonen erhalten, die „für die deutsche Friedenswirtschaft“ nicht notwendig waren.

Obwohl die Höhe des Zugriffs auf die laufende Produktion und die Verwendung deutscher Arbeitskräfte ohne konkrete Festlegungen blieben, hieß das – internationalen diplomatischen Gepflogenheiten entsprechend –, dass die vorher getroffene Übereinkunft aller Mitglieder der Anti-Hitler-Koalition über den Arbeitseinsatz nicht infrage gestellt wurde.

Kriegsgefangene wurden in Arbeitslager überführt – im Volksmund hieß es, sie würden „nach Sibirien verschickt“ –, die meisten der Deportierten kamen jedoch aus Ost- und Westpreußen, Pommern, Schlesien und dem Karpatenraum. Aus der SBZ wurden vor allem jene in die Sowjetunion überstellt, die zuvor in die Fänge des Geheimdienstes geraten waren. Darunter waren bereits Verurteile, aber auch unschuldige Personen. Als Besatzungsmacht hielt es die Sowjetunion nicht für nötig, den Betroffenen rechtliche Gründe – außer dem pauschalen Vorwurf, „Faschist“ gewesen zu sein – für das Verfahren mit ihnen zu nennen.

Die größten Transporte aus der SBZ erfolgten zwischen dem 15. Januar und dem 1. März 1947 über das MWD-Lager Nr. 69 in Frankfurt an der Oder. Sie sollten die „arbeitsfähige Bevölkerung" betreffen, Männer im Alter zwischen 17 und 55 und Frauen von 18 bis 32 Jahren, aber diese Grenzen wurden nicht immer eingehalten.

Mit der Etablierung der sowjetischen Besatzung auf dem Gebiet der späteren DDR war ein Austausch bereits tätiger, aber kranker und arbeitsunfähiger Internierter gegen neue Arbeitskräfte aus der Zone erfolgt. Der dazu am 26. Dezember 1946 vom Minister für Innere Angelegenheiten der UdSSR als „streng geheim" deklarierte Befehl Nr. 001196 trug den Titel „Über die Zuführung von 27500 Deutschen aus Deutschland, die sich in Gefängnissen und Speziallagern des MWD befinden, und über den Transport der gleichen Anzahl kranker und arbeitsunfähiger Kriegsgefangener und Internierter deutscher Nationalität nach Deutschland". Er basierte auf dem Beschluss des Ministerrates der UdSSR Nr. 2728-1124ss vom 23. Dezember 1946.

Punkt eins des Befehls war zu entnehmen, dass „aus den in den Speziallagern und Gefängnissen des MWD in Deutschland befindlichen physisch gesunden männlichen Deutschen eine Anzahl von 27500 Personen auszuwählen [ist], die zu schwerer Arbeit .... geeignet sind". Punkt drei präzisierte, dass diese „Kohleförderung unter Tage" zu leisten hatten, und Punkt vier legte fest, dass „im Gegenzug zu den in die UdSSR zu führenden arbeitsfähigen Deutschen aus den Lagern des MWD, den Spezialkrankenhäusern und den Interniertenbataillonen die gleiche Anzahl von arbeitsunfähigen und kranken Kriegsgefangenen und internierten Deutschen auszuwählen" ist. Dabei war die Rücksendung nach Deutschland nicht gleichbedeutend mit einer Freilassung, denn „[i]n die Zahl der zu Entsendenden [waren] kranke und arbeitsunfähige Kriegsgefangene und Internierte, die aufgrund kompromittierenden Materials der Isolation [unterlagen], zwecks Einbehaltung in den Gefängnissen und Speziallagern des MWD in Deutschland einzubeziehen".

Das undurchsichtige und bis 1989 in der DDR verschwiegene Vorgehen der sowjetischen Besatzer bis Mitte der 1950er-Jahre ließ weit über diese Zeit hinaus wirkende Ängste entstehen und Gerüchte blühen. Diese bekamen zusätzlichen Auftrieb, als ab 1945 im Süden der Besatzungszone etwas wie ein Staat im Staate mit dem harmlos klingenden Namen Wismut entstand.

Wilde Jahre im Erzgebirge

Unmittelbar nach dem Krieg begann im Erzgebirge unter strengster Geheimhaltung die Suche nach Uran für die sowjetische Kernenergie und Atomrüstung. Die dazu von den Sowjets gegründete Wismut AG trug militärische Strukturen. Sie stand unter dem Kommando des Geheimdienstgenerals Michael Mitrofanowitsch Malzew, der zuvor Lagerkommandant im sibirischen Straflager Workuta war.

Entgegen ursprünglichen Plänen des sowjetischen Innenministeriums, laut denen die Wismut AG Strafgefangene und Internierte als Arbeitskräfte nutzen sollte, setzte man - mit Ausnahme von etwa 2000 deutschen Kriegsgefangenen, die zuvor in tschechischen Uranminen gearbeitet hatten und ins Erzgebirge verlegt wurden - auf die Anwerbung von Freiwilligen. Mittelfristig sollte durch Sonderkonditionen wie hohen Lohn, Zusatzversorgung mit Lebensmitteln und Einrichtung einer eigenen sozialen Infrastruktur eine verlässliche Stammbelegschaft aufgebaut werden. Angesichts des Ende der

1940er-Jahre bereits auf mehr als 40 000 Menschen angewachsenen Personalbedarfs funktionierte das einerseits nicht ohne Druck, andererseits fühlten sich viele sozial Entwurzelte von der „Goldgräberstimmung“ angezogen.

Wie bei der „Arbeitskräftewerbung“ verfahren wurde, zeigt zum Beispiel ein Rundschreiben des sächsischen Ministeriums für Arbeit und Gesundheitswesen mit der Nr. VIII 1103 an alle Arbeitsämter Anfang des Jahres 1950: „Eine Besprechung mit Herrn Generaldirektor Michael Malzew der Wismut-A.G. hat ergeben, daß bei der Abstellung der Kräfte für den Erzbergbau einige neue Punkte zu beachten sind. Glaubt ein Amt, auf die Anwendung von Arbeitseinweisungen oder ‚erzwungene Freiwilligkeit‘ nicht verzichten zu können, dann sind diese Kräfte in gesonderten Transporten in Marsch zu setzen … Die augenblickliche Arbeitsmarktlage ist besonders günstig für eine Werbung, da die Zahl der voll einsatzfähigen arbeitslosen Männer nicht unerheblich angestiegen ist. Bei Tauglichkeit wird Arbeit im Erzbergbau angeboten. Bei Ablehnung besteht kein Anspruch auf Arbeitslosen-Unterstützung. Bei Nichterscheinen auf Vorladung haftet einer der Angehörigen.“

Gleichzeitig war sich die deutsche Arbeitsverwaltung bewusst, dass ihre Macht endete, wenn erst einmal Arbeitskräfte unter die Fittiche der sowjetischen Verwaltung genommen würden. So beschwerte sich die Behörde 1950, „Verbrecher“ würden eine Strafunterbrechung dazu nutzen, „sich beim Arbeitsamt zum Einsatz im Bergbau zur Verfügung zu stellen“ – in der Hoffnung, „auf solche Art von der Verbüßung der Rechtsstrafe befreit [zu] werden“.

Dieses Vorgehen der sowjetischen Besatzer, verbunden mit der Geheimhaltung von allem, was die Wismut betraf, und der Abriegelung ganzer Landkreise, ließen Gerüchte entstehen. Die

Deutsche Presse-Agentur (DPA) meldete am 24. August 1950: „Die britische Kontrollkommission in Berlin veröffentlichte Tatsachenmaterial über sowjetisch verwaltete Uran-Bergwerke in der Sowjetzonenrepublik. Die ‚Wismut AG' stelle einen Staat im Staate dar und unterwerfe Deutsche Arbeiter einem Regime kolonialer Ausbeutung. Das gesamte Uranbergbaugebiet unterliege der Kontrolle der NKWD-Truppen. Die Sowjetzonenregierung besitze in diesem Gebiet keinerlei Autorität."

Schnell war von „KZ-Schächten" und „Todesminen" die Rede, was wahrscheinlich auf durchgesickerte Informationen über die harten und oft gefährlichen Arbeitsbedingungen zurückzuführen war. Hinzu kam, dass vor Gründung der DDR Straftaten innerhalb der Wismut durch die Sowjets geahndet worden waren. Entsprechend der militärischen Struktur des Betriebs galten Vertragsbrüche durch die Arbeiter als Desertion, und aufgrund der Geheimhaltung des Unternehmens war der Verdacht auf „Sabotage" und „Diversion" allgegenwärtig. Sanktioniert wurden derartige Delikte durch den sowjetischen Geheimdienst NKWD, Urteile fällten sowjetische Militärtribunale.

Mit dem ab März 1949 gebildeten Betriebsschutz unter dem Namen Bergpolizei agierten deutsche Hilfskräfte unter Aufsicht der Sowjets. Ende des Jahres erreichten sie bereits eine Stärke von rund 1200 Mann. Der Befehl 0020 der Sowjetischen Militäradministration (SMAD) vom 17. Juni 1949 überführte sie als „Wismut-Polizei" in die Volkspolizei (VP). In der zweiten Hälfte der 1950er-Jahre verfügte sie über mehr als 3500 Mann.

Die Wismut-Polizei hatte reichlich zu tun. Beispielsweise fand am 11. August 1950 auf dem Bahnhof Johanngeorgenstadt eine Massenschlägerei zwischen 500 Bergarbeitern und der Polizei statt. Ein Jahr später, am 16. August 1951, stürmten Hunderte von Bergleuten in Saalfeld die Polizeistation, als die VP zwei nach dem Lohnempfang unter Alkohol randalierende Kumpel festsetzte. Ein weiteres Problem waren Prostitution und grassierende Geschlechtskrankheiten.

Vorfälle dieser Art hatten schon vor Gründung der DDR dazu geführt, dass Generalmajor Malzew am 1. Februar 1949 gefordert hatte, über die deutschen Behörden die Bildung einer eigenen Justizstruktur inklusive Staatsanwaltschaft für die unter der Verwaltung der Wismut stehende Bergbauregion zu schaffen. Sie sollte für gewöhnliche Kriminalität zuständig sein. Verfolgung und Bestrafung politisch motivierter Taten sollten weiterhin zu dem Aufgabenbereich der Sowjets zählen. Daraufhin entstand eine Abteilung Bergbau am Amtsgericht Chemnitz, deren Zuständigkeit auf weitere Amtsgerichtsbezirke erweitert wurde, wenn es um Strafsachen aus der Wismut ging. Die gleichzeitig gebildete Abteilung W regelte Arbeitsrechtsangelegenheiten. Alle vom Ministerium des Innern der DDR und der Sowjetischen Kontrollkommission (SKK) berufenen Richter verhandelten ihre Fälle als „Geheime Verschlußsache".

Zur Begründung für diese von keinem deutschen Gesetz gedeckte Sonderjustiz führte Wismut-Kommandant Malzew an, dass „aufgrund der starken Konzentration der deutschen Bevölkerung an den Standorten des Erzbergbaus infolge sehr zahlreicher Entwendung von Arbeitskleidung, Holzmaterial, Kohle und Kartoffeln sowie der Desertion von zur Arbeit im Bergbau Verpflichteten deren Straftaten deutschen Gerichten" unterlägen. All das hatten bislang die sowjetischen Militärgerichte geahndet, die sich nun darauf konzentrierten, durch politische Urteile die Geheimhaltung des Projekts zu sichern.

Hintergrund der Umstrukturierung war, dass die Amerikaner in den unmittelbaren Jahren nach dem Krieg davon ausgegangen waren, im Erzgebirge seien keine abbauwürdigen

Uranvorkommen vorhanden. Zu jener Zeit hatten 97 Prozent der Vorkommen des mit der Atombombe zum strategischen Rohstoff gewordenen Metalls unter Kontrolle der Westmächte gestanden. Mit der Beschaffung erster illegaler Uranproben aus der SBZ im Frühjahr 1949 änderte sich ihre Einschätzung. Für ein Kilogramm Erzproben zahlten amerikanische Stellen in West-Berlin 1000 D-Mark. Laut russischen Quellen verschwanden 1949 insgesamt 43 Kilogramm aus verschiedenen Schächten. Das ermöglichte den Amerikanern eine neue Abschätzung der Vorkommen.

Der „Kampf gegen Spione" führte bis Mitte der 1950er-Jahre zu harten Urteilen. Nachdem der SPD-Vorstand im Westen bereits 1949 auf der Grundlage von Informationen seines geheimdienstlich organisierten „Ostbüros" eine Denkschrift unter dem Titel „Der Uranbergbau in der Sowjetzone" herausgegeben hatte, erließ Generaldirektor Malzew im März 1950 einen Geheimbefehl „über die Verschärfung der Maßnahmen zum Kampf gegen den Diebstahl von Erz, Sprengmitteln und Baumaterialien". Die sowjetischen Militärgerichte verurteilten bis 1953 etwa achtzig Wismut-Beschäftigte „wegen Spionage" zum Tode. Darunter gab es Urteile, denen schwerwiegende Taten vorausgegangen waren, aber auch Prozesse, bei denen die Vorwürfe überspitzt und die Strafen für die Taten unangemessen hoch waren. Beispielsweise stellte der Rehabilitierungsbescheid der Moskauer Militärstaatsanwaltschaft vom 25. Mai 1994 zu dem im Frühjahr 1951 geführten Prozess gegen den Hauer Gerhard Fieker (damals 24) fest, dass die ihm vorgeworfene „Verbindung zu ausländischen Geheimdiensten" konstruiert und das „Geständnis" erpresst worden war. Fieker wurde damals gemeinsam mit dem Geologen Axel-Fritz Weidenberg (27) zum Tode verurteilt und am 1. November 1951 erschossen, weil beide dem RIAS über den mangelnden Arbeitsschutz bei der Wismut berichtet hatten. Ein weiterer Angeklagter, der Techniker Hans-Gerd Kirsche (22), wurde zu 25 Jahren Arbeitslager verurteilt und starb zwei Jahre später bei einem Häftlingsstreik in Workuta.

Das Schicksal der Betroffenen nach den Prozessen wurde selbst den DDR-Behörden gegenüber geheim gehalten. Allenfalls informierte das Ministerium für Staatssicherheit (MfS) darüber, dass der Verschwundene „bei den Freunden in Haft" oder „von den Freunden zur Weiterbearbeitung übernommen" worden sei. In der zweiten Hälfte der 1950er-Jahre gaben auf Drängen der Angehörigen ausgestellte amtliche Todesnachrichten erfundene Krankheiten als Todesursache an.

Nach Stalins Tod 1953 endeten die Erschießungen in Moskau. Nun „sicherte" die Stasi den Uranabbau für die sowjetischen Atombomben. Urteile wie zum Beispiel die in zwei großen Schauprozessen im Kulturpalast Karl-Marx-Stadt (heute Chemnitz) im Juni und Juli 1955 verkündeten führten zu hohen Zuchthausstrafen. Das SED-Zentralorgan „Neues Deutschland" meldete am 12. Juli 1955 unter der Überschrift „Riasverbrecher im Erzbergbau unschädlich gemacht" die richterlichen Beschlüsse: Rahm lebenslänglich, Kowalkowski fünfzehn Jahre, Ickelsheimer zwölf Jahre, Schwengsbier zwölf Jahre, Zedrosser drei Jahre und sechs Monate, Weber drei Jahre und Müller drei Jahre.

Die „wilden" Jahre nahmen mit der Liquidierung der Wismut AG und der Gründung der gemischten Sowjetisch-Deutschen Aktiengesellschaft am 1. Januar 1954 ihr Ende. Der frühere Fördermann und Sprengmeister Gotthard Brettschneider erinnert sich: „Es bildete sich langsam eine Stammbelegschaft heraus, 1950, und die Leute, die vorher fast zwangsverpflichtet wurden, zur Wismut zu gehen, das hat sich dann geändert gehabt. Die Leute haben hier Familien gegründet. Es wurden dann auch schon Wohnungen gebaut. Ab 1954, 1955, da war also das wesentliche Improvisieren überwunden gewesen."

Diese Entwicklung ging mit dem Wiederaufbau und der Umgestaltung der gesamten DDR-Wirtschaft einher. Dabei kam es zu einem Wirtschaftswunder, von dem kaum jemand sprach, weil viele seiner Früchte in die Sowjetunion gingen. Ein Grund dafür waren die – für sozialistische Produktionsverhältnisse ganz untypischen – sowjetischen Aktiengesellschaften (SAG).

Sozialistische Kapitalisten

Nachdem Deutschland auf der Potsdamer Konferenz in „Reparationsgebiete" aufgeteilt worden war, geriet die SBZ in eine schwierige Lage: Gemessen am Vorkriegsniveau von 1936, verfügte sie über weniger als ein Viertel des deutschen Kapitalstocks, musste aber die Hälfte der gesamten Reparationen aufbringen. Denn Amerikaner und Briten stimmten zu, dass die Sowjetunion durch „einmalige Entnahmen aus dem Nationalvermögen", „Entnahmen aus der laufenden Produktion" und „Arbeitsleistungen" aus der SBZ zehn Milliarden Dollar kassieren dürfe. Tatsächlich gezahlt wurden nach neuesten Schätzungen mindestens vier Milliarden Dollar mehr – zu 97 bis 98 Prozent von der Ostzone.

Der Vermögensabfluss gen Osten begann mit drei großen Demontagewellen. Im kollektiven Gedächtnis der Ostdeutschen ist der Abbau des zweiten Gleises der Reichsbahn geblieben. Nicht so augenscheinlich, aber wirtschaftlich schmerzhafter stellten sich die Verluste an Ausrüstungen dar. Verfügte zum Beispiel Autobauer Horch (heute Audi) in Zwickau 1944 noch über 942 Werkzeugmaschinen, blieben 1946 lediglich 98 davon übrig.

Dennoch brachte dieses Vorgehen wegen der hohen Verluste beim unsachgemäßen Abbau, Transport und der Lagerung der Maschinen und Ausrüstungen nicht den erwarteten Erfolg. Die Demontagen im Osten kosteten rund 6,1 Milliarden Reichsmark – wie alle Reichsmark-Angaben umgerechnet auf die Preisbasis von 1944. Im Westen dagegen beliefen sich die Kosten auf nur 2,7 Milliarden Reichsmark.

Angesichts des ausgebliebenen wirtschaftlichen Effekts für die Sowjetunion schlug Stalins Wirtschaftsfachmann Anastas Mikojan vor, die größeren Betriebe in der SBZ zu belassen und ihre Produktion als Wiedergutmachung zu vereinnahmen. Dazu wurden sie in sowjetisches Eigentum überführt. Da damals noch nicht eindeutig war, wie sich die künftige Entwicklung Deutschlands gestalten würde, geschah dies in der Rechtsform von sowjetischen Aktiengesellschaften nach deutschem Aktienrecht. Damit wäre die Sowjetunion auch in einem Gesamtdeutschland ökonomisch präsent und rechtlich abgesichert gewesen.

Ab 1946 wurden die Demontagen stark eingeschränkt und im Frühjahr 1948 endgültig eingestellt. Parallel dazu entstanden aus 213 Großbetrieben wie BMW Eisenach, den Chemiewerken Leuna und Buna, den IG-Farben-Werken Wolfen und Bitterfeld und dem Panzer- und Zementhersteller Krupp-Gruson in Magdeburg sowie weiteren rund 35 Unternehmen sowjetische Aktiengesellschaften. Sie beschäftigten 1947 etwa 300 000 Werktätige und erwirtschafteten ein Fünftel der industriellen Produktion. Im Februar 1947 gaben die Sowjets bereits 74 Betriebe aus den SAG zurück, im Frühjahr 1950 folgten weitere 23 – sie waren zu unrentabel. Dennoch machten die enteigneten

Betriebe bis 1953 etwa 3,5 Milliarden Mark Gewinn, der als Reparation gen Osten floss.

Die größte Rückgabeaktion von 66 Firmen erfolgte im April 1952. Dafür wurden der DDR 1,75 Milliarden Mark in Rechnung gestellt. Außerdem musste sie 30 Millionen Mark Schulden dieser Betriebe übernehmen. Gezahlt werden musste das alles nicht, denn der politische Wind hatte sich gedreht. Die Einheit Deutschlands war durch die verstärkte Westintegration der Bundesrepublik keine realistische Option mehr. Die Macht der SED in der DDR wackelte. Als Konsequenz überführten die Sowjets zum 1. Dezember 1953 die letzten SAG-Betriebe „entschädigungslos" in „Volkseigentum" und befreiten ab 1. Januar 1954 die DDR von weiteren Reparationsleistungen. Eine Ausnahme blieb nur die Wismut, die bis 1990 weiter als Sowjetisch-Deutsche Aktiengesellschaft betrieben wurde.

Bis dahin hatten sich die Kriegsfolgekosten zu gewaltigen Summen aufgehäuft. Sie beruhten auf den Substanzverlusten durch Kriegszerstörungen, Reparationen und Besatzungskosten.

Bei den direkten Kriegsschäden dürfte die spätere Bundesrepublik, umgerechnet auf die Bevölkerungszahl, etwas stärker betroffen gewesen sein als die Ostzone. Dort rechneten Wissenschaftler mit Substanzverlusten von 12,7 Milliarden Reichsmark, im Westen waren es 40,5 Milliarden Reichsmark. Weitaus höher trafen den Osten aber die Nachkriegsschäden: Durch Beuteaktionen verlor er mehr als eine Milliarde, der Westen aber nur 200 Millionen Reichsmark.

Damit entstand bereits unmittelbar nach dem Krieg ein wirtschaftliches Ungleichgewicht zwischen den beiden Teilen Deutschlands, das die DDR nicht mehr aufholen konnte. Im Jahr 1946 musste die SBZ 48,8 Prozent ihres Bruttosozialprodukts für Zahlungen der aus dem Krieg entstandenen Belastungen aufwenden. Ein Jahr später waren es noch 38,4 Prozent, 1948 31,1 Prozent und im Gründungsjahr der DDR immer noch 19,9 Prozent. Der Westen dagegen musste 1946 mit 14,6 Prozent und 1949 sogar nur noch mit 6,0 Prozent des Bruttosozialprodukts für die laufenden Verpflichtungen in der Nachkriegszeit aufkommen.

Auch nach Gründung der DDR 1949 bestimmten zunächst die sowjetischen Aktiengesellschaften das wirtschaftliche Geschehen. Die Bezahlung in den SAG-Betrieben war überdurchschnittlich, Fachkräfte wurden – selbst wenn sie bürgerlicher Herkunft oder früher Mitglied der NSDAP waren – den politischen Kadern vorgezogen.

Ökonomisch waren die SAG weit effizienter als die ersten volkseigenen Betriebe (VEB). Die SED-Führung sprach von „Schulen des Sozialismus". Die Propaganda machte aus den hohen Kosten, die die kleine DDR nach dem Krieg zu bewältigen hatte, nach und nach so etwas wie „sowjetische Entwicklungshilfe". Wer daran zweifelte, wurde mundtot gemacht. Dennoch kommentierte das Volk das Verhältnis zu den „Freunden" noch jahrelang mit seinen Witzen:

Walter Ulbricht besucht den Rostocker Hafen und fragt den Kapitän eines Handelsschiffs: „Was habt ihr geladen?"

„Maschinen für Südamerika!"

„Und womit kommt ihr zurück?"

„Mit Kaffee und Bananen."

„Und ihr?", fragt Ulbricht einen zweiten Seemann.

„Wir bringen Kaffee und Bananen in die Sowjetunion!"

„Und womit kommt ihr zurück?"

„Wie immer, mit der Bahn!"

Teure Besatzer

Die Hintergründe der vielgepriesenen deutsch-sowjetischen Freundschaft hatten immer etwas vom Märchen über des Kaisers neue Kleider. Jeder sah, dass der Monarch nackt war, doch keiner traute sich, die Wahrheit auszusprechen.

So verhielt es sich auch mit den sowjetischen Besatzungstruppen in der DDR. „Neues Deutschland" bezeichnete am 14. März 1957 das zwei Tage zuvor beschlossene Abkommen „Über Fragen, die mit der zeitweiligen Stationierung sowjetischer Streitkräfte auf dem Territorium der DDR zusammenhängen" als „ein notwendiges Instrument des Friedens" und gab damit die politisch zulässige Betrachtungsweise vor. In der nächsten Ausgabe listete das Blatt die „Besatzungskosten" im Westen auf und rechnete die NATO-Kosten gleich mit dazu: „1,8 Milliarden D-Mark kostet die westdeutsche Bevölkerung der Aufenthalt britischer Besatzungstruppen. Für Ami-Besatzer muß sie jährlich 650 Millionen und für belgische und dänische Truppen zusammen 120 Millionen D-Mark zahlen. Auch Frankreich verlangt statt 278 neuerlich 540 Millionen D-Mark …"

Von den Kosten der DDR für ihre Besatzer war keine Rede, auch später nicht. Der Grund: Besatzungs- und Stationierungskosten wurden niemals vertraglich vereinbart. Über sie zu diskutieren galt ebenso als Sakrileg wie die Tatsache, dass der Stationierungsvertrag dazu diente, den Eindruck einer kooperativen Zusammenarbeit zu erwecken. Im Gegensatz zu ähnlichen Verträgen mit anderen sozialistischen Ländern fehlten im Abkommen mit der DDR Regelungen wie ein Mitspracherecht bei Truppenbewegungen oder über den Ersatz für durch das Militär verursachte Schäden. Stattdessen behielt sich Moskau vor, in

Krisenlagen der DDR mit deren Zustimmung einzugreifen. Und dafür musste die DDR kräftig zahlen.

Bis 1954 beliefen sich die Besatzungskosten auf rund 17 Milliarden Mark. Das entsprach in etwa dem, was auch die Bundesrepublik aufbringen musste. Allerdings teilten sich die Aufwendungen dort auf die rund viermal größere Bevölkerung auf und waren durch das höhere ökonomische Potenzial leichter zu tragen. Ab 1954 senkte die Sowjetunion ihre Forderungen, gleichzeitig verpflichtete sie die DDR aber zur Aufrüstung, sodass sich deren Kosten in Wahrheit erhöhten.

Die tatsächlichen Aufwendungen blieben aus politischen Gründen intransparent. Offiziell wurden die Stationierungskosten für 1958 mit nur 650 Millionen Mark angegeben. Ab dem 30. November des Jahres entfielen sie völlig. Demgegenüber standen reale Ausgaben für die sowjetischen Truppen in der DDR, die inzwischen im Durchschnitt auf rund 1,1 bis 1,8 Milliarden Mark pro Jahr bis 1989 geschätzt werden. Alle Zahlen werden bis heute jedoch in russischen Archiven gehütet.

Zum Streitpunkt wurden die Kosten noch einmal beim Abzug der sogenannten Westgruppe aus der DDR. Der wurde von der Bundesregierung nämlich ohne Berücksichtigung des DDR-Stationierungsabkommens vom März 1957 verhandelt, das im Absatz 17 festlegte: „(1) Die von den sowjetischen Streitkräften benutzten Objekte … werden, wenn kein Bedarf mehr vorliegt, der Deutschen Demokratischen Republik ohne jegliche Entschädigung der Aufwendungen, die der Union der Sozialistischen Sowjetrepubliken durch die Einrichtung, Renovierung oder den Umbau solcher Objekte und Mittel entstanden sind, übergeben.“

Das Ignorieren dieser Vertragsklausel führte zunächst zu einer sowjetischen Forderung von 17 bis 17,5 Milliarden Mark an Deutschland, die schließlich auf 10,5 Milliarden reduziert wurde. Zur Begründung nannte Generaloberst Burlakow das sowjetische Eigentum in den knapp 800 Militärobjekten. Die deutsche Seite wollte bei dieser Kompensation zumindest die Kosten für die Beseitigung der hinterlassenen Umweltschäden in Rechnung stellen. Das wiederum führte zu Gegenrechnungen. Die Moskauer Armeeführung behauptete nun, 90 000 Hektar Waldflächen durch den Einsatz von 20 000 Soldaten rekultiviert und 6,6 Millionen Stück Munition und Sprengstoff entschärft zu haben. Gesamtwert: zwei Milliarden Mark.

Da keine Einigkeit herrschte – vor allem nicht über den Wert der Immobilien –, vereinbarten Bundeskanzler Helmut Kohl und Russlands Präsident Boris Jelzin im Dezember 1992, dass Deutschland die russischen Liegenschaften kostenlos erhalte und im Gegenzug dafür die Umweltsanierung übernehme. Damit war Russland aus seiner Verantwortung entlassen und der Grundstein für die bis heute mancherorts noch dominierenden Müllhalden und Schuttberge gelegt. Genaue Zahlen zu den so entstandenen Kosten existieren nicht, Schätzungen bewegen sich im Bereich von fünf Milliarden Mark.

Erst nach dem Abzug der Truppen wurde zudem bekannt, wie es hinter den sowjetischen Kasernenmauern zugegangen war. Und das übertraf die schlimmsten Gerüchte.

Geschlossene Gesellschaft

„Dedowschtschina" lautete das Angstwort hinter den grünen Zäunen und Mauern der Sowjets in der DDR. Die „Herrschaft der Großväter" bedeutete für die Soldaten in der „Gruppe der Sowjetischen Streitkräfte in Deutschland" (GSSD) – später

Westgruppe genannt – Schikane innerhalb der Truppe, für die Offiziere war es der Garant der Disziplin. Bereits länger gediente Mannschaften unterdrückten systematisch und brutal die neuen Rekruten, deren Lebensbedingungen in den Militärobjekten ohnehin denen in Straflagern glichen. Es gab kein Wochenende, keinen individuellen Ausgang, keinerlei Privatsphäre und keinen offiziellen Dienstschluss. Die Mahlzeiten waren einfach und knapp – oft bekamen die Soldaten wochenlang nur Kascha, einen Hirsebrei. Persönliche Hygieneartikel mussten selbst beschafft werden, und die medizinische Versorgung für Soldaten entsprach nicht selten Kriegsbedingungen. So wurden beispielsweise Operationen ohne Betäubung vorgenommen.

Das Phänomen Dedowschtschina in der Sowjetarmee beschreibt vor allem die gegenseitige Unterdrückung der verschiedenen Nationalitäten. Obwohl in der GSSD mit etwa 65 Prozent Russen und 20 Prozent Ukrainern eine relative ethnische Homogenität herrschte, förderten oder tolerierten die Offiziere zumindest den inneren Terror, der in seiner Brutalität weit über die üblichen rauen Soldatensitten hinausging. Nicht nur Schläge und Tritte waren an der Tagesordnung, die Soldaten wurden auch genötigt, den Sold von rund einem Rubel pro Tag (damals etwa 3,20 DDR-Mark) abzugeben, hinzu kamen Vergewaltigungen unter Männern und sogar Morde. Schätzungen gehen davon aus, dass in der GSSD pro Jahr bis zu 4000 Menschen durch Gewalt, Unfälle und Suizid zu Tode kamen. Etwa 1000 von ihnen nahmen sich selbst das Leben.

Wie viele sowjetische Militärs sich genau in den rund 2500 Quadratkilometern abgeschotteter Gebiete in der DDR befanden, wusste nicht einmal die Stasi. Sie versuchte, sich über Messungen des Wasser- und Stromverbrauchs ein ungefähres Bild davon zu machen. Angenommen wurde, dass die Stärke der Truppe in den Jahren der Stationierung zwischen 350 000 und 500 000 Militärs schwankte. Hinzu kamen die Familien der Offiziere und die sowjetischen Zivilangestellten.

Zweimal im Jahr erfolgte die Verlegung der Soldaten in die DDR sowie der Rücktransport in die Sowjetunion – für Soldaten meist in Viehwaggons. Auch nach ihrer Ankunft erfuhren sie nicht, wo genau sie sich befanden.

Bis Mitte der 1970er-Jahre betrug der Dienst in der GSSD für Soldaten drei, danach zwei Jahre. Ihre ohnehin durch die sowjetische Bürokratie auch im Zivilleben eingeschränkten staatsbürgerlichen Rechte durften sie in dieser Zeit nicht wahrnehmen. Es gab kein Gericht, an das sie sich hätten wenden können, nur Beschwerden beim Kommandanten, der in letzter Instanz entschied, waren möglich.

Grundsätzlich anders stellte sich der Aufenthalt in der DDR für Offiziere dar. Sie blieben in der Regel drei Jahre, Geheimdienstler und Spezialisten mitunter bis zu fünf Jahre. Das Leben für sie war komfortabler, der Standard ihrer Wohnungen meist wesentlich höher als zu Hause. Die gesamte Infrastruktur wie Schulen, Kindergärten, Theater und Kino befand sich innerhalb ihrer Militärobjekte. Private Kontakte zu DDR-Bürgern waren offiziell verboten, dennoch entstanden auch zaghafte Beziehungen. Im Politunterricht wurde den GSSD-Angehörigen immer wieder erklärt, sie stünden zwar als „Schutzmacht" in einem befreundeten Land, doch „Deutsche blieben Deutsche", denen man grundsätzlich misstrauen müsse.

Ostdeutschland galt aus der Sicht sowjetischer Offiziere als Konsumparadies. Militärläden, die teilweise auch für DDR-Bürger zugänglich waren und im Volksmund Russenmagazine genannt wurden, und Geschäfte der DDR-Militärhandelsorganisation (MHO) schlossen übliche Versorgungslücken. Der

Aufenthalt in der DDR wurde deshalb genutzt, um möglichst viele Waren in die Heimat zu schaffen, was oftmals zu Murren unter der einheimischen DDR-Bevölkerung führte.

Ansonsten gestalteten sich die Beziehungen lose und beschränkten sich offiziell fast ausschließlich auf organisierte kollektive „Freundschaftstreffen“. Ehemalige Nachbarn mancher sowjetischen „Sapretnaja Zona“ („Verbotene Zone“) erinnern sich nicht nur an Übergriffe, sondern auch an Hilfeleistung bei Bauprojekten mit schweren Armeemaschinen oder an Arbeitseinsätze sowjetischer Soldaten, mit denen Geld für die „Regimentswirtschaft“ verdient wurde. Gern wurde auch Wodka als Zahlungsmittel akzeptiert, obwohl Alkohol in den Kasernen untersagt war. Clevere sowjetische Zahlmeister tauschten Benzin oder Diesel gegen Hochprozentiges und machten so manche Landwirtschaftliche Produktionsgenossenschaft (LPG) oder Handwerksgenossenschaft mobil. Neben diesen Geschäften gehörte die Kriminalität der Besatzer zu den am strengsten gehüteten Geheimnissen in der DDR.

Ohnmächtige DDR-Ermittler

Eigentlich war alles eindeutig geregelt. Das am 12. März 1957 abgeschlossene Stationierungsabkommen zwischen der DDR und der Sowjetunion legte im Artikel 5 fest: „Bei strafbaren Handlungen, die von Personen, die den sowjetischen Streitkräften angehören, oder von deren Familienangehörigen auf dem Territorium der Deutschen Demokratischen Republik begangen werden, wird grundsätzlich das deutsche Recht von den Organen der Deutschen Demokratischen Republik angewandt.“ Anders verfahren wurde, wenn sich die Taten gegen sowjetische Bürger richteten oder wenn „Personen, die den sowjetischen Streitkräften [angehörten], strafbare Handlungen bei der Ausübung dienstlicher Obliegenheiten“ begingen.

Doch jahrzehntelang war diese Regelung offenbar nicht das Papier wert, auf dem sie geschrieben stand. In einer geheimen Analyse für das SED-Politbüro stellte das Ministerium für Verteidigung der DDR 1988 zum Umgang mit kriminellen Sowjetbürgern in der DDR fest, dass trotz ausreichend vorhandener vertragsrechtlicher Grundlagen für die Wahrung der Rechte der DDR „eine globale Vereinbarung mit präzisierenden Festlegungen über erforderliche Definitionen, Kompetenzen, Rechte und Pflichten der beteiligten Organe, Art und Weise, Ebenen und Form der Zusammenarbeit sowie die Informationsbeziehungen“ fehle. Daraus folgte, dass in „der Praxis ... nicht konsequent nach den bestehenden vertraglichen Regelungen gehandelt“ werden konnte, „so daß die ordnungsgemäße Untersuchung und Aufklärung von straftatverdächtigen Handlungen teilweise erschwert, in Einzelfällen unmöglich“ war. Weiter hieß es:

Ursachen dafür sind u. a.:

- *sowjetische Militärstaatsanwälte und Ermittlungsorgane (Kommandeur oder Ermittlungsoffizier) ermitteln unabhängig und parallel zu den Untersuchungsorganen der DDR,*
- *in nicht wenigen Fällen, besonders bei Verkehrsstraftaten, werden die Beweismittel, Gutachten, ärztliche Bescheinigung und Schuldfeststellungen der DDR-Organe nicht anerkannt; fast regelmäßig werden Zweitgutachten von zentralen, wissenschaftlichen Einrichtungen der UdSSR eingeholt,*
- *von übergebenen Vorgängen mit unbekannten Tätern, wo die Indizien auf Täter in den sowjetischen Streitkräften hinweisen, werden durchschnittlich nur ca. 18 % der Täterschaft anerkannt,*
- *teilweise überschreiten Kommandeure oder Politorgane ihre*

Kompetenzen, greifen in laufende Verfahren ein und versuchen auf Ermittlungen oder Geschädigte Einfluss zu nehmen,

- *in einer unverhältnismäßig hohen Zahl von übergebenen Verfahren weichen die mitgeteilten Entscheidungen von den Sachverhalts- und Rechtsauffassungen der Militärstaatsanwälte der DDR ab,*
- *es gibt bei den sowjetischen Armeeangehörigen ungenügende Kenntnis über die wichtigsten Rechtsvorschriften der DDR sowie über das „Rechtshilfeabkommen" (in einem 1974 von der GSSD herausgegebenen Lehrmaterial wurden die Artikel 16 – 21, Verhaftung, Vollzug der Untersuchungshaft, Aussage vor den Organen der DDR usw., nicht veröffentlicht),*
- *sowjetische Kommandeure und Militärstaatsanwälte gehen gegen bestimmte Straftaten nicht energisch genug vor:*
- *Rowdytum (Gruppe der Fähnriche),*
- *Straftaten „für Belange der Truppe" (hauptsächlich Baustoffdiebstähle),*
- *einseitige Interpretation des „Rechtshilfeabkommens" durch einzelne Kommandeure und Militärstaatsanwälte bis hin zum selbstherrlichen Absehen von Ermittlungsverfahren.*

Damit belegte die Analyse, dass die Straftaten der Besatzer in der Praxis außerhalb von dem in der DDR geltenden Recht und Gesetz behandelt wurden. Das MfS war dabei Erfüllungsgehilfe, um die Taten geheim zu halten und Diskussionen in der Bevölkerung zu unterbinden. Zur Zahl der Delikte bemerkte das 88-seitige Papier: „In den 80er Jahren ist ein ständiger Anstieg bei Fahndungsersuchen zu verzeichnen, wodurch eine zunehmende Belastung der operativen Kräfte der Deutschen Volkspolizei verbunden ist. Schwerpunkt bilden Fahndungen nach bewaffneten Angehörigen der sowjetischen Streitkräfte und nach Soldaten, die zur Flucht Kraftfahrzeuge benutzen."

Straßenschlachten und Verfolgungsjagden

Da sowjetische Deserteure meist schwer bewaffnet flüchteten und außerordentlich hohe Strafen zu erwarten hatten, gingen sie nicht selten über Leichen, oder sie versuchten, sich das Leben zu nehmen.

Ein spektakulärer Fall endete am 16. Juni 1978 mit einer Schießerei an der Ost-Berliner Friedrichstraße, Ecke Unter den Linden. Ein sowjetischer Soldat hatte im Kreis Gransee eine Gruppe Waldarbeiter überfallen und deren Kleintransporter, einen Barkas, erbeutet. Damit wollte er nach West-Berlin flüchten. Als ihn seine sowjetischen Verfolger und die DDR-Polizisten stellten, versuchte er, sich den Weg freizuschießen. Schließlich erkannte der Deserteur die Aussichtslosigkeit seines Unterfangens und wollte sich umbringen. Im VP-Krankenhaus in der Scharnhorststraße kurierte man ihn unter strenger Polizeiaufsicht. Ein Kripomann hielt vor der Tür des Krankenzimmers Wache, denn die DDR-Behörden fürchteten seine gewaltsame Entführung durch die Sowjets.

Dass die GSSD bei solchen Vorfällen unbarmherzig durchgriff, zeigte sich im Jahr 1984. Der fahnenflüchtige Soldat Fandusa Gabdulfajawitsch Achkijamow, der bei Strausberg einen jungen Mopedfahrer hinterrücks erschossen hatte, um sich ein Fluchtfahrzeug zu beschaffen, wurde zunächst vom sowjetischen Militärgericht zu 49 Jahren Freiheitsentzug verurteilt. Schließlich wurde das Urteil auf Todesstrafe durch Erschießen angehoben.

Da es bei der Schießerei 1978 in Ost-Berlin zu viele Zeugen gegeben hatte und außerdem auch noch die Insassen eines zufällig vorbeifahrenden Autos der westdeutschen Vertretung den Vorfall beobachtet hatten, leitete die Militärstaatsanwaltschaft der DDR unter strengster Geheimhaltung erstmals in der Geschichte ein Ermittlungsverfahren gegen einen sowjetischen Militärangehörigen ein – 21 Jahre nach dem Inkrafttreten des Rechtshilfeabkommens zwischen der DDR und der Sowjetunion.

Wie viele Fahnenflüchtige im Laufe der Jahre ihre Truppe verließen, ist nicht belegt. Schätzungen gehen von rund 500 Fällen pro Jahr aus. Allein im Jahr 1987 wurde mit Hilfe der DDR-Behörden nach 452 Deserteuren gefahndet. Das nahm oft dramatische Formen an, beispielsweise Ende August 1987 am Schkeuditzer Autobahnkreuz. Dazu ist in den Akten der zuständigen Militärstaatsanwaltschaft zu lesen: „Ein Angehöriger der Fahndungskräfte der VP verwechselte ohne Verschulden einen zu den Fahndungskräften der GSSD gehörenden Leutnant mit dem Fahndungsobjekt, weil dieser entgegen bestehender Absprachen keine Kopfbedeckung trug, und schoss auf ihn. Der Angehörige der GSSD wurde verletzt. In der Folge eröffneten die teilweise mit Schützenpanzerwagen ausgerüsteten sowjetischen Fahndungskräfte das Feuer in Richtung der Einsatzgruppe der VP. Die Transitautobahn musste zeitweilig gesperrt werden."

Doch nicht immer ging es in der Grauzone der deutsch-sowjetischen Freundschaft derart dramatisch zu. Dass sich sowjetische Armeeangehörige ab den 1960er- und 1970er-Jahren in die am Rande der DDR-Mangelwirtschaft entstehenden Schwarzmärkte einklinkten, blieb völlig ohne strafrechtliche Konsequenzen. Beispielsweise wurde zeitweise ein schwunghafter Handel mit den in der DDR begehrten Poljot-Uhren betrieben, und auch der illegale Verkauf von Benzin bzw. Dieselkraftstoff – oft fand dieser sogar auf offener Straße statt – wurde toleriert. Alle Möglichkeiten zum Erlangen von DDR-Geld wurden genutzt, denn für die Besatzer gab es in Konsum und HO viele attraktive Waren, die in der Heimat nicht zu bekommen waren.

Trotz dieser stillschweigenden Kompromisse bei den sich ausweitenden Schwarzmarktgeschäften jeglicher Couleur war es für die DDR auf Dauer nicht akzeptabel, durch die Anwesenheit der sowjetischen Truppen zumindest im Bereich der wachsenden Kriminalität nicht mehr Herr im eigenen Haus zu sein.

Der kriminelle Bodensatz

Seit Anfang der 1980er-Jahre versuchten die Militärstaatsanwaltschaften der DDR nachdrücklicher, ihr lange verbrieftes Recht bei der Verfolgung von Straftaten der „Freunde" – so die Bezeichnung der sowjetischen Besatzungstruppen in den Akten – durchzusetzen. Das schien bitter nötig.

Am 4. Januar 1983 schrieb Generalleutnant Alfred Leibner, 1966 bis 1987 Chef der Militäroberstaatsanwaltschaft der DDR, in einem internen Bericht zum Komplex „Rowdyhaftes Verhalten in der Öffentlichkeit": „Es häufen sich die Fälle, daß sowjetische Armeeangehörige z. T. in Uniform und in Zivil auf Dörfern und in Städten DDR-Bürger (Frauen und Männer) grundlos anfallen, persönliches Eigentum wie Geld, Uhren und auch Bekleidungsstücke entwenden und sie niederschlagen." Besonders die sexuell motivierten Straftaten beunruhigten die Bevölkerung. Bei vielen Ermittlungen endete die Spur für die DDR-Polizei am Kasernentor, denn die oft selbstherrlich agierenden sowjetischen Kommandeure taten sich bei der Vertuschung dieser Straftaten besonders hervor und scheuten nicht davor zurück, die Opfer unter Druck zu setzen.

Das führte offenbar jahrelang zum Erfolg, denn erst aus dem Jahr 1985 ist ein Fall überliefert, bei dem sich ein Militär-Oberstaatsanwalt der DDR gegenüber einem sowjetischen Oberst durchzusetzen vermochte. Der hatte das Vergewaltigungsopfer, eine 15-jährige Schülerin aus Cottbus, kurzerhand in die Kaserne bringen lassen, dort einem „scharfen Verhör" unterzogen und der Mutter anschließend eine „Abfindung" von 1000 Mark überreicht – angeblich in Absprache mit dem sowjetischen Militärstaatsanwalt. Das Geld war zuvor von den Soldaten der Einheit „gesammelt" worden. Dafür verlangte der Kommandeur die Unterzeichnung einer Erklärung, in der die Mutter darauf verzichtete, die beiden Täter zur Verantwortung zu ziehen.

Diese absolut unzulässige Einmischung eines Truppenoffiziers in ein laufendes Verfahren akzeptierte die DDR dieses Mal nicht. Der Militär-Generalstaatsanwalt sorgte dafür, dass der Fall auf höchster Ebene publik und der Oberst von „seiner Dienststellung entbunden und in eine niedrigere Dienststellung in einem Militärbezirk im Inneren des Landes abversetzt" wurde, wie der Generalmajor der sowjetischen Justiz Maljugin mitteilte. Die Akten belegen, dass dieses Ereignis Konsequenzen nach sich zog: „Der Beschluß des Militärrates der GSSD wurde allen Kommandeuren der militärischen Einheiten zur Kenntnis gebracht. Außerdem wurden auch andere Maßnahmen eingeleitet, um ähnliche Erscheinungen zu verhindern."

Doch der Erfolg blieb begrenzt. Die Zahl der Vergewaltigungen ging nicht zurück, und die „autokratische" Herrschaft der Kommandeure hielt an. Wie diese agierten, belegt ein Beispiel: Nachdem in Rathenow 1986 innerhalb von zwei Monaten sechs Frauen durch sowjetische Soldaten vergewaltigt worden waren, versuchten die DDR-Militärstaatsanwälte, einen der geständigen Täter, den Obersergeanten Jakuschew, zu vernehmen. Der befand sich jedoch inzwischen aufgrund einer „nervenärztlichen Untersuchung" im sowjetischen Lazarett in Teupitz. Bei einem späteren Termin für eine Gegenüberstellung im VP-Kreisamt erschien nur der stellvertretende Kommandeur der Einheit mit fünf weiteren Armeeangehörigen und teilte lapidar mit, Jakuschew sei wegen Trunksucht aus dem Wehrdienst entlassen worden und vier Tage zuvor in die Sowjetunion zurückgekehrt.

Zeitzeugen berichten, dass für solche Fälle mindestens einmal im Monat ein Lazarettwagen mit vergitterten Fenstern an den täglichen Express Wünsdorf–Moskau angehängt wurde, in dem „psychisch Kranke" unter Aufsicht in die Sowjetunion transportiert wurden.

Ähnliche Fälle ereigneten sich bis zum Ende der DDR immer wieder, wie der Publizist Volker Koop nach der Wiedervereinigung aus den überlieferten Akten erfuhr. Einer vergewaltigten Frau in Burg bei Magdeburg bot man zum Beispiel im Auftrag des Kommandanten der Garnison 20000 Mark, wenn sie den gestellten Strafantrag zurücknehmen würde.

In bewährter Art und Weise sorgte die Stasi dafür, dass solche Geschichten möglichst geheim blieben - besonders wenn es um Morde und andere Gewaltverbrechen durch sowjetische Armeeangehörige an DDR-Bürgern ging. Der Bericht „Vertrauliche Verschlußsache" (VVS) der Militärstaatsanwaltschaft, Unterabteilung III, vom 2. Februar 1989 mit der Nummer B I/058182 nennt allein für das Jahr 1988 folgende Fälle:

– *Am 25. Oktober 1988 floh der Soldat Selenzow von seiner in Wurzen stationierten Einheit. Er wollte sich Zivilkleidung verschaffen und brauchte Lebensmittel. Deshalb brach er in das Haus des Bürgers H. ein. Der überraschte den Soldaten. Um einer Festnahme zu entgehen, erwürgte Selenzow den Hausbesitzer.*

- *Der fahnenflüchtige Soldat Koschunow trieb sich bereits mehrere Tage in der Gegend um Jüterbog herum. Am 2. November 1988 drang er in ein Wohnhaus in Maltershausen ein. Er suchte nach irgendetwas Eßbarem. Dabei überraschte ihn die Wohnungseigentümerin Frau S. Mit dem Bajonett erstach er die 74-jährige Rentnerin.*
- *Die Soldaten Samson und Sharikow aus Krampnitz bei Potsdam wollten Geld erbeuten. Sie klingelten am 22. September 1988 an der Tür des Rentners Bruno T., damals 75. Als der Mann öffnete, stachen sie ihn nieder. Dann erschlugen die Russen den Mann mit einer Eisenstange und drangen ins Haus ein. Dort ermordeten Samson und Sharikow auch Bruno T.'s Frau Margarete (73).*
- *Einen homosexuellen Hintergrund hatte ein Mord am 2. Dezember 1988 in Plauen. Untersergeant Rushkalin erschlug den entsprechend veranlagten DDR-Bürger M. in seiner Wohnung und beraubte ihn. Mittäter Obersergeant Rusow versteckte das Diebesgut.*
- *In Ludwigslust schoß am 1. Januar 1988 der Fähnrich Gerassimow dem DDR-Bürger B. mit einer Pistole in den Bauch. B. hatte die Herausgabe von Geld verweigert. Gerassimow wurde von einem sowjetischen Militärtribunal für die Tat zu sieben Jahren Haft verurteilt.*

Die Auflistung der DDR-Juristen umfasste einen relativ engen Zeitraum. Über Verurteilungen durch die sowjetische Militärgerichtsbarkeit wurden sie nicht immer informiert. Es ist jedoch zu vermuten, dass aufgeklärte Kapitalverbrechen in der Sowjetunion hart bestraft wurden.

Für das vorangegangene Jahr 1987 verzeichnete die Statistik 2135 Verfahren zu Straftaten gegenüber Betrieben, Einrichtungen und Bürgern der DDR. Den größten Anteil machten dabei Delikte gegen das sozialistische und persönliche Eigentum mit etwa achtzig Prozent aus. Gestohlen wurde alles, was nicht niet- und nagelfest war und die Truppe gebrauchen konnte. Manchmal ging es lediglich darum, den kargen Speisezettel zu bereichern. So verschwanden am 26. Januar 1985 sechzig Hühner aus einem Stall in Nobitz . Der Kommandant verbat sich die Verdächtigung sogar noch, nachdem einer seiner Ural-Lkw die Hühnerreste einschließlich der beringten Beine auf den Müll in Niederleupten gekippt hatte.

Andere „besorgten" sich Baumaterial. Allein im Bezirk Potsdam waren innerhalb eines Jahres „122 Diebstähle zu verzeichnen, darunter 13 Kabeltrommeln im Wert von 124 000 M, was negativen Einfluß auf die Arbeitsmoral und die Freundschaftsbeziehungen hatte", wie die Stasi zutreffend feststellte.

Am Privateigentum vergriffen sich meist Wehrpflichtige, die in bitterster Armut in den Kasernen lebten. So ernteten die „Freunde" 1980 das Obst und Gemüse aus den Gärten in Bergmoor und fielen im Herbst 1982 in die Gärtnerische Produktionsgenossenschaft „Storchennest" im Kreis Ludwigslust ein. Schaden an den Obstbäumen: 17 275 Mark. Im Konsum Höddelsen ließen Soldaten Marmelade und Margarine mitgehen und verspeisten sie sogleich vor der Tür. In Techentin verschwanden Sahne und Milch im Wert von 77 Mark, in der Gaststätte in Karstädt Alkohol, Tabakwaren und Lebensmittel für 800 Mark. Den Fischern aus Friedrichsmoor wurde ein ganzes Netz voller Fische aus den Sponitzer Teichen geklaut, den Bäckern der Konsumbäckerei Grabow 23 Bleche à 12 Baumkuchen im Wert von 1200 Mark.

Wie schnell dabei ein einfacher Diebstahl zu einem ernsten Zwischenfall ausarten konnte, zeigte sich am 25. April 1987. Sowjetsoldat Hikmatow floh nach einer Diebestour und wollte seinen Verfolger abschütteln. Deshalb warf er eine scharfe Handgranate nach ihm. Der DDR-Bürger hatte Glück und kam mit Splitterverletzungen davon. Das sowjetische Militärtribunal erkannte in diesem Vorfall nur einen „Fehltritt im Dienst". Hikmatow musste 18 Monate in die Disziplinareinheit.

Mit ähnlichen Strafen wurden viele der zahlreichen Fälle von Rowdytum sowie Verkehrsdelikte geahndet. Dass es aber weitaus gefährlichere Straftaten gab, zeigt ein Blick auf die Statistik. Allein 1987 verzeichnete sie 40 Raubüberfälle und 49 Vergewaltigungen. In der bereits erwähnten geheimen Analyse des DDR-Verteidigungsministeriums von 1988 hieß es: „Vergewaltigungen und Raub führen in den betroffenen Territorien zu Beunruhigungen unter der Bevölkerung und zur erheblichen Beeinträchtigung des Ansehens der sowjetischen Streitkräfte. Diebstähle in Bereichen der Land-, Forst und Nahrungsgüterwirtschaft sowie im Binnenhandel und auf Baustellen in sowjetischen Objekten weisen teilweise hohe materielle Schäden auf."

Außerdem waren umfangreiche Manöverschäden an der Tagesordnung, und der laxe Umgang der Sowjets mit ihrer Militärtechnik galt als legendär. So peitschte beispielsweise am 18. November 1988 um 16.25 Uhr eine Garbe Leuchtspurmunition über das Gehöft einer Familie in Berkholz, Neu Zervelin. Einen Schusswechsel à la Wildwest lieferten sich sowjetische Soldaten zwei Monate später, am 16. Dezember, bei Boizenburg. Und am 16. Januar 1989 zischte Leuchtspurmunition in der Nähe des Schießplatzes Beutel über ein Dorf.

Erst nachdem Michail Gorbatschow 1985 die Macht in Moskau übernommen und seine Politik von Glasnost und Perestroika verkündet hatte, wurden die DDR-Behörden mutiger. Die Richtung passte ihnen nicht, und sie wollten zeigen, wie schlampig es beim „großen Bruder" zuging.

Am 19. Januar 1988 kam es zu einem tragischen Eisenbahnunglück, als der mit etwa 400 Reisenden besetzte D 716 Leipzig–Berlin–Stralsund mit 110 Stundenkilometern bei Forst Zinna auf einen sowjetischen Panzer auffuhr, der mitten auf den Gleisen stand. Bei der Untersuchung des Unfalls stellte sich heraus, dass der 18-jährige Panzerfahrschüler Ochapow aus Kasachstan die russischen Befehle seines 20-jährigen Ausbilders nicht verstanden hatte. Ergebnis der Sprachschwierigkeiten: 6 Tote, 8 Schwer- und 25 Leichtverletzte sowie ein Sachschaden von mindestens 14,7 Millionen Mark.

Im Gegensatz zu früheren Fällen hatte es die neue sowjetische Politik immerhin möglich gemacht, dass die DDR-Ermittler diesmal nicht am Kasernentor haltmachen mussten und das Wrack des Kettenfahrzeugs besichtigen durften. Das SED-Zentralorgan „Neues Deutschland" und die lokale Parteipresse meldeten am nächsten Morgen das schwere Eisenbahnunglück „mit einem Panzer der Sowjetarmee ... der auf offener Strecke versucht hatte, die Gleise zu überqueren. Neun Wagen des D-Zugs entgleisten, drei davon stürzten um." Ein Foto der völlig zertrümmerten E-Lok illustrierte die ADN-Meldung vom Zusammenstoß, bei dem der Lokführer und sein Begleiter ums Leben kamen. Der Fahrschüler und sein Lehrer, die den Panzer in Panik verlassen hatten, blieben unverletzt und wurden festgenommen. Im Hauptquartier in Wünsdorf reagierte man mit einem Befehl zur „Besserung der Ausbildungsorganisation und Steuerung der Fahrzeuge und Kampftechnik".

Trotz der neuen Politik änderte sich bis zum Ende der Besatzung nicht viel.

Am 21. Juni 1989 brannte bei Griebsee (Kreis Wittstock) ein

siebzigjähriger Kiefernbestand ab. Die Brandursache war eine unsachgemäß abgelöschte Kochstelle. Eine Zigarettenschachtel der Marke Sewernije und sowjetische Fleischbüchsen wiesen den Weg zu den Tätern.

Vorfälle wie diese führten den DDR-Behörden immer wieder vor Augen, dass ihr Land besetzt war und Rücksichtnahme nicht zum Verhaltenskodex der Besatzer zählte.

Der Abteilungsleiter „Rohholzerzeugung" des Staatlichen Forstwirtschaftsbetriebs Stendal berichtete dem Rat des Bezirks Magdeburg beispielsweise, dass über Jahre etwa fünfzig Prozent der Waldbrände in seinem Revier von der GSSD verursacht wurden. Diese Brände waren für 97 Prozent der vernichteten Holzbestände verantwortlich. Dabei entstanden allein in den Monaten Juli und August 1989 Schäden in Höhe von mehr als einer Million Mark.

Im Sommer 1989 wurden in der DDR insgesamt 110 Waldbrände registriert, denen insgesamt 25 Hektar Wald zum Opfer fielen. Ausgelöst wurden sie durch fehlgeleitete Geschosse. Der Schaden lag in zweistelliger Millionenhöhe. Überdies verursachte grob fahrlässiges Verhalten Schäden, so fuhren Soldaten am 21. Juni 1989 mit einer beheizten Feldküche in den Wald bei Stepenitz-Jännersdorf (Kreis Pritzwalk) und verloren Glut. Schaden: 411 900 Mark.

Nahezu zahllos schienen die über all die Jahre von sowjetischen Militärfahrzeugen verursachten schweren Verkehrsunfälle. Das prominenteste Opfer war Armeegeneral Heinz Keßler, damals 51 Jahre alt und Chef der politischen Hauptverwaltung der Nationalen Volksarmee (NVA). Am 4. Januar 1971 fuhr er mit seinem Dienstwagen etwa vierzig Kilometer vor Königs Wusterhausen auf der Autobahn bei Schneetreiben und schlechter Sicht auf einen auf der linken Fahrbahn abgestellten, unbeleuchteten sowjetischen Militär-Lkw auf. Trotz eines neunmonatigen Krankenhausaufenthalts blieb Heinz Keßler zeitlebens gehbehindert.

Die Angaben der Statistik sind allerdings nicht vollständig. Allein für die beiden Jahre 1980/81 wies sie fast 3000 Verkehrsunfälle mit sowjetischer Beteiligung aus. Bei den von sowjetischer Seite schuldhaft verursachten Unfällen starben in jenen Jahren 94 DDR-Bürger und 53 Angehörige der sowjetischen Streitkräfte. Anerkannt wurde die Schuld von sowjetischer Seite in den wenigsten Fällen.

Bei vielen Vorkommnissen, bei denen DDR-Bürger ums Leben kamen, konzentrierte sich die Stasi besonders auf die Trauerfeierlichkeiten. Abgesperrte Friedhöfe und zahlreiche inoffizielle Mitarbeiter (IM) unter den Trauergästen sollten dafür sorgen, dass es zu keinen „antisowjetischen Ausschreitungen" kam. In den Traueranzeigen der örtlichen Presse durfte allenfalls von einem „tragischen Unfall", nicht jedoch vom Verursacher dieses Unfalls die Rede sein. Selbst Pfarrer bekamen den diskreten Hinweis, es sei besser, sich nicht kritisch über die deutsch-sowjetische Freundschaft zu äußern.

War das Verhalten der Besatzer im stets zunehmenden Straßenverkehr oft verantwortungs- und rücksichtslos, übertraf das Gefahrenpotenzial von Vorkommnissen mit sowjetischen Fahrzeugen an beschrankten wie unbeschrankten Bahnübergängen und mitunter sogar auf freier Strecke erheblich das der „normalen" Verkehrsunfälle.

Eine Liste der Zuggefährdungen durch Militärfahrzeuge bei eingeschalteter Haltelichtanlage an einem kleinen Bahnhof der Strecke Tauer–Jamlitz nördlich von Cottbus wies für nur knapp zwei Sommermonate des Jahres 1986 nicht weniger als 12 Gefährdungen durch 58 sowjetische Fahrzeuge nach. Sie überquerten bis zu zwanzig Meter vor den rollenden Zügen die Bahnanlagen. Am 6. August blieb ein Kettenfahrzeug sogar auf dem Überweg stehen. „Die Dunkelziffer liegt viel höher, da einige Kollegen den Zustand gar nicht mehr erfassen, weil sich am oben genannten keine Änderung vollzieht", merkte der meldende VP-Obermeister an. Ein Major der Kriminalpolizei warnte: „Da in diesem Bereich auch transportgefährliche Güter befördert werden, würde ein Unfall mit Katastrophencharakter eine politische Tragweite nach sich ziehen."

Doch dieser Hinweis nützte nichts. Eine „Übersicht über Unfälle schwerer sowjetischer Militärtechnik mit Eisenbahnzügen der Deutschen Reichsbahn im Jahr 1987" wies 22 solcher Ereignisse nach, von denen 18 zu Zusammenstößen von sowjetischen Fahrzeugen mit Triebwagen oder Lokomotiven der Reichsbahn geführt hatten. Das Oberkommando der GSSD in Wünsdorf nahm die Zahlen ungerührt zur Kenntnis.

Gegen das selbstherrliche Verhalten der Militärs vermochte am Ende nicht einmal die neue Politik von Glasnost und Perestroika anzukommen. Spezialisten für die organisierte Kriminalität datierten nach der friedlichen Revolution den Beginn russischer Mafia-Aktivitäten nicht von ungefähr auf die letzten Jahre der Anwesenheit nunmehr russischer Truppen in Ostdeutschland.

Letzter Treck gen Osten

Viele, die 1945 den Einmarsch der Roten Armee miterlebten, wussten später Merkwürdiges zu berichten. In besetzten Häusern meißelten Soldaten Mauersteine mit Lichtschaltern aus der Wand, um sie in ihrer Heimat wieder zu verbauen – auch dort sollte das Zimmer mit einem Knipsen hell werden. Andere trugen den Porzellanklöppel der Toilettenspülung als Schmuck um den Hals oder wuschen im WC Kartoffeln.

In Deutschland waren die Besatzer auf einen Lebensstandard gestoßen, den viele von daheim nicht kannten. Und daran änderte sich auch im weiteren Verlauf der Jahre nichts.

Als Ljudmila Putina mit ihrem damaligen Mann Wladimir 1986 in die DDR kam, war sie begeistert: „Saubere Straßen und blitzende Fenster, die einmal in der Woche geputzt wurden, ein reichhaltiges Warenangebot, zwar nicht so üppig wie in Westdeutschland, aber immer noch besser als in der Sowjetunion." Genau wie seine Kameraden genoss der junge KGB-Offizier Wladimir Putin in Dresden den Wohlstand des westlichsten Außenpostens: „Wir kamen ja aus Russland, wo an allen Ecken und Enden Mangel herrschte, und hier gab es nun alles in Hülle und Fülle. Ich habe zwölf Kilo zugenommen."

Die Verlockungen wurden nach der Währungsunion stärker, denn ab Sommer 1990 bis zu ihrem Abzug am 31. August 1994 wurde der Sold der Offiziere in Westmark ausgezahlt. Die gerade in der Konsumgesellschaft angekommenen DDR-Bürger belächelten das Verhalten der Truppe, konnten sich aber dadurch von manchem trennen, was nun durch neue Westtechnik ersetzt werden sollte.

Auch die Umzugstrecks der Truppe glichen Karawanen. Nahezu alles wurde beim endgültigen Abzug mitgenommen.

Niemanden in Deutschland interessierte, dass sich die Soldaten in ein Land in Auflösung zurückzogen, in dem sie keiner brauchte. Seit dem Auseinanderbrechen der Sowjetunion gab es ohnehin bereits riesige innere Truppenverschiebungen und umfangreiche Binnenwanderungen der Bevölkerung. Die zurückkehrenden Soldaten wurden zu Bürgern unterschiedlicher

Länder, und manche Nationalitäten begannen sich zu bekämpfen. Nirgendwo erwartete die Truppe ein neuer Stationierungsort mit einigermaßen ausgebauter Infrastruktur. Sie musste sich als Söldnerheer etablieren, ohne dass jemand genau wusste, wer künftig den Sold zahlen würde.

Vor diesem Hintergrund war die Mitnahme jedes Bretts und jedes Nagels wichtig. Das hatte der letzte Oberkommandierende der Westgruppe, Generaloberst Matwej Burlakow, ausdrücklich befohlen: „Ich forderte von den Kommandeuren, sorgsam mit materiellen Werten umzugehen und nach Möglichkeit alles mitzunehmen, weil man praktisch alles am neuen Stationierungsort in Russland gebrauchen könnte. Immer wieder paukte ich den Kommandeuren ein: Was vom zurückgeführten Material nicht unmittelbar für die eigenen Bedürfnisse im neuen Stationierungsort gebraucht wird, Montagebauten, Zäune und ähnliches, das kann den örtlichen Behörden in Russland für die Verbesserung der Wirtschaftslage zum Tausch angeboten werden. Installiert man zum Beispiel irgendwo tief in Russland auf einer Dorfstraße eine Beleuchtung auf jenen Betonmasten, von denen es in jedem unserer Truppenteile in Deutschland Hunderte gibt, kann man im Gegenzug vielleicht drei bis fünf Ferkel bekommen. Umgibt man einen Kindergarten mit einem schönen Zaun, der sonst in Deutschland zurückgeblieben wäre, kann man dafür vielleicht sogar ein paar Kälber bekommen – und mit der Regimentswirtschaft beginnen."

Die Truppe stellte sich auf Selbstversorgung und Biwak ein, die Offiziere auf den nahenden Kapitalismus. Das führte zu schwarzen Geschäften – und Korruption. Russlands oberster Staatsinspektor, Juri Boldyrew, stellte nach dem Abzug aus der ehemaligen DDR 1994 „grobe Verletzungen verantwortlicher Personen der Westgruppe und des Verteidigungsministeriums

Russlands bei der Veräußerung von Armee-Eigentum" fest. Er bezifferte den Schaden, der durch unzählige kleinere und größere, kaum kontrollierbare Einzelaktionen entstanden war, auf rund hundert Millionen Mark. Zwei Beispiele: Die Westgruppe kassierte von der Deutschen Telekom für die Reparatur des Untersee-Telefonkabels Ahlbeck–Kaliningrad 5,6 Millionen Mark, ohne jemals einen Finger krummzumachen. Die russisch-schweizerische Firma Mos-Enico-Invest und eine lettische Firma in Riga bekamen 82 000 Tonnen Diesel zum Dumpingpreis von 27 Pfennigen pro Liter. Russland, das den Sprit bei Lieferung bezahlt hatte, ging leer aus.

Ein weiteres Geschäft war der Einkauf nicht mehr benötigter Ausrüstungen zu überhöhten Preisen. So beschaffte sich die Truppe von der österreichischen Firma Rekont noch schnell 3390 veraltete Fernsehgeräte und Videorecorder sowie 30 000 Kochgeschirre - Preis: 14 Millionen Mark.

An einem derartigen Handel war auch die Moskauer Bürokratie beteiligt. Das Verteidigungsministerium bestellte in Indien beispielsweise 800 000 Garnituren zu vierzig Prozent überteuerter Bettwäsche für die Westgruppe - angekommen ist kein einziges Bettlaken.

Wer konnte, griff direkt zu. Die Finanzprüfer entdeckten eine Überweisung von 13 Millionen D-Mark von einem Armeekonto bei der Deutschen Bank in Leipzig „ohne irgendwelche Kontrakte, ohne Warenlieferungen, mit gefälschten Anweisungen". In Moskau wurden Warenlager mit Möbeln, Schuhen und Delikatessen im Wert von 42 Millionen Mark gefunden, in denen ausschließlich höhere Offiziere einkaufen durften. Dort kostete die Flasche Champagner 49 Rubel, etwa 20 Pfennige.

Und als Telefonapparate deklariert, gingen 17 000 Liter Alkohol auf Staatskosten per Luftfracht und zollfrei nach Warschau.

Nicht nur die Truppen aus der DDR, sondern auch die aus Polen (Nordgruppe), der Tschechoslowakei (Zentralgruppe) und Ungarn (Südgruppe) wurden Anfang der 1990er-Jahre ins Mutterland zurückgeführt, insgesamt etwa 270 000 Armeeangehörige. Sie kamen aus russischer Sicht ebenfalls aus dem „reichen Westen" und hatten sich dort zuvor nach Kräften bedient.

In der Heimat angekommen, brachen Machtkämpfe innerhalb der Armee aus. Generaloberst Burlakow wurde bereits im November 1994 wegen Korruption in den Ruhestand versetzt, andere begannen mit den großen Geschäften.

Knapp drei Jahrzehnte nach der Wiedervereinigung sprechen ältere Ostdeutsche noch immer von den „Freunden", inzwischen mit leicht ironischem Unterton. Für die Landsleute aus dem Westen sind diese stets „der Iwan" geblieben. *K. B.*

Dank

Der Dank der Autoren gilt allen Zeitzeugen, die mit ihren Informationen und Quellenhinweisen zum Gelingen dieses Buches beigetragen haben. Genutzt wurden insbesondere Akten aus dem Bestand der ehemaligen Militärstaatsanwaltschaft der DDR, des ehemaligen Gemeinsamen Landeskriminalamtes Berlin-Brandenburg, der Stiftung Archiv der Parteien und Massenorganisationen im Bundesarchiv und der Polizeihistorischen Sammlung Berlin. Weitere Angaben und alle inhaltlichen Aspekte in den Kapiteln „Letzter Ausweg Makarow“ und „Genossen im Goldrausch“ stammen aus den die Sachlage betreffenden Akten des ehemaligen Ministeriums für Staatssicherheit der früheren DDR.

Abkürzungen

ABI	Arbeiter- und Bauerninspektion
ADN	Allgemeiner Deutscher Nachrichtendienst
AIM	American Indian Movement
BND	Bundesnachrichtendienst
DPA	Deutsche Presse-Agentur
DEFA	Deutsche Film AG
ELF	Eritrean Liberation Front
FDJ	Freie Deutsche Jugend
GSSD	Gruppe der Sowjetischen Streitkräfte in Deutschland
HA	Hauptabteilung
HO	Handelsorganisation
IM	Inoffizieller Mitarbeiter
KGB	Komitee für Staatssicherheit
KgU	Kampfgruppe gegen Unmenschlichkeit
KP	Kommunistische Partei
KPD	Kommunistische Partei Deutschlands
KPDSU	Kommunistische Partei der Sowjetunion
KTI	Kriminaltechnisches Institut
LHW	Linke-Hoffmann-Werke
LPG	Landwirtschaftliche Produktionsgenossenschaft
MfS	Ministerium für Staatssicherheit
MHO	Militärhandelsorganisation
MWD	siehe NKWD

NKWD	Volkskommissariat für innere Angelegenheiten
NÖS	Neues Ökonomisches System
NÖSPL	Neues Ökonomisches System der Planung und Leitung der Volkswirtschaft
NVA	Nationale Volksarmee
OibE	Offizier im besonderen Einsatz
PB	Politbüro
PDS	Partei des Demokratischen Sozialismus
PLO	Palestine Liberation Organization
RGW	Rat für gegenseitige Wirtschaftshilfe
RIAS	Rundfunk im amerikanischen Sektor
SAG	Sowjetische Aktiengesellschaft
SBZ	Sowjetische Besatzungszone
SED	Sozialistische Einheitspartei Deutschlands
SFS	Staatssekretariat für Staatssicherheit
SKK	Sowjetische Kontrollkommission
SMAD	Sowjetische Militäradministration
SMT	Sowjetisches Militärtribunal
StRuKo	Staatliches Rundfunkkomitee
UFJ	Untersuchungsausschuß Freiheitlicher Juristen
UPI	United Press International
VEB	Volkseigener Betrieb
VM	Valutamark
VP	Volkspolizei
VPI	Volkspolizeiinspektion
VVS	Vertrauliche Verschlußsache
WBDJ	Weltbund der Demokratischen Jugend
ZK	Zentralkomitee

Ausgewählte Literatur

Bahr, Egon: Zu meiner Zeit. München 1996.

Bahrmann, Hannes; Links, Christoph: Chronik der Wende. 2 Bände. Berlin 1994/95.

Behling, Klaus; Eik, Jan: Vertuschte Verbrechen – Kriminalität in der Stasi. Leipzig 2007.

Behling, Klaus; Eik, Jan: Verschlusssache – Die größten Geheimnisse der DDR. Berlin 2008.

Behling, Klaus: Plötzlich und unerwartet – Selbstmorde nach Wende und Einheit. Berlin 2016.

Bräuer, Hans Dieter: Dean Reed erzählt aus seinem Leben. Berlin 1980.

Bundesministerium für Justiz (Hrsg.): Im Namen des Volkes? Über die Justiz im Staat der SED. 3 Bände. 2. Auflage, Leipzig 1996.

Fensch, Eberhard: So und nur noch besser. Wie Honecker das Fernsehen wollte. Berlin 2003.

Geserick, Gunther; Vendura, Klaus; Wirth, Ingo: Endstation Tod. Gerichtsmedizin im Katastropheneinsatz. Leipzig 2003.

Geserick, Gunther; Vendura, Klaus; Wirth, Ingo: Zeitzeuge Tod. Spektakuläre Fälle der Berliner Gerichtsmedizin. Leipzig 2002.

Frank, Mario: Walter Ulbricht. Eine deutsche Biographie. Berlin 2001.

Gieseke, Jens: Mielke-Konzern. Die Geschichte der Stasi 1945–1990. 2. Auflage, Stuttgart / München 2001.
Gieseke, Jens (Hrsg.): Wer war wer im Ministerium für Staatssicherheit – Kurzbiografien des MfS-Leitungspersonals 1950 bis 1989. MfS-Handbuch. BStU, Berlin 1998.
Grashoff, Udo: In einem Anfall von Depression. Selbsttötungen in der DDR. Forschungen zur DDR-Gesellschaft. Berlin 2006.
Grimmer, Reinhard u. a. (Hrsg.): Die Sicherheit. Zur Abwehrarbeit des MfS. Berlin 2002.
Grossman, Victor: Crossing the river. Vom Broadway zur Karl-Marx-Allee: Eine Autobiografie. Berlin 2014.
Karlsch, Rainer: Uran für Moskau. Die Wismut – Eine populäre Geschichte. Berlin 2007.
Karlsch, Rainer; Zeman, Zbynek: Urangeheimnisse. Das Erzgebirge im Brennpunkt der Weltpolitik 1933–1960. Berlin 2003.
Koop, Volker: Besetzt. Sowjetische Besatzungspolitik in Deutschland. Berlin 2008.
Koop, Volker: Zwischen Recht und Willkür. Die Rote Armee in Deutschland. Bonn 1996.
Kowalczuk, Ilko-Sascha; Wolle, Stefan: Roter Stern über Deutschland. Sowjetische Truppen in der DDR. Berlin 2001.
Matussek, Matthias: Das Selbstmord-Tabu. Von der Seelenlosigkeit des SED-Staates. Reinbek bei Hamburg 1992.
Mittag, Günter: Um jeden Preis. Im Spannungsfeld zweier Systeme. Berlin 1991.
Modrow, Hans (Hrsg.): Das große Haus. Insiderberichte aus dem ZK der SED. Berlin 1994.
Mörke, Gerhard (Hrsg.): Die offizielle und inoffizielle Zusammenarbeit zwischen Volkspolizei und Staatssicherheit. Schleiz 2005.
Müller-Enbergs, Helmut (Hrsg.): Inoffizielle Mitarbeiter des

Ministeriums für Staatssicherheit. Richtlinien und Durchführungsbestimmungen. 2. Auflage, Berlin 1996.
Nadelson, Reggie: Comrade Rockstar. The Search for Dean Reed. London 1991.
Nitsche, Rudolf: Diplomat im besonderen Einsatz. Eine DDR-Biographie. Schkeuditz 1994.
Otto, Wilfriede: Erich Mielke. Biographie. Aufstieg und Fall eines Tschekisten. Berlin 2000.
Schabowski, Günter: Der Absturz. Berlin 1991.
Schabowski, Günter: Das Politbüro. Ende eines Mythos. Eine Befragung. Reinbek bei Hamburg 1990.
Schürer, Gerhard: Gewagt und verloren. Eine deutsche Biographie. 4. Auflage, Berlin 1998.
Steiner, André: Von Plan zu Plan. Eine Wirtschaftsgeschichte der DDR. München 2004.
Ullrich, Klaus; Heinrich, Eberhard: Befehdet seit dem ersten Tag. Über drei Jahrzehnte Attentate gegen die DDR. Berlin 1981.